中国大都市区与铁路问题研究

赵坚　著

·北京·

图书在版编目（CIP）数据

中国大都市区与铁路问题研究／赵坚著．
—北京：中国经济出版社，2019.12
ISBN 978-7-5136-5858-4

Ⅰ.①中… Ⅱ.①赵… Ⅲ.①大城市—城市建设—中国—文集
②大城市—城市铁路—交通运输管理—中国—文集
Ⅳ.①F299.21-53 ②F572-53

中国版本图书馆 CIP 数据核字（2019）第 242335 号

责任编辑 严 莉
责任印制 巢新强
封面设计 任燕飞

出版发行 中国经济出版社
印 刷 者 北京九州迅驰传媒文化有限公司
经 销 者 各地新华书店
开 本 710mm×1000mm 1/16
印 张 35
字 数 483 千字
版 次 2019 年 12 月第 1 版
印 次 2019 年 12 月第 1 次
定 价 88.00 元
广告经营许可证 京西工商广字第 8179 号

中国经济出版社 **网址** www.economyph.com **社址** 北京市东城区安定门外大街 58 号 **邮编** 100011
本版图书如存在印装质量问题，请与本社销售中心联系调换（联系电话：010-57512564）

自 序

本书汇集了2013年10月以来笔者在学术刊物、报纸、网络媒体上已经公开发表的文章。笔者2009年《引入空间维度的经济学分析及我国铁路问题研究》和2013年《集约型城镇化与我国交通问题研究》两本论文集，分获第六届和第七届高等学校科学研究优秀成果奖（人文社会科学）经济学著作类三等奖。本论文集是以往研究的进一步深化。文章编排主要根据研究的问题归类，分为发展大都市区、产业政策、铁路改革与高铁问题研究等三个部分，每个部分一般把最近发表的文章放在前面，但也不是严格按时间顺序，还要考虑文章的逻辑关系，把研究相同问题的文章尽可能放在一起。

书中第一部分是我国发展大都市区问题研究。该部分文章主要是笔者作为首席专家承担国家社会科学基金重大项目“集约、智能、绿色、低碳的新型城镇化道路研究”（13&ZD026）的相关研究成果。大都市区和都市圈都是对英文“Metropolitan Area”一词的不同翻译方式。笔者使用“大都市区”的术语而不是目前流行的“都市圈”说法。大都市区（Metropolitan Area）概念首先出自美国，第二次世界大战后，在美国占领下，日本开始使用Metropolitan Area的概念，并翻译为“都市圈”，日文的“都市圈”写法与中文完全相同，导致国内一些学者直接使用日文的译法。但“都市圈”容易造成圈状地域的误区，导致随意画出半径100公里、150公里甚至更大的都市圈，而忽略了大都市区本质上是基于通勤联系的本地劳动力市场（Local Labor Market）。

由于我国一直没有大都市统计区的概念，对城市群的概念也没有统一规定，在2013年的文章中笔者把大都市区和大城市群等同起来，都看做是“以特大城市或大城市为中心在1.5万平方公里左右区域内集聚多个中小城市和小城镇的大都市统计区”。2014年《国家新型城镇化规划（2014—2020年）》提出更大空间尺度的“城市群”概念后，笔者严格区分大都市区和城市群的概念。因为大都市区是基于通勤联系的本地劳动力市场，其空间尺度不可能随意扩大。笔者认为城市群是由相邻的几个大都市区构成的，城市群的发展如果不以大都市区的发展为基础，城市群规划就会成为一纸空文。

本部分的前3篇文章还与笔者2018年承担国务院发展研究中心市场经济研究所课题《新技术革命背景下全球都市圈发展趋势与我国都市圈发展前景》和北京交通大学北京综合交通发展研究院课题《北京轨道交通“站城一体”融合发展问题研究》有关。在这些课题的研究过程中，笔者用集聚经济理论说明新产业革命的城市空间结构和资源空间配置问题，认为集聚经济的匹配、共享和知识溢出机制能够解释，为什么作为推动新产业革命主体的知识密集型企业和生产性服务业更倾向集聚到大城市。这是由于前两次产业革命是用机器部分解放和强化人的体力，新产业革命则是用机器部分解放和加强人的智力，而越复杂、越智能的机器，越需要更大量的教育、研发、设计、运维活动，因此与信息和智能技术相关的知识密集型企业在人口规模大密度高的大城市，才能获得集聚经济优势。

该部分的后4篇文章用科斯关于空间权利配置的理论分析了在大城市发展公共交通的问题。把公共交通放在发展大都市区部分来讨论是因为，城市基础设施特别是交通基础设施的承载能力是大都市区集聚经济发展的基础和进一步发展的主要瓶颈。公共交通特别是轨道交通才能支撑人口规模大密度高的大都市区可持续发展。然而，发展城市公共交通涉及一系列体制、规划、政策方面的问题，笔者提出城市空间权利的视角，即不是仅仅从城市交通本身，而是从城市空间资源配置和城市空间权利的更广阔视角分析发展公共交通（绿色交通）面临的问题。

本书第二部分是与产业政策研究相关的文章。企业能力理论是笔者研究产业政策的理论基础。笔者曾在2008年8月的《中国工业经济》杂志上发表论文“我国自主研发的比较优势与产业政策——基于企业能力理论的分析”。该文以华为案例和企业能力理论对林毅夫教授的“比较优势战略”提出批评。针对林毅夫（2005年）关于技术创新的研发费用、失败概率非常高，因此“技术创新必须以引进为主”的观点，笔者提出“我国在自主研发上具有比较优势，缺少的是具有利用这种比较优势能力的企业”。

当前美国政府动用超级大国的国家力量试图通过切断华为的全球供应链，实行芯片禁售，来压垮华为，但华为仍然能够屹立不倒，一个重要原因是华为长期不计血本在自主研发上的高强度投入，从而拥有自己的核心技术和大量专利。华为的竞争优势来源于拥有利用我国自主研发比较优势的能力。

笔者在2008年的文章中认为，从长期看企业核心能力（竞争优势）的决定因素不是其拥有的技术和资产规模，而是更深层次的企业的目标、价值标准、组织治理结构等因素，并以华为公司为例进行说明。这或可回答笔者2000年编著出版的《现代管理经济学》中提出的一个问题。该书中“联想案例”的一个讨论题是：1995年，联想的程控交换机在性能上超过华为，与国外同档次产品比也不落后，但由于6000余万元的应收账款和对亏损的担心，联想放弃了通信设备市场，程控交换机事业部解散。“你如何评价联想在1995年放弃通信设备市场，解散程控交换机部的决策？联想是不是错过了难得的发展机遇？”

2019年6月网络上有篇题为“联想的至暗时刻”的文章，对该讨论题做出这样的回应：“如果当年倪光南没有离开联想，如果柳传志和任正非一样敢于砸钱做研发。那么今天华为的荣光，本应属于联想。”该作者或没有认识到华为和联想在企业目标、价值标准、治理理念上是完全不同的企业，因而注定了联想不可能不计血本地砸钱做研发，更不可能持续地砸几十年。2000 年联想的销售收入为 284 亿元人民币，几乎是华为 152 亿元销售收入的 2 倍，但当年华为的研发投入为 20.7 亿元，是联想 8.56 亿元研发投入的近 2.5 倍。两个企业有完全不同的“志”和“知”，因而有不同的行为方式，今天华为的荣光，早就注定不可能属于联想。企业能力理论借助王阳明的“知行合一”，“知是行之始，行是知之成”，可做这样的解释：企业的技术专利、资产规模、销售收入、赢利水平不过是树木的果实枝叶而不是根干，企业核心能力的根干是其目标定位和价值标准取向。

2016 年林毅夫与张维迎二位教授关于产业政策的争论在学术界引起广泛关注，笔者基于以往对产业政策的研究，在《财新网》上发表“产业政策之争中的逻辑问题”，指出二者的观点都存在明显逻辑缺陷。2016 年 10 月人民日报《内部参阅》刊发了 4 篇讨论产业政策的文章，其中笔者在《财新网》上的文章以“如何设计和实施产业政策”的标题刊发。2017 年，“产业政策之争中的逻辑问题”还被北京大学国家发展研究院副院长黄益平教授收入产业政策之争的论文集《政府的边界》一书。

那种把产业政策等同计划经济，从而全盘否定产业政策的观点，无论从理论上还是实践上都是缺乏根据的。美国是典型的市场经济国家，但美国政府 2016 年的《美国制造创新国家网络战略规划》（*National Network for Manufacturing Innovation Program Strategic Plan*）无疑是政府对产业发展的干预，是在制定产业政策。最近美国特朗普政府动用国家力量对华为的围剿，仅仅是因为在 5G 领域美国不容许其他国家超过美国。美国的产业政策已经在干预中国民营企业的发展。这说明，产业政策不等同于计划经济，市场经济国家也可以有产业政策，重要的是制定什么样的产业政策和谁来制定产业政策。

笔者感到欣慰的是，当下学术期刊上发表的那些实证类文章通常 1 年后就没有阅读价值，而笔者 11 年前在《中国工业经济》上的那篇文章仍值得一阅。这篇文章已经对是否需要产业政策，以及需要什么样的产业政策给出了有说服力的理论分析。

第三部分主要与铁路运输管理体制改革和高速铁路研究有关。北京交通大学曾由原铁道部管理，2000 年划归教育部，但学校一直与铁路有长期多方面的联系。由于在北京交通大学工作，从经济学视角研究铁路运输管理体制改革和高铁相关问题一直是笔者的一个重要研究领域。2016 年笔者把该研究领域已公开发表的文章集结起来以《中国铁路改革重组与高铁问题研究》书名出版，希望为深化铁路改革提供参考，对正在进行的大规模高铁建设进行风险警示。其中的部分文章仍编入本书，以便完整保存 6 年来发表过的文章。

2019 年 6 月经国务院批准同意，中国铁路总公司改制成立中国国家铁路集团有限公司，承担国家规定的铁路运输经营、建设和安全等职责，负责铁路运输统一调度指挥，统筹安排路网性运力资源配置，负责铁路行业运输收入清算和收入进款管理。这或是完成了年初政府工作报告中“深化电力、油气、铁路等领域改革”中的一项任务。

是否需要车流组织的全路网统一调度指挥，是深化铁路运输管理体制改革必须解决的问题。1990 年代和 2000 年初的铁路改革探索都是因为在该问题上的争议而陷于停顿。车流组织的全路统一调度指挥在现行 18 个铁路局的组织结构下有其合理性。因为铁路局的管辖范围过小，每个铁路局承运的货物大部分都要发往外局，大部分货运服务都是由多个铁路局共同完成的，车流组织的统一调度指挥、统一清算可以降低交易成本。但这要以各铁路局不能自主进行运力资源配置、丧失市场主体地位失去活力为代价。车流组织的全路统一调度指挥是维持铁路运输行业垄断的基石，而车流组织全路统一调度指挥的合理性是由铁路局的数量过多、各铁路局的管辖范围过小造成的。如果铁路运输企业管辖的区域足够大，大部分货物运输服务就能够在其管内完成，车流组织的全路统一调度指挥就失去了存在的合理性。或者说，每个铁路局管辖范围过小的产业组织结构内生出全路统一调度指挥的合理性，及行业垄断的存在条件。因此，把国铁集团重组为三大区域铁路公司，大部分货运服务都可以在各区域铁路公司内部完成，全路统一调度指挥就失去了存在的理由，行业垄断就可以打破，铁路运输企业就能焕发活力。

笔者在“重塑市场主体 推动铁路股份制改革”一文中进一步指出，中国铁路运输管理体制仍保持的行业垄断是靠“统一调度指挥、统一清算”来维系的。其主要特征是：18 个铁路局各自负责局管内的统一调度指挥，国铁集团负责全路、主要是各路局分界口的两层次统一调度指挥体系，由此造成统一调度指挥的碎片化。这种碎片化的统一调度指挥是造成铁路运输企业缺乏活力、运输效率低下，不能适应货运市场需求的主要原因。该文建议当前可进行扩大铁路局管辖范围的试点，把哈尔滨铁路局和沈阳铁路局重组为东北铁路局，乌鲁木齐铁路局和兰州铁路局（及西安铁路局）重组为西北铁路局，通过扩大铁路局管辖范围，降低发挥铁路货物运输比较优势的产业组织障碍。

本部分有关高铁的文章是笔者一贯观点结合当时热点话题的表述，其中《谨防高铁灰犀牛》一文引发“社会公众强烈关注”，获得主要决策者的重视。对于网上那些试图博取眼球的谩骂性文字，笔者不屑一看，对于有些思考的代表性质疑文章，则做出了全面有针对性的回应。最后一篇英文文章，是笔者作为第一作者和通讯作者在交通运输经济学国际顶级学术刊物“*Transportation Research Part A Policy and Practice*”上发表的文章，部分是为了达到学校的业绩考核要求。中国的大学缺乏评价论文质量的学术标准和共识，在经济学领域更是如此，发在 SSCI 排名靠前的期刊上才被认作高水平论文。对此，也只好顺应。

赵坚

2019 年 11 月于北京交通大学宜园

目　录

第一部分

中国发展大都市区研究

助推新产业革命，当废止严控特大城市人口政策*

原载财新网，2019 年 9 月 2 日

应优化人口的空间结构，须废止严格控制特大城市人口和用地规模的相关政策，提高我国最具发展潜力城市的竞争力，使特大城市为核心的大都市区成为经济增长的发动机。为抓住新产业革命的历史机遇实现高质量发展，须废止控制特大城市人口和用地规模的相关政策，重点发展 20 个左右以特大城市为中心的大都市区，充分利用集聚经济优势，使大都市区成为催生创新型企业的温床。

新产业革命是指正在进行的从第三次产业革命向第四次产业革命过渡的产业革命。习近平总书记 2018 年在中共中央政治局第九次集体学习时指出："人工智能是新一轮科技革命和产业变革的重要驱动力量，加快发展新一代人工智能是事关我国能否抓住新一轮科技革命和产业变革机遇的战略问题。"李克强总理在 2018 年第十二届夏季达沃斯论坛致辞中提出，中国要"紧紧抓住新产业革命机遇，充分发挥人力人才资源、市场规模等优势，着力培育壮大新动能，推动新旧动能加快接续转换"。在历史上，中国错失了前两次产业革命的机会，在第三次产业革命中也是后来者，但即将到来的第四次产业革命，有可能成为中国实现高质量发展的机遇。中国已经具备了市场规模、人才资源的基础，什么

* 本文的缩写版题为"新产业革命须调整限制特大城市发展的政策"，曾被国家发展和改革委员会主管的《改革内参》采用，在 2019 年 6 月 11 日总第 1497 期的显著位置刊发。该文 2019 年 11 月 1 日还在《中国改革》总第 408 期刊发，题为"优化人口空间结构　助推新产业革命"。

样的人口空间配置和城市空间结构才能适应新产业革命的要求，是需要高度重视的问题。

新产业革命正在推动发达经济体的人口向大都市区集聚，特别是向人口规模大的大都市区集聚，导致大都市区中心城市的人口密度不断提高。这种趋势在纽约、伦敦、东京等全球城市表现得更为明显，这是新产业革命进程中市场机制进行人力资源空间配置的结果。

2010 年美国大都市区的人口比 2000 年增加 10.8%，比 1990 年增加 26.4%。美国每 10 年进行一次全面的人口统计，2010 年排名前 20 位的大都市区聚集了 37.4% 的人口，生产了 46.6% 的 GDP，获得了 63% 的专利，大都市区同时是创新中心。我国 2010 年排名前 20 位的城市人口占全国人口的 9%，GDP 占全国的 29%，分别比美国低 28.4 和 17.6 个百分点。这种差距反映出我国人力资源空间配置效率上的差距，我国人口和经济的集聚水平远低于美国，同时，也指示着我国人口空间流动和城市人口结构调整的方向。

布鲁金斯学会认为，美国经济不是 50 个州的经济，而是“大都市区经济（Metropolitan Economies）”。在这个意义上，新产业革命的竞争是全球大都市区之间的竞争。为抓住新产业革命的历史机遇，实现中国经济高质量发展，应优化人口的空间结构，须废止严格控制特大城市人口和用地规模的相关政策，提高我国最具发展潜力城市的竞争力，使特大城市为核心的大都市区成为经济增长的发动机。

一、新产业革命背景下发达国家大都市区的发展趋势

大都市区和都市圈都是对英文“Metropolitan Area”一词的两种不同翻译方式，都市圈的译法来自日本。二战后，在美国占领下，日本开始使用大都市区的概念，并把“Metropolitan Area”一词翻译为“都市圈”，日文的“都市圈”写法与中文完全相同，导致一些学者直接使用日文的译法。但都市圈的译法容易造成圆圈状地域的误解，导致随意画出半径 100 公里、150 公里甚至更大的都市圈，而忽略了大都市区本质上是地方

劳动力市场（Local Labor Market），是一个由大城市和存在较高通勤联系的邻近县市组成的区域。由于人们一般不会在工作日到80公里以外的地方上班，大都市区的地域面积一般不超过2万平方公里。根据2010年的人口统计，美国排名前20位大都市区的平均面积为1.94万平方公里。

美国在20世纪20年代城市化率达到50%以后，开始进入大都市区化阶段，二战后进入快速发展期。1960年美国大都市区人口占全国人口的比例为63%，2010年366个大都市区人口占全国人口比例为83.7%，576个小都市区人口占全美人口的10%，比2000年下降0.4个百分点（Census Bureau，2011）。美国人口向大都市区集聚的过程仍在进行中。2010年美国排名前100位的大都市区聚集了65%的人口，生产了75%的GDP，获得了92%的专利。美国是第三次产业革命的发源地，也是新产业革命的先行者，美国人口向大都市区集聚不过是其信息技术和智能技术为代表的新产业革命在人口空间结构上的映射。

美国多个城市对亚马逊第二总部落户的竞争，可以说明美国城市适应数字经济、知识经济发展的趋势。2017年亚马逊宣布要建立第二总部，承诺将为选址城市新增5万个工作岗位，其基本要求是交通便利、百万人口以上的城市化地区，邀请各地政府竞标，北美有238个城市相继响应。作为美国最大的城市和世界金融中心，纽约给出了极为优惠的条件吸引亚马逊入驻，包括与曼哈顿只有一桥之隔的黄金地段作为备选地，希望借此加速高科技产业在纽约的聚集。在亚马逊之前，谷歌、Facebook、Twitter都在纽约设立了第二总部。谷歌计划将纽约市的员工人数增加1倍，达到近2万人，而Twitter的第二大办公室就位于纽约曼哈顿。集聚经济的内在规律决定了数字技术公司都要在人口最多城市的中心城区落户。

二战后，英国为解决伦敦人口过分集中、交通拥堵和环境污染等问题，曾颁布《新城法》和《新城开发法》，在伦敦环形绿化带以外规划建设了多个卫星城。撒切尔政府在1980年宣布新城委员会和开发公司至20世纪90年代前解散，以后任何新城扩展项目政府不予贷款，只由私人投资来进行。这标志着英国计划经济色彩浓厚的新城运动经过 30 多年发展后走向终结。

21 世纪以来，数字经济、生产性服务业的发展推动伦敦市政府改变了城市发展战略，伦敦开始注重中心城区的城市更新。2004 年大伦敦政府提出了“让城市精英阶层重回城市中心”的城市复兴计划，公布了新一轮的大伦敦空间战略规划，首次提出建设城市活力中心区（Central Activity Zone，CAZ，或翻译为中央活动区）的概念。活力中心区是适应数字经济服务经济发展对商务中心区（CBD）功能的进一步扩展，它包含 CBD 所有功能，又增加了文化娱乐、行政办公、餐饮、购物等其他服务业态和居住区域。城市活力中心区（CAZ）通过“创造一种人们所期盼的高质量和具有持久活力的城市生活”，来实现产业聚集、人才汇聚，进而带动经济发展、城市复兴。

随之而来的是伦敦连续数年在中心城区进行的城市更新，特别是在金丝雀码头、肖尔迪奇区、国王十字区等发展滞后的东伦敦地区进行的高密度、高强度开发，形成了全新的满足高质量生活要求的活力中心区。肖尔迪奇的伦敦科技城已经吸引亚马逊、思科、英特尔、推特、高通等高科技企业进驻，人才密度居全球前列，成为伦敦“硅谷”，有力推动了伦敦数字经济、金融业和高科技产业的发展。

伦敦的城市活力中心区已经成为世界上最具吸引力和竞争力的新型中心城区，伦敦活力中心区（CAZ）的面积为 33.7 平方公里，仅为伦敦面积的 2.14%，但该区域 2013 年提供了 170 万个工作岗位，占伦敦的 33.33%；其产出为伦敦 GDP 的 55%，占英国的 10%；它包含了英国政府所在地、国际知名的购物中心、文化和历史遗产，以及 23.7 万居民的住所。伦敦拟进一步增加中心城区的工作岗位数量，规划从 2011 年到 2036 年在 CAZ 所在的 10 个自治市增加 46 万个工作岗位，其中 58% 在 CAZ 之内，即在活力中心区（CAZ）内每年要增加 1.1 万个工作岗位（Greater London Authority，2016）。

日本人口向三大都市区，特别是东京大都市区集聚的趋势更为明显。东京、大阪、名古屋等三大都市区聚集了日本50.9%的人口，创造了70%的GDP。日本著名经济学家藤田正久认为，20世纪50年代中期到70年代中期，日本的产业结构从轻工业转向重化工业，日本的城市空间结构从战前的东京—大阪两极结构，转变为以东京、名古屋、大阪、北九州大都市区为核心的太平洋工业带；20世纪70年代中期开始，日本的产业结构从重化工业转向高技术产业、服务业等知识密集型产业，而以知识为基础的高技术产业和生产性服务业基于面对面交流的需要，倾向在人口高度集聚的东京发展，日本的城市空间结构正在转变为以东京为中心的单极多层结构的城市体系。

人口向东京的集聚导致了东京的高密度开发。东京大都市区的高密度开发主要分布在山手线（中心城区内34.5公里的轨道交通环线）的枢纽车站上，特别在21世纪，为适应数字经济、服务经济的发展，日本政府大幅度放宽了山手线上多个枢纽车站的容积率限制，东京大都市区“站城一体”的开发密度和开发强度达到了前所未有的规模。山手线上“车站城市”所包含的城市功能比伦敦的“活力中心区”更丰富，其主要做法是在山手线的10来个轨道交通枢纽车站及其周边进行高强度高密度开发。

例如，山手线上的涩谷站有8条轨道交通和地铁线路交汇，是东京交通最便利的地区之一。2005年涩谷车站周边被日本政府选定为特定城市更新紧急强化区，允许进一步放宽容积率限制，进行更高强度的开发。由于增加城市公共空间，东急电铁“涩谷之光”项目获得容积率奖励，容积率由原来的7提高到接近14。东急电铁在涩谷站周边的项目分三期开发，其中的涩谷川大厦于2018年完工，谷歌日本总部入驻大厦14～35层。三期项目将在2027年完成。涩谷车站成为融创意产业、商务办公、文化娱乐、观光购物、居住等功能的“车站城市”。集各种城市功能的城市综合体高密度集聚，使涩谷成为日本最具活力的创意产业中心。2015年涩谷车站每日的乘车人数高达323万，在东京大都市区排名第二。

21 世纪，伦敦、纽约、东京大都市区的人口都在增长，特别在中心城区都出现人口密度增加的趋势，这是新产业革命推动的人口空间配置。

二、新产业革命导致人口向大都市区集聚的内在机制

每次产业革命都是由技术革命引发和推动的。当新技术革命融入社会生产活动，即新技术不再只是实验室的样品，而是转化为市场上可销售的产品，出现新的生产方式或新的产业部门，导致产业间分工和劳动分工的进一步深化，就开始了新一轮产业革命。第一次产业革命，是以蒸汽机为代表的动力技术革命，出现了蒸汽机为动力的火车、轮船、纺织机等替代人力、畜力的工作机，带动了机械工业、钢铁工业、煤炭工业等一系列产业部门的发展。第二次产业革命，是以电力和内燃机为代表的动力技术革命，出现了发电机、电动机、汽车等效率更高的动力机械，进一步带动了机械工业、冶金工业、石油化工等产业部门的发展。第三次产业革命，是以计算机和数字通信技术为代表的信息技术革命，出现了计算机、集成电路、手机、互联网等信息处理产品，推动了数字技术创新和数字经济的发展，带动了精密机械、半导体、软件等一系列产业部门的发展，导致技术复杂程度呈指数增长。第四次产业革命，是以人工智能和机器人技术为代表的智能革命，涉及智能制造、新材料、基因工程等更为广泛的产业领域。

如果第一次产业革命是用煤炭代替人力、畜力的动力技术革命，第二次产业革命是用二次能源代替一次能源的动力技术革命，那么第三次和将要来到的第四次产业革命则是信息技术和智能技术的革命。前两次产业革命是用机器部分解放和强化人的体力，新产业革命则是用机器部分解放和加强人的智力。人要用智能机器人代替人进行一些需要智力的工作，就需要知道怎样才能使机器有智能，就需要比智能机器人有更多的知识。越复杂、越智能的机器，越需要更大量的教育、研发、设计、运维活动，而直接进行生产制造的工作则相对缩小。

城市空间是人类进行生产生活活动的空间，以动力技术革命为基础的产业革命，导致就业岗位主要在靠近动力源的工厂车间，而以信息技术智能技术为代表的新产业革命，导致信息处理、研发、设计、管理的工作岗位大幅度增加，大量就业岗位向写字楼、实验室转移，研发、设计、管理等知识型员工和服务业员工成为就业主体，信息处理和知识创造成为主要的生产活动方式。

不仅数字技术公司主要从事信息处理知识创造的工作，制造业公司为了提高竞争力也要进入“微笑曲线”的价值链两端，研发、设计、品牌和营销管理、售后服务成为制造业公司的核心业务。这不仅不会削弱制造业的竞争力，而且会提高制造业生产活动的效率。这不是“去工业化”，而是更多发挥信息和知识的作用，进行新技术、新产品创新，使生产制造和流通活动更有效率，更好满足市场需求。

例如，华为这样的制造业公司，大部分员工从事研发、设计、营销、管理工作，而不是直接的生产制造。华为公司 18 万名员工中，8 万人从事研发，6 万人负责销售和售后服务，生产制造员工仅 6000 人，而且主要负责自动生产线的监控维护。当制造业生产线上的员工被机器人替代，工业园区的员工数量会相对下降，研发设计大厦中的信息处理知识生产活动会大幅度增加。

第三次技术革命引发的产业革命，表现为一大批与信息智能等数字技术相关公司的崛起，出现了微软、谷歌、苹果等跨国公司。2007—2017 年，全球市值居前 10 名的公司中，信息和互联网科技公司从 1 家增长至 7 家。而这类公司的工作岗位一般在大城市的写字楼或园区。第二产业可以在工业园区发展，而生产性服务业企业，如各种类型的金融机构、研发设计机构、律师事务所、会计师事务所、各类咨询教育机构等，为获得集聚经济优势要在人口集聚程度高的大城市发展，而且在交通便利、人口密度高的大城市才更靠近客户，才有更大的生存和扩展空间。在中国，阿里巴巴和腾讯等数字技术公司的大多数工作岗位都在特大以上城市。因此，第三次产业革命引发的产业空间布局变化表现为，数字技术公司和企业的研发、设计、营销、管理等生产活动向大城市特别是人口规模大的大都市区集聚。这一趋势在21世纪已经表现得更为明显。

伴随新技术革命而涌现出大量与信息智能相关的数字技术公司、生产性服务业企业，这类知识密集型产业的生产活动倾向集聚在人口规模大密度高的大城市，才能获得集聚经济优势，而不是平均分布在不同城市。集聚经济的匹配、共享、知识溢出等三个机制能够解释为什么企业总部、数字技术公司和生产性服务业企业更倾向集聚到大城市。

第一，匹配机制是指提高经济活动和人口的密度可以为员工与企业以及供应链的上下游企业之间提供更多的相互选择，实现效率更高的要素组合。从事数字经济和研发、设计、管理、咨询等活动的企业有更复杂的分工，对有专门知识技能的员工有更高的要求。这类企业在2000万人口的超大城市，比在500万人口的特大城市，更能找到企业所需要的员工；在500万人口的特大城市，比在100万人口的大城市，更能找到企业所需要的员工。另外，由于大量从事研发、设计、管理、咨询等生产性服务业企业的集聚，有专门知识技能的人才在特大城市有更多的选择，也更容易找到合适的工作岗位。因此在人口规模大、密度高的稠密本地劳动力市场（Thick Local Labor Markets）能够形成更有效的匹配，从而提高人力资本的配置效率。这种匹配对从事信息处理和知识性工作的企业总部、数字技术公司和生产性服务业企业具有极为重要的意义，因为企业的核心竞争力是企业的知识，而员工是企业知识的重要载体。

基于同样的原因，知识型服务型企业在人口规模大、密度高的大城市能找到更多合作伙伴和客户，可以有更多的选择，从而大幅度降低交易成本。硅谷取得成功的一个关键要素是科技、资本、人才的高密度集聚。硅谷位于北起斯坦福大学所在地帕拉奥托市南至圣何塞市，在这块长48公里、宽16公里的地带集聚了2000多家高技术公司，这是世界上最高密度的高科技公司集聚，而且这些公司都是所在行业的领导者。

在斯坦福大学西侧的沙丘路，两三公里长的范围里聚集了几十家美国乃至全世界知名的风险投资公司。在纳斯达克上市的科技公司中，至少有一半是由沙丘路的风险投资公司投资的。斯坦福大学研究人员的科技知识、风险资本、高科技人才的高密度集聚，使得新技术、资本、人才形成高效匹配，创新产品不断涌现。

第二，集聚能够使企业共享城市基础设施包括轨道交通、城市道路、通信水电供应设施、垃圾污水处理设施、学校、医院、文化体育设施提供的服务，而且在特大城市才能得到更完善的基础设施和公共设施服务。例如，500 万人口以上的特大城市才可能支撑地铁的建设和运营，而在中等城市建设地铁是不经济的。

创新型企业在人口规模大、密度高的大城市才能够共享包括风险资本在内的创新生态系统，因而有更大的生存和发展机会。美国的风险资本有所谓“20 分钟法则”，即风险资本投资的创新型企业通常在离其办公室 20 分钟行程范围内，因为风险资本提供的不仅是资金，还包括团队建设、财务、产品方向选择等一系列支持性服务，地理空间上的邻近性是重要的。

第三，集聚提高了经济活动的密度，有利于知识溢出。特别是数字技术公司和生产性服务业主要从事信息处理和知识性工作，经常的面对面交流更有利于知识溢出和创新。新想法需要面对面的思想碰撞，需要来自多方面的各种形式的刺激而不仅仅是闭门冥想。微软公司的软件开发部门是其核心部门，该部门自己开发出先进的系统，使得不必在同一房间面对面地交流。但他们自己却始终坚持要让该部门人员待在一起。每一个产品开发小组都强调，将他们的办公室与其他小组的办公室设在一起至关重要。这样便于磋商，增加同部门员工在楼道相遇的机会。这或说明面对面交流的重要性。

在硅谷知识溢出主要是通过人才流动和技术知识共享实现的，这与高技术公司的高密度集聚有关。萨克森宁在研究硅谷的《地区优势》一书中对此有生动的描述：硅谷以超乎寻常的快速跳槽而著称，硅谷电子公司平均每年的雇员变动为35%，而在小公司则高达59%。当工程师跳槽时，就带走了以前工作中获得的知识、技术和经验。硅谷高技术公司的高密度集聚为人才流动提供了便利，硅谷的工程师换一个新工作，只需在早晨改变一下开车的方向，不必卖掉房子，也不必给孩子换学校。不仅如此，在硅谷竞争者之间讨论技术问题的频繁程度是其他地区闻所未闻的，竞争者之间互相交流是硅谷的文化。在硅谷诞生地山景城（Mountain View）市长伦尼·西格尔看来，“硅谷的成功因素只有两点：技术的共享和人才的流动”。

杨格定理（劳动分工取决于市场规模，而市场规模又取决于劳动分工）可以更好地解释集聚经济的自我增强现象。大城市能够满足多样化的需求从而吸引更多的人和企业进入大城市；而扩大的市场规模又导致更细的产业间分工、更高的生产率和更多的创新，提供更多的工作岗位；导致更多的人口向大都市区集聚，形成正反馈的循环。集聚经济推动增长的核心机制是市场规模的扩大和分工的深化，因而，可以创造出更多的需求和就业，实现更高的生产率和更多的创新。

例如，大城市有足够多的人口，才能有足够大的各种多样化需求，医院才能够进行更细的分工，儿童、口腔、心脏、肿瘤、神经等专科医院才可能生存；各种类型的金融机构、律师事务所、会计师事务所等生产性服务企业才可能存在；大城市不仅需要高技能人才，同时也需要大量的家庭服务员、清洁工、街头摊贩、快递员各类人等。大都市区能够为第三产业和创新型企业提供更好的发展环境、更大的发展空间。第三产业提供的服务不同于制造业的最根本区别是，服务的生产过程和消费过程是同时进行的，而制造业产品是先生产、后消费。因此，第三产业主要在人口规模大、密度高的大城市有更大的扩展空间。我国第三产业占GDP的比重低是我国大都市区不够多、不够大的结果。

杨格指出，从整体上说市场（需求）是由交易联系起来的生产活动（供给）的总和。这里的生产活动是包括所有产品和服务的生产活动，而不同于宏观经济学中最终产品的总需求与总供给的关系。经济学教科书通常是先讲需求理论，再讲供给理论。按照杨格的理论则应当是“供（给）需（求）合一”。

这类似于明代哲学家王阳明的“知行合一”。对哲学上“知先行后”和“行先知后”的争论，王阳明不同意把二者分开去说谁先谁后，而是“知行合一”，“知是行之始，行是知之成”。按照杨格对市场的理解，供给和需求也不能分开，不存在先有需求还是先有供给的问题，“需是供之始，供是需之成”。限制某种需求，如控制人口向特大城市的集聚，势必导致一系列生产活动不可能发生，因此失去发展的机遇。

1928 年，杨格在回答为什么美国产业的生产率要高于英国时认为，这不是因为英国产业的组织效率和管理能力不如美国，而是因为美国的市场规模更大。由于没有考虑空间维度，或由于美国刚进入大都市区化发展阶段，杨格还没有意识到美国人口向大都市区集聚产生的集聚经济对美国市场规模、生产率和创新的影响。现在的美国经济则是“大都市区经济”。

三、适应新产业革命的新型城镇化政策调整

我国的城镇化已经进入大都市区化（Metropolitanization）的发展阶段，其典型表现是工业企业从相当多的大城市迁出，在大城市周边出现一些新兴城镇，形成新的人口和产业集聚，出现跨行政区划的通勤族。例如，目前每天有数十万居住在河北燕郊的居民到北京上班，每天有数十万居住在江苏昆山的居民到上海上班，每天有数万居住在咸阳的居民到西安上班。大都市区的城镇空间结构和人口分布格局正在形成。

但我国在城市发展指导思想和政策上，没有认识到高密度人口集聚对促进创新和新产业革命的重要意义，仍然继续粗放型的城镇化道路。国家发改委发布的《中国城市综合发展指标 2017》报告，把城市人口密度作为城市综合发展水平的评价指标，其中人口密度在 5000 人/平方公里以上，为人口密集地区（Densely Inhabited District，DID）；人口密度在 10000 人/平方公里以上为人口高密集地区。2000—2016 年，中国

实际 GDP 增长了约 3.3 倍、城市市区面积增长了约 1.8 倍，但人口密集地区只增长了约 20%，城市人口密度在不断降低，土地的城镇化远超人口的城镇化，更说明我国人口空间配置的发展趋势不能适应新产业革命的要求。

以信息技术和智能技术为代表的新产业革命对集聚经济有更高的要求。集聚经济是一种密度经济，人口和经济活动的密度越高，集聚经济的匹配、共享、知识溢出机制越能有效发挥作用。新产业革命正在推动数字技术公司、公司总部、研发机构、生产性服务业要向大城市集聚，在中国特别是向特大城市集聚。但目前中国的城市发展过分强调特大城市与综合承载能力之间的矛盾，仍然采用严格控制特大城市人口规模的政策，不利于新产业革命和大都市区经济的发展。

目前特大城市和部分大城市的“行政区划面积倒置”，以及“分灶吃饭”的财税体制和领导干部考核体制造成的行政壁垒，是我国发展大都市区经济的严重障碍。“城市行政区划面积倒置”是指我国城市人口规模越大，行政区划面积越小。以我国人口规模最大的一线城市为例，上海的行政区划面积只有 0.63 万平方公里，广州的行政区划面积为 0.74 万平方公里，深圳还不到 2000 平方公里，北京的行政区划经多次调整虽有 1.64 万平方公里，但适于城市建设的平原地区不到 6400 平方公里，而 2013 年全国 289 个地级以上城市的行政区划平均面积则达到 1.72 万平方公里。

我国严格限制 500 万人口以上城市的人口和用地规模，以及超大城市区划面积过小和原国土资源部控制特大城市建设用地供给，增加“中小城市、县城建设用地供给”的政策，导致了土地资源的空间错配。其结果是，在没有市场需求的中小城市和小城镇出现了大量空置的商品房和各类开发区中大片的闲置土地。而在有市场需求的地方缺乏土地资源，大幅度抬高了超大城市和部分特大城市的房价，抬高了工商业的要素成本，降低了中国制造的国际竞争力，抑制了创新型企业和第三产业的发展，对我国实体经济的发展造成了严重损害。

我国应取消严格控制500万人口以上特大城市的人口和用地规模的政策，增加大都市区特别是核心城市的人口密度，进行资源空间配置的供给侧结构性改革，充分发挥特大城市发展第二、第三产业的潜力，进一步提高排名前100位城市的集聚经济水平，重点发展20个左右以特大城市为中心的大都市区，使大都市区成为经济增长的发动机。

每个大都市区在1.5万平方公里左右的区域可集聚多个中小城市，高密度的可容纳2000万到4000万人口。为此，需要把超大和部分特大城市的行政区划扩展到可能存在紧密经济联系的1.5万平方公里左右的区域。这仅涉及不超过20个副省级以上城市及这些城市周边的少数县，影响面较小。在操作上，可将直辖市和部分省会城市（包括副省级城市）半径70公里左右的地域，以县为单位划归相应城市的行政区划。至少要建设4万公里通勤铁路和城市轨道交通支撑20个大都市区的运行，这需要破解发展轨道交通在城市规划、土地利用、运营管理方面的体制政策障碍。

高密度发展，并不是在城市的所有地区平均地提高开发强度，而是要在大都市区轨道交通车站周边，特别是中心城区的轨道交通枢纽车站周边进行高强度、高密度开发。东京大都市区的人口密度是世界最高的，但东京的中心城区（23区）大多是低层建筑和独栋住宅，高强度高密度开发主要集中在山手线轨道交通枢纽车站周边。

大都市区是城市群的支撑点，城市群是由相邻的几个大都市区构成的，没有足够大体量且充满活力的大都市区，就难以发挥其对周边地区的带动作用。我国的城市群规划如果不以大都市区的发展为抓手，就是下一盘不做“眼”的围棋，城市群规划就会成为一纸空文。

四、破除“大城市病”恐惧症

发展大都市区经济要破除“大城市病”恐惧症。人口规模大、密度高并不是交通拥堵等大城市病的原因，城市治理能力低下和轨道交通发展滞后才是原因所在。特大城市的综合承载能力是动态变化的，对东部城市来说，水资源短缺可以通过海水淡化解决，交通拥堵可以通过交通基础设施建设来缓解。特大城市的基础设施承载能力不能满足人口增长的需要，是市场的短缺信号和投资的机会，而不能成为限制人口流入的理由，顺应市场才能把握发展的机遇。

东京近半个多世纪的发展，为消除“大城市病”恐惧症提供了有说服力的案例。东京大都市区（一都3县，面积1.35万平方公里）的人口在二战后出现快速增长，从1945年的937万猛增到1960年的1786万，当时东京大都市区轨道交通总里程约为1566公里，其中包括94公里的双复线，但仍不能满足出行需求，导致严重的交通拥堵。20世纪60年代，日本国铁在东京大都市区半径30公里范围内进行了5个方面的“作战”，在五个不同方向投入巨额资金，实现大都市区轨道交通的双复线化（以便同时开行快速通勤列车）、高架化、电气化。随着日本政府和民营铁路不断加大轨道交通建设，2015年东京大都市区的轨道交通总里程为2705公里，其中约281公里为双复线，有1510个轨道交通车站。2018年东京大都市区的人口高达3800万，人口密度是北京的2倍以上，但交通运行状况远好于北京。2016年东京大都市区的GDP为1.662万亿美元，是同年北京市GDP的4.43倍。东京大都市区创造的专利申请授权量占全日本的60%左右，也是日本的创新中心。

日本是世界上创新型企业最多的国家。根据国际上创新型企业权威评估机构科睿唯安（Clarivate Analytics，前汤森路透知识产权与科技事业部）发布的《全球创新型企业100强2018—2019》（*Derwent Top 100 Global Innovators 2018 - 19*），2018年有12个国家和地区的100家企业入选，其中日本有丰田汽车、日本电气、佳能等39家；美国有苹果、英特尔、波音等33家；中国内地只有华为等3家企业。Clarivate Analytics采用极为严格的评选办法从2011年开始在全球范围每年评选100家创新型企业，共有204家企业曾经入选，其中55家只入选过一次，但日本有14家企业连续入选8次，美国有12家企业连续入选8次，我国最具创新能力的华为公司入选过4次，比亚迪和小米是2018年首次入选。

应该注意的是，全球创新型 100 强企业的总部大都位于人口规模大、密度高的大都市区，韩国有三星等 3 家企业连续入选 8 次，其总部都在首尔大都市区，日本 39 家入选企业的总部都在东京、大阪、名古屋等三大都市区。人口在三大都市区高密度集聚产生的高水平集聚经济，是日本创新型企业数量居全球第一的重要原因。

世界银行“2009 年世界发展报告”高度强调人口密度对经济发展的重要性，认为世界上三个最繁荣的地区——日本、美国、西欧，都是遵循经济地理的三个维度（提高密度、缩短距离、减少分割）推进转型，从而重塑了自己的经济地理，使得“专业化分工和规模生产成为可能”。日本 50% 以上的人口集聚在三大都市区，美国近 40% 的人口集聚在人口排名前 20 的大都市区。

在 5000 万人口以上国家中，我国的平均人口密度处在中间水平，但我国 94.2% 的人口居住在胡焕庸线东侧 42.9% 的国土上，东侧的人口密度与日本相当。人口规模大和较高的密度是中国经济增长具有竞争优势的一个重要决定因素，但与日本和美国相比，我国的人口集聚水平还有相当大的差距。在把握新产业革命机遇的国际竞争中，日本和美国正在以大都市区集聚经济的创新优势抵消着我国的人口规模优势。

从各地经济社会发展状况看，我国人口密度高的广东、浙江、江苏和一线城市普遍好于人口密度低的省市。从人口的变化趋势看，在 2030 年前后我国将失去人口红利，因此提高人口排名前 100 位城市的集聚经济水平，重点发展 20 个左右以特大城市为中心的大都市区，对我国经济实现长期高质量发展具有重要意义。

目前东北三省的人口密度已低于全国平均水平，更远低于东部地区的平均水平。东北三省的人口密度低、集聚经济水平低，或是近些年东北三省 GDP 占全国的比重和常住人口数量持续下降的原因之一。因此，在深化改革优化营商环境的同时，放开哈尔滨、长春、沈阳和大连的人口规模控制，提高人口和产业集聚水平，是用局部的集聚经济优势抵消东北三省常住人口减少的劣势，应当是实现东北振兴的一个重要举措。

这种发展战略同样适用于中西部人口数量少、密度低的省市。

发展大都市区经济，提高人口和经济活动集聚水平不仅有利于创新，不仅是信息和智能技术为代表的新产业革命的内在要求，也是脱贫攻坚、实现乡村振兴的必由之路。

2018 年我国第一、二、三产业占 GDP 的比重分别为 7.2%、40.7%、52.2%。1980—2018 年，我国农业产出（第一产业）占 GDP 的比重从 30.4% 下降到 7.2%，而同期农村人口占全国人口的比重仅从 80.6% 下降到 40.42%。这意味着 1980 年每百分之一的农民生产了 0.377% 的 GDP，而 2018 年每百分之一的农民只生产了 0.178% 的 GDP，2018 年农民从农业生产中获得的收入所占 GDP 份额不到 1980 年的一半。这 38 年间农民生活水平和收入水平的提高，主要依靠政府补贴和外出打工收入。如果不把大量的农村人口转移到城市，实现农业生产的规模经济，大幅度提高农业劳动生产率，乡村振兴是难以实现的。

国际比较更能说明我国农业农村农民的问题所在。美国 2015 年第一、二、三产业占 GDP 的比重分别为 1.65%、29.38%、68.97%，从事这三次产业的人口比重分别为 1.53%、18.95%、79.52%。美国每百分之一的农民生产了 1.078% 左右的 GDP，其相对份额是我国农民的近 10 倍。因此把大量农村人口转移到城市进入第三产业，是解决三农问题、实现乡村振兴的最主要出路。1980—2018 年，我国第二产业占 GDP 的比重下降了 8.3 个百分点，出现不断下降趋势，第二产业容纳农村转移人口的能力极为有限，只有发展第三产业才能容纳大量的农村转移人口，而特大城市和大城市才能提供更大的第三产业发展空间。因此重点发展 20 个左右以特大城市为中心的大都市区对实现乡村振兴具有极为重要的意义。

值得注意的是，继 2019 年 8 月 6 日国务院关于《中国（上海）自由贸易试验区临港新片区总体方案》（以下简称《临港新片区总体方案》）公布 12 天后，中共中央、国务院《关于支持深圳建设中国特色社会主义先行示范区的意见》（以下简称《建设先行示范区的意见》）也正式发布。半月之内，两项重大决策相继出台，影响的不仅是 2 个超大城市的命运，或更是影响中国经济的战略布局。

《临港新片区总体方案》明确提出，上海要“强化开放型经济集聚功能”，“建设集成电路综合性产业基地”，“推动智能汽车、智能制造、智能机器人等新产业新业态发展”。要建设民用航空产业集聚区，以大型客机和民用航空发动机为核心，加速集聚配套产业，推动航空全产业链发展。《建设先行示范区的意见》提出，深圳要“加快实施创新驱动发展战略”，“大力发展战略性新兴产业，在未来通信高端器件、高性能医疗器械等领域创建制造业创新中心”。

在这两个超大城市加大先进制造业布局，是否意味着超大城市在高质量发展阶段要发挥更重要作用？特别是上海临港新片区将采用“产城融合”的发展模式，规划范围的面积为119.5平方公里，至少将新增100万人口，这是否意味着要放宽严格控制特大以上城市人口和用地规模的政策？

对于该问题，2019年8月26日习近平总书记在主持的中央财经委员会第五次会议似给出了肯定的回答。中央财经委员会第五次会议指出，我国“经济发展的空间结构正在发生深刻变化，中心城市和城市群正在成为承载发展要素的主要空间形式”，要“增强中心城市和城市群等经济发展优势区域的经济和人口承载能力”，“要改革土地管理制度，增强土地管理灵活性，使优势地区有更大发展空间”。

然而，为抓住新产业革命的历史机遇实现高质量发展，仅靠上海、深圳两个超大城市是远远不够的，须废止控制特大城市人口和用地规模的相关政策，提高城市的集聚经济水平，重点发展20个左右以特大城市为中心的大都市区，充分利用集聚经济优势，使大都市区成为催生创新型企业的温床。

在高质量发展阶段，中国大都市区之间的竞争不应是追求GDP的竞争，而应是拥有创新型企业数量的竞争。创新型城市应以拥有全球创新型企业数量的多寡为评价标准，拥有全球创新型企业数量居世界前列的国家才有资格称为创新型国家。

新产业革命推动城市空间资源再配置

原载《经济与管理研究》，2019 年第 9 期

［**摘要**］21 世纪以来，伦敦、纽约、东京三个典型世界城市在中心城区进行高密度开发，这是新产业革命进程中市场机制推动的城市空间资源再配置。新产业革命是以信息和智能技术为代表的用机器部分解放和强化人智力的产业革命。集聚经济的匹配、共享、知识溢出机制可以解释为什么知识密集型企业和生产性服务业企业更倾向集聚到大城市。但我国的城市发展理念和政策没有认识到高密度人口集聚对新产业革命的重要意义。现行严格限制特大城市人口的政策压抑了知识密集型企业和第三产业的发展空间，破解城市规划理念误区才能把握新产业革命机遇。本文以北京为例，提出应在 10 号线轨道交通枢纽车站进行站城一体化开发，建设城市活力中心区。

［**关键词**］新产业革命；城市空间资源再配置；集聚经济；活力中心区；站城一体

［**基金项目**］国家社会科学基金重大项目“集约、智能、绿色、低碳的新型城镇化道路研究”（13&ZD026）

一、问题的提出

新产业革命是指正在进行的从第三次产业革命向第四次产业革命过渡的产业革命。习近平总书记在中共中央政治局第九次集体学习时指出“人工智能是新一轮科技革命和产业变革的重要驱动力量，加快发展新一代人工智能是事关我国能否抓住新一轮科技革命和产业变革机遇的战

略问题”。李克强总理在2018年第十二届夏季达沃斯论坛致辞中提出，中国要“紧紧抓住新产业革命机遇，充分发挥人力人才资源、市场规模等优势，着力培育壮大新动能，推动新旧动能加快接续转换”。在历史上，中国错失了前两次产业革命的机会，在第三次产业革命中也是后来者，但即将到来的第四次产业革命，有可能成为中国实现高质量发展的机遇。中国已经具备了市场规模、人才资源的基础，怎样进行城市空间资源再配置才能适应新产业革命的要求，是需要认真研究的问题。

一些学者已经开展了这方面的研究。例如，闫岩（2017）等4位城市规划师撰文认为，空间资源配置是城市规划的基本工作。当我国从工业文明进入生态文明，许多城市进入后工业化发展时期，创新、生态、文化等新的价值导向折射在空间上必然产生新的诉求。因此，空间资源配置的理论方法必须进行全面和深刻的更新，这是城市规划行业面临的重点问题。他们基于岳阳市2049战略规划的研究实践进行了这方面的探索。该文指出“在后工业化时期，经济动力从工业主导到服务创新主导，工业开始从规模生产向以智能制造为特点的工业4.0转变。制造价值曲线的两头——研发和售后空间开始剥离，新的生产空间需求出现”。但该文没有进一步说明“新的生产空间需求”具有哪些基本特征，其重点是从生态文明的视角考虑城市空间资源配置。

张立（2016）提出，在我国城镇化从关注数量增长向重视质量提升的转型过程中，城市空间资源配置的重点将从“产业空间为主”向“居住空间为主、产业空间为辅”的发展阶段转变。我国的现状是，城市规模越大，人均建设用地指标越小，降低了城市空间品质，引发了交通等一系列城市问题。因此，在城市规划相关法规的调整和改进中，应充分考虑今后城市空间资源配置的趋势，特别是提高大城市建设用地指标。该文提出了我国城镇化高质量发展要进行城市空间资源再配置的问题，但未能充分注意新一轮产业革命对城市空间资源再配置的要求。

在城市空间资源配置研究的相关文献中，城市空间资源配置一般是指土地资源配置。本文认为城市空间资源还包括土地区位资源和土地承载的不同城市功能设施的建筑体量、建筑密度、交通连接方式的空间位置组合。土地区位是客观的地理空间位置、场所。不同城市功能设施（如交通设施、商业设施、居住和公共服务设施等）及其空间位置组合则是主观的城市规划、城市设计的产物（赵坚等，2018）。

新产业革命对城市空间资源配置具有重要影响，而城市空间资源配置的动态调整过程就是城市的更新发展过程。本文在分析新产业革命对城市空间资源配置影响的内在机制基础上，说明更具弹性的城市规划才能适应城市空间资源配置动态演进和新产业革命的要求，才能实现城市的高质量发展。

二、发达国家城市空间资源配置的演化趋势

在新产业革命推动下，为适应发展知识经济、数字经济、服务经济的要求，一些世界城市的发展思路和城市空间资源配置方式发生了重大转变，特别是21世纪以来，伦敦、纽约、东京3个典型世界级城市在中心城区进行高密度开发的城市复兴行动，是新产业革命进程中市场机制推动的空间资源再配置，应当引起高度重视和深入研究。

英国二战后为解决伦敦人口过分集中、交通拥堵和环境污染等问题，颁布了《新城法》和《新城开发法》，在伦敦环形绿化带以外规划建设了8个卫星城，新城与伦敦核心区相距30～60公里，用以安置由伦敦市区疏解的人口及产业。由于这8个卫星城依然处于伦敦通勤范围内，住在卫星城的人仍然到伦敦工作，卫星城沦为“睡城”。20世纪60年代中期，伦敦编制新的卫星城规划，利用3条主要对外快速交通干线，在相距伦敦70～100公里左右的米尔顿凯恩斯、南安普顿、朴次茅斯等地建设具有“反磁力”作用的新城，用优惠政策吸引企业入驻。经过半个世纪的发展米尔顿凯恩斯的人口达到22万左右，伦敦市区的人口在20世纪也呈现下降趋势。但由于政府将大量资源投入到新城建设，伦敦出现了严重的财政问题，东伦敦和西伦敦发展的差距进一步拉大，东伦敦成为贫民区的代名词。面对伦敦内城破败的“英国病”，新

上台的撒切尔政府在 1980 年宣布新城委员会和开发公司在 20 世纪 90 年代前解散，以后任何新城扩展项目政府不予贷款，只由私人投资来进行。这标志着英国计划色彩浓厚的新城运动经过 30 多年发展走向终结。

数字经济、生产性服务业的发展推动大伦敦市政府改变了城市发展战略，伦敦开始注重中心城区的城市更新，2004 年大伦敦政府提出了“让城市精英阶层重回城市中央”的城市复兴计划，公布了新一轮大伦敦空间战略规划（2004），首次提出建设城市活力中心区（或中央活动区，Central Activity Zone，CAZ）的概念。活力中心区是适应数字经济服务经济发展对商务中心区（CBD）功能的进一步扩展，它包含 CBD 的功能，又增加了文化娱乐、行政办公、餐饮、购物等其他服务业态和居住区域。该区域通过土地混合使用，保证在一天的不同时间段都充满生机活力，避免某些 CBD 仅有商业和办公功能，夜间则是空城的弊端。城市活力中心区（CAZ）通过“创造一种人们所期盼的高质量和具有持久活力的城市生活”，来实现产业聚集、人才汇聚，进而带动经济发展、城市复兴。

伦敦进行了连续数年高强度的城市更新，特别是在肖尔迪奇区、国王十字区、金丝雀码头等发展滞后的东伦敦地区进行高密度、高强度开发，形成了全新的满足高质量生活要求的活力中心区，有力推动了伦敦数字经济、金融业和高科技产业的发展。

肖尔迪奇区位于白金汉宫东北方向约 4.8 公里，有多条轨道交通通过，由于低收入人口集聚，肖尔迪奇区一直属于伦敦的“价值洼地”。21 世纪初伦敦市政府规划在肖尔迪奇区而不是卫星城建设东伦敦科技城，2010 年开始政府投入 4 亿英镑支持科技城的发展，并通过减免税收租金等多方面政策优惠吸引高科技企业。肖尔迪奇的伦敦科技城已经吸引亚马逊、思科、英特尔、推特、高通等高科技企业进驻，这片区域 4.4 万人受雇于金融科技公司，人才密度居全球前列，成为伦敦“硅谷”。

国王十字区域位于白金汉宫东北偏北方向约 4.8 公里，区域内有两座相邻的大型火车站——圣潘克拉斯火车站和国王十字火车站。在维多利亚时期，国王十字区曾是重要的交通枢纽。但作为工业遗产，到20世纪末逐渐沦为充斥着老式建筑的破败城区，居住者多为穷人。21世纪，国王十字区的城市更新被作为中心城区150年来最大规模的开发项目之一。圣潘克拉斯火车站经过7年的整修与改造，耗费5亿英镑后于2007年通车；2012年，耗费5.5亿英镑的国王十字火车站改造完工，并与圣潘克拉斯火车站接通。加上原有的6条地铁线路，形成了英国最大、最重要的综合交通枢纽。在这之后，路易威登、环球唱片等知名企业及《卫报》《观察家报》纷纷入驻国王十字街。2017年谷歌英国总部入驻位于圣潘克拉斯火车站与国王十字火车站之间的新写字楼。2018年2月脸书（Facebook）宣布将其英国总部搬入国王十字，总办公面积是原总部的3倍。2018年5月，英国飞机发动机巨头罗尔斯—罗伊斯宣布计划把伦敦总部搬到国王十字。在集聚产业、汇集人口后，国王十字区焕发出可以和伦敦中心威斯敏斯特区相媲美的城市活力。

金丝雀码头在白金汉宫以东约8.3公里，伦敦金融城以东偏南4.4公里的泰晤士河U字形转弯处。20世纪60年代，金丝雀码头不能适应以集装箱运输为代表的交通运输技术进步，开始走向衰落。1981年英国政府决定重建金丝雀码头。经过30多年的发展，特别是1999年伦敦的轨道交通连接到金丝雀码头后，金丝雀码头发展成为伦敦重要的国际金融中心，被誉为“第二金融城”。金丝雀码头众多的摩天大楼中集聚了汇丰银行、花旗银行、巴克莱银行、渣打银行、摩根大通等金融机构，以及每日电讯、独立报、路透社和镜报等媒体。汇丰银行和花旗银行在该区域内的两座高235米和199米的标志性建筑内落户。金丝雀码头的现代建筑群中还集聚了各类酒店、高级公寓、购物中心、餐饮、教育和艺术设施，成为适合城市精英生活的街区。

顺应知识经济、数字经济、服务经济发展的要求，伦敦在中心城区轨道交通最便利的地区进行高密度开发，创造集办公、居住、休闲、购物、教育于一体，满足高质量生活要求的城市活力中心区（CAZ），吸引高科技企业，通过“让城市精英阶层重回城市中央”实现了城市复兴。伦敦的城市活力中心区已经成为世界上最具吸引力和竞争力的新型中心城区，它提供了170万个工作岗位，占伦敦的1/3；其产出为伦敦GDP的55%，占英国的10%；它包含了英国政府所在地、国际知名的购物中心、文化和历史遗产，以及23.7万居民的住所。伦敦拟进一步增加活力中心区的密度，规划从2011年到2036年每年在活力中心区增加1.1万个工作岗位（Greater London Authority，2016）。

美国是第三次产业革命的发源地，也是本次新产业革命的先行者，伴随着新产业革命，美国人口出现了向大都市区集聚的趋势。1960年美国大都市区人口占全国人口的比例为63%，2010年美国366个大都市区人口占全国人口比例为83.7%，产出占美国GDP的89%。2010年美国366个大都市区人口比2000年增加10.8%，比1990年增加26.4%。2010年小都市区的人口占全美人口的10%，比2000年下降0.4个百分点（Census Bureau，2011）。美国人口向大都市区集聚的过程仍在进行中。人口向大都市区集聚不过是美国信息技术和智能技术为代表的新产业革命在人口空间结构上的映射。

美国多个城市对亚马逊第二总部落户的竞争，可以说明美国城市适应数字经济、知识经济发展的趋势。2017年亚马逊宣布要建立第二总部，承诺将为选址城市新增5万个工作岗位，邀请各地政府竞标，共238个城市相继响应。作为美国最大的城市和世界金融中心，纽约给出了极为优惠的条件吸引亚马逊入驻，希望借此加速高科技产业在纽约聚集。纽约给出了市内4个各具特色的黄金地段作为亚马逊新总部的备选地，以及数十亿美元的减税优惠、建设补贴、搬家补助。亚马逊看中的是纽约长岛市的临江区域，与曼哈顿只有一桥之隔，距离纽约的两大国际机场都不远。纽约给亚马逊最优惠的条件是临江区域城市空间资源配置的权利。纽约市的法律允许人们超出现有的规划许可（Zoning Regulation）做地块开发，如增大容积率，或在工业用地上建设住宅等——但前提是这些申请要通过纽约市议会的审查和投票许可。然而，在纽约和亚马逊的这次交易中，州政府将直接出面掌管亚马逊圈中的土地，有权无视市议会的审核和监管。

亚马逊的招标说明清楚地列明了它的要求——100 万人口的城市区域、公共交通便利、稳定的营商环境、对顶级技术人才的吸引力、开车1～2 英里可以驶入高速路、45 分钟内车程可达国际机场。仅第一条要求，实际上已经把可筛选的美国城市缩小到了 60 个以内。在亚马逊之前，谷歌、Facebook、Twitter 都在纽约设立了第二总部。谷歌计划将纽约市的员工人数增加 1 倍，达到近 2 万人，而 Twitter 的第二大办公室就位于纽约曼哈顿。集聚经济的内在规律决定了数字技术公司都要落户人口最多的城市。

日本的城市空间结构随着产业结构的变化正在不断演进。日本著名经济学家藤田正久认为，20 世纪 50 年代中期到 70 年代中期日本的产业结构从轻工业转向重化工业，日本的城市空间结构从战前的东京—大阪两极结构，转变为以东京、名古屋、大阪、北九州大都市区为核心的太平洋工业带；20 世纪 70 年代中期至今，日本的产业结构从重工业转向高技术产业和服务业等知识密集型产业，日本的城市空间结构正在转变为以东京为中心的单极结构体系（Fujita et al.，1997）。

人口向东京的集聚导致了高密度开发。东京大都市区的高强度高密度开发主要分布在山手线（中心城区内 34.5 公里的环线）枢纽车站上，特别在 21 世纪，日本政府大幅度放宽了山手线上多个枢纽车站的容积率限制，东京大都市区“站城一体”的开发密度和开发强度达到了前所未有的程度。东京“站城一体化开发”所包含的城市功能比伦敦的“活力中心区”更丰富，其核心是把所有的城市功能高密度地集聚在轨道交通车站特别是轨道交通枢纽车站周边。

例如，涩谷站有 8 条轨道交通和地铁线路交汇，是东京交通最便利的地区之一。2005 年涩谷车站周边被日本政府选定为特定城市更新紧急强化区，允许进一步放宽容积率限制，进行更高强度的开发。由于增加城市公共空间，东急电铁“涩谷之光”项目获得容积率奖励，容积率由原来的 7 提高到接近 14（吴春花等，2015）。东急电铁在涩谷站周边的项目分三期开发，包括 4 个街区，计划建设 8 座高度 100 米以上的高层建筑，总建筑面积近 100 万平方米。一期涩谷之光（2012 年建成）城市综合体项目，地上建筑 34 层包括商业、办公、剧场、创意空间、多功能展览、空中花园等功能。二期项目将在 2020 年东京奥运会之前完成，其中的涩谷川大厦于 2018 年完工，谷歌日本总部入驻大厦 14 ~ 35 层。三期项目将在 2027 年完成。涩谷车站成为融创意产业、办公、文化娱乐、观光、居住等功能的“车站城市”。各种城市功能的高密度集聚，使该地区的城市空间资源配置不断发生重大变化，涩谷成为日本最具活力的创意产业中心。2015 年涩谷车站每日的乘车人数高达 323 万，在东京大都市区排名第二。

东京车站有包括高速铁路、轨道交通、地铁的 12 条线路接入，2002 年日本政府把东京站所在区域选入“特例容积率适用区域”，允许进行高强度开发。东日本铁路公司提出了“车站改变城市，车站成为城市”的发展理念，努力使铁路车站成为城市生活最便利最有吸引力的地方。该公司 2007 年在东京站建成的“车站城市”包括 3 座高层建筑，分别为：格兰东京北塔楼大厦地上 43 层，高 205 米，总建筑面积 21 万平方米，主要功能是商务办公、商业店铺、车站设施。格兰东京南塔楼大厦，其建筑面积、建筑高度及用途与格兰东京北塔楼大厦相同。34 层的 Sapia 大厦是有商场、餐厅、会议中心及办公、医疗诊所和酒店的城市综合体。2013 年东京车站每日的乘车人数高达 120 万，仅东日本铁路公司就高达 41.6 万，在东京大都市区排名第五。

为迎接 2020 年东京奥运会，东京开始实施第三次城市更新计划。一个开发重点在东京站八重洲进站口一侧，其中，一丁目第二街区一体化开发项目将建设总面积 35 万平方米的两栋包含办公、酒店、会馆等功能的大厦，2016 年开工，预计 2019 年完工。八重洲一侧另外 3 个再开发项目的总面积 93.2 万平方米，预计 2023 年左右完工。这些项目将建成数座高度超过 200 米集办公、酒店等多种功能的超高层建筑（胡昂，2016）。

21 世纪，伦敦、纽约、东京等世界城市都出现人口密度增加的趋势，而我国城市人口密度却出现下降趋势。国家发改委发布的《中国城市综合发展指标 2017》报告，把城市人口密度作为城市综合发展水平的评价指标，其中人口密度在 5000 人/平方公里以上，为人口密集地区（Densely Inhabited District，DID）地区；人口密度在 10000 人/每平方公里以上为人口高密集地区（周牧之等，2018）。2000—2016 年，中国城市市区面积增长了约 180%，但人口密集地区的人口只增长了约 20%，城市人口密度在不断降低，土地的城镇化远超人口的城镇化，更说明我国城市空间资源配置的发展趋势不适应新产业革命的要求。

三、新产业革命推动城市空间资源再配置的内在机制

每次产业革命都是由技术革命引发和推动的。当新的技术革命融入社会生产活动，即新技术不再只是实验室的样品，而是转化为市场上可销售的产品，出现新的生产方式或新的产业部门，导致产业间分工和劳动分工的进一步深化，就开始了新一轮产业革命。新产业革命总是在一定的地理空间进行的，必然对城市空间资源配置产生影响。

本次新产业革命与前两次产业革命相比，存在一些显著差异。第一次产业革命，是以蒸汽机为代表的动力技术革命，出现了蒸汽机为动力的火车、轮船、纺织机等替代人力、畜力的工作机，带动了机械工业、钢铁工业、煤炭工业等一系列产业部门的发展。第二次产业革命，是以电力和内燃机为代表的动力技术革命，出现了发电机、电动机、汽车等效率更高的动力机械和新能源的使用，进一步带动了机械工业、冶金工业、石油化工等产业部门的发展。第三次产业革命，是以计算机和数字通信技术为代表的信息技术革命，出现了计算机、集成电路、手机、互联网等信息处理产品，推动了数字技术创新和数字经济的发展，带动了精密机械、半导体、软件等一系列产业部门的发展，导致技术复杂程度呈指数增长。第四次产业革命，是以人工智能和机器人技术为代表的智

能革命，涉及智能制造、医疗教育等更为广泛的领域，并对社会生产生活方式造成革命性冲击。

如果第一次产业革命是用煤炭代替人力畜力的蒸汽动力技术革命，第二次产业革命是用二次能源代替一次能源的电力和内燃动力技术革命，那么第三次和将要到来的第四次产业革命则是信息技术和智能技术的革命。前两次产业革命是用机器部分解放和强化人的体力，新产业革命则是用机器部分解放和强化人的智力。人要用智能机器人代替人进行一些需要智力的工作，就需要知道怎样才能使机器有智能，就需要比智能机器人有更多的知识。越复杂、越智能的机器，越需要更大量的研发、设计、运维工作，而直接进行生产制造的工作量则相对缩小。

新产业革命导致在劳动力结构上的变化是，直接从事体力劳动的蓝领工人比例相对下降，与研发、设计、管理等信息处理的知识工作者和第三产业服务工作者比例的上升。知识型员工的比例大幅度增加，劳动的知识技能结构发生重大变化。新产业革命意味着知识经济和服务经济时代的到来，发展知识经济和服务经济不是弱化制造业的“去工业化”，而是更多发挥信息和知识资源的作用，使生产制造和流通活动更有效率的经济。

城市空间是人类进行生产生活活动的空间，城市空间资源配置必然随产业革命导致的人类生产活动方式的变化而不断演进。以动力技术革命为基础的产业革命，导致就业岗位主要在靠近动力源的工厂车间，而以信息技术智能技术为代表的新产业革命，导致信息处理、研发、设计、管理的工作岗位的大幅度增加，大量就业岗位向办公室、实验室转移，研发、设计、管理等知识型员工和服务业员工成为就业主体，信息处理和知识生产成为主要的生产活动方式。

不仅数字技术公司主要从事信息处理和知识生产的工作，制造业公司为了提高竞争力也要进入微笑曲线的价值链两端，研发、设计、品牌和营销管理、售后服务成为制造业公司的核心业务。这不仅不会削弱制造业的竞争力，反而是进行新技术新产品创新，提高制造业生产活动效率和竞争力，更好满足市场需求。

例如，华为这样的制造业公司，大部分员工从事的是研发、设计、财务和人力资源管理、供应链管理、营销管理的工作，而不是直接的生产制造。华为公司18万员工中，8万人从事研发，6万人负责销售和售后服务，生产制造员工仅6000人，而且主要负责自动生产线的监控维护。当制造业生产线上的员工被机器人所替代，研发设计大厦中的信息处理知识生产活动会大幅度增加。

第三次技术革命引发的产业革命，表现为一大批与信息智能等数字技术相关公司的崛起，出现了微软、谷歌、苹果等跨国公司。2007—2017年，全球市值居前10名的公司中，信息和互联网科技公司从1家增长至7家。而这类公司的工作岗位一般在大城市的写字楼或园区，而不在制造业的工厂。在中国，阿里巴巴和腾讯等数字技术公司的大多数工作岗位都在特大以上城市。因此，第三次产业革命引发的产业空间布局变化表现为，数字技术公司和企业的研发、设计、营销、管理等生产活动向大城市，特别是人口规模大的大都市区集聚，由此导致城市空间资源再配置。这一趋势在21世纪已经表现得更为明显。

引发城市空间资源再配置的另一驱动因素是产业结构升级，而产业结构变化不过是技术革命深化的经济表现形式。在工业化发展阶段向后工业化阶段过渡时，第三产业的比重会上升，第二产业的比重会下降。第三产业提供的服务不同于制造业最根本区别是，服务的生产过程和消费过程是同时进行的，第三产业的生产者要邻近消费者才便于提供服务；而制造业产品是先生产后消费，可以通过存储、运输等多个环节，对邻近性的要求不高。第二产业可以在工业园区发展，而服务业的基本属性决定了第三产业要在人口集聚程度高的城市发展。特别是生产性服务业企业，如各种类型的金融机构、研发设计机构、律师事务所、会计师事务所、各类咨询教育机构等，在交通便利、人口密度高规模大（这二者之间通常存在紧密的相互联系）的大城市才更靠近客户，才有更大的生存和扩展空间。

伴随新技术革命而涌现出大量与信息智能相关的数字技术公司、生产性服务业企业，这类知识密集型企业的生产活动倾向集聚在人口规模大密度高的大城市，才能获得集聚经济优势，而不是平均分布在不同城市。集聚经济的匹配、共享、知识溢出等三个机制能够解释为什么知识密集型企业和生产性服务业企业更倾向集聚到大城市。

第一，匹配机制是指提高经济活动和人口的密度可以为员工与企业以及供应链的上下游企业之间提供更多的相互选择，实现效率更高的要素组合。从事数字经济和研发、设计、管理、咨询等活动的企业有更复杂的分工，对有专门知识技能的员工有更高的要求。这类企业在 2000 万人口的超大城市比在 500 万人口的特大城市更能找到企业所需要的员工；在 500 万人的特大城市比在 100 万人口的大城市更能找到企业所需要的员工。另外，由于大量从事研发、设计、管理、咨询等生产性服务业企业的集聚，有专门知识技能的人才在特大城市有更多的选择，也更容易找到合适的工作岗位。因此在人口规模大、密度高的稠密本地劳动力市场（Thick Local Labor Markets），能够形成更有效的匹配，从而提高人力资本的配置效率。这种匹配对从事信息处理和知识性工作的数字技术公司和生产性服务业企业具有极为重要的意义，因为企业的核心竞争力是企业的知识，而员工是企业知识的重要载体。

基于同样的原因，知识密集型企业在人口规模大密度高的大城市能找到更多合作伙伴和客户，可以有更多的选择，从而大幅度降低交易成本。硅谷取得成功的一个关键要素是科技、资本、人才的高密度集聚。硅谷位于北起斯坦福大学所在地帕拉奥托市南至圣何塞市长 48 公里宽 16 公里的地带，集聚了 2000 多家高技术公司，这是世界上最高密度的高科技公司集聚，而且这些公司都是所在行业的领导者。在斯坦福大学西侧的沙丘路，两三公里长的范围里聚集了几十家美国乃至全世界知名的风险投资公司。在纳斯达克上市的科技公司中，至少有一半是由沙丘路的风险投资公司投资的。斯坦福大学研究人员的科技知识、风险资本、高科技人才的高密度集聚，使得新技术、资本、人才形成高效匹配，使得创新产品不断涌现。

第二，集聚能够使企业共享城市基础设施包括轨道交通、城市道路、通信水电供应设施、垃圾污水处理设施、学校、医院、文化体育设施提供的服务，而且在特大城市才能得到更完善的基础设施和公共设施服务。例如，500万人口以上的特大城市才可能支撑地铁的建设和运营。大城市有足够多的人口，医院才能够进行更细的分工，儿童、口腔、心脏、肿瘤、神经等专科医院才可能生存。而在中小城市建设完备的城市基础设施是不经济的，由于没有足够多的病人，专科医院则几乎无法生存。

创新型企业在人口规模大密度高的大城市才能够共享包括风险资本在内的创新生态系统，因而有更大的生存和发展机会。美国的风险资本有所谓“20分钟法则”，即风险资本投资的创新型企业通常在离其办公室20分钟行程范围内，因为风险资本提供的不仅是资金，还包括团队建设、财务、产品方向选择等一系列支持性服务，地理空间上的邻近性是重要的。

第三，集聚提高了经济活动的密度，有利于知识溢出。特别是数字技术公司和生产性服务业主要从事信息处理和知识性工作，经常的面对面交流更有利于知识溢出和创新。新想法需要面对面的思想碰撞，需要来自多方面的各种形式的刺激而不仅仅是闭门冥想。微软公司的软件开发部门是公司的核心部门，该部门自己开发出先进的系统，使得不必在同一房间面对面地进行交流。但他们自己却始终坚持要让该部门人员待在一起。每一个产品开发小组都强调，将他们的办公室与其他小组的办公室设在一起至关重要。这样便于磋商，增加同部门员工在楼道相遇的机会。这或说明面对面交流的重要性。

在硅谷，知识溢出主要是通过人才流动和技术知识共享实现的，这与高技术公司的高密度集聚有关。萨克森宁在研究硅谷的《地区优势》一书中对此有生动的描述：硅谷以超乎寻常的快速跳槽而著称，硅谷电子公司平均每年的雇员变动为35%，而在小公司则高达59%。当工程师跳槽时，就带走了以前工作中获得的知识、技术和经验。硅谷高技术公司的高密度集聚为人才流动提供了便利，硅谷的工程师换一个新工作，只需在早晨改变一下开车的方向，不必卖掉房子，也不必给孩子换学校。不仅如此，在硅谷竞争者之间讨论技术问题的频繁程度是其他地区闻所未闻的，竞争者之间互相交流是硅谷的文化。在硅谷诞生地山景城（Mountain View）市长伦尼·西格尔看来，“硅谷的成功因素只有两点：技术的共享和人才的流动。”

四、破解不适应新产业革命的城市规划理念误区

新产业革命对城市空间资源配置的影响，主要来自推动新产业革命的经济活动本身。新产业革命是以信息技术和智能技术为代表的更加依靠知识生产的产业革命，更加依靠企业和员工的知识创造。知识生产能够大幅度提高物质产品生产的效率，而知识生产比物质产品生产有更强的集聚经济，人口和经济活动的密度越高，集聚经济的匹配、共享、知识溢出机制越能有效发挥作用。集聚经济是一种密度经济，而人口和经济活动密度的提高必然要求城市空间资源配置进行动态调整，才能为高密度经济活动提供宜居便利的生活、出行和工作空间。或者说，城市空间资源配置的调整才能为以知识生产为基础的新产业革命提供成长空间，在伦敦，这种城市空间资源再配置表现为城市活力中心区建设，在东京表现为站城一体多功能复合的高强度开发。

城市规划是对城市空间资源配置的规划，城市规划应适应新产业革命对集聚经济的要求。但我国在城市发展理念和政策上，没有认识到高密度人口集聚对新产业革命的重要意义。城市规划仍然采用传统计划经济的方式，过分强调特大城市与综合承载能力之间的矛盾，采取严格控制特大城市人口规模的政策，不能对城市空间资源配置进行动态调整，无法适应新产业革命发展。这种不适应主要表现在以下三方面的问题：

第一，严格控制特大城市人口的政策对实体经济造成严重损害。

国土资源部控制500万人口以上特大城市建设用地供给，增加“中

小城市、县城建设用地供给”的政策，导致了土地资源的空间错配。其结果是，在没有市场需求的中小城市和小城镇出现了大量空置的商品房和各类开发区中大片的闲置土地。而在有市场需求的地方缺乏土地资源，大幅度抬高了超大城市和部分特大城市的房价，抬高了工商业的要素成本，以至华为都不堪忍受深圳的高房价，直接降低了中国制造的国际竞争力，对我国实体经济的发展造成了严重损害。新产业革命推动人口向特大城市集聚，而且知识密集型产业和第三产业在城市特别是特大城市才有更大的发展空间，严格控制特大城市人口的政策限制了这些产业的发展。

我国第三产业占国内生产总值的比重和城镇化率一直低于同等收入水平国家。按照世界银行标准，我国于2010年进入中高等收入经济体行列。2017年中高收入经济体第三产业占GDP的比重和城镇化率的平均水平分别为55.59%和65.45%，而我国为51.9%和58.52%，美国为77%和82%。我国的城镇化率与同等收入水平国家的差距，比第三产业占比的差距更大，而且这是按常住人口计算的城镇化率，户籍人口城镇化率仅为42.35%。这或说明我国人口城镇化发展滞后阻碍了第三产业的发展，特别是大城市不够多不够大，因为在人口规模越大的城市第三产业才有更大的发展空间。

2010年美国排名前20位的大都市区聚集了37.4%人口，生产了46.6%的GDP，获得了63%的专利，大都市区同时是创新中心。我国2010年排名前20位的城市人口占全国人口的9%，GDP占全国的29%，分别比美国低28.4和17.6个百分点。这种差距反映出我国资源空间配置效率上的差距，我国人口和经济的集聚水平远低于美国，同时，也指示着我国人口空间流动和城市人口结构调整的方向。

我国第三产业增加值占国内生产总值的比重在2015年已经超过50%，第二产业的比重从1980年的49%下降到2018年的40.7%，工业企业大量从中心城区迁出，这些或是我国进入后工业化阶段的标志。在后工业化阶段，知识经济和服务经济在社会生产中占主导地位。目前我国工业产能过剩问题尚未解决，未来发展的重点在提高质量、提高效益，研发、设计、管理、生产性服务、教育培训等知识密集型生产活动要在社会生产中占更重要地位，而严格限制特大城市人口的政策抑制了知识密集型生产活动和第三产业的发展空间。

要破除“大城市病”恐惧症，人口规模大密度高并不是交通拥堵等大城市病的原因，城市治理能力低下和轨道交通发展滞后才是原因所在。东京大都市区（一都3县）的面积为1.35万平方公里，人口3800万，人口密度是北京的2倍以上，东京大都市区2500公里轨道交通网络有效解决了交通拥堵的大城市病。2008年东京大都市区每平方公里GDP为1.18亿美元，是北京市2010年每平方公里产出的8倍多，具有世界最高的土地产出效率。东京大都市区创造的专利申请授权量占全日本的60%左右，也是日本的创新中心。

第二，工业用地比例偏高挤占居住和第三产业的发展空间。

在后工业化发展阶段，第三产业用地、商务办公、居住用地应适当上调，而工业用地比例应适当下调，在特大城市更应如此。但在城市土地资源配置上，我国的城市规划还停留在工业化发展阶段，不适应后工业化阶段的发展要求。2012年开始实施的《城市用地分类与规划建设用地标准》的国家标准中，工业用地占城市建设用地的比例仍高达15% ~30%。而发达国家城市建设用地中，工业用地占比一般不会超过8%。这种在城市建设用地配置上偏向工业的安排，导致工业用地出让价格过低，我国独立工业地块的实际建设容积率普遍不足0.5（张立，2016），造成工业用地浪费严重，推动了产能过剩。另外，居住用地和商业用地比例相对减少，推高了土地价格，而高房价高租金抑制了知识密集型产业和第三产业的发展。

新产业革命是以信息技术和智能技术为代表的产业革命，如果资本在前两次产业革命中发挥主要作用，新产业革命更依靠人，依靠人的知识生产创新。新产业革命的竞争在这个意义上是吸引人才、争夺人才的竞争。城市空间资源配置要从以工业为中心向以人为中心转变，改变工业主导城市经济条件下形成的功能分区理念，更加强调居住、商务办公、商业购物、餐饮娱乐、文化教育等多功能复合，创造有便利公共交通的高品质城市空间，通过创造充满活力可持续的宜居环境，吸引高素质的人才。

第三，僵硬的规划控制阻碍高密度发展。

提高人口和经济活动的密度必须调整城市空间资源配置，使其能够承载高密度经济活动。首先是城市交通基础设施。在特大城市，发达的轨道交通网络才能承载大客流，才能支撑高密度人口集聚。其次，城市的高密度发展并不是平均提高城市的建筑密度。因为企业总部、数字技术公司、金融机构、生产服务性企业等知识密集型企业倾向于选择交通最便利的地方，因此重要的是在交通最便利的地方提高开发建设的密度。交通最便利的区位是一种稀缺资源，进行高强度、高密度开发，才能使稀缺的城市空间资源实现更优配置。

但按照现行计划经济的城市规划模式，在交通最便利的区位无法进行高强度开发。目前的做法是制订城市总体规划后，就要制订各地块的控制性详细规划，要对各地块的土地使用性质、容积率、建筑高度、建筑密度、停车泊位、配套公共设施等刚性指标做出限制性规定。然而，规划师无法事先预测经济社会环境变化和新的交通基础设施建设是否会改变一些地块的使用性质，只能采取大体平均的方式进行各地块的容积率控制。由于从21世纪我国才开始重视发展大城市轨道交通，新的轨道交通枢纽虽然形成城市最便利的交通区位，但该区域受事先确定的僵硬容积率控制，几乎没有调整空间，无法进行高强度、高密度开发建设，无法在交通最便利的地方建设类似伦敦的“活力中心区”，更无法进行东京的“站城一体化”开发。

五、适应新产业革命的北京城市空间资源配置调整

为适应新产业革命发展知识经济、数字经济、服务经济的要求，21世纪以来伦敦、纽约、东京都在不同程度上对城市空间资源配置进行重

大动态调整，增加中心城区的开发密度，创造宜居有活力的城市生活，从而集聚产业和人才，实现高质量发展。

北京提出了“建设国际一流的和谐宜居之都”的发展目标和“全国政治中心、文化中心、国际交往中心、科技创新中心”的城市战略定位，特别提出要“加快建设具有全球影响力的全国科技创新中心，努力打造世界高端企业总部聚集之都、世界高端人才聚集之都”。为实现这些目标，北京要率先抓住新产业革命的机遇，针对发展知识经济、数字经济、服务经济的集聚经济属性，对城市空间资源配置进行动态调整，在交通最便利的地方进行高密度开发，建设几个城市活力中心区（CAZ），推进更具活力的世界级创新型城市建设。

北京的城市活力中心区开发建设主要应在城市功能拓展区，特别是轨道交通10号线的枢纽车站及周边地区。2016年北京首都功能核心区的人口密度为每平方公里23130人，而城市功能拓展区的人口密度为每平方公里8102人。按照北京调整人口空间布局的要求，核心区的人口总量和人口密度可进一步降低；但城市功能拓展区的人口密度应当有升有降，特别应提高轨道交通枢纽车站周边的开发密度。轨道交通10号线的车站均分布在北京城市功能拓展区，一些枢纽车站具备加大开发密度、建设城市活力中心区的条件。

东京大都市区的“站城一体”高密度开发主要是在山手线的多个枢纽车站，日本中央政府机构大多在东京站附近，东京都政府部门在新宿站附近，邻近这两个车站形成了东京最大的两个商务中心区。但世界500强企业总部并不是都集聚在这两个商务中心区。谷歌日本总部设在涩谷车站的涩谷川大厦，微软日本总部、三菱重工和佳能总部则紧邻品川站，山手线的便捷交通把多个东京商务中心区紧密联系在一起。

北京地铁10号线长57公里，是东京山手线长度的1.65倍，有更大的开发空间。目前10号线已经连接了国贸CBD和海淀中关村，北京应及早规划建设10号线第二复线，并在10号线的多个枢纽车站进行站城一体化开发，形成多个城市活力中心区，从这些枢纽车站出发建设向外放射的多条通勤铁路可以形成北京城市空间资源配置的新格局。

当前，刚开始进行改建工程的丰台火车站和即将开通运营的大兴国际机场，为在新丰台站周边建设城市活力中心区构建了独特的区位优势。第一，新丰台站地下可直接换乘地铁 10 号线和 16 号线，且靠近三环，到达中心城区更为便捷。第二，对外交通更便捷，丰台站有 115 年的历史，位于通往京哈、京沪、京广、京九等主要干线的交通枢纽，乘高铁可达全国主要城市，转乘飞机可达世界各地。新丰台站将成为大量客流汇集区。第三，新丰台站与正在建设的北京丽泽金融商务区的直线距离仅 3 公里左右，该地块位于北京南部，目前的开发强度低、可供开发的空间大；邻近永定河，能够形成优良的生态环境和景观环境。在这里建设“丰泽城市活力中心区”，距离大兴国际机场 40 多公里，在建筑高度上的限制条件较低，可以进行比上海虹桥商务中心区更高强度的开发。

北京南部地区一直存在发展滞后的问题，一个重要原因是国家行政管理中心和科研教育中心主要分布在城市北部地区，重大基础设施建设也大多分布在北部地区。海淀有中关村，朝阳有 CBD，西城有金融街，而南部虽有一些科技园、开发区，但集聚程度不高，带动作用不大，南部地区缺少一个高端资源要素高度集聚的核心区。目前城市北部地区的扩展空间已受到北部山区的制约，而北京南部处于平原地区，近些年北京在南部地区已经进行了大量的基础设施、文化设施和生态环境建设，特别是大兴国际机场、新丰台车站和一系列轨道交通项目的建设，已经形成了重塑北京城市空间结构的基础设施条件。北京市高度重视南部地区的发展，已经发布了《促进城市南部地区加快发展行动计划（2018—2020 年）》。北京利用大兴国际机场和新丰台站综合交通枢纽的独特区位优势，以及北京聚集全球资源的优势，完全可以建设比传统商务中心区更具活力的丰泽城市活力中心区，使北京在科技创新和新产业革命中发挥更大作用。

参考文献

［1］闫岩，柏巍，吴耀华，陈蕾蕾. 生态文明视角下的城市空间资源配置策略研究［J］. 城市规划学刊，2017（8）：124－129.

［2］张立. 城镇化转型时期城市空间资源配置趋势、机制和调控［J］. 城乡规划，2016（10）：24－32.

［3］赵坚，赵云毅. 我国大城市发展公共交通的制度安排——城市空间权利的视角［J］. 北京交通大学学报（社会科学版），2018（2）：27－43.

［4］Greater London Authority. The London Plan Spatial Development Strategy for Greater London［R］. Published by Greater London Authority, 2004.

［5］Greater London Authority. Central Activities Zone Supplementary Planning Guidance［R］. Published by Greater London Authority, 2016.

［6］U. S. Census Bureau. Population Distribution and Change: 2000 to 2010［R］. U. S. Census Bureau, 2011.

［7］Masahisa Fujita, Takatoshi Tabuchi. Regional Growth in Postwar Japan［J］. Regional Science and Urban Economics, 1997（27）：643－670.

［8］吴春花，王桢栋. 涩谷·未来之光背后的城市开发策略——访株式会社日建设计执行董事陆钟骁［J］. 建筑技艺，2015（11）：40－47.

［9］胡昂. 日本枢纽型车站建设及周边城市开发［M］. 成都：四川大学出版社，2016.

［10］周牧之，陈亚军，徐林. 中国城市综合发展指标2017［M］. 北京：人民出版社，2018.

在新丰台站丽泽商务区地块建设丰泽商务中心区的建议

本文为笔者承担北京交通大学北京综合交通发展研究院课题2019年3月30日向北京市提交的稿件

丰台火车站改建工程于2018年6月开工。据报道，此次丰台站改建将优化北京铁路网结构和客运站布局，构筑城南地区综合交通枢纽，缓解北京西站的地区交通拥堵问题，也将服务和保障雄安新区的建设。但目前改建方案偏重新丰台站的交通功能，没有从北京城市发展和更好支撑雄安新区建设的战略高度考虑问题。

我们建议，按照2018年4月国家发展改革委、自然资源部、住房城乡建设部和中铁总联合发布的《关于推进高铁站周边区域合理开发建设的指导意见》中关于“促进站城一体融合发展”的要求，充分利用新丰台站独特的区位优势，在新丰台站进行“站城一体化”开发，并与邻近的北京丽泽金融商务区的建设结合起来，建设北京另一商务中心区——“丰泽商务中心区”，实现北京高质量发展和更好支撑雄安新区建设。主要理由如下。

一、独特的区位优势

正在改建的丰台火车站比北京西站、南站等铁路车站具有更为独特的区位优势，新丰台站是有多条轨道交通直接连通大兴国际机场的高铁车站，能够形成比上海虹桥交通枢纽更具发展潜力的高铁航空交通枢纽。首先，新丰台站地下可直接换乘地铁10号线和16号线，且靠近三环，到达中心城区更为便捷。其次，对外交通更便捷，丰台站有115年的历史，位于通往京哈、京沪、京广、京九等主要干线的交通枢纽，乘高铁可达全国主要城市，转乘飞机可达世界各地。新丰台站将成为大量客流汇集区，应当在新丰台火车站及周边地区进行站城一体化开发，形成有轨道交通车站、商业、办公、餐饮、影剧院、创意空间、多功能展览、空中花园、会展中心的城市综合体。

不仅如此，新丰台站与正在建设的北京丽泽金融商务区的直线距离仅 3 公里左右，该地块位于北京南部，目前的开发强度低、可供开发的空间大；邻近永定河，能够形成优良的生态环境和景观环境。丰泽商务中心区距离大兴国际机场 40 多公里，在建筑高度上的限制条件较低，可以进行比上海虹桥商务区更高强度的开发，能够建设综合交通体系更便捷的商务中心区。

上海在京沪高铁开通后，充分利用虹桥成为高铁航空轨道交通综合交通枢纽的区位优势，建设虹桥商务中心区，从而形成了上海东部围绕陆家嘴和南京西路的商务中心区，上海西部围绕虹桥的两个商务中心区。北京利用大兴国际机场和新丰台站综合交通枢纽的区位优势，以及北京聚集全球资源的优势完全可以建设另一个商务中心区。

二、能更好支撑雄安新区建设

新丰台轨道交通枢纽是北京最靠近河北腹地的综合交通枢纽，在这里建设北京最大的商务中心区能够更好支撑雄安新区建设，更有力带动河北的经济社会发展。

在雄安新区规划过程中，为加强雄安新区与北京重点功能片区的联系，曾考虑建设雄安新区与朝阳 CBD、中关村、金融街直接直通的轨道交通，但由于建设成本过高一直没有定论。而丰泽商务中心区的建设就可以解决北京重点功能片区与雄安新区直连直通的问题，更好支撑雄安新区建设。

另外，根据北京市的规划，沿京山线（由北京经丰台、廊坊、天津、唐山至山海关的铁路）建设的 S9、S7 号线连通河北廊坊。丰泽商务中心区能提供大量就业岗位，带动周边及河北经济社会发展，有利于京津冀一体化。

三、北京实现高质量发展的需要

北京南部地区一直存在发展滞后的问题，一个重要原因是国家行政管理中心和科研教育中心主要分布在城市北部地区，重大基础设施建设项目也大多分布在北部地区。但城市北部地区的扩展空间已受到北部山区的制约，而北京南部处于平原地区，近些年北京在南部地区已经进行了大量的基础设施建设、文化设施和生态环境建设，特别是大兴国际机场、新丰台车站和一系列轨道交通项目的建设，已经形成了重塑北京城市空间结构的基础设施条件。

目前的问题是，海淀有中关村，朝阳有 CBD，西城有金融街，而南部虽有一些科技园、开发区，但集聚程度不高，带动作用不大，南部地区缺少一个高端资源要素高度集聚的核心区。北京市高度重视南部地区的发展，已经发布了《促进城市南部地区加快发展行动计划(2018—2020 年)》。在国家层面，备受瞩目的《中华人民共和国外商投资法》经十三届全国人大二次会议表决通过，表明了中央政府进一步改革开放的坚定意志。建设丰泽商务中心区就是为引入跨国公司总部或地区总部、研发机构提供落地空间和更多选择空间。

丰泽商务中心区要成为现代服务业，特别是金融、科技、文化、咨询服务产业和公司总部聚集地，汇集国际国内高素质人才，成为集散各种经济资源和生产要素的重要地区，国内外商业、文化交流的又一重要区域。

北京全国政治中心、文化中心、国际交往中心、科技创新中心的战略定位需要不断完善的城市基础设施的支撑，需要以强大的经济实力为后盾。在国家持续减税降费激发市场主体活力的大趋势下，北京的财政收支形势将日趋严峻，必须有新的经济增长点和经济增长的落地空间，丰泽商务中心区有可能形成支撑北京经济社会发展的新支柱。

四、重塑北京城市就业空间结构缓解交通拥堵的需要

北京交通拥堵的一个重要原因是就业岗位大量集中在朝阳 CBD、金融街、中关村等北部地区，而在北京的南部地区，丰台、大兴、房山，以及相邻的河北固安、涿州等地居住了大量到北京就业岗位集中地区上班的通勤族。根据北京交通发展研究院的交通流量分析，工作日市界断面交通流量最高的是京开高速公路，市内主要道路高峰时段平均流量最高的是西二环、西三环、西四环（与东部环路相当），这些交通流量大多来自北京南部地区的通勤流。

丰泽商务中心区可以在北京南部地区形成新的就业岗位集聚区，为相当多居住在北京南部地区的通勤族提供就近就业岗位，可以分流大量工作日进入三环的通勤人群，即可以通过重塑北京就业空间结构来缓解交通拥堵。

五、建设多个商务中心区的国际经验

北京这样体量的国际大都市可以而且应该形成多个商务中心区。这是因为商务中心区达到一定规模才能产生集聚经济效应，但也不是越大越好，在一个地块过度集聚，会导致该地区的租金成本过高，造成过大的交通压力，出现集聚的规模收益递减。跨国公司的地区总部并不希望都集聚在一个商务中心区，而是希望分布在相互邻近的不同组团，既可获得集聚经济效益，又避免过度集聚的负效应。

最典型的是东京大都市区的商务中心区分布结构。东京大都市区（一都三县）面积 1.35 万平方公里，人口 3600 万，2015 年的 GDP 为 1.893 万亿美元。东京都的中心城区是东京 23 区，面积 622 平方公里（与北京五环内面积相当），白天人口为 1128.5 万（高于北京五环内的人口密度）。世界 500 强企业总部在东京都的数量为全球第二，且都集聚在东京都的商务中心区。东京都的商务中心区主要分布在山手线轨道交通枢纽车站周边。山手线位于东京 23 区内，全长 34.5 公里，共有 29

个车站，在1925年形成环线。山手线上的品川、东京、上野3个车站可直接换乘新干线高铁列车。

日本中央政府机构大都在东京站附近，东京都政府部门在新宿站附近，邻近这两个车站形成了东京都最大的两个商务中心区。但世界500强企业总部并不是都集聚在这两个商务中心区。谷歌日本总部设在涩谷车站的涩谷川大厦14～35层，微软日本总部、三菱重工和佳能总部则紧邻品川站。东京都在山手线轨道交通的车站周边发展出多个商务中心区。东京大都市区有7家民营铁路公司，分别在7个不同方向建设和运营自己的通勤铁路网（共1135公里，668个轨道交通车站），分别连接到山手线上的轨道交通枢纽车站（就业岗位密集区），7家民营铁路公司都在车站周边进行房地产开发。东京大都市区的居民大多居住在轨道交通车站周边，形成了基于通勤铁路的职住平衡模式。轨道交通成为东京大都市区最便捷的通勤方式。

北京地铁10号线全长57公里，是东京山手线长度的1.65倍。目前在10号线上已经有国贸CBD和海淀中关村两个就业岗位密集地区。未来北京可以在10号线的主要轨道交通枢纽发展多个商务中心区（这需要在10号线的一些区段建设第二复线），通过重塑北京的就业空间结构，缓解交通拥堵，有效治理北京的城市病。

当然，规划建设丰泽商务中心区需要对城市控规做适当调整。城市规划是对城市空间资源配置的规划，在雄安新区建设、大兴国际机场、新丰台火车站建设已经从根本上改变了该地区的空间资源配置后，对北京在该地区的控制性详细规划进行适当调整是不可避免的。

对发改委都市圈指导意见的三个建议

本文2019年3月4日在财新网首发，题为“中国发展大都市区的体制障碍”，原载2019年3月11日《界面》

通勤人口比例而不是1小时通勤圈决定“都市圈”的空间范围（对发改委都市圈指导意见的建议之一）

《发改委关于培育发展现代化都市圈的指导意见》（以下简称《指导意见》）存在一些需要商榷的问题。大都市区或“都市圈”概念，与1小时通勤圈的地域范围无关，而与核心城市与周边邻近县的通勤就业联系的紧密程度有关。

国家发改委《关于培育发展现代化都市圈的指导意见》中，从都市圈（大都市区）的概念，到如何通过深化改革破解大都市区发展的体制政策障碍等方面存在诸多问题，值得商榷。

首先是关于大都市区（或都市圈）的概念。大都市区和都市圈都是对英文“Metropolitan Area”一词的两种不同翻译方式，都市圈的译法来自日本。二战后，在美国占领下，日本接受了大都市区的概念，并把Metropolitan Area一词翻译为“都市圈”，日文的“都市圈”写法与中文完全相同，导致一些学者直接使用日文的译法，但都市圈的译法容易造成圆圈状地域的误解，或随意画出大小不同的都市圈，而忽略了大都市区本质上是一个存在紧密经济社会联系的区域，是基于通勤联系的地方劳动力市场（Local Labor Market）。

1950年以前美国就使用了大都市区概念的地理统计区域（如Metropolitan Districts，Labor Market Areas，Metropolitan Counties），美国人口

统计局（Census Bureau）在1950年的人口统计报告中明确界定了以县为基础的大都市区（Standard Metropolitan Areas）概念。大都市区由至少一个5万以上人口的核心城市及与核心城市有较高经济社会联系（用通勤联系来度量）的邻近县（County）组成，邻近县成为大都市区组成部分的最低标准是，该县工作人口中至少有15%的人通勤到核心城市所在的中心县上班。小都市区（Micropolitan Area）是由至少一个1万以上5万以下人口的核心城市，及与周边有较强通勤联系邻近县组成的区域。

在2010年的人口统计中，美国把一个外围县能否成为大都市区（Metropolitan Statistical Area）组成部分的最低通勤标准提高到25%。**大都市区概念的核心是该区域内是否存在通勤就业方面的紧密联系；或者说核心城市是否为邻近县的就业人口至少提供该县25%的就业岗位。**因此，大都市区或“都市圈”概念与1小时通勤圈的地域范围无关，而与核心城市与周边邻近县的通勤就业联系的紧密程度有关。

根据2010年的人口统计，美国366个大都市区按人口规模排序，排名前20位大都市区的平均面积为1.94万平方公里，平均人口578万；而366个大都市区的平均面积为0.69万平方公里，平均人口70万。这或说明“都市圈”或大都市区的基本范围不是按1小时通勤圈划定的，而与通勤人口比例有关，核心城市人口规模越大，能够为外围县提供的工作岗位越多，该大都市区（都市圈）的地域范围也越大。

日本也是按类似的原则确定都市圈的范围。日本三大都市圈中的东京大都市区的人口最多，面积最大。东京大都市区（一都三县）的面积为1.35万平方公里，人口3600万。神奈川县、埼玉县、千叶县属于东京大都市区（都市圈），不是因为这三县在1小时通勤圈之内，而是因为这三县在工作日分别有95万人、89万人、71万人（2005年数据）到东京都上班。这种紧密通勤就业联系要有一个长期发展过程，正如《指导意见》所指出的，大都市区（都市圈）的发展是一个“自然发展的过程”。这不是政府能够“培育”的，因为是企业而不是政府才能为外围县的居民在中心城市提供就业岗位。政府可以做的是消除大都市区发展的体制、政策障碍。

本文主张使用大都市区的术语，以避免“都市圈”是一个圈状地域的误区。而《指导意见》使用“都市圈”“通勤圈”等概念，就陷入了误区。《指导意见》对都市圈的定义是“都市圈是城市群内部以超大特大城市或辐射带动功能强的大城市为中心、以1小时通勤圈为基本范围的城镇化空间形态”。1小时通勤圈是以通勤时间或通勤距离来划定“都市圈”的基本范围，这会引发多方面的混乱：

第一，1小时通勤圈是从核心城市的地理中心还是行政中心计算通勤范围？是以小汽车、公共汽车、轨道交通或乘高铁出行来计算1小时的通勤范围？这会得出地域面积完全不同的通勤圈。

超大城市为中心的都市圈人口规模在千万以上，而有些“都市圈”人口规模刚过百万。如果以1小时通勤圈划定“都市圈”的范围，那么超大、特大或辐射带动功能强的大城市为中心的“都市圈”的地域范围都会大体相同。如果该“都市圈”的中心城市不能为邻近县提供多少就业岗位，以致在1小时通勤圈内没有多少通勤流，而每个城市都以这样的方式划出自己的“都市圈”，其意义何在？在没有多少通勤流的1小时通勤圈内“打造轨道上的都市圈”就会造成严重的资源浪费和巨额的政府债务负担。

第二，如果核心城市邻近县的一部分在1小时通勤圈之内，另一部分在1小时通勤圈之外，那么是否只能把该县的一部分包括在“都市圈”之内？

第三，如果1小时通勤圈的范围都难以确定，那么如何完成《指导意见》中提出的“畅通都市圈公路网”“打造轨道上的都市圈”“编制都市圈发展规划”等各项重点任务？各类城市是不是都会出现一个按“1小时通勤圈”编制“都市圈发展规划”的热潮？

《指导意见》提出要“探索都市圈中心城市轨道交通适当向周边城市（镇）延伸。统筹布局都市圈城际铁路线路和站点，完善城际铁路网络规划，有序推进城际铁路建设，充分利用普速铁路和高速铁路等提供城际列车服务”。那么这是要延伸到“都市圈”之外还是仅在其之内？“布局都市圈城际铁路线路”是布局到“都市圈”之外还是仅在其之内？如果仅其之内，“都市圈”的面积是多少万平方公里？各地方政府会不会在新的名义下靠建设没有多少客流的“城际铁路”（铁路都是城际的没有村际铁路）和“米字型高铁”来拉动经济？

美国有 3143 个县（County），大都市区是一个以县为基础的跨行政区划地理区域，是一个人口和 GDP 的统计区域，而不是一个行政管辖区域。我国的城镇化已经进入大都市区化的发展阶段，但还没有官方的“大都市区（或都市圈）”的明确定义，没有“大都市区（或都市圈）”的人口、面积等相关统计数据，连其性质也缺乏明确说明，“大都市区（都市圈）”是一个行政管辖区域或仅是一种“空间形态”？而没有这些基础工作，会增加不必要的混乱。

我国正以人类历史上的空前规模经历美国、日本等发达国家从 20 世纪开始的大都市区化发展阶段，同时又面临着中国特有的各种体制和政策障碍，只有深化改革，进行体制机制创新，才能使大都市区成为中国经济增长的发动机，才能奠定城市群高质量发展的基石。

破解“城市行政区划面积倒置”等体制障碍（对发改委都市圈指导意见的建议之二）

由于一些超大和特大城市存在“城市行政区划面积倒置”，我国一线城市为中心的“都市圈”必然是一个跨行政区划的地理区域；那么，应由谁来编制“都市圈规划”？由一线城市编制跨行政区划的“都市圈规划”是否与 2008 年城乡规划法的规定相矛盾？

国家发改委《关于培育发展现代化都市圈的指导意见》中，从都市圈（大都市区）的概念，到如何通过深化改革破解大都市区发展的体制政策障碍等方面存在诸多问题，值得商榷。

其中尤其重要的是大都市区发展的体制性、政策性障碍。《指导意见》提出培育发展现代化都市圈的一个基本原则是，“坚持深化改革、创新发展。以强化制度、政策和模式创新为引领，坚决破除制约各类资源要素自由流动和高效配置的体制机制障碍，科学构建都市圈协同发展机制，加快推进都市圈发展”。但如果不明确指出存在哪些“体制机制障碍”，如何深化改革？

世界各国的城市化一般分为两个阶段，传统城市化阶段和大都市区化阶段。在传统城市化阶段，人口和工商业不断向城市集聚，但集聚到一定程度后，有限的城市空间开始饱和，出现所谓城市病，表现为交通拥堵，土地价格上升，住房成本增加，形成集聚经济水平进一步提高的障碍。

在大都市区化阶段，工业开始向郊区和附近的城镇迁移，城市作为制造业中心的功能弱化，作为服务和管理中心的功能不断强化；伴随着通勤铁路的发展和小汽车的普及，居住在中心城市周边的城镇或郊区，每天通勤到中心城市工作成为可能，人口向中心城市周边城镇和郊区迁移和聚集，逐渐扩展到距中心城区 30 公里的地域，或进而扩展到距中心城区 50 公里甚至更远的地域，但一般不会超过 70 公里。因此大都市区的地域面积一般不超过 2 万平方公里。

美国在 1920 年代城市化率达到 50% 以后，开始进入大都市区化阶段，二战后进入快速发展期。1960 年美国大都市区人口占全国人口的比例为 63%，2010 年大都市区人口占全国人口比例为 83.7%。2010 年美国 366 个大都市区人口比 2000 年增加 10.8%，比 1990 年增加 26.4%。2010 年小都市区的人口占全美人口的 10%，比 2000 年下降 0.4 个百分点（Census Bureau，2011）。美国人口向大都市区集聚的过程仍在进行中。

美国人口和经济活动的空间结构是市场进行资源的空间配置的结果，其主要特征是：人口和经济活动高度集中在大都市区。2010 年美国排名前 100 位的大都市区聚集了 65% 的人口，生产了 75% 的 GDP，获得了 92% 的专利。美国排名前 20 位的大都市区聚集了 37.4% 人口，生产了 46.6% 的 GDP，获得了 63% 的专利，大都市区同时是创新中心。

美国经济不是 50 个州的经济，而是“大都市区经济（Metropolitan Economies）”。

我国 2010 年排名前 100 位的城市人口占全国人口的 19.5%，生产的 GDP 占全国的 50%，分别比美国低 45.5 个百分点和 25 个百分点；排名前 20 位的城市人口占全国人口的 9%，GDP 占全国的 29%，分别比美国低 28.4 和 17.6 个百分点。这种差距反映出我国资源空间配置效率上的差距，我国人口和经济的集聚水平远低于美国，同时，也指示着我国人口空间流动和城市人口结构分布的方向。

东京大都市区的人口密度是北京的 2 倍，2008 年每平方公里 GDP 为 1.18 亿美元，是北京市 2010 年每平方公里产出的 8 倍多，具有世界最高的土地产出效率。东京大都市区、大阪神户大都市区、名古屋等三大都市区聚集了日本 50.9% 的人口，创造了 70% 的 GDP。

我国的自然资源禀赋与日本类似，只能实施集约型的城市化战略，发展大都市区经济，应大幅度提高排名前 100 位城市的人口和经济活动集聚水平，重点发展 20 个左右以特大城市为中心的大都市区。未来十年中国农村新转移出来的人口主要应当集聚在这 20 个大都市区，每个大都市区在 1.5 万平方公里左右的区域集聚多个中小城市，高密度地容纳 2000 万到 4000 万人口，至少要建设 4 万公里通勤铁路和城市轨道交通支撑 20 个大都市区的运行。

人口规模大、密度高的大都市区有更强的集聚经济，能够为第三产业，特别是生产性服务业和创新型企业提供更好的发展环境、更大的发展空间。美国的创新型企业主要出现在前 20 个大都市区，我国的创新型企业也主要集中在北上广深等少数特大型城市，而不是遍地开花。这是人口规模大、密度高的稠密本地劳动力市场（Thick Local Labor Market）所具有的集聚经济内在机制（匹配、共享、知识溢出）决定的。集聚经济推动增长的核心机制是市场规模的扩大和分工的深化，因而，可以创造出更多的需求和就业、更高的生产率和更多的创新。即杨格定理（劳动分工取决于市场规模，而市场规模又取决于劳动分工）阐释的自我增强机制。大都市区能够满足多样化的需求从而吸引更多的人和企业进入；而扩大的市场规模又导致了更细的产业间分工和更高的生产率，提供更多的工作岗位，导致更多的人口向大城市集聚。另外，这种正反馈机制会受到基础设施特别是交通基础设施的抑制，还有体制、政策方面的约束。

我国的创新型企业不够多的一个原因是我国的大都市区不够多、不够大。**我国采取严格控制500万人口以上特大城市的人口和用地规模的政策，实际上限制了生产性服务业的发展和创新型企业的涌现，是使大都市区经济成为中国经济增长发动机的重大障碍。**

我国的城镇化已经进入大都市区化（Metropolitanization）的发展阶段，其典型表现是工业企业从相当多的大城市迁出，在大城市周边出现一些新兴城镇，形成新的人口和产业集聚，出现跨行政区划的通勤族。例如，目前每天有数十万居住在河北燕郊、江苏昆山的居民到北京和上海上班，每天有数万居住在咸阳的居民到西安上班。大都市区的城镇空间结构和人口分布格局正在形成。但目前的体制机制和政府治理体系不能适应我国的大都市区化进程。

首先，是“城市行政区划面积倒置”造成的障碍。按照一般经济规律，大城市具有集聚经济和更完善的交通基础设施，会导致人口和经济活动在大城市及周边地区集聚和扩展。因此，城市人口规模越大，与其有紧密经济联系的地域范围也越大，其治理范围应当越大。而我国则出现了“城市行政区划面积倒置”现象，城市人口规模越大，行政区划面积越小。

我国城市的行政区划是在20世纪50年代划定的，当时为实现工业化要保障城市居民的粮食供应和社会福利，但保障能力的限制缩小了保障范围，大城市的行政区划面积普遍偏小。计划经济时期形成的城市行政区划已经不能适应发展大都市区经济的要求。以我国人口规模最大的一线城市为例，上海的行政区划面积只有0.63万平方公里，广州的行政区划面积为0.74万平方公里，深圳还不到2000平方公里，北京的行政区划经多次调整虽有 1.64 万平方公里，但适于城市建设的平原地区不到 6400 平方公里，而 2013 年全国 289 个地级以上城市的行政区划平均面积则达到 1.72 万平方公里。

我国超大和一些特大型城市的行政区划面积明显低于平均水平，由此导致市场机制推动下形成的人口集聚和经济活动空间扩展，与行政区划导致的行政壁垒相冲突，推高了房价，削弱了城市竞争力。在现有城乡规划法律和规划体制特别是“分灶吃饭”的财税体制和领导干部“GDP”考核体制下，“行政区划面积倒置”已经成为我国发展大都市区经济的严重障碍。

我国一线城市中“行政区划面积倒置”最严重的是深圳，以至深圳无法为我国最具创新能力的华为公司提供土地，华为不得不把终端总部搬到东莞。深圳正在经历快速大都市区化的发展过程。大量为深圳加工配套的企业在东莞、惠州建厂，很多人通勤到深圳上班，东莞、惠州实际上已经成为深圳大都市区的一部分，把东莞、惠州并入深圳，扩大深圳的行政区划面积是最好的选择。东莞市面积 2460 平方公里，惠州市面积 11343 平方公里，把东莞市、惠州市并入深圳，优化深圳市的行政区划，其总面积可达 1.58 万平方公里。深莞惠大都市区会产生数千公里的轨道交通建设需求和大量的城市建设需求，并有可能形成与东京大都市区体量相当的世界级大都市区，从而为建设粤港澳世界级城市群提供有力支撑。

但广东省很难做出这样的决定。东莞、惠州是广东省人均 GDP 排名靠前的地级市，而深圳是计划单列市。把东莞、惠州划归深圳将直接减少广东省级财政的收入，将直接影响广东的经济社会发展、教育医疗及社会保障。最后的安排是，把距离深圳市政府所在地 100 多公里以外汕尾市一块 468 平方公里的飞地划归深圳。汕尾市的人均 GDP 在广东省地级市排名中倒数第二，广东省或是想通过这种方式来带动汕尾市的发展。

因此，大都市区的发展必然面临体制障碍和各种利益冲突。但深圳大都市区的发展已经不是深圳自己的事情，也不是广东省的事情，而是发展大都市区经济、使大都市区成为中国经济增长发动机的全局性战略性问题。

其次，是城市规划体制和税收体制造成的障碍。我国经济的高速增长和快速城镇化，以及交通条件的改善使大城市与周边地区产生了紧密的经济社会联系，城市的空间结构正在大都市区化，但我国的城乡规划法律、体制和财税体制都无法适应这一变化。

2008年开始实施的《中华人民共和国城乡规划法》（以下简称《城市规划法》）规定，城市总体规划及相关的交通规划要按行政区划，由所在地城市人民政府组织编制。《城乡规划法》的第十三条规定“省、自治区人民政府组织编制省域城镇体系规划”。这就是说，各地方政府只能在自己的“一亩三分地”做规划。我国的财税体制是“分灶吃饭”，地方政府首先考虑的必然是本地经济发展、财税收入和本地居民的社会保障及福利问题，在实际行动中必然把自己的“一亩三分地”放在优先地位。

例如，北京2004年的城市总体规划在自己行政管辖区内规划建设11个新城，包括距离北京市中心80公里的密云、平谷、延庆新城，但没有责任和权力考虑距离仅30公里的河北燕郊镇的规划，以及到燕郊的通勤铁路，北京也缺乏这样的动因。虽然燕郊镇与北京市在同一大都市区的空间范围之内，但其规划是河北省城镇体系规划的组成部分，而与北京没有关系。但在市场机制驱动下，燕郊镇人口已迅速增长到60万，超过北京的任一个远郊新城，且与北京有更紧密的经济社会联系。规划上的不衔接已经造成了北京东部通道上严重的通勤难。更重要的，如果城市总体规划上不能相互协调，不能事先对通勤铁路的线位进行规划控制，将极大地提高通勤铁路的建设成本，甚至无地可建，并将引发北京与燕郊之间日益严重的交通问题。

类似的，西安规划建设60公里以外的阎良新城，但距西安仅25公里的咸阳不在规划之内，因为咸阳不属西安市行政区划，西安在城市总体规划上就无法把咸阳作为一部分来考虑。西安以西咸一体化的名义与咸阳一同申报建设地铁1号线，但建到距咸阳市6.3公里的后卫寨止步，转而修建市内地铁。而没有大容量轨道交通连接，西咸一体化就难以推进。

《指导意见》提出要编制“都市圈规划”，由于一些超大和特大城市存在“城市行政区划面积倒置”，我国一线城市为中心的“都市圈”必然是一个跨行政区划的地理区域，那么，应由谁来编制“都市圈规划”？由一线城市编制跨行政区划的“都市圈规划”是否与2008年城乡规划法的规定相矛盾？

我国正以人类历史上的空前规模经历美国、日本等发达国家从20世纪开始的大都市区化发展阶段，同时又面临着中国特有的各种体制和政策障碍，只有深化改革，进行体制机制创新，才能使大都市区成为中国经济增长的发动机，才能奠定城市群高质量发展的基石。

破解城市规划土地利用等体制方面对发展大都市区轨道交通的掣肘（对发改委都市圈指导意见的建议之三）

“轨道交通并不是运人的工具，而是让沿线地区可居住的手段。”

国家发改委《关于培育发展现代化都市圈的指导意见》中，从都市圈（大都市区）的概念，到如何通过深化改革破解大都市区发展的体制政策障碍等方面存在诸多问题，值得商榷。

《指导意见》关于“打造轨道上的都市圈”的要求，对于以特大城市为中心城市的大都市区具有极为重要的意义，没有强大轨道交通网络的支撑，千万级人口的大都市区是无法运行的。《指导意见》提出要“构建以轨道交通为骨干的通勤圈”，“加快实现便捷换乘，更好适应通勤需求”。这无疑是解决目前我国一线城市和很多特大城市严重交通拥堵等大城市病，支撑大都市区或“都市圈”可持续发展的重要保证。但这些仅仅不过是一些良好愿望的表述，各种体制、政策上的障碍使这些愿望无从实现。

以北京市和东京大都市区（一都三县）进行比较，北京市的面积大于东京大都市区，人口规模和人口密度则小于东京大都市区，但东京的交通拥堵程度远小于北京，问题的关键在于东京大都市区有2500公里轨道交通（包括城市轨道交通、通勤铁路），1514个轨道交通车站，轨道交通里程和车站数量是北京的4倍以上。

如果用中心城区的数据进行比较，北京五环内的面积667平方公里，中央政府和北京市的党政部门都在五环之内，2014年五环内常住人口为1053.6万，地铁运营里程约为527公里。东京23区的面积622平方公里，日本中央政府和东京都政府部门都在东京23区之内，白天人口为1128.5万，轨道交通里程约为716公里。两个中心城区有一定的可比性。根据2008年的统计，东京23区在上下班时间的绿色出行分担率高达94%，其中轨道交通高达79%，小汽车的出行分担率仅为4%；而2014年北京五环内的绿色交通分担率为60.6%，其中轨道交通仅为19.4%，小汽车和出租车的分担率高达37.7%。

这种出行结构上的差距不仅是轨道交通里程上的差距造成的，而且是城市空间结构差异的结果，而城市空间结构的差异在很大程度上是城市规划、土地利用、轨道交通建设运营主体等方面的体制、政策因素决定的。

首先，是我国轨道交通发展理念和城市规划体制上的不适应。日本大都市区轨道交通的发展理念并不仅仅是“适应通勤需求”。日本“站城一体化”开发的先驱，阪急电铁的创建者小林一三在20世纪初就提出，“轨道交通并不是运人的工具，而是让沿线地区可居住的手段”。东急电铁的五岛庆太在1950年代初策划“东急多摩田园都市”建设，他认为轨道交通不在于把各个站点连接起来，而是在轨道交通通道上开发房地产的机会。这种开发理念成为日本民营铁路普遍采用的发展模式。这就要求在轨道交通车站及周边，特别是轨道交通枢纽车站，进行高强度开发，而城市规划对容积率的控制就必须更具灵活性。

2005年，涩谷车站周边被日本政府选定为特定城市更新紧急强化区，允许进一步放宽容积率限制进行更高强度的开发。东急“涩谷之光”项目的容积率从原来的 7 提高到接近 14。2012 年，东急集团的“涩谷之光”城市综合体开业，该建筑地上 34 层、地下 4 层，高 182 米，总建筑面积 14.45 万平方米，综合了轨道交通（包括地铁）车站、商业、餐饮、办公、剧场、创意空间、多功能展览、空中花园等功能。目前，涩谷的站城一体化建设正进一步扩展到附近的 4 个街区，计划建设 8 座高度 100 米以上的高层建筑，总建筑面积近 100 万平方米；其中的涩谷站大厦，地上 47 层、地下 7 层，地上高度 230 米，超过“涩谷之光”近 50 米，将成为该地区的新地标。涩谷站大厦的最上层设置有室外和室内观景台，建成后将成为日本规模最大的屋顶观景广场，可以远眺富士山风景。涩谷站大厦预计在 2020 年东京夏季奥运会前投入使用。涩谷站城一体化开发的 4 个街区建设项目预计 2027 年完成。涩谷将成为另一个集聚了几乎所有城市功能的“车站城市”。在东京大都市区，依托轨道交通就能够完成工作、居住、购物、医疗、教育、娱乐等所有日常活动。

而我国城市规划仍在沿袭僵硬的计划经济模式，制订城市总体规划后，就开始制订各地块的控制性详细规划，对土地使用性质、容积率、建筑高度、建筑密度、停车泊位、配套公共设施等刚性指标做出限制性规定。然而，在城市快速发展时期，规划师无法事先预测经济、社会、环境变化是否会改变一些地块的使用性质，也无法预测各地块的开发主体对土地使用的要求。其结果是，先把凭规划师主观想象做出的控规以法规形式确定下来，在土地开发活动发生时，再通过烦琐程序对控规事先确定的刚性指标进行修订。控规的编制和修订过程，变成规划部门不断自己设套又自己不断解套的过程。在这种规划体制下，新建轨道交通车站的容积率通常没有多少调整空间，我国城市轨道交通枢纽车站的容积率很少超过 4。这使得轨道交通增加土地价值的功能根本无从实现，人们日常出行对轨道交通的依赖性也无法形成。

其次，是建设用地管理体制和轨道交通及物业建设运营模式上的不适应。日本的民营轨道交通企业同时也是房地产开发主体，轨道交通建设运营导致的土地升值能够通过房地产开发得到回报。东急电铁建设运营了 31.5 公里“多摩田园都市线”，同时主导开发了面积为 50 平方公里的“多摩田园都市”，2012 年东急多摩田园都市的人口已达 60 万，成为日本规划建设的规模最大的新城。东急电铁的站城一体开发已经进行了半个多世纪，并仍在进行中。

日本大都市区轨道交通建设能得到政策优惠和政府补贴，但不会直接补贴运营。通勤铁路如果有足够大的运量，建设运营主体就不仅能够在轨道交通运输服务上赢利而且能从房地产开发经营业务中赢利，由此形成城市轨道交通可持续的运营模式。

而我国城市轨道交通是一种碎片化的经营模式。**轨道交通建设运营企业不是房地产开发主体，只负责轨道交通的建设运营，而房地产开发企业无须考虑业主的交通出行。**按照现在的建设用地管理规则，轨道交通车站及周边土地的商业及房地产开发必须严格遵守“招拍挂”程序，轨道交通建设主体不能获得由轨道交通产生的土地升值回报，而且轨道交通运输服务价格受到政府严格管制。这使得轨道交通不是一个产业，而是一种公益事业，要完全靠城市政府投资建设，轨道交通运营还需要政府补贴。

按照北京、上海的城市总体规划，2035 年城市轨道交通里程要分别达到 2500 公里和 2200 公里，而目前这两个城市的轨道交通里程都只有 600 多公里。在国家发改委最近批准的上海、武汉轨道交通规划中，一些轨道交通项目每公里的建设成本已经高达 20 亿元。即使北京、上海这样经济实力雄厚的城市也无法支撑上千公里轨道交通的建设和运营。发展城市轨道交通将成为各城市政府越来越沉重的债务负担，不深化改革，现行城市轨道交通发展模式是不可持续的，“打造轨道上的都市圈”更无从实现。

再次，是铁路和城市轨道交通管理体制上的行政壁垒和对民营企业的壁垒。《指导意见》提出要推动干线铁路、城际铁路、市域（郊）铁路、城市轨道交通“四网融合”。目前干线铁路、城际铁路主要由中铁总（原铁道部）负责规划建设运营；而市域（郊）铁路、城市轨道交通由当地城市政府负责规划建设运营，由城乡建设部负责相关政策制定。

实际上，“市域（郊）铁路”的名称本身就体现着行政壁垒，市域（郊）铁路是指城市行政管辖区域内的铁路，或城市郊区的铁路，而不是可以跨行政区划发挥通勤功能的铁路。**“市域（郊）铁路”规划、建设、运营不仅存在与中铁总的行政壁垒，而且存在与相邻省市间的行政壁垒。**例如，上海轨道交通 11 号线进入江苏昆山境内约 5.6 公里，实现了与花桥国际商务城的连接。这是全国唯一的跨省轨道交通项目，在规划阶段就需要国家发改委审批，沪苏双方又按照“近期贯通，远期分开”的原则制定建设运营方案。这种管理体制已经被人们认为是理所当然，然而进行简单的国际比较就可以发现问题所在。

日本没有设立过铁道部这样的政府行政管理部门，日本国铁也承担城市轨道交通的职能。在日本城市化过程中，东京大都市区内日本国铁以货运为主的铁路逐渐转变为客运铁路。最典型的，日本国铁管理的山手线由客货混跑铁路转变为只从事客运的城市轨道交通。1960 年代面临东京人口高速增长造成的通勤难，日本国铁在东京大都市区半径 30 公里范围内组织五方面作战，从五个不同方向投入巨额资金进行技术改造，实现铁路的双复线化（以便同时开行快速通勤列车）、高架化、电气化。1987 年日本国铁民营化以后，东京大都市区内的原国铁线路大多划归东日本铁路公司，34.5 公里环状的山手线成为东日本铁路公司最盈利的线路。东日本铁路公司高度重视站城一体开发，提出了“车站改变城市，车站成为城市”的经营理念。

日本民营铁路在日本三大都市圈发展中发挥了重要作用。东京大都市区有 7 家民营铁路公司，分别在 7 个不同方向建设和运营自己的通勤铁路网（共 1135 公里），分别连接到山手线，共设 668 个轨道交通车站，7 家民营铁路公司都在车站周边进行房地产开发。东京大都市区的居民大多居住在轨道交通车站周边，轨道交通成为最便捷的出行方式。

实际上，日本大都市区轨道交通的站城一体（也称为 TOD）开发模式，最适合民营企业。因为轨道交通导致的土地升值和人口集聚要经历一个长期过程，需要有一个长远战略，需要长期专注、逐步地开发。而政府会因换届而改变发展思路。

而在我国，几乎没有民营企业进入城市轨道交通建设运营领域。城市规划、土地开发利用、建设运营管理等方面的体制、政策障碍使得民营企业无法进入。**中铁总则没有把城市轨道交通客运看作自己应承担的职能，虽然在大都市区内中铁总有利用率很低的线路、站场资源，但进行站城一体化开发同样面临城市规划、土地开发利用、运营管理方面的体制政策障碍。**

2013 年《国务院关于改革铁路投融资体制加快推进铁路建设的意见》提出，“加大力度盘活铁路用地资源，鼓励土地综合开发利用。支持铁路车站及线路用地综合开发”。国务院的这些要求为中铁总进行土地综合开发、参与新型城镇化建设提供了政策支持。但现行城市规划、土地利用的体制和城市政府的自身利益使国务院的意见无法落地。铁路自身也不具备实施国务院意见的体制机制。中铁总债务负担沉重，思考问题的出发点是整个路网，不可能具体到各大城市铁路用地资源的开发利用。而各铁路局集团公司没有投资和进行资产处置的权利，不是真正的市场主体，工作绩效与收入不挂钩，缺乏提高铁路用地资源效率的动因，更谈不上进行站城一体化开发。

大都市区轨道交通发展面临的各种体制、政策障碍使资源不能得到有效的整合利用，“打造轨道上的都市圈”就只能靠各城市政府出让土地的收入来勉强支撑。我国正以人类历史上的空前规模经历美国、日本等发达国家从 20 世纪开始的大都市区化发展阶段，同时又面临着中国特有的各种体制和政策障碍，只有深化改革，进行体制机制创新，才能使大都市区成为中国经济增长的发动机，才能奠定城市群高质量发展的基石。

深汕特别合作区：特大城市行政区划需要调整的典型例证

原载财新网，2018 年 8 月 28 日

深汕特别合作区与深圳的距离超出了一般的通勤距离，把东莞、惠州并入深圳，扩大深圳的行政区划面积是最好的选择，但广东省很难做出这样的决定

有媒体报道：深圳市副市长王立新 8 月 22 日在 2018（第四届）中国智慧城市国际博览会的粤港澳大湾区创新论坛上说，深圳将有高铁和高速公路直通深汕合作区，深汕特别合作区内所有居民也将转成深圳户籍。王副市长称“深圳的一个新发展机遇就是深汕特别合作区”。在笔者看来，这与其称为机遇，不如看作是我国特大城市行政区划迫切需要调整的一个典型例证。

深汕特别合作区是广东省汕尾市西部一块 468 平方公里的区域，不与深圳市相邻，而是与广东省惠州市东部相邻，深汕特别合作区实际上是深圳市跨越惠州市在汕尾市得到的一块“飞地”。

深圳市统计局今年 4 月中旬发布的统计公报中，深汕特别合作区 2017 年的 GDP 已经首次纳入深圳 GDP 统计中。这说明深汕特别合作区将成为深圳市的一个下辖区。深汕特别合作区有可建设用地 145 平方公里，这或可缓解目前深圳市发展面临的土地资源瓶颈。

“城市行政区划面积倒置”扭曲了资源空间配置

我国的超大城市和特大城市的发展几乎都存在土地资源稀缺的障碍。在我国的超大城市“城市行政区划面积倒置”是一个普遍现象，即城市人口规模越大，行政区划面积越小。以我国人口规模最大的一线城市为例，上海的行政区划面积只有 0.63 万平方公里，广州的行政区划面积 0.74 万平方公里，深圳还不到 2000 平方公里，北京的行政区划经多次调整虽有 1.64 万平方公里，但适于城市建设的地区只有 7000 多平方公里，而 2013 年全国 289 个地级以上城市的行政区划平均面积则达到 1.72 万平方公里。我国一线城市中“行政区划面积倒置”最严重的是深圳，以至深圳无法为我国最具创新能力的华为公司提供土地，华为不得不把终端总部搬到东莞。

按照一般经济规律，大城市具有集聚经济效应和更完善的交通基础设施，会导致人口和经济活动在大城市及周边地区的集聚和扩展。因此，城市人口规模越大，与其有紧密经济联系的地域范围也越大。把美国 366 个大都市区按人口规模排序，排名前 20 位大都市区的平均土地面积为 1.83 万平方公里，排名前 100 位大都市区的平均土地面积为 1.09 万平方公里，366 个大都市区的平均面积为 0.65 万平方公里。

我国城市政府对经济社会事务的干预和影响远大于美国，不同行政区划间的行政壁垒也远大于美国。在城乡规划、财税收入分配、教育医疗和社会保障等方面，特大城市行政区划面积倒置对经济社会发展会产生重大影响。例如，我国特大城市区划面积过小以及控制特大城市建设用地供给，增加“中小城市、县城建设用地供给”的政策，导致了土地资源的空间错配。其结果是，在没有市场需求的中小城市和小城镇出现了大量空置的商品房和各类开发区中大片的闲置土地。而在有市场需求的地方缺乏土地资源，大幅度抬高了特大城市和部分大城市的房价，加剧了财富的两极分化；抬高了工商业的要素成本，直接降低了中国制造的国际竞争力，对我国实体经济的发展造成了严重损害。

资源空间配置效率低下已经成为高质量发展的重大障碍

大城市（大都市区）更有利于创新，有更高的生产率。美国的创新型企业主要出现在前20个大都市区，我国的创新型企业也主要集中在北上广深等少数大城市，而不是遍地开花。美国人口和经济活动的空间结构是市场进行资源空间配置的结果，其主要特征是：人口和经济活动高度集中在大都市区。2010年美国人口排名前100位的大都市区聚集了65%的人口，生产了75%的GDP，获得了92%的专利。美国排名前20位的大都市区聚集了37.4%人口，生产了46.6%的GDP，获得了63%的专利。大都市区同时是创新中心。美国布鲁金斯研究所认为，美国经济不是50个州的经济，而是“大都市区经济（Metropolitan Economies）”。

2010年我国排名前100位的城市人口占全国人口的19.5%，生产的GDP占全国的50%，分别比美国低45.5个百分点和25个百分点；排名前20位的城市人口占全国人口的9%，GDP占全国的29%，分别比美国低28.4个百分点和17.6个百分点。这种差距反映出我国资源空间配置效率上的差距，可以说明我国第三产业占GDP比重低的主要原因。同时，也指示着我国人口空间流动和城市人口结构分布的方向。

我国人口和经济的集聚水平与美国存在巨大差距，这种差距是与产业结构上的差距紧密联系的，2011年美国第三产业占GDP的比重为80%，而我国仅为46%。我国经济的“调结构”不仅要调整二、三产业结构，而且应当调整人口和经济活动的空间结构，特别是把大量农村人口转移到大都市区，因为大都市区（大城市）才能为服务业创造发展空间，更有利于创新，也更有利于实现乡村振兴。

特大城市行政区划面积倒置，严格限制500万人口以上城市人口和用地规模的政策，不仅不利于优化我国人口、土地等资源的空间配置效率，还抑制了第三产业的发展，不利于乡村振兴战略的实施。简单的纵向和横向国际比较分析就可以说明这些问题之间的内在联系。

1980年和2017年我国的产业结构（第一、二、三产业占GDP的比重）的变化和城镇化率的变化如下表所示：

	第一产业	第二产业	第三产业	城镇化率	农村人口比率
1980年	30.4%	49%	20.6%	19.4%	80.6%
2017年	7.9%	40.5%	51.6%	58.52%	41.48%

这里假设第一产业的GDP是农业的产出，因而实际扩大了农业产出的数量，但这不会影响而会加强主要的分析结论。1980年到2017年我国农业产出占GDP的比重从30.4%下降到7.9%，而同期农村人口占全国人口的比重仅从80.6%下降到41.48%。这意味着1980年每百分之一的农民生产了0.377%的GDP，而到2017年每百分之一的农民只生产了0.19%的GDP。虽然37年间农民的生活水平和收入水平有了提高，虽然政府加大对农业的投入和补贴，但农业产出的相对份额却在大幅度下降，2017年农民从农业生产中获得的收入所占GDP份额只相当于1980年的一半左右。

2015年美国第一、第二、第三产业产出占GDP的比重分别为1.65%、29.38%、68.97%，美国在这三个产业中的人口占全国人口的比重分别为1.53%、18.95%、79.52%。这说明美国每百分之一的农业人口生产了1.078%的GDP，美国已成功地通过大都市区化把人口转到第三产业。

纵向和横向国际比较说明近40年来我国农民从农业生产获得的相对收入水平在不断下降，如果不把大量的农村人口转移到城市及大都市区内的城镇、大幅度提高农业劳动生产率，乡村振兴是难以实现的。特别是横向国际比较进一步说明，我国的农村人口太多，几亿人靠农业吃饭，无法实现规模经济，是无法实现乡村振兴的，必须把大量农村人口转移到第三产业。

1980年到2017年我国第二产业占GDP的比重从49%下降到40.5%，第三产业占GDP的比重从20.6%上升到51.6%。这种第二产业产出比重下降、第三产业产出比重上升的趋势还将继续，这是世界各国经济增长在产业结构上出现的普遍趋势。问题在于我国第三产业发展的速度还不够快，或者说由于我国城镇化特别是人的城镇化的速度还不够快，我国特大及以上城市还不够大、不够多。因为第三产业是服务型经济，具有非常强的集聚经济属性，主要在城市特别是大城市和大都市区，第三产业才有更大的发展空间。

从城市化的发展趋势看，在城市化水平很高的美国和日本，大都市区的人口仍在增长，而一些中小城市的人口则很少增长或下降。1960年美国大都市区人口占全国人口的比例为63%，2010年美国366个大都市区人口占全国人口比例为83.7%，产出占美国GDP的89%。2010年美国366个大都市区人口比2000年增加10.8%，比1990年增加26.4%。2010年小都市区的人口占全美人口的10%，比2000年下降0.4个百分点（Census Bureau，2011）。日本东京、大阪、名古屋三大都市区的人口规模从1950年以来一直在不断增长，其他中小城市的人口则少有增长或下降，虽然日本政府自20世纪60年代以来实施“全国综合开发计划”，力图实现“国土均衡发展”，但几乎没有任何作用。这是市场机制进行资源空间配置的必然结果，是集聚经济和不平衡发展规律作用的必然结果。

发展大都市区经济是实现高质量发展的必然趋势

大都市区（Metropolitan Area）是指以大城市为中心，由多个与中心城市有较强通勤联系城镇组成的区域。传统的城市概念已经无法反映这种城市空间结构。美国在20世纪50年代界定了以县为基础的大都市区概念，大都市区由至少一个5万以上人口的核心城市及与核心城市有较高经济社会一体化程度的邻近县（County）组成，邻近县及城镇成为大都市区组成部分的最低标准是，有15%的工作人口通勤到核心城市上班。美国的大都市区通常是一个跨行政区划的地理区域，是一个人口和GDP的统计区。大都市区是一个经济统计概念，不同于我国城市的行政管辖区域。

二战后，在美国占领下，日本接受了大都市区的概念，并把Metropolitan Area一词翻译为“都市圈”，日文的“都市圈”写法与中文相同，导致某些学者使用日文的译法，但都市圈的译法容易造成圆圈状地域的误解，或随意画出大小不同的都市圈，而忽略了从本质上讲，大都市区是一个存在紧密经济社会联系的区域，是基于通勤联系的本地劳动力市场。

人口向大城市、大都市区集聚是市场进行资源空间配置的结果。对此，经济学用外部规模经济或集聚经济的匹配、共享、知识溢出等三个机制来解释。杨格定理（劳动分工取决于市场规模，而市场规模又取决于劳动分工）可以更好地解释集聚经济的自我增强现象。大城市能够满足多样化的需求从而吸引更多的人和企业进入大城市；而扩大的市场规模又导致更细的产业间分工和更高的生产率，提供更多的工作岗位；导致更多的人口向大都市区集聚，形成正反馈的循环。集聚经济推动增长的核心机制是市场规模的扩大和分工的深化，因而，可以创造出更多的需求和就业、更高的生产率和更多的创新。

大城市有足够多的人口，医院才能够进行更细的分工，儿童、口腔、心脏等专科医院才可能生存；各种类型的金融机构、律师事务所、会计师事务所等生产性服务企业才可能存在；大城市不仅需要高技能人才，同时也需要大量的清洁工、街头摊贩、快递员等各类人员；500万人口以上的大城市才有可能支撑地铁的建设和运营。大都市区能够为第三产业和创新型企业提供更好的发展环境、更大的发展空间。第三产业提供的服务不同于制造业最根本区别是，服务的生产过程和消费过程是同时进行的，而制造业产品是先生产后消费。因此，第三产业主要在人口规模大、密度高（这二者之间通常存在紧密的相互联系）的大城市有更大的扩展空间。

我国的自然资源禀赋与日本类似，日本大都市区经济已经达到规模是我国可以借鉴的。日本三大都市区聚集了 50.9% 的人口，创造了 70% 的 GDP。东京大都市区（一都 3 县）面积 1.35 万平方公里，人口 3500 万，2008 年的 GDP 为 1.599 万亿美元，是 2010 年北京 GDP 的 7.1 倍和上海的 5.87 倍；东京大都市区每平方公里产出 1.18 亿美元（2008 年），是北京的 8.6 倍和上海的 2.75 倍（2010 年）。我国人口是日本的 10 倍，出现 10 个左右与东京大都市区经济体量相当的大都市区，应当是高质量发展可以实现的。

我国应取消严格控制 500 万人口以上特大城市人口和用地规模的政策，进行资源空间配置的供给侧结构性改革，充分发挥大城市发展第二、第三产业的潜力，进一步提高排名前 100 位城市的集聚经济水平，重点发展 20 个人口规模在 3000 万左右的大都市区，使大都市区成为经济增长的发动机。为此，需要把部分特大城市的行政区划扩展到可能存在紧密经济联系的 1.5 万平方公里左右的区域。这仅涉及不超过 20 个副省级以上城市及这些城市周边的少数县，影响面较小。在操作上，可将直辖市和部分省会城市（包括副省级城市）半径 70 公里左右的地域，以县为单位划归相应城市的行政区划。

我国的城市化要顺应城市发展规律。世界各国的城市化一般分为两个阶段，传统城市化阶段和大都市区化阶段。在传统城市化阶段，人口和工商业不断向城市集聚，但集聚到一定程度后，有限的城市空间开始饱和，出现所谓“城市病”，表现为交通拥堵、土地价格上升、住房成本增加，形成集聚经济水平进一步提高的障碍。在大都市区化阶段，制造业开始向郊区和附近的城镇迁移，城市作为制造业中心的功能弱化，作为服务和管理中心的功能不断强化；轨道交通和道路网络的发展使得居住在中心城市周边的城镇或郊区，每天通勤到中心城市工作成为可能，人口向中心城市周边城镇和郊区迁移和聚集，逐渐扩展到距中心城区 30 公里的地域，或进而扩展到距中心城区 50 公里甚至更远的地域，但通勤联系范围一般不会超过 70 公里。因此大都市区的面积在 1.5 万平方公里左右，一般不超过 2 万平方公里。

我国的城镇化已经进入大都市区化（Metropolitanization）的发展阶段，其典型表现是工业企业从相当多的大城市迁出，在大城市周边出现一些新兴城镇，形成新的人口和产业集聚，出现跨行政区划的通勤族。例如，目前每天有数十万居住在河北燕郊的居民到北京上班，同样有数十万居住在江苏昆山的居民到上海上班。河北燕郊、江苏昆山已经从小城镇迅速发展成中等城市，形成了不同程度的产业集聚。河北燕郊、江苏昆山所以能取得高速发展，最重要的原因是它们分别距离北京、上海在 30 公里左右，分别位于北京、上海大都市区之内。

深圳也正在经历快速大都市区化的发展过程。东莞、惠州所以能取得较快发展，一个重要原因是二者紧邻深圳。大量为深圳加工配套的企业在东莞、惠州建厂，很多人通勤到深圳上班，东莞、惠州实际上已经成为深圳大都市区的一部分。东莞市面积 2460 平方公里，惠州市面积 11343 平方公里，把东莞市、惠州市并入深圳，优化深圳市的行政区划，其总面积可达 1.58 万平方公里。深莞惠大都市区会产生上千公里的轨道交通建设需求和大量的城市建设需求，并有可能形成与东京大都市区体量相当的世界级大都市区。

但目前的安排是，把距离深圳市政府所在地 100 多公里以外的一块飞地划归深圳，计划建设深汕特别区新城并用高铁与深圳连接。但如果没有补贴，高铁并不能成为大多数人的通勤选择。深汕特别合作区与深圳的距离超出了一般的通勤距离，因此不能成为深圳大都市区一个组成部分。深汕特别合作区也无法融入深圳本地劳动力市场。城市通勤距离的延伸是一个渐进的过程，从 10 公里逐渐到 30 公里、50 公里，但很少超过 70 公里。因此无法想象深圳的本地劳动力市场会跨越邻近的惠州去衔接 100 公里以外的深汕特别合作区。因为对于就业者来说，在就业选择时要在收入与通勤距离之间进行成本收益分析，过远的通勤距离要由更高的收入来补偿；企业选址则要靠近城市中心，或方便客户来访、员工上班的交通枢纽。深圳 100 公里以外的深汕特别区新城对企业是缺乏吸引力的。

这就是说，建设深汕特别区新城将成为深圳的沉重负担而不是发展的机遇。那么，设立深汕特别合作区的目的何在?

优化大城市行政区划破解发展大都市区经济的体制障碍

设立深汕特别合作区不是深圳市的选择而是广东省的决定。实际上，早在 2011 年 2 月广东省委、省政府就批复了《深汕（尾）特别合作区基本框架方案》，正式设立深汕特别合作区。合作区党工委、管委会为省委、省政府派出机构，享有地级市一级管理权限，委托深圳、汕尾两市管理，深圳市主导经济管理和建设，汕尾市负责征地拆迁和社会事务。

而本次要运作的深汕特别合作区则成为深圳市的一块飞地。汕尾市的人均 GDP 在广东省地级市排名倒数第二，仅为深圳的 1/6，广东省或是想通过这种方式来带动汕尾市的发展。

为解决深圳发展面临的土地资源瓶颈，把东莞、惠州并入深圳，扩大深圳的行政区划面积是最好的选择。但广东省很难做出这样的决定，东莞、惠州是广东省人均 GDP 排名靠前的地级市，而深圳是计划单列市。把东莞、惠州划归深圳将直接减少广东省级财政的收入，将直接影响广东的经济社会发展、教育医疗及社会保障。

我国的新型城镇化已经进入大都市区化的发展阶段，虽然在政府层面还没有明确大都市区的概念，但成都、重庆等一些城市已经在城市规划中明确提出了建设大都市区规划，湖北省提出“武汉城市圈（Wuhan Metropolitan Area)”的概念，浙江省提出建设杭州、宁波、温州、金华义乌等四大都市区。但大都市区的发展必然面临体制障碍和各种利益冲突。深圳大都市区的发展已经不是深圳自己的事情，也不是广东省的事情，而是大都市区发展中带有全局性战略性的问题。在中美贸易冲突不断扩大、经济下行风险日益加大的形势下，使大都市区成为中国经济增长的发动机已成为重要的战略选择。深圳大都市区如何发展应当由中央高层决策。

新版北京城市规划如何适应城市发展

原载财新网，2017 年 4 月 7 日

北京城市总体规划应当是北京大都市区总体规划，其规划范围应当综合考虑北京行政区划内的 1.64 万平方公里，以及河北省划出要严格管控的京冀交界 5000 平方公里区域

《北京城市总体规划（2016—2030 年）（草案)》，以下简称《2016 总规》，3 月 29 日开始向全社会征求意见。这是改革开放以来北京发布的第四次城市总规。

前三次城市总规的人口规划目标，在总规发布 3 年后就被突破，《2016 总规》中没有提及以往规划失败的原因分析及应对举措。另外，上次总规中北京“建设世界城市”的发展目标，在《2016 总规》中修改为“建设国际一流的和谐宜居之都”，但对其必要条件少有论述。在此，笔者对《2016 总规》提出一些思考与建言，以供参考。

会否进一步推高房价

北京现有的城乡建设用地规模为 2921 平方公里，《2016 总规》要求在 2020 年把城乡建设用地规模减至 2860 平方公里左右，2030 年进一步减至 2760 平方公里左右；2016 年北京的常住人口为 2173 万人，2020 年的人口控制目标为 2300 万人。按照《2016 总规》，一方面北京的常住人口数量在增长，住房需求在上升，而另一方面北京城乡建设用地规模在缩减，新建住房面积将下降，这必然导致北京房价的进一步上涨。

目前北京的房价已经排在全国首位。根据中国房地产业协会全国358个城市房价排行榜，2016年10月北京、深圳、上海的房价排名前三，北京商品房均价52549元/平方米；深圳商品房均价46664元/平方米；上海商品房均价46119元/平方米。但并非人口超千万的超大城市房价一定高，例如重庆商品房均价仅7195元/平方米，全国大城市商品房均价一般在7000元/平方米左右，房价高低的主要决定因素是建设用地的供给数量。

重庆能够保持较低房价的根本原因：其一，是重庆的行政区划面积为8.2万平方公里，是全国城市平均水平的4倍以上，而北京、深圳、上海的行政区划面积分别为1.64万、0.2万、0.63万平方公里。重庆在本行政区内可以调整的建设用地指标远多于其他城市。其二，是重庆的地票制度创新。2014年北京、上海、深圳的建设用地分别为580.76万平方米、313.18万平方米、105.73万平方米，而重庆的建设用地为1864.59万平方米，也就是说2014年重庆供地面积是京沪深的3倍、6倍、18倍以上。仅重庆每年3万亩地票就可获得相当于1998万平方米的建设用地，是北京、上海、深圳2014年建设用地总和的2倍。

在北京城乡建设用地规模不断增加的情况下，北京的房价已高出全国大城市房价水平的数倍。如果按《2016总规》的要求，缩减北京的建设用地规模，北京的房价只会更高。

是否有利于京津冀一体化

《2016总规》把“京津冀协同发展”作为一个专门章节来阐述，其中两条举措值得商榷：一条是推进交通一体化发展，建设“轨道交通上的京津冀”；另一条是推动京冀、京津交界地区的统一规划、统一政策、统一管控。

第一个举措的问题是，京津冀地区的普通铁路网、高速铁路网、高速公路网、国家干线公路网是由原铁道部、交通运输部统一规划建设的，本来就是一体化的。没有实现一体化的是京冀交界地区的通勤铁路

（市郊铁路），这是因为存在规划法规及地方利益的障碍。根据2008年《中华人民共和国城乡规划法》关于“省、自治区人民政府组织编制省域城镇体系规划”的规定，《2016总规》只能是北京市行政区划内的总体规划及轨道交通规划。

目前邻近北京的河北燕郊镇每天有30万人主要靠道路交通到北京上班，通勤难已经成为严重的社会问题。《2016总规》没有把城市轨道交通连接到燕郊。一些北京居民，包括在北京工作的外来人口已经在河北的燕郊、大厂、香河、廊坊、固安、涿州买房，已经形成道路交通流。在北京和这些城镇之间建设6条通勤铁路能够有力提升这些城镇的经济社会发展水平，实现京津冀协同发展，而且有利于疏解北京人口。但《2016总规》没有推进跨省通勤铁路建设运营的一体化，而是提出建设293公里的京石城际高铁和149公里的京唐城际高铁，据估算要分别投资600亿元和449亿元。

北京—石家庄、北京—唐山之间已经有时速300公里的高铁和普通铁路，且高铁的通过能力利用率不足50%。难道重复建设京石城际高铁、京唐城际高铁才是“轨道交通上的京津冀”？这上千亿的城际高铁投资将造成严重的运能过剩和巨额亏损。按目前的规则，河北行政管辖区内的城际铁路主要由河北出资建设，这将使河北的债务负担进一步恶化，挤压用于民生投入，不利于京津冀一体化。而建设从北京到燕郊、大厂、香河、廊坊、固安、涿州的通勤铁路，每条通勤铁路的长度在30～70公里，时速120公里，总投资不过300亿元。由于通勤铁路可采用轨道交通与土地综合开发的模式，可以用PPP模式进行建设和运营，不需要河北出资，还能有力推动通勤铁路沿线的城镇化进程，提高经济社会发展水平。这种轨道交通建设更有利于京津冀协同发展。

第二个举措的问题是其合理性和可实施性。《2016总规》要求推动京冀交界地区的统一规划、统一管控，并在京冀交界地区新设立了“环首都森林湿地公园环”，形成第三道绿色隔离地区，即“一屏、三环、五河、九楔”中的三环。为配合北京《2016总规》的发布，国家发展改革委、工业和信息化部、国土资源部、环境保护部、住房和城乡建设部、水利部、国家林业局等7部门在2016年12月7日下发了《加强京冀交界地区规划建设管理的指导意见的通知》，提出在京冀交界地区要实行5个方面的严格管控：严格控制城镇开发强度，严格划定永久基本农田，严格产业准入管理，严控房地产开发建设，严控人口规模。河北省人民政府办公厅于3月14日印发了《关于加强京冀交界地区规划建设管理的实施方案》，该方案把严格管控的京冀交界地区范围确定为与北京城市副中心相邻的三河市、大厂回族自治县、香河县约2000平方公里区域，以及与北京市大兴区相邻的廊坊市广阳区、固安县、永清县、涿州市约3000平方公里区域。

这些县市与北京市中心的距离在30～70公里，位于按通勤原则确定的北京大都市区范围内。北京大都市区化过程中的外溢效应，导致该区域的人口集聚、大规模房地产开发和房价上涨。这有利于提高该区域经济发展水平和居民的收入水平，增加当地政府的财政收入。而严控人口则会减缓该地区的经济发展，降低政府的财政收入，况且该区域的一些县市还位于环首都贫困带上。因此京冀相邻地区的县市政府缺乏严控房地产开发和严控人口的激励，也缺乏管控人口的手段。北京可以用户口准入和高房价来控制人口增长，且已经采取了最严格的人口管控措施，但成效甚微。河北的县市级政府又有什么办法严控人口增长?

河北在实施方案中没有说明京冀交界地区的人口控制目标和城乡建设用地规模控制目标，但即使设置了严控目标，在5000平方公里范围也缺少严控手段。行政手段的严控不如市场机制的引导，为此建议：建设以北京10号轨道交通不同车站为起点，连接燕郊、大厂、香河、廊坊、固安、涿州主城区的6条通勤铁路，通过轨道交通与土地综合开发引导京冀交界地区人口向通勤铁路沿线车站集聚。同时对该地区6条楔形绿地的城乡建设用地进行减量控制、禁止房地产开发、禁止旅游以外的产业进入，使楔形绿地成为“环首都森林湿地公园环”的核心，成为当地居民靠旅游致富的基地。

是否要用行政手段严控人口增长

改革开放以来北京一直在进行人口控制，按照1983年国务院批复的北京城市总体规划，2000年北京的人口规模要控制在1000万人左右；但1986年就被突破。1993年国务院批复的总体规划要求，2010年常住人口控制在1250万人左右，但1996年被突破。2005年国务院批复的总体规划要求2020年北京总人口规模控制在1800万人左右，然而2009年又被突破。北京的人口控制目标在发布三四年后就被突破。2016年北京的常住人口已达2173万人。

在计划经济时期，政府用粮票（粮食配给制）可以有效控制人口流动，但要以降低经济效率为代价。在市场经济条件下，市场在资源配置中发挥重要作用。人口从劳动生产率低的农村流向劳动生产率高的城市，特别是大城市，可以获得更高收入。人口向大城市迁徙是脱贫的重要途径，是人们对更好生活的追求，由此导致城市人口控制的行政手段屡屡失效。

世界城市化的发展趋势是大都市区的人口不断增长，而中小城市的人口则在下降，互联网的出现不仅没有减缓反而在强化这一趋势，美国、日本、欧洲都是如此。2010年美国366个大都市区人口比2000年增加10.8%，而小都市区的人口比2000年下降0.4个百分点。日本东京、大阪、名古屋三大都市区的人口规模从1950年以来一直在不断增长，其他中小城市的人口则少有增长或下降。我国还没有官方的大都市区（Metropolitan Area）概念和相关统计数据。二战后，美国的城市化进入大都市区化阶段（也被误称为郊区化），美国政府基于居民的通勤联系规定了大都市区的地理范围。大都市区是指以大城市为中心，由多个与中心城市有较强通勤联系的周边县及城镇组成的区域，其面积在1.5万平方公里左右，一般不超过2万平方公里。

美国经济是“大都市区经济（Metropolitan Economies）”，而不是50个州的经济，其主要特征是：人口和经济活动高度集中在大都市区。

2010 年，美国排名前 20 位的大都市区聚集了 37.4% 的人口，生产了 46.6% 的 GDP，获得了 63% 的专利，大都市区同时是创新中心。我国 2010 年排名前 20 位的城市人口占全国人口的 9%，GDP 占全国的 29%，分别比美国低 28.4 和 17.6 个百分点。这种差距反映出我国资源空间配置效率上的差距，同时，也指示着我国人口空间流动和城市人口结构分布的方向。日本土地和石油匮乏的资源禀赋决定了其人口和经济活动的集聚程度远高于美国。东京大都市区、大阪神户大都市区、名古屋等三大都市区聚集了日本 50.9% 的人口，创造了 70% 的 GDP。我国的资源禀赋与日本类似，只能实施集约型的城镇化战略，发展大都市区经济，应大幅度提高排名前 100 位城市的人口和经济活动集聚水平，重点发展 20 个左右以大城市为中心人口在千万级以上的大都市区。用行政手段严控特大城市人口增长是违反城市发展规律和经济发展规律的，严格控制特大城市的人口增长将错失中国经济最重要的发展机遇。

人口向大城市、大都市区集聚是市场进行人力资源空间配置的结果。经济学用集聚经济的匹配、共享和知识溢出机制来解释这一现象。杨格定理（劳动分工取决于市场规模，而市场规模又取决于劳动分工）可以更好地解释集聚经济的自我增强现象。大城市能够满足多样化的需求从而吸引更多的人和企业进入大城市；而扩大的市场规模又导致了更细的产业间分工和更高的生产率，提供更多的工作岗位，导致更多的人口向大城市集聚。集聚经济推动增长的核心机制是市场规模的扩大和分工的深化，因而，可以创造出更多的需求和就业岗位、更高的生产率和更多的创新，吸引更多的人口向大城市集聚。由此形成正反馈的城市人口和城市经济增长过程，但这一正反馈过程不会无限制进行下去。人口增加导致的土地价格和租金的上涨，以及交通拥堵环境恶化等问题，增加了企业的运营成本和居民的生活成本，又会使一些人离开，市场机制具有抑制城市人口增长的内在机制。实际上，北京的高房价正在抑制北京人口的快速增长。

资源环境容量不能成为北京限制人口的理由，水资源不是增加人口约束条件。目前北京水资源的1/3用于农业和工业用水，采用经济杠杆提高水价，可以促进节约生活用水、大幅度减少农业工业用水；海水淡化可大幅度增加北京的水资源供应，而且技术经济上可行。土地更不是增加人口的约束条件，北京土地招拍挂每平方米的楼面价格高达万元以上，而一些省的农业用地在撂荒，严格限制北京的建设用地供给已经造成严重的土地资源空间错配。北京大都市区的人口容量至少在3000万到4000万水平，采用行政手段严控北京人口增长将以北京经济增长停滞为代价，北京的发展目标和战略定位都需要以强大的经济实力为支撑。

城市规划要适应城市发展规律

北京的“大城市病”在很大程度上是城市规划不能适应城市发展规律，特别是城市规划理念上不适应的后果。

第一个误区，是以北京的行政区划为界限、以人口控制目标为前提、在既有建成区基础上进行空间结构设计。这种规划理念不考虑北京与周边区域的经济社会联系，不从区域经济社会发展的视角考虑规划问题，无法适应大都市区化的发展进程。

世界各国的城市化一般分为两个阶段，传统城市化阶段和大都市区化阶段。在传统城市化阶段，人口和工商业不断向城市集聚，但集聚到一定程度后，有限的城市空间开始饱和，出现所谓城市病，表现为交通拥堵，土地价格上升，住房成本增加，形成集聚经济水平进一步提高的障碍。在大都市区化阶段，制造业开始向郊区和附近的城镇迁移，城市作为制造业中心的功能弱化，作为服务和管理中心的功能不断强化；伴随着通勤铁路的发展和小汽车的普及，居住在中心城市周边的城镇或郊区，每天通勤到中心城市工作成为可能，人口向中心城市周边城镇和郊区迁移和聚集，逐渐扩展到距中心城区30公里的地域，或进而扩展到距中心城区50公里甚至更远的地域。

《2016总规》“一主、一副、两轴、多点”的空间布局，不过把原来的11个“多中心”变成了通州“一副”和密云、昌平等10个“多点”，仍然只涉及北京的11个周边区县，包括距离北京80公里的密云、平谷、延庆，而不包括距离仅30公里的河北燕郊镇。但10余年间，燕郊镇的常住人口由3万迅速增长到75万，相当北京一个远郊区县人口的2倍，每天有30万人通勤到北京中心城区上班，燕郊人口的超高速增长是市场进行人力资源空间配置的结果。燕郊已经是北京大都市区的一部分，它与北京中心城区的经济社会联系已经超过北京的任何一个远郊区县。大都市区实质上是本地劳动力市场的地域范围，但北京的城市空间规划以行政区划为界限，只对该地域的一个局部进行规划，由此引发多方面的问题，通勤难只是其中的一个方面。

第二个误区，是没有正确把握城市空间布局与城市交通的关系。城市交通具有塑造城市空间形态的功能。以道路交通为骨干网络，将塑造出蔓延式、“摊大饼”的城市形态。以轨道交通为骨干，能够形成中央大团加多条放射线通勤铁路串联不同规模城镇的空间结构。轨道交通具有的“时空收缩”效应，围绕轨道交通车站可形成多个规模不等的城镇，使得城市可能沿着轨道交通线呈“串珠”式发展形态。最典型是哥本哈根轨道交通支撑的城市空间“指形规划”，以及东京山手线加对多条外放射线通勤铁路支撑的大都市区空间结构。

东京大都市区是以环形的山手线为中心，山手线的主要车站向外放射的通勤铁路至少有12条。在山手线34.5公里的环线上建设了新宿、池袋、涩谷等7个副中心，大量的公司总部、商务办公、宾馆饭店、商业服务业集聚在这些副中心，形成了东京站、新宿站等多个“车站城市”（Station City），在这些轨道交通车站集中了几乎所有的城市功能，居住则主要集中在轨道交通向外放射线的多个串珠状车站周边的中小城市。

北京的城市规划是以道路交通为骨干，进行分区规划，先找地方盖楼房，再解决交通出行问题；为解决交通拥堵问题，北京陆续建设了二环、三环、四环、五环等多条环路，塑造出“摊大饼”的城市形态；

北京的道路也不断拓宽，更方便小汽车出行，但城市道路的增长速度永远不能适应小汽车的增长速度，由此造成了更严重的拥堵。北京曾从建筑美学的视角提出形成“两轴—两带—多中心”的城市空间结构，但这种城市形态无法与轨道交通为骨干的城市交通体系相适应。以轨道交通为骨架只能形成环形加放射线的路网结构和中央大团加放射线的城市空间结构。

北京获得2008年奥运会主办权后才开始大力发展轨道交通，提出要使轨道交通成为城市交通的骨干，但只是把轨道交通作为解决交通拥堵的工具，而不是引导城市扩展方向、疏解集聚经济活动的基础设施。《2016总规》提出2020年北京的轨道交通里程将达到1000公里，比上版规划目标增加了35公里。但北京的轨道交通建设还主要集中在中心城区，没有规划建设与房地产开发紧密联系的通勤铁路，不能发挥轨道交通疏解和集聚经济活动的功能。正是因为没有向外放射的通勤铁路，北京的人口和各种城市功能高度集中在五环内。

根据北京市统计局首次披露的环线人口分布情况，2014年五环内常住人口为1053.6万，人口密度为每平方公里1.58万人。中央政府和北京市的党政部门都在五环之内，面积667平方公里，五环以北京4%的面积承载49%的常住人口。与北京五环的面积相当，东京23区的面积622平方公里，日本中央政府和东京都政府都在东京23区内，2010年该地区的人口为895万，人口密度为每平方公里1.44万人。但东京大都市区的人口有3500万，东京23区是以东京大都市区4.6%的面积承载24.5%的人口。

与东京大都市区比较，北京的人口并不多，但人口的空间分布过于集中在五环，其重要原因是北京没有建设与房地产开发紧密结合的通勤铁路，没能提供疏解人口和城市功能到五环之外的便捷通道。2014年北京五环内有轨道交通车站192个，占北京轨道交通车站数量的72%；而东京23区内有470个轨道交通车站，占东京大都市区轨道交通车站数量的30%。北京轨道交通每日发送人次超1000万，而东京大都市区每日地铁发送人次 1100 万，通勤铁路每日发送人次达 2800 万。轨道交通路网的空间结构在一定程度上决定了大都市区的人口空间分布结构。

第三个误区，是在制订城市总体规划后，用计划方式制订控制性详细规划。总规的规划期限为 20 年，控规则没有明确的规划实施年限。控规要对各地块的土地使用性质、容积率、建筑高度、建筑密度、停车泊位、配套公共设施等刚性指标做出限制性规定。然而，在城市快速发展时期，规划师无法事先预测经济社会环境变化是否会改变一些地块的使用性质，也无法预测各地块的开发主体对土地使用的要求。其结果是，先把凭规划师主观想象做出的控规以法规形式确定下来，在土地开发活动发生时，再通过烦琐程序对控规事先确定的刚性指标进行修订。

城市规划被认为是一种城市“空间设计”技术，要从技术合理的角度做出“最优”空间布局。问题在于“技术合理”“最优”的标准是什么？谁有资格来评判？城市规划是对城市空间资源进行配置。城市空间资源是以土地为载体的不同城市功能设施及其建筑体量、用地面积、相邻距离、连通方式的集合。从新制度经济学的观点考察，城市规划是对城市空间资源行使权利的安排。产权是“行使一定行为的权利”，按照科斯的观点，权利配置问题是“允许 A 损害 B，还是允许 B 损害 A”的问题，“关键在于避免较严重的损害”。城市空间资源是稀缺资源，在选择城市发展方向上，选择放射线发展方向还是“摊大饼”；在控规指标选择上，如何确定轨道交通车站周边地块用地性质和容积率选择，都是“允许 A 损害 B，还是允许 B 损害 A”的问题。北京没有规划建设向外放射的通勤铁路，客观上在驱动城市“摊大饼”；对改变用地性质和容积率进行严格控制，不允许在轨道交通车站周边进行高密度的商业开发，实际上损害了轨道交通的发展。因此，城市规划不是简单的进行“技术合理”的“空间设计”技术。空间设计是对空间资源权利的安排，体现了不同功能、不同利益群体的诉求，要从更高层次的全局观来审视。

对照中国香港的城市规划准则可以看到另一种以轨道交通为骨干的

城市规划模式。《香港城市规划准则》中明确规定“在规划新发展区及大型的人口及就业中心时，须充分考虑如何尽量利用现有及拟议的铁路路线及车站”。“较高密度的住宅发展应尽可能建于铁路车站及主要公共交通交汇处附近，以期善用发展机会，并减低对路面车辆交通的依赖程度”。“住宅发展密度应随与铁路车站及公共交通交汇处的距离增加而渐次下降”。

交通拥堵的原因在哪里

北京“大城市病”的主要表现是交通拥堵。一种观点认为人多是北京交通拥堵的主要原因，但简单的国际比较就能给出否定的回答。东京大都市区的面积 1. 35 万平方公里，人口 3500 万，其面积比北京小，人口规模远大于北京，但东京的交通拥堵程度远小于北京，问题的关键在交通基础设施结构和人们的出行结构。东京大都市区有 2500 公里轨道交通（包括地铁、通勤铁路），1514 个轨道交通车站，轨道交通里程和车站数量是北京的 5 倍左右；早晚高峰期间东京中心城区（23 区）乘轨道交通的通勤人数比率高达 79%，绿色交通出行的比率为 93%，小汽车的出行比率只有 4%。而北京六环内轨道交通出行比例为 19. 4%，小汽车出行比例高达 37. 7%。

北京交通拥堵的客观原因是快速城市化和汽车社会同时到来，1985 年到 2015 年期间，北京的常住人口由 981 万增加到 2170 万，机动车保有量由不足 50 万增加到 561 万。虽然城市道路在快速增长，但在收入水平高的超大城市，小汽车进入家庭的普遍化，必然造成严重的交通拥堵。与北京人口规模相当的纽约、东京大都市区，在汽车社会来到之前就已经建成了相当规模的轨道交通网络，形成了建在轨道交通上的城市；在汽车社会到来后，东京、纽约的城市道路没有进行大规模拓宽，开小汽车不如乘轨道交通便捷，乘轨道交通仍是人们的主要出行方式。北京的轨道交通在快速发展，但轨道交通网建设和城市空间结构的调整需要一定时间，才能在缓解拥堵上发挥决定作用。

北京保有和使用小汽车的成本过低，小汽车保有量过高，是造成严重交通拥堵的另一重要原因。上海的人口数量、人均收入水平均高于北京，轨道交通里程与北京相当，但上海的小汽车保有量比北京少200多万辆，其根本原因是：上海从1986年开始实施私车牌照限额发放，无底价拍卖的政策，并一直沿用至今，这显著提高了拥有小汽车的成本。日本东京都的人均收入是日本最高的，但每个家庭的汽车保有量仅0.5辆，远低于其他地区的1.5辆，因为在东京都购买小汽车首先要有停车位，停车费高，使得拥有和使用小汽车的成本远高于其他地区。

对北京城市总规的建言

北京城市总体规划应当是北京大都市区总体规划，其规划范围应当综合考虑北京行政区划内的1.64万平方公里，以及河北省划出要严格管控的京冀交界5000平方公里区域。

北京应建设环形加多条放射线的轨道交通网，引导城市的发展方向。北京地铁10号线长57公里，是东京山手线长度的1.65倍，要进一步扩大10号线的通过能力，一些有条件的区段要建设双复线，使10号线成为北京的大能力通道。目前在10号线上已经有国贸CBD和海淀中关村两个城市副中心，完全可以在枢纽车站上建设多个城市副中心，并从这些副中心出发建设多条通勤铁路延伸到河北。除建设通往燕郊、大厂、香河、廊坊、固安、涿州主城区的6条通勤铁路，还应建设从10号线不同交通枢纽通往昌平、顺义的至少4条通勤铁路。在地铁10号线与通勤铁路交汇的枢纽车站应进行高强度商业开发，在北京城市功能拓展区形成多个副中心。北京未来房地产开发项目、科技工业园区应安排在通勤铁路车站周边，形成多个规模不等的新城，可以在疏解北京中心城区人口的同时促进河北的经济社会发展，有利于推进京津冀一体化。从远期考虑，北京的地铁和通勤铁路规模至少要达2000公里，才能支撑北京大都市区的正常运行。

北京的人口问题在于人口空间分布的高度不均衡，首都功能核心区面积 92 平方公里，人口密度高达每平方公里 23953 人；而占北京行政区划面积一半以上的 5 个生态涵养发展区的人口密度只有每平方公里 218 人。北京城市发展新区的面积有 6000 多平方公里，人口密度为每平方公里 1088 人，不到五环内人口密度的 1/10。河北划定的京冀交界地区有 5000 平方公里。该 11000 平方公里区域人口密度低，没有严控人口增长的必要，且都在北京大都市区范围之内。应从北京大都市区发展的视角来规划北京的城市空间结构和人口分布结构，以轨道交通支撑产业、人口空间分布的调整。通过与物业开发紧密联系的通勤铁路建设，在通勤铁路沿线车站周边可能形成多个规模不等的城镇，包括 10 个左右类似燕郊的大中城市。

从“资源空间错配”看城镇化道路

原载财新网，2016 年 11 月 29 日

目前城市商品住房的“高房价”与“高库存”严重不匹配状况，说明重点发展中小城市和小城镇的城镇化是一条“死胡同”

对我国城镇化应重点发展大城市还是重点发展中小城市和小城镇的问题，学术界一直存在不同观点的争论，政府的政策表述上也多次发生变动。1983 年费孝通先生发表了著名的《小城镇大问题》讲话，提出发展小城镇这种人口蓄水库，从而减轻大中城市的人口压力。这之后，很多学者把发展中小城市和小城镇作为我国城镇化的方向。

2016 年 7 月住房城乡建设部、国家发展改革委、财政部联合下发了《关于开展特色小镇培育工作的通知》，提出要到 2020 年培育 1000 个左右特色小镇，引领带动全国小城镇建设。2016 年 10 月住房城乡建设部在各地推荐的基础上，经专家复核，会签国家发展改革委、财政部，在全国 31 个省、市、自治区认定了 127 个第一批我国特色小镇。小城镇建设有可能出现遍地开花的态势。

然而，目前城市商品住房的“高房价”与“高库存”严重不匹配状况，已经对这一争论做出结论：重点发展中小城市和小城镇的城镇化是一条“死胡同”。

“资源空间错配”对城镇化道路之争的结论

中央提出，推进供给侧结构性改革是当前和今后一个时期我国经济

工作的主线。当前经济的主要矛盾是供给与需求不匹配，其中商品住房供给与需求在空间上的不匹配，是供给侧不适应市场需求的主要表现，而且是引发钢铁、水泥等上游行业产能过剩的根源。

《我国住房发展报告2015—2016》显示，截至2015年底，我国商品住房总库存预计达到39.96亿平方米。这些库存主要分布在三、四线城市。根据标准排名研究院全国658个设市城市的“鬼城”指数排行榜，“鬼城”指数排名最高的主要是县级市和一些地级市。“鬼城”指数以城区人口与建成区面积的占比来计算，鄂尔多斯排名第44，还不是最糟的。这些地方的商品房库存难以消化，因为那里没有多少工作机会，所以人口不向那里集聚；要为那里创造工作机会就要进行新的投资，而这可能造成新的产能过剩。而一线城市的土地拍卖价格不断上升，房价不断上涨，存在明显的供不应求。相对于2015年，2016年8月我国70个大中城市中，有10个500万人口以上特大城市的新建商品住宅价格指数增幅超过20%，另有14个特大城市和大城市的增幅在5%～20%。特大城市和一些大城市商品住房短缺与三、四线城市商品房库存难以消化的现状说明，重点发展中小城市，以县、镇为基础的就地城镇化道路已经走进“死胡同”。

造成商品住房库存空间错配的一个主要原因是土地资源的空间错配。国土资源部2014年发布的《节约集约利用土地规定》明确要求“国土资源主管部门应当通过规划、计划、用地标准、市场引导等手段，有效控制特大城市新增建设用地规模，适度增加集约用地程度高、发展潜力大的地区和中小城市、县城建设用地供给，合理保障民生用地需求”。这种控制大城市建设用地供给，适度增加“中小城市、县城建设用地供给”的政策，大幅度抬高了特大城市和部分大城市的房价，又在中小城市和小城镇催生出大量难以消化的商品房库存。

在有需求的地方没有建设用地指标，在没有需求的地方又让卖不出去的商品房和空置的各类开发区占用了大量土地资源，导致土地资源的空间错配。另一种土地资源空间错配，是把产出价值高的土地用于低产出价值的生产。例如，北京市提出“以水控人”的一个重要原因，就是北京水资源的 60% ~70% 要用于农业灌溉，人为地导致了水资源紧张。

商品住房库存的“空间错配”难以通过价格机制实现市场出清。而大城市的高房价加剧了财富的两极分化，抬高了工商业的要素成本，压缩了其他产业的生存空间，严重损害了我国经济社会的健康发展。

“市场在资源配置中起决定性作用”，就要让市场对劳动、土地、资本的空间配置起决定性作用，而不能简单地用行政手段限制劳动（人口）的流动和土地的供给。市场引导的人口流动方向是从中小城市、小城镇和农村流向大城市，城市的住房市场已经商品化。这样市场经济主导的商品房需求与计划经济主导的商品房建设用地供给出现了需求与供给在空间上的不匹配。

破解资源空间错配，应当是供给侧结构性改革的重要内容。对此，重庆的实践能提供某些启示。

在宏观环境、房地产政策法规相同的情况下，重庆成功避免了高房价对经济发展的伤害。根据我国房地产业协会全国 358 个城市房价排行榜，2016 年 10 月北京、深圳、上海的房价排名前三，北京商品房均价 52549 元/平方米，深圳商品房均价 46664 元/平方米，上海商品房均价 46119 元/平方米，而重庆商品房均价仅 7195 元/平方米，仅同比上涨 3. 70% 。

重庆能够保持较低房价的根本原因：其一，重庆的行政区划面积为 8. 2 万平方公里，是全国城市的平均水平 4 倍以上，而北京、深圳、上海的行政区划面积分别为 1. 64 万、0. 2 万、0. 63 万平方公里。重庆在本行政区内可以调整的建设用地指标远多于其他城市。其二，重庆的地票制度创新。2014 年北京、上海、深圳的建设用地分别为 580. 76 万平方米、313. 18 万平方米、105. 73 万平方米，而重庆的建设用地为 1864. 59 万平方米，也就是说 2014 年重庆供地面积是京、沪、深的 3 倍、6 倍、18 倍以上。仅重庆每年 3 万亩地票就可获得相当于 1998 万平方米的建设用地，相当北京、上海、深圳 2014 年建设用地总和的 2 倍。

重庆用地票制度创新破解了用计划经济方式分配建设用地指标的“紧箍咒”，在全国经济增长整体放缓的大环境下，重庆 GDP 增速在 2014 年、2015 年连续位列第一。

资源在空间的合理配置与经济增长互为前提，2015 年 10 月重庆市政府批复了《重庆大都市区规划》，重庆大都市区的面积为 2. 8 万平方公里，约占其行政区划面积的 1/3。按照该规划，重庆主城区将着力发展现代服务业、高端研发及创意产业，发展新区设五大板块，重点发展现代制造业，推动产业和人口集聚。

发展大都市区是我国城镇化的方向

世界各国的城市化一般分为两个阶段，传统城市化阶段和大都市区化阶段。在大都市区化阶段，制造业和人口开始向郊区和中心城市周边城镇迁移和聚集，逐渐扩展到距中心城区 30 公里，进而扩展到距中心城区 50 公里甚至更远的地域，但一般不会超过 70 公里。大都市区（Metropolitan Area）是指以大城市为中心，由多个与中心城市有较强通勤联系的县组成的区域。传统的城市概念已经无法反映这种城市空间结构。

在城市化水平很高的美国和日本，城市化的发展趋势是大都市区的人口仍在增长，而一些中小城市的人口则很少增长或下降。2010 年美国 366 个大都市区人口比 2000 年增加 10. 8%，比 1990 年增加 26. 4%。2010 年小都市区的人口占全美人口的 10%，比 2000 年下降 0. 4 个百分点（Census Bureau，2011）。美国人口向大都市区集聚的过程仍在进行中。日本东京、大阪、名古屋三大都市区的人口规模 1950 年以来一直在不断增长，其他中小城市的人口则少有增长或下降。

美国人口和经济活动的空间结构是市场进行资源配置的结果，美国经济不是 50 个州的经济，而是“大都市区经济（Metropolitan Economies)”，其主要特征是：人口和经济活动高度集中在大都市区。2010年美国排名前100位的大都市区聚集了65%的人口，生产了75%的GDP，获得了92%的专利。美国排名前20位的大都市区聚集了37.4%人口，生产了46.6%的GDP，获得了63%的专利。大都市区同时也是创新中心。

我国2010年排名前100位的城市人口占全国人口的19.5%，生产的GDP占全国的50%，分别比美国低45.5个百分点和25个百分点；排名前20位的城市人口占全国人口的9%，GDP占全国的29%，分别比美国低28.4和17.6个百分点。这种差距反映出我国资源空间配置效率上的差距，同时，也指示着我国人口空间流动和城市人口结构分布的方向。我国采用行政手段严格控制500万人口以上特大城市的人口和用地规模的政策，抑制了第三产业的发展和创新型企业的涌现。这将错失我国经济最重要的发展机遇。

我国的城镇化已经进入大都市区化（Metropolitanization）的发展阶段，其典型表现是工业企业从相当多的大城市迁出，在大城市周边出现一些新兴城镇，形成新的人口和产业集聚，出现跨行政区划的通勤族。实际上，长三角地区，特别是人口密度高、制造业发达的上海，在20世纪80年代初已经开始了大都市区化过程。当时费孝通先生在江苏调研我国小城镇建设，认为苏南乡镇企业和小城镇的发展走出了“几亿农民离土不离乡”的迥然不同的就地工业化、城镇化道路。然而，费孝通先生没有意识到他考察的吴江县距离上海虹桥机场仅50公里，吴江县的社队工业比较发达，完全是因为吴江县实际上是上海大都市区的一部分。费孝通先生看到的是“大都市区”现象，而不是“小城镇”现象。

城镇化战略要考虑我国的资源禀赋和发挥集聚经济优势

我国的缺油、少气和耕地资源稀缺的资源禀赋决定了我国不能走美国式的低密度蔓延式的城市化道路，不能走美国那种依靠私人小汽车解决公众日常出行的道路。靠小汽车出行和城市低密度蔓延是能源和土地资源过度消耗型发展方式的两个方面，大量的研究已经表明集约型发展才能高效率地利用能源和土地资源。这就要把人口大量地集聚在大都市区，主要依靠轨道交通和公共交通解决人们的出行问题，提高大都市区的人口密度，更集约地利用土地资源。

中小城市和小城镇人均占用土地远高于大城市，土地资源利用效率低。从长期看，中小城市和小城镇人口密度低，不具备发展高效率城市轨道交通和公共交通的条件，私人小汽车将成为解决出行需求的必要交通工具。目前，这种发展趋势已经初步显现。预计 2020 年私人小汽车保有量达到近 3 亿辆，石油进口量至少要达到 6 亿吨以上，对外依存度近 80%。我国的土地、石油资源条件决定了平均粗放的城镇化不可持续。

大城市有更高的生产率，我国前 50 个大城市每平方公里的平均产出是 67 个人口规模较小地级市每平方公里平均产出的 4 倍。而北京每平方公里的产出只相当于东京大都市区的 1/8，纽约大都市区的 1/5。我国特大型城市的集聚经济水平与国际大都市相比还有很大的提升空间。

人口向大城市、大都市区集聚是市场进行资源空间配置的结果。对此，经济学用外部规模经济或集聚经济的匹配、共享、知识溢出等三个机制来解释。杨格定理（劳动分工取决于市场规模，而市场规模又取决于劳动分工）可以更好地解释集聚经济的自我增强现象。大都市区是空间一体化的地方劳动力市场。大城市能够满足多样化的需求从而吸引更多的人和企业进入大城市；而扩大的市场规模又导致更细的产业间分工和更高的生产率，提供更多的工作岗位，导致更多的人口向大都市区集聚。集聚经济推动增长的核心机制是市场规模的扩大和分工的深化，因而可以创造出更多的需求和就业、更高的生产率和更多的创新。

大都市区能够为第三产业和创新型企业提供更好的发展环境、更大的发展空间。我国第三产业占 GDP 的比重低是我国的大都市区不够多、不够大的结果。大城市更有利于创新，美国的创新型企业主要出现在前20个大都市区，我国的创新型企业也主要集中在北上广深等少数特大型城市，而不是遍地开花，这是集聚经济的3个内在机制决定的。我国的创新型企业不够多的一个原因是我国的大都市区不够多、不够大。

把小城镇作为“人口蓄水库”来减少大中城市人口压力的观点，大城市为主的城镇化是“危险陷阱”的观点，都是只看到人口向大城市集聚而出现的城市基础设施特别是交通基础设施不适应引发的问题，而没有从我国的资源禀赋和发挥集聚经济优势出发，局限于眼前问题而不顾全局和长远，更没有看到发达国家大都市区化的发展趋势。

我国特大城市的交通拥堵，客观上是快速城市化和汽车社会同时到来的副产品，而纽约、东京大都市区在汽车社会来到之前就已经建成了相当规模的轨道交通网络。东京大都市区的面积1.35万平方公里，人口3500万，其面积比北京小，人口规模远大于北京，但东京大都市区有2500公里轨道交通（包括地铁、通勤铁路），1514个轨道交通车站，轨道交通里程和车站数量是北京的5倍左右，因此其拥堵程度远低于北京。解决交通拥堵，发展大都市区轨道交通正是发展的机遇，而不是重点发展中小城市的理由。

进行供给侧结构性改革，按大都市区优化大城市行政区划

我国应取消严格控制500万人口以上特大城市的人口和用地规模的政策，进行资源空间配置的供给侧结构性改革，充分发挥大城市发展第二、第三产业的潜力，进一步提高排名前100位城市的集聚经济水平，重点发展20个左右人口规模在2000万~4000万的大都市区，使大都市区成为经济增长的“发动机”。大都市区成为经济增长的推动力量来自两个方面：一是现有产业的补短板和产业升级；二是大都市区的轨道交通建设和房地产开发，20个大都市区至少要建设4万公里通勤铁路和城市轨道交通。把发展大都市区作为经济发展战略的核心，破解各方面的体制障碍，就能焕发出我国经济发展的巨大潜力。

我国特大型城市和一些大城市的行政区划面积明显低于平均水平，由此导致市场机制推动下形成的大城市人口集聚和经济活动空间扩展，与行政区划导致的行政壁垒相冲突。我国经济的高速增长和交通条件的改善使大城市与周边地区产生了紧密的经济社会联系，城市的空间结构正在大都市区化，但我国的城乡规划法律和规划体制无法适应大都市区的发展要求。

我国大城市行政区划过小导致的大都市区碎片化治理，不仅造成区域经济活动的人为分割，也引发不同行政区划在重大项目和招商引资上的竞争，在当前地方政府承担本地经济发展责任和“分灶吃饭”的财税体制下，地方政府首先考虑的必然是本地经济发展、财税收入和本地居民的社会保障及福利问题，难以实现协同发展，还会导致资源空间配置上的扭曲。

解决我国大都市区碎片化政府治理的思路是：把大城市的行政区划扩展到可能存在紧密经济联系的1.5万平方公里左右的区域。这只涉及不超过20个副省级以上城市，只涉及这些城市周边的少数县，是最简单、影响面最小的解决方式。

按大都市区优化我国大城市行政区划的具体做法是，将直辖市和部分省会城市（包括副省级城市）半径70公里左右的地域，以县为单位划归相应大城市的行政区划。例如，北京、上海、西安分别以天安门、人民广场、西安市政府为中心，将半径70公里的地域以县为单位划入各自的行政管辖范围。其作用是：

（1）充分发挥大城市的潜力，使大都市区成为我国的经济中心，大城市能有力助推周边新兴城镇的涌现，随着周边城镇人口集聚水平的增加，会出现产业集聚。这有助于缓解大城市在人口、交通、环境、就业、住房等方面的压力，能够在更大空间范围实现大城市的集聚经济，同时也有利于实现大都市区地域范围的协同发展。

（2）有利于解决农业人口市民化的问题。大都市区有更强的人口吸纳能力，未来10年我国农村新转移出来的2亿~3亿人口主要应当集聚在约20个大都市区中。大都市区本身就是以大城市为中心与周边城镇组成的城镇网络。大都市区能够在农民工市民化过程中承担更大的责任。

（3）为发展辐射作用大的城市群奠定基础。城市群是由邻近的多个大都市区构成的。没有足够大体量且充满活力的大都市区，就难以发挥其对周边地区的带动作用，就难以形成区域经济发展的支撑，就是下一盘不做“眼”的围棋，城市群规划就是一纸空文。更为重要的，城市群是市场机制进行资源空间配置的结果，而不是规划出来的。

不要把“大都市区化”误读为发展中小城市和专业特色镇

原载财新网，2016 年 5 月 9 日

中国的城镇化已经进入大都市区化的发展阶段，不能把大都市区内新兴中小城市和专业特色镇的发展看作是独立于大都市区的现象。新型城镇化的新突破应从深化改革、破解大都市区发展的体制障碍做起

5 月 3 日国家发改委网站发表的“新型城镇化站在新起点力争新突破”文章引起广泛关注。该文称，发改委在“十三五”期间鼓励各地区培育发展特色小城镇进行总体安排，强化对特色镇基础设施建设的资金支持，今年将选择 1000 个左右条件较好的小城镇，积极引导扶持发展为专业特色镇；并且提出要“加快培育新生中小城市，加快出台设市标准，在提升发展质量的同时着力增加中小城市数量，赋予特大镇部分县级管理权限”。增加中小城市数量和发展专业特色镇似乎要成为中国新型城镇化“新突破”的主要载体。

应当注意的问题是：中央工作会议已经把“去产能、去库存”作为今后结构性改革的重要任务。在目前三、四线城市商品房库存过大难以消化，且库存的“空间错配”难以通过价格机制实现市场出清，使得“去产能、去库存”面临困境的情况下，“着力增加中小城市数量”会不会进一步增加难以消化的商品房库存？另外，在什么地方“增加中小城市数量”发展专业特色镇，才能使新型城镇化建设站在新起点？

“大都市区”是中国新型城镇化的主要载体

中国的城市化要顺应城市发展规律。世界各国的城市化一般分为两个阶段，传统城市化阶段和大都市区化阶段。在传统城市化阶段，人口和工商业不断向城市集聚，但集聚到一定程度后，有限的城市空间开始饱和，出现所谓城市病，表现为交通拥堵，土地价格上升，住房成本增加，形成集聚经济水平进一步提高的障碍。

在大都市区化阶段，制造业开始向郊区和附近的城镇迁移，城市作为制造业中心的功能弱化，作为服务和管理中心的功能不断强化；伴随着通勤铁路的发展和小汽车的普及，居住在中心城市周边的城镇或郊区，每天通勤到中心城市工作成为可能，人口向中心城市周边城镇和郊区迁移和聚集，逐渐扩展到距中心城区 30 公里的地域，或进而扩展到距中心城区 50 公里甚至更远的地域，但通勤联系范围一般不会超过 70 公里。因此大都市区的空间尺度一般不超过 2 万平方公里。根据美国 2010 年的人口统计，把美国 366 个大都市区按人口规模排序，排名前 20 位大都市区的平均面积为 1. 94 万平方公里，排名前 100 位大都市区的平均面积为 1. 16 万平方公里，366 个大都市区的平均面积为 0. 69 万平方公里。

大都市区（Metropolitan Area）是指以大城市为中心，由多个与中心城市有较强通勤联系城镇组成的区域。传统的城市概念已经无法反映这种城市空间结构。美国在 1950 年代界定了以县为基础的大都市区概念，大都市区由至少一个 5 万以上人口的核心城市及与核心城市有较高经济社会一体化程度的邻近县（County）组成，邻近县及城镇成为大都市区组成部分的最低标准是，有 15% 的工作人口通勤到核心城市上班。美国的大都市区通常是一个跨行政区划的地理区域，是一个人口和 GDP 的统计区域，而不是一个行政管辖区域。例如，纽约大都市区包括纽约州、新泽西州、宾夕法尼亚州的 23 个县和几百个城镇，陆地面积 1. 73 万平方公里，人口 1890 万，其中纽约市的面积为 783. 8 平方公里，人口 817.5 万。

美国在 1920 年代城市化率达到 50% 以后，开始进入大都市区化阶段，二战后进入快速发展期。美国城市的大都市区化，通常被国内学术界称为郊区化。实际上，居住在郊区人口的增长，商业和各类产业扩散到郊区，形成多个次中心城镇，不过是原中心城区功能的部分外迁，郊区化并没有扩展到大都市区以外。

1960 年美国大都市区人口占全国人口的比例为 63%，2010 年美国 366 个大都市区人口占全国人口比例为 83.7%，产出占美国 GDP 的 89%。2010 年美国 366 个大都市区人口比 2000 年增加 10.8%，比 1990 年增加 26.4%。2010 年小都市区的人口占全美人口的 10%，比 2000 年下降 0.4 个百分点（Census Bureau，2011）。美国人口向大都市区集聚的过程仍在进行中。

中国的城镇化已经进入大都市区化（Metropolitanization）的发展阶段，其典型表现是工业企业从相当多的大城市迁出，在大城市周边出现一些新兴城镇，形成新的人口和产业集聚，出现跨行政区划的通勤族。例如，目前每天有数十万居住在河北燕郊、江苏昆山的居民到北京和上海上班。河北燕郊、江苏昆山已经从小城镇迅速发展成中等城市，形成了不同程度的产业集聚。河北燕郊、江苏昆山所以能取得高速发展，最重要的原因是它们距离北京、上海在 30 公里左右，分别位于北京、上海大都市区之内。浙江的云栖特色小镇距杭州火车站不到 16 公里，在杭州大都市区之内。因此，不能把一些大都市区内新兴中小城市和专业特色镇的发展看作是独立于大都市区的现象，更不能认为在大都市区之外中小城市和专业特色镇能够遍地开花。

1980 年代初费孝通先生在江苏调研中国小城镇建设，发表了“小城镇大问题”等 4 篇文章，认为苏南乡镇企业和小城镇的发展走出了“几亿农民离土不离乡”迥然不同的就地城镇化道路。然而，费孝通先生没有意识到他考察的很多苏南小城镇实际上是上海大都市区的一部分，费孝通先生的调研类似“盲人摸象”。“盲”在没有认识到大都市区化的发展趋势，“摸”到了大都市区中的小城镇，而没有意识到这些小城镇是大都市区之“象”的组成部分。他看到的实际上是“大都市区”现象，而不是“小城镇”现象。

费孝通先生在一定程度上意识到了该问题，他发现上海市的经济发展对常州、苏州、无锡、南通等市的乡镇工业乃至地区的经济产生了重大影响，起着中心作用，这些乡镇工业与上海市联系最多，与常州、苏州、无锡、南通四市的联系次之。在进行苏北调研后，他认为“苏北的乡镇企业和小城镇发展相对弱小和缓慢，其主要原因就是缺少类似苏、锡、常、通那样的经济实力较强的中等城市”。更准确地说，苏北小城镇发展相对弱和缓慢的主要原因是在上海大都市区之外。

大都市区内居住在中心城市的人口一般只占大都市区人口的30% ~ 40%，大多数人口居住在中心城市周边的中小城市。美国366个大都市区的中心城市人口为大都市区人口的39%。东京大都市区面积1.35万平方公里，人口3500万，其中东京都的人口为1300万，东京大都市区内有3个人口在100万以上的城市（横滨市、川崎市、埼玉市）；12个人口在100万~30万之间的中小城市，77个人口在30万以下的小城镇。大都市区可以为多个中小城市和小城镇提供发展空间，有巨大的人口容纳能力。

大都市区是市场进行资源空间配置的结果

人口向大城市、大都市区集聚是市场进行资源空间配置的结果。大都市区更有利于创新，有更高的生产率。美国的创新型企业主要出现在前20个大都市区，中国的创新型企业也主要集中在北上广深等少数大城市，而不是遍地开花。对此，经济学用外部规模经济或集聚经济的匹配、共享、知识溢出等三个机制来解释：

第一，大都市区是空间一体化的劳动力市场，人口规模大、密度高的稠密本地劳动力市场（Thick Local Labor Markets），形成了更有效的匹配机制。在稠密的劳动力市场，创新型企业更能找到所需要的专门人才，高技能人才更能找到适合他的企业，从而提高了人力资本配置效率。

第二，创新型企业在大都市区能够共享完善的城市基础设施和包括风险资本在内的创新生态系统。美国的风险资本有所谓“20 分钟法则”，即风险资本投资的创新型企业通常在离其办公室20 分钟行程范围内，因为风险资本提供的不仅是资金，还包括团队建设、财务、产品方向选择等一系列支持性服务，因此，地理空间上的邻近性是重要的。

第三，在大城市高素质人才多，面对面交流的机会多，更有利于知识溢出。

杨格定理（劳动分工取决于市场规模，而市场规模又取决于劳动分工）可以更好地解释集聚经济的自我增强现象。大城市能够满足多样化的需求从而吸引更多的人和企业进入大城市；而扩大的市场规模又导致了更细的产业间分工和更高的生产率，提供更多的工作岗位，导致更多的人口向大城市集聚。集聚经济推动增长的核心机制是市场规模的扩大和分工的深化，因而可以创造出更多的需求和就业、更高的生产率和更多的创新。

大都市区能够为第三产业和创新型企业提供更好的发展环境、更大的发展空间。第三产业提供的服务不同于制造业最根本区别是，服务的生产过程和消费过程是同时进行的，而制造业产品是先生产后消费。因此，第三产业主要在人口规模大、密度高（这二者之间通常存在紧密的相互联系）的大城市有更大的扩展空间。

例如，大城市有足够多的人口，医院才能够进行更细的分工，儿童、口腔、心脏等专科医院才可能生存；各种类型的金融机构、律师事务所、会计师事务所等生产性服务企业才可能存在；500 万人口以上的大城市才有可能支撑地铁的建设和运营。大城市能够满足多样化的需求从而吸引更多的人、更多的企业进入大城市，导致集聚水平进一步增加；而扩大的市场规模又导致更细的产业间分工和更高的生产率，提供更多的工作岗位，导致更多的人口向大城市集聚，导致集聚水平的进一步增加。

美国经济是“大都市区经济（Metropolitan Economies）”，而不是50个州的经济，其主要特征是：人口和经济活动高度集中在大都市区。2010年，美国排名前100位的大都市区聚集了全国65%的人口，生产了75%的GDP，获得了92%的专利。美国排名前20位的大都市区聚集了37.4%的人口，生产了46.6%的GDP，获得了63%的专利，大都市区同时是创新中心。

中国2010年排名前100位的城市人口占全国人口的19.5%，生产的GDP占全国的50%，分别比美国低45.5个百分点和25个百分点；排名前20位的城市人口占全国人口的9%，GDP占全国的29%，分别比美国低28.4和17.6个百分点。这种差距反映出中国资源空间配置效率上的差距，同时，也指示着中国人口空间流动和城市人口结构分布的方向。

大城市有更高的生产率，中国前50个大城市每平方公里的平均产出是67个人口规模较小地级市每平方公里平均产出的4倍。而北京每平方公里的产出只相当东京大都市区的1/8，纽约大都市区的1/5。中国特大型城市的集聚经济水平与国际大都市相比还有很大的提升空间。

改革开放以来，中国经济快速增长是与快速城市化紧密联系的，大量的农村剩余劳动力进入城市极大地提高了劳动生产率，同时城市建设和商品住房的巨大投资需求拉动经济实现了高速增长。中国城镇常住人口由1978年的1.7亿人增加到2015年的7.7亿人，在不到40年的时间增加了相当2个美国的城市人口，相对如此快速的城市化浪潮，城市基础设施，特别是特大城市的轨道交通难以适应，出现了交通拥堵等各种大城市病，但比起发展缺乏创新动力的中小城市及难以治愈的“小城市病”，进行大都市区交通基础设施投资正是发展的机遇所在。

但中国采取了用行政手段严格控制500万人口以上特大城市的人口和用地规模的政策，抑制了第三产业的发展和创新型企业的涌现。这将错失中国经济最重要的发展机遇。

一些特大型城市对“低端”劳动力设置很高的落户门槛，驱赶“低端”产业，也违反了城市发展规律。大都市区有更多样化的产业间分工，“高端”产业越发达，对“低端”产业的需求也越多。美国城市经济学家 Moretti 通过对美国 320 个大都市区就业岗位的统计分析，说明一个高科技就业岗位通过乘数效应可以为当地创造 2 个高技能服务业（如医生、律师等）和 3 个普通服务业（如餐饮、保洁、零售等）岗位。在中国，因为收入差距大及服务业价格水平相对美国更低，高科技就业岗位乘数效应能够创造更多的普通服务业岗位。排斥低技能劳动者，会损害“高端”产业的发展，不利于大城市自身的发展。

由于大都市区能够提供大量低技能工作岗位，因而能够在满足自身运转需求的同时为扶贫做出贡献。城市经济学家 Brugmann 甚至认为孟买的达拉维贫民窟“或许是人类发展史上最成功、最大规模的一项扶贫计划”，因为在孟买大都市区的贫民窟比在偏远农村更能找到工作机会，能过更好的生活。中国的城市管理不允许存在贫民窟，但政府不能拒绝把基本公共服务惠及所有常住人口。

新型城镇化的新突破应主要靠市场机制而不是政府主导

发改委提出要“鼓励各地区培育发展特色小城镇进行总体安排”，“加快培育新生中小城市，着力增加中小城市数量”。那么各地方政府如何“培育”、如何“增加”中小城市和特色小城镇？在什么地方培育和增加？靠政府投入和规划，还是主要依靠市场机制？

靠政府的行政手段增加中小城市数量会造成严重的资源“空间错配”。人口所以不向大都市区之外的中小城市集聚，是因为那里没有多少工作机会；要为那些城市创造工作机会就要进行新的投资，而这有可能造成新的产能过剩；而在那些中小城市进行过大规模的城市基础设施建设，由于人口流出或零增长会造成基础设施服务能力的空置。

即使在特大城市的行政区划之内，政府也无法用行政手段主导人口的流向。北京市在 2004 年就制订了经国务院批准的建设 11 个新城的城市总体规划，包括距离北京 80 公里的密云、平谷、延庆新城，但不包括距离仅 30 公里的河北燕郊镇。10 多年过去，在市场机制驱动下，燕郊镇人口已迅速超过 60 万，产业集聚水平超过北京任何一个远郊新城。以北京的经济实力，规划的新城尚无进展。那么其他省市“着力增加中小城市数量”的努力，能比北京成功吗？

实际上，北京通州宋庄画家特色小镇、杭州云栖特色小镇都不是政府事先规划出来的，而是政府顺应市场给予支持的结果。对于中国的新型城镇化来说，专业特色镇的人口容纳能力极为有限，更重要的是发展大都市区和大都市区内的中小城市。然而，虽然中国的城市化已经进入大都市区化的发展阶段，但对大都市区的发展还缺乏认知，还没有中国的大都市区概念和相关统计数据，更重要的是存在发展大都市区多方面的体制障碍，涉及特大城市“行政区划面积倒置”、城乡规划、国土管理、财税体制等多个方面。对此，笔者已有专文论述。因此，新型城镇化的新突破应从深化改革、破解大都市区发展的体制障碍做起。

中国经济增速下降的原因与应对选择

原载《北京交通大学学报社会科学版》，2016 年第 2 期

［摘要］对中国经济增速下降的原因，本文不同意那种基于人口红利消失和刘易斯转折点到来的解释。本文认为是经济结构的变化而不是人口年龄结构的变化，导致了 1980 年代以来我国经济的高速增长和当前的增速下降。房地产投资变化及其乘数效应是拉动中国经济走出 1997—2001 年通货收缩实现经济高速增长的主要引擎，同时又是推动当前经济增速下滑的主要驱动力量。2002—2014 年新增 GDP 的 63% 是新增房地产投资的贡献，但依靠大规模增加房地产投资推动的高速增长是一把双刃剑，一旦新增投资下降，通过乘数作用会大幅度拉低经济增长速度。另外，资源的“空间错配”和政府强化行政权力对资源配置的干预，降低了经济增长的质量和效益。应对当前的通货收缩，一要调整严控特大城市人口规模的政策，使大都市区成为经济增长的发动机；二要通过进一步深化大部门体制改革和打破垄断来激发市场活力。

［关键词］人口红利；资源的空间错配；集聚经济；大都市区；大部门体制

［基金项目］国家社会科学基金重大项目“集约、智能、绿色、低碳的新型城镇化道路研究”（13&ZD026）

2015 年中国的 GDP 同比增长 6.9%，创 25 年来新低，主要问题表现为：商品住房库存过大，钢铁煤炭产能严重过剩，PPI 连续 46 个月为负，经济下行压力越来越大。面对这样的困局，中央提出从供给侧发

力，减少无效供给，扩大有效供给，提高供给结构适应性和灵活性。然而，提供有效供给、提高全要素生产率是企业的事，而不是政府宏观管理的内容。政府在供给侧改革上能够做的：一是通过深化改革处理好政府和市场的关系，破除扩大有效供给的体制和政策障碍，充分发挥市场在资源配置中的决定性作用；二是通过减税降低企业的运营成本。

中国社会科学院学部委员余永定认为，中国经济已经处于通货收缩过程，去库存、去产能虽然必要，但同时意味着投资需求的减少，有效需求的减少将导致当期生产过剩和产能过剩的进一步增加，并导致 PPI 和经济增速的进一步下降，经济平衡的恢复可能会以经济的硬着陆为代价。他认为，宏观经济政策有必要采取新一轮的财政刺激，即以国债融资、以基础设施建设为内容的扩张性财政政策，辅之以宽松的货币政策（余永定[1]，2016）。

中国人民银行发表的 2015 年第四季度货币政策执行报告《供给侧结构性改革与总需求管理》（2016）则认为：“若过度依靠刺激需求以及基建和房地产投资会进一步推升债务和杠杆水平。因此，还须通过供给改革来释放有效需求。”[2]

上述两种应对经济增速下降的政策选择针锋相对，但各有缺陷。前者需要说明多大规模、多长时间的财政刺激才能防止增速进一步下降；中国经济能否依靠不断的财政刺激来保留过剩产能；基础设施建设也会出现产能过剩，那么应在哪些领域、哪些城市进行基础设施建设不会造成基础设施利用率低的产能过剩。央行的方案则没有明确新的经济增长引擎在哪里，通过改革实现创新驱动需要一个长期过程，不能解决当前去库存去产能伴随的投资下滑和有效需求不足问题，而没有新的经济增长引擎，就会出现余永定所警告的“产能过剩—通缩的恶性循环”。

上述两种应对方案都没有对经济增速下降的原因做出明确判断，这会忽略发展的机遇。因此，讨论应对经济增速下降的政策选择，首先要对中国经济增速下降的原因有一个正确认识，这对于出台正确的应对举措至关重要。然而，近期一种用“人口红利消失”来解释中国经济增速下降的说法甚为流行。该说法认为经济增长速度是由人口年龄结构变化决定的，人口红利消失，导致劳动力短缺和老龄化，“中国经济增长长期以来依靠的人口红利正在消失”（蔡昉[3]，2014），因此，我国开始经历增长速度换挡期，步入经济发展“新常态”。本文认为“人口红利消失说”对我国经济增速变化不能给出合乎情理的解释，从其分析逻辑出发就难以得出有意义的应对举措。

本文第一部分首先阐述中国仍处在人口红利收获期的理由，“人口红利消失说”不能解释中国经济增速下降的原因，其分析存在逻辑错误。第二部分说明是中国经济结构的变化而不是人口年龄结构的变化导致了经济增长速度的变化，其中，房地产投资和家庭支出结构的变动是最主要的影响因素。正因为房地产投资规模的变动及其乘数效应的影响，导致了2002—2012年的经济高速增长及最近几年的增速下降。第三部分提出应对经济增速下降应采取的政策调整和深化改革举措。

一、“人口红利消失说”会造成误判

（一）人口红利的概念

经济学家在研究人口增长与经济增长的关系时，较少注意人口年龄结构变化与经济增长的关系。1998年，美国经济学家布鲁姆（David E. Bloom）和威廉姆森（Jeffrey G. Williamson）在一篇研究东亚奇迹的文章中提出人口红利的概念，认为人口年龄结构变化对经济增长有重要影响。因为人的经济行为和需要在生命的不同阶段是变化的，儿童人口比例高的国家要把大量资源用于儿童抚养，从而抑制经济增长；反之，如果该国大量人口处于工作年龄，并且政策措施能够利用增加的人力资源，就能够产生促进经济增长的人口红利；如果该国的老年人口比例高，则会产生与儿童人口比例高同样的抑制经济增长的作用。在该篇文章中，他们把有利于经济增长的人口年龄结构称为人口礼物（Demographic Gift），并通过测算认为，东亚经济奇迹约1/3是由人口红利所贡献的。[4]

2003 年，在兰德公司出版的一篇研究报告中，布鲁姆等全面阐释了人口红利（Demographic Dividend）概念（Bloom et al.，2003）[5]。该报告指出，由于出生率和死亡率变化导致的人口年龄结构变化对经济增长有重要影响。第二次世界大战后，随着经济发展和医疗卫生条件的改善，儿童死亡率大幅度下降，这标志着人口结构转变的开端。出生率在儿童死亡率大幅度下降一段时间以后，也开始下降。因为父母们的生育决策与儿童死亡率紧密相关，当父母们意识到孩子不会夭折后，他们就不会通过多生孩子来达到预期的后代数量。在人口结构转变过程中，由于生育率下降滞后于死亡率下降，导致人口增长。起初，这种人口增长对经济增长有副作用，因为需要抚养的人口增加；但这些新出生人口进入工作年龄后，劳动年龄人口比例增加，就会有利于经济增长，可能产生人口红利；在这些人到了退休年龄后，由于劳动年龄人口比例下降，又不利于经济增长。

人口红利可能促进经济增长的关键是政策环境，没有良好的政策环境，不仅会失去人口红利促进经济增长的机会，甚至劳动年龄人口的增加会导致失业率上升，并造成社会不稳定。按照布鲁姆的人口红利理论，政策环境是与人口红利同样重要的决定经济增长的要素。

（二）中国仍处在人口红利的收获期

按照布鲁姆对人口红利的解释，可以用劳动年龄人口占总人口的比例和人口抚养比两项指标来衡量是否存在人口红利，这两项指标国际上通常用 15～64 岁人口占总人口的比例，及 0～14 岁与 65 岁以上人口之和与 15～64 岁劳动年龄人口之比来表示。随着收入水平提高，生育率下降是世界各国的普遍趋势。因此，中国是否仍存在人口红利要通过纵向比较和横向比较来判别。

根据联合国人口司的估算，我国 1950 年以来每 5 年的人口结构、人口抚养比、劳动年龄人口比例见表 1。2015 年 1 亿人口以上主要经济体的人口结构、人口抚养比、劳动年龄人口比例见表 2。

表 1　1950 年以来每隔 5 年中国的人口结构、人口抚养比、劳动年龄人口比例、人口数量

单位：千人

年份	总人口数	0 ~ 14 岁人口数量	15 ~ 64 岁人口数量	65 岁以上人口数量	人口抚养比	劳动年龄人口比例
1950	544113	186862	332937	24314	0.6343	0.6119
1955	598574	226214	348098	24262	0.7196	0.5815
1960	644450	257492	363435	23523	0.7732	0.5639
1965	706591	291797	391070	23724	0.8068	0.5535
1970	808511	328855	450052	29604	0.7965	0.5566
1975	905580	363573	505898	36109	0.79	0.5586
1980	977837	353939	579963	43936	0.686	0.5931
1985	1052622	325592	673788	53243	0.5622	0.6401
1990	1154606	333012	759916	61678	0.5194	0.6582
1995	1227841	341418	814587	71837	0.5073	0.6634
2000	1269975	318321	867191	84463	0.4645	0.6828
2005	1305601	262283	945497	97820	0.3809	0.7242
2010	1340969	233528	996864	110577	0.3452	0.7434
2015	1376049	237115	1007504	131429	0.3658	0.7322

资料来源：United Nations, Department of Economic and Social Affairs, Population Division（2015）. World Population Prospects: The 2015 Revision.

表 2　2015 年世界及 1 亿人口以上主要经济体的人口结构、人口抚养比、劳动年龄人口比例、人口数量

单位：千人

地区	总人口数	0 ~ 14 岁人口数量	15 ~ 64 岁人口数量	65 岁以上人口数量	人口抚养比	劳动年龄人口比例
全世界	7349472	1915808	4825484	608180	0.523	0.657
中国	1376049	237115	1007504	131429	0.366	0.732
日本	126573	16272	76960	33342	0.645	0.608
印度	1311051	377427	859994	73630	0.524	0.656
欧洲	738442	116240	492400	129802	0.5	0.667
俄罗斯	143457	24032	100251	19174	0.431	0.699
巴西	207848	47862	143680	16305	0.447	0.691
美国	321774	60977	213219	47578	0.509	0.663

资料来源：United Nations, Department of Economic and Social Affairs, Population Division（2015）. World Population Prospects: The 2015 Revision.

人口抚养比和劳动年龄人口比例是根据联合国人口司的数据得出。

虽然目前中国实行60岁退休，劳动年龄人口的规定与国际上有差别，但联合国的估算数据仍可说明人口结构变化的趋势，可以回答中国目前是否存在人口红利的问题。

从半个多世纪的人口转变趋势看，我国1965年的人口抚养比最高（0.8068）、劳动年龄人口比例最低（0.5535）；2010年的人口抚养比最低（0.3452）、劳动年龄人口比例最高（0.7434），2010年是我国人口红利最高的年份。我国2015年的人口抚养比和劳动年龄人口比例虽分别高于和低于2010年，但分别低于和高于2005年前的任何时期，2015年，我国仍处于人口红利较高的时期。因此，仅根据2012年我国15～59岁劳动年龄人口比上年减少345万人，就做出“中国的人口红利将趋于消失”的判断是缺乏依据的。2012年，中国的劳动年龄人口至少有9亿以上，减少345万人，对人口抚养比和劳动年龄人口比例的影响几乎可以忽略不计。由于人口结构转变是个长期过程，中国人口红利最高的年份已经过去，但目前仍处在人口红利的收获期，我国的人口红利至少要持续到2030年。

从国际比较看，按绝对数量衡量，2015年，中国的劳动年龄人口比欧洲、美国、日本的劳动年龄人口总和还要多2.25亿人。2015年，中国的人口抚养比比美国、欧洲、日本、俄罗斯、印度、巴西低6～28个百分点，劳动年龄人口比例要高于这六大经济体3～12个百分点，而且比世界平均水平更有人口红利优势。

因此，从布鲁姆的人口红利概念出发，无论从我国的人口结构转变过程考察，还是与世界主要经济体比较，都不能得出我国人口红利消失的判断。

（三）“人口红利消失说”的逻辑错误

那么，人口红利消失的判断是如何得出的呢？

蔡昉在《中国的人口红利还能持续多久》一文中认为，在2013年左右，中国的人口抚养比将跌至谷底，随后迅速上升，人口红利从那时便消失了。“人口红利将要消失的判断，所依据的是人口抚养比的变动率。而相反的观点则是更加注重人口抚养比的绝对水平”。蔡昉的根据是，他与合作者在研究人口红利时发现，人口抚养比每下降1个百分点，可以导致人均GDP增长率提高0.115个百分点。如此推论，2013年以后人口抚养比不降反升，则人口抚养比每升高1个百分点，人均GDP增长率降低0.115个百分点（蔡昉[6]，2011）。

用“人口抚养比的变动率”而不是人口抚养比本身，作为是否存在人口红利的标准，是在用人口红利的变化率作为人口红利的度量标准，这是“人口红利消失说”的基本逻辑错误。

第一，把“人口抚养比的变动率”作为人口红利的判别标准，无法解释人口红利增加经济增长潜能的内在机制。

布鲁姆等在2003年发表的研究报告中，全面阐释了人口红利增加经济增长潜能的3个机制：（1）当15～64岁的劳动年龄人口比例高，可降低人口抚养比，如果劳动力市场能够吸收劳动供给，则能够促进经济增长。(2)大量的劳动年龄人口有较高的产出和较高的储蓄。(3）人口结构转变对人力资本投资有重要影响，死亡率下降导致寿命周期延长使得人们愿意进行教育投资，增加人力资本。这3个人口红利发生作用的机制都与劳动年龄人口的比例或人口抚养比的绝对水平有关，而与人口抚养比的变动率没有直接关系。

“人口抚养比的变动率”不能解释影响经济增长潜能的合乎逻辑的内在机制。“人口抚养比的变动率”判别标准很难说明为什么人口抚养比绝对水平很高且人口抚养比在下降的情况，要比人口抚养比绝对水平很低但人口抚养比上升的情况，更能促进当期的经济增长。这等于说，劳动年龄人口占总人口的比例不重要，而劳动年龄人口的变化率决定经济增长率；GDP和储蓄不是劳动年龄人口创造的，而是劳动年龄人口的变化率创造的。这是基本的逻辑错误。

“人口红利消失说”的鼓吹者们应当明白，“人口抚养比的变动率”

决定人口红利的变动方向，但不是人口红利本身，二者不是同一概念，不能混为一谈。这类似于不能把边际成本等同于平均成本，虽然边际成本决定平均成本的变动方向；不能把函数的导数混同于函数本身，函数的导数是另一个不同的函数。

第二，把“人口抚养比的变动率”作为人口红利的判别标准，不能得出有意义的政策建议。

人口红利是人口年龄结构转变过程中出现的现象，随着人们收入水平的提高和医疗卫生条件的改善，人口的再生产由“高出生率和高死亡率”向“低出生率和低死亡率”转变，在这二者之间有一个中间阶段，即人口年龄结构转变阶段。在人口年龄结构转变阶段，在儿童死亡率下降一段时间以后，出生率也开始下降。儿童死亡率下降导致寿命延长，使得人们愿意进行教育投资，因为增加人力资本可以获得回报。这种人口红利增加经济增长潜能的内在机制表明，人力资本投资是市场的内在机制本身决定的。

而把“人口抚养比的变动率”为负，即把人口抚养比不断降低看做人口红利，那么，只有不断降低人口抚养比才能维持人口红利。这就要在人口年龄结构转变阶段不断提高人口出生率，这意味着永远也不会达到低出生率和低死亡率的阶段。这违反了布鲁姆人口红利理论的基本分析逻辑。

（四）“人口红利消失”与“刘易斯转折点”无关

认为人口红利决定经济增长速度的学者，还把人口红利消失与刘易斯转折点联系在一起，认为人口红利消失导致的劳动力短缺与刘易斯转折点的到来，在相当大程度上是重合的过程（蔡昉[7]，2010）。这是对刘易斯经济发展理论的曲解。

刘易斯在《劳动无限供给下的经济发展》[8]（1954）中提出，虽然在欧洲劳动供给是有限的，但在亚洲的大部分地区存在劳动无限供给。为说明存在过剩人口国家的经济发展机制，刘易斯假定存在两个部门：一个是以现代生产方式生产的资本主义部门（Capitalist Sector）；一个是以传统生产方式生产的维持生存部门（Subsistence Sector），该部门包括农业、城市中的临时就业、家庭服务业等。劳动无限供给是指相对于资本和自然资源，该国的人口过多，以致维持生存部门的劳动生产率为零，甚至为负。刘易斯采用从斯密到马克思的古典经济学假定：在无限劳动供给条件下资本家只支付生存工资（Subsistence Wage），这样，利润成为资本积累的主要来源，经济发展过程就是资本积累不断扩大、不断吸收维持生存部门剩余劳动力的过程，资本主义部门会不断扩张，直到剩余劳动力被全部吸收。这时就会出现有些学者命名的“刘易斯转折点”。

但刘易斯在这篇著名论文中并没有提出“转折点”的概念，这在刘易斯经济发展理论中无足轻重。刘易斯要说明的是人口过剩国家的经济发展机制，强调经济发展的关键是资本积累，劳动无限供给条件下只需支付生存工资的假定，主要用于说明资本积累的来源。刘易斯同时说明，在剩余劳动力被全部吸收之前，即所谓刘易斯转折点到来之前，他所列出的4种原因中的任何一个，都可能阻碍资本积累过程和剩余劳动力的进一步吸收。其中的2个原因甚至能够解释为什么目前中国虽然存在大量农业剩余劳动力，但农民工工资仍然上涨的现象。

刘易斯指出的这两个原因是：（1）如果资本主义部门和维持生存部门的交易条件变得不利于资本主义部门，使得资本家支付更多的产出份额给工人，来保持实际收入不下降。（2）如果维持生存部门的劳动生产率提高，例如，农民使用良种、新肥料和新耕种方法，农业从资本投资中获利，如灌溉、交通运输和电力设施的改善。所有这些都会增加资本主义部门的实际工资，减少资本积累，从而减少对剩余劳动力的吸收。

最近20年，类似情况正在中国出现。首先，由于城市生活成本，主要是住房成本的上涨，工人工资在不断上涨；其次，1995—2012年，中国农村居民家庭拥有生产性固定资产原值从每户2774元增加到16974元，农村居民家庭平均每人纯收入从1578元增加到7917元（国家统计局网站），加之政府免除农业税、增加种粮补贴的政策，提高了农民外出打工的机会成本。这是出现劳动力短缺、工资上涨的一个原因，更为重要的原因是城市房地产价格的快速上涨，导致租金价格上涨，大幅度增加了农民工的生活成本，而不是所谓的“刘易斯转折点”到来导致的工资上涨。美国的农业人口不到全国人口的2%，中国的农村人口比例至少高达45%，还有6亿多农村人口，还存在大量农业剩余劳动力需要转移，离所谓的刘易斯转折点还很遥远。

刘易斯在专著《经济增长理论》中进一步论述了人口规模与人均产量的关系，区分了4种不同含义的人口过剩（1994）[9]，其中，第3种含义的人口过剩，就是劳动无限供给的人口过剩，即“一国的人口非常多，以致再增加人口也不会增加产量的状态”。刘易斯详细分析了这种人口过剩国家经济增长面临的困境。他认为，扩大非农业就业以应对人口增长和减少农业剩余劳动力，不是轻而易举的事。因为当收入水平较低时，国内对制成品的需求也小，吸收农村剩余劳动力生产制成品，很快就会使国内市场饱和，为了使更多的剩余劳动力就业就必须增加出口，而世界上所有人口相对其农业资源过剩的国家都努力占领制成品的国外市场。因此，人口过剩而缺少自然资源的国家只能在越来越难销售的国际市场上进行竞争。刘易斯的结论是：“一个允许人口的增长相对于自然资源而言显得太快的国家，在为自己的人民提供充分就业并保证人民有一个合理的生活水平这一点上是非常困难的。”（1994）[9]

刘易斯揭示的这一人口相对自然资源过多国家的经济增长机制，能够解释中国目前面临的问题。在2008年出现国际金融危机后，中国通过扩大出口、吸收农村剩余劳动力的发展方式遇阻，而国内消费市场的需求有限，靠4万亿刺激计划扩大需求，导致了产能过剩、库存过剩、银行坏账增加等问题。这些正是中国经济目前面临的挑战。

如果我们不能有效扩大国内市场，如果不能提高在国际高附加值市场上的竞争力，进一步吸收农村剩余劳动力和保证常住人口的充分就业将面临困境，这与所谓的刘易斯转折点无关，更不能用人口红利消失来解释。

人口红利是人口结构转变中的年龄结构变化现象，经济增长速度受到制度变革、经济结构和投资规模变化等多方面因素的影响，人口红利并不能直接决定经济增长速度。例如，我国“六五”时期（1981—1985年）的经济年均增长率为10.78%，“八五”时期（1991—1995年）的经济年均增长率为12.276%，而这两个时期的人口抚养比均值分别为0.624和0.513，劳动年龄人口比例均值分别为0.616和0.66。这两个时期的人口红利水平远低于2015年的水平（人口抚养比0.3658，劳动年龄人口比例0.7322），但2015年我国的经济增长率仅为6.9%。显然，中国经济增速下降不能用人口红利消失来解释，而如果对我国经济增速变化的原因不能做出合理解释，就无法做出正确的应对选择。

那么，我国经济增长速度下降的真正原因是什么？

二、中国经济增速下降的原因分析

目前的中国经济增长速度下降，与2002—2012年的经济高速增长是同一关键驱动因素的两个方面。房地产投资变化是拉动中国经济走出1997—2001年通货收缩、实现高速增长的主要引擎，又是推动当前经济增速下滑的主要驱动力量。

原因一：房地产投资变动对经济增速的影响

2002—2012年，我国国内生产总值的年均增长率为10%，货币和准货币（M2）供应量从18万亿元增加到97万亿元，年均增长率高达18%。房地产和交通基础设施投资、小汽车进入家庭、加入WTO后的出口快速增长是该期间拉动中国经济快速增长的三大引擎。这三大引擎推动我国的需求结构和供给结构，即经济结构发生重大变化。如果说小汽车是十万元级消费品，商品房则是百万元级家庭投资品，住房商品化引发的房地产投资是该期间拉动经济的最主要引擎。

当住房商品化释放出千百万家庭长期被压抑的改善住房需求，特别是房地产价格快速上涨激发出巨大的投资热潮，使中国的房地产投资规模由2002年的0.779万亿元增加到2014年的9.5万亿元，其中，2008年以来每年新增房地产投资额都高达1万亿元以上。虽然高速公路、高速铁路的年度投资规模曾达到1万亿元和8000亿元的水平，但其年度新增投资水平远低于房地产投资，因此，其新增投资通过乘数效应对经济增长的推动作用是无法与房地产投资相比拟的。假定居民边际消费倾向为0.5，房地产投资增加1万亿元，通过乘数作用GDP就会新增2万亿元。

商品房建设需要大量的钢材、水泥，生产钢材、水泥需要消耗电力，电力生产又要消耗大量煤炭。因此，新增1万亿元房地产投资，会带动上游的钢铁、水泥、电力、煤炭等关联产业都需要增加产能，都要增加投资，这些相关产业的新增投资同样会产生乘数效应，推动GDP的增长。2014年，我国建筑业房屋施工面积124.98亿平方米，按照房屋单位面积用钢量0.065吨计算，2014年钢材产量11.25亿吨中的8.12亿吨是建筑用钢材，占当年钢材产量的72%。因此，正是中国房地产投资的高速增长拉动我国钢材产量由2002年的年产1.9亿吨增加到2012年的9.6亿吨，年均增长率17.4%；拉动水泥产量由年产7.25亿吨增加到22.1亿吨，年均增长率11.8%；拉动煤炭产量由15.5亿吨增加到39.45亿吨，年均增长率9.8%。这10年间，水泥、钢材产量的增速均超过了GDP的增速，这些行业的产能增加还要大于产量的增长，而产能的增加也是通过新增投资形成的。

如果房地产业新增投资1万亿元，要带动钢铁、水泥、煤炭、电力等关联产业新增投资5000万元，那么，通过新增1万亿元房地产投资和关联产业新增投资的乘数效应，新增GDP可达3万亿元。房地产投资是中国经济在2002—2012年实现年均10%高增长的主要引擎。

2002—2014年，中国的GDP由12万亿元增加到63.6万亿元，增加41.6万亿元。该期间的年度房地产投资由0.78万亿元增加到9.5万亿元，增加8.72万亿元，其上游关联产业就要新增投资4.36万亿元。

那么，通过房地产和上游关联产业新增投资的乘数效应，新增的 GDP 为 26.16 万亿元。新增的 41.6 万亿元中的 63% 可以认为与新增的房地产投资相关。这可能被认为夸大了房地产投资的作用，但如果注意到中国居民 2002—2014 年家庭住房面积的扩大，以及新增家庭财产中的大部分是家庭房产价值，那么，房地产投资对经济增长的带动作用则可能被低估。

我国建筑业总产值由 2002 年的 1.85 万亿元增加到 2012 年的 13.7 万亿元，年均增长率高达 22%（根据国家统计局网站数据计算）。靠建筑产品投资拉动经济，就是把大量的钢筋水泥到处堆积起来，这种粗放型增长方式无须增加新的技术含量，不过是在各地急剧扩大钢铁、水泥、煤炭等行业的产能，我国的煤、钢产量已占世界的 50%，水泥产量占世界的 60%。但这会在其他领域产生挤出效应，造成经济结构失衡。一旦商品住房卖不出去，高速公路和高速铁路建设的债务负担沉重、无力还本付息，钢铁、水泥、煤炭产能过剩的问题就会凸显。

据社科院的一项研究报告，2015 年我国商品住房总库存预计达到 39.96 亿平方米，其中在建房待售面积 35.7 亿平方米，需要 4.5 年来消化。房地产行业一旦出现供过于求，上游的钢铁水泥产品销量就会锐减，房地产去库存，钢铁、水泥、煤炭、平板玻璃等上游产业就要去产能，这又会影响交通运输业的货运需求。铁路运输 80% 货运量来自煤炭钢铁相关产品运输，铁路货运需求也会相应下降。2015 年 12 月的中央工作会议已经把“去产能、去库存”作为今后结构性改革的重要任务，由此产生的影响将是全局性的。因为，相关产能和库存的形成都高度依赖银行贷款，“去产能、去库存”会增加银行坏账损失，并将直接影响就业。

笔者 20 多年前的文章就曾提出，以房地产和汽车工业为主导产业能够带动经济快速增长的内在机制在于实现一种正反馈的经济循环（赵坚[10]，1992）。但这种正反馈的经济循环不能永远进行下去，当商品房需求开始进入平稳增长阶段，房地产投资减缓通过乘数效应对经济增速下滑的推动作用也是其他产业无法比拟的。房地产投资减少 1 万亿元，GDP 就会减少 3 万亿元。

对于中国这样发展中的经济体，投资的变化是决定经济增长率的最主要变量，投资的变化与家庭支出结构的变化相适应才能实现可持续的经济循环。1980 年代到 1990 年代中期，中国居民的家庭支出主要在服装、自行车、电视、冰箱、洗衣机等日用品方面，这个时期中国经济的高速增长主要是加工工业投资带动的。当家庭的消费需求开始从“吃穿用”转向“住和行”，但由于政策上限制，经济结构转型滞后（赵坚[11]，1991），出现了加工工业产能过剩，导致 1997—2001 年的通货收缩。1990 年代中期，全国范围内有 96% 左右的工业消费品处于供过于求或供需平衡状态；加工工业中生产能力利用率不足 50% 的企业在 1/3 以上。为走出 1997—2001 年的通货收缩，政府采取纺织业大规模限产压锭、煤炭行业压产 4 亿吨等去产能、去库存举措，剥离了四大国有银行 1.4 万亿元的不良贷款。同时，进行政策调整，实行住房商品化，使房地产业成为拉动经济走出通货收缩的最主要引擎。但这次的煤炭、钢铁去产能，没有预计到住房商品化后房地产投资快速增长对煤炭、钢铁的巨大需求，煤炭钢铁等行业很快就重新开始大规模扩大产能。解释 2002 年以来中国经济增长率变化的最主要变量是房地产投资的变化及乘数效应的影响。因此，是我国经济结构的变化而不是人口年龄结构的变化，导致了 1980 年代以来的高速增长和当前的增速下降。

房地产投资带动的重化工业产业链远长于其他产业，新增 1 万亿元房地产投资能够推动经济高速增长，新增房地产投资减缓或下降又能反向推动经济增速快速下滑。粗放型增长方式的主要表现是靠房地产投资拉动经济，这是我国经济增长必然经历的发展阶段。2008 年的 4 万亿元经济刺激计划使这种粗放型增长方式走到尽头，因为依靠持续大规模增加房地产投资推动的高速增长是一把双刃剑：一方面，它可以通过乘数作用推动经济在一段时期内实现高速增长；另一方面，新增房地产投资不可能持续增长下去，一旦新增投资下降，通过乘数作用又会大幅度拉低经济增长速度，这是靠房地产投资推动经济高速增长的代价。从这一判断出发，我国要有经济增长率下降到5%甚至更低的准备。正是因为房地产投资的巨大规模及其乘数效应的影响，应对本次通货收缩要比应对1997—2001年的通货收缩面临更为严峻的挑战。

但同时也应看到，中国的城市化还要经历相当长的时间，房地产投资在相当长时期内仍是拉动中国经济增长的主要引擎，特别是在房价仍然上涨的一线城市和一些大城市，房地产仍有巨大的投资空间。如果不进行政策调整，破除这些城市增加房地产投资的各方面政策性限制，中国就不能把握能够拉动经济走出本次通货收缩的主要引擎。

原因二：资源的“空间错配”

平均主义的区域发展政策导致我国的房地产投资和交通基础设施建设的资源“空间错配”，即供给和需求的空间不匹配，降低了资源配置效率。在一线城市商品房供不应求的同时，一些三、四线城市商品房库存过大难以消化，且库存和产能的“空间错配”难以通过价格机制实现市场出清，使得“去产能、去库存”面临困境。目前，采用统一的去产能、去库存的调控政策已经不适应经济发展的需要。

首先，我国商品住房的库存主要出现在一些三、四线城市，而一线城市的土地拍卖价格不断上升，房价不断上涨，存在明显的供不应求。根据国家统计局发布的数据，2016年1月，70个大中城市中的25个城市的新建商品住宅价格同比上年同月出现上涨，其中，深圳的上涨幅度高达51.9%。这是市场机制给出的进行资源空间配置的价格信号。目前的状况是：在商品住房库存过大的地方，没有市场需求；在有市场需求的地方，商品住房供给严重不足。这就是商品住房库存的空间错配。采用加杠杆增加货币供给的方式去库存，无助于解决商品房库存的空间错配问题，只会进一步抬高一线城市的房价。那么，能否通过降低房价来实现供需平衡？实际上，商品住房库存高的地方的房价与一、二线城市的房价相比，本来就比较低，没有多少降价空间。房价低是因为人口不向那些三、四线城市集聚，或不断流出；人口所以不向那里集聚，是因为那里没有工作机会；要为那些城市创造工作机会就要进行新的投资，而这有可能造成新的产能过剩；在那些城市进行大规模城市基础设施建设，由于人口流出或零增长会造成城市基础设施服务能力的空置。

其次，我国的交通基础设施建设同样存在空间错配，这是产能或运能的空间错配。京沪高铁 2015 年的旅客发送人数超过 1 亿，因而能够实现盈利，但这只是特例。高速铁路的建设成本是普通铁路的 2～3 倍，且只能运人不能运货。因此，只有在人口规模大、密度高、收入水平高的地区才可能有足够大的客流，每天开行 100 对以上动车组才可能实现盈亏平衡。而郑西高铁目前每天仅开行 27 对高铁动车组，兰新高铁每天开行的高铁动车组则不到 5 对。目前，我国高铁的全部收入还不够偿还其建设贷款的利息。新建的很多“城际铁路”客流严重不足，中西部大部分高速公路面临车流严重不足的困境，没有还款付息能力。另外，大规模我国所有一线城市和大部分副省级以上城市都出现了严重的交通拥堵，这是轨道交通不能支持大都市区发展的市场信号（赵坚[12]，2015a）。在有出行需求的地方，交通基础设施供给严重不足；而在缺乏出行需求的地方，交通基础设施供给能力大量闲置，这是运能的空间错配。

资源的空间错配是通过投资形成的，其背后是政府和企业的巨额债务和银行的巨额坏账。人为的价格调整对解决不同地理空间供需不平衡的作用是极为有限的，因为人口流动方向是市场机制本身决定的。我国对 500 万人口以上特大城市采取限制政策，导致了资源的空间错配，存在过剩的同时还存在短缺，特大城市和一些大城市商品住房短缺、城市轨道交通运能短缺。这种政策违背了城市发展规律，降低了经济增长的质量和效益。

从人口空间结构的变化趋势看，世界各国城市化的发展趋势是大都市区的人口在不断增长，而一些中小城市的人口则很少增长或下降。2010 年，美国 366 个大都市区人口比 2000 年增加 10.8%，比 1990 年增加 26.4%。1960 年，美国大都市区人口占全国人口的比例为 63%，

2010 年，美国 366 个大都市区人口占全国人口比例为 83.7% 。2010 年，美国小都市区的人口占全国人口的 10% ，比 2000 年下降 0.4 个百分点。日本的东京、大阪、名古屋三大都市区的人口规模从 1950 年以来一直在不断增长，其他中小城市的人口则少有增长或下降（赵坚[13]，2015b）。

我国还没有官方的大都市区（Metropolitan Area）概念和相关统计数据，二战后，美国的城市化进入大都市区化阶段（也被误称为郊区化），美国政府基于居民的通勤联系规定了大都市区的地理范围。大都市区是指以大城市为中心，由多个与中心城市有较强通勤联系（距大城市中心一般不超过 70 公里）的周边县及城镇组成的区域，其面积在 1.5 万平方公里左右。

美国经济是“大都市区经济（Metropolitan Economies）”，而不是 50 个州的经济，其主要特征是：人口和经济活动高度集中在大都市区。2010 年，美国排名前 100 位的大都市区聚集了全国 65% 的人口，生产了 75% 的 GDP，获得了 92% 的专利。美国排名前 20 位的大都市区聚集了 37.4% 的人口，生产了 46.6% 的 GDP，获得了 63% 的专利，大都市区同时是创新中心。我国 2010 年排名前 100 位的城市人口占全国人口的 19.5% ，生产的 GDP 占全国的 50% ，分别比美国低 45.5 个百分点和 25 个百分点；排名前 20 位的城市人口占全国人口的 9% ，GDP 占全国的 29% ，分别比美国低 28.4 和 17.6 个百分点（赵坚[13]，2015b）。这种差距反映出我国资源空间配置效率上的差距，同时，也指示着我国人口空间流动和城市人口结构分布的方向。

人口向大城市、大都市区集聚是市场进行资源空间配置的结果。经济学用集聚经济的匹配、共享和知识溢出机制来解释这一现象。杨格定理（劳动分工取决于市场规模，而市场规模又取决于劳动分工）可以更好地解释集聚经济的自我增强现象。大城市能够满足多样化的需求从而吸引更多的人和企业进入大城市；而扩大的市场规模又导致了更细的产业间分工和更高的生产率，提供更多的工作岗位；导致更多的人口向大城市集聚。集聚经济推动增长的核心机制是市场规模的扩大和分工的深化，因而，可以创造出更多的需求和就业、更高的生产率和更多的创新。

大城市能够为第三产业和创新型企业提供更好的发展环境、更大的发展空间。第三产业提供的服务不同于制造业最根本区别是，服务的生产过程和消费过程是同时进行的，而制造业产品是先生产后消费。因此，第三产业主要在人口规模大、密度高（这二者之间通常存在紧密的相互联系）的大城市有更大的扩展空间。

例如，大城市有足够多的人口，医院才能够进行更细的分工，儿童、口腔、心脏等专科医院才可能生存；各种类型的金融机构、律师事务所、会计师事务所等生产性服务企业才可能存在；500 万人口以上的大城市才有可能支撑地铁的建设和运营。大城市能够满足多样化的需求从而吸引更多的人、更多的企业进入大城市，导致集聚水平进一步增加；而扩大的市场规模又导致了更细的产业间分工和更高的生产率，更多的工作岗位，更多的人口向大城市集聚，导致集聚水平的进一步增加。我国第三产业占 GDP 的比重低是我国的大都市区不够多、不够大的结果。

大城市更有利于创新，美国的创新型企业主要出现在前 20 个大都市区，我国的创新型企业也主要集中在北、上、广、深等少数特大型城市，而不是遍地开花，这是集聚经济的 3 个内在机制决定的。（1）大都市区是空间一体化的劳动力市场和住房市场，人口规模大、密度高才能形成稠密的本地劳动力市场（Thick Local Labor Markets），从而形成更有效的匹配机制。创新型企业在稠密的劳动力市场更能找到它需要的专门人才，后者在稠密的劳动力市场更能找到适合他的企业，这可以提高创新型企业的人力资本配置效率。（2）创新型企业在大都市区能够共享较完善的城市基础设施和包括风险资本在内的创新生态系统。美国的风险资本有所谓“20 分钟法则”，即风险资本投资的创新型企业通常在离其办公室 20 分钟行程范围内，因为风险资本提供的不仅是资金，还包括团队建设、财务、产品方向选择等一系列支持性服务，因此，地理空间上的邻近性是重要的。（3）在大城市高素质人才多，面对面交流的机会多，更有利于知识溢出。我国创新型企业不够多的一个原因是我国的大都市区不够多、不够大。

大城市有更高的生产率，中国前 50 个大城市每平方公里的平均产出是 67 个人口规模较小地级市每平方公里平均产出的 4 倍。而北京每平方公里的产出只相当东京大都市区的 1/8、纽约大都市区的 1/5（赵坚[14]，2013）。中国特大型城市的集聚经济水平与国际大都市相比还有很大的提升空间。我国采取严格控制 500 万人口以上特大城市的人口和用地规模的政策，实际上限制了生产率的提高、第三产业的发展和创新型企业的涌现。

原因三：政府干预降低了资源配置效率

政府行政权力对资源配置的干预，降低了经济增长的质量和效益，形成了大量无效供给、低效供给。最典型的是各级政府的各类开发区建设、各类政府项目，主要依靠财政投入和补贴发展的战略性新兴产业。这类政府项目通常是，投资不想回报，补贴不计代价，严重降低了资源配置效率。

在开发区建设上，商务部主管经济技术开发区，科技部主管高新技术产业开发区，工信部主管工业园区，各主管部门都可插手物流园区规划建设；而各类园区建设与城乡建设部主管的城市规划少有衔接。在行政级别上有国家级、省级、地市级，甚至县乡都设有开发区，很多地方一个城市设立多个产业园区。各地政府都以高价出让住宅和商业用地，来补贴开发区用地，造成资源配置扭曲。一方面，抬高了商品房价格，抑制了房地产投资的增长空间；另一方面，导致工业园区过度开发、土地利用效率低下。目前，很多地方出现开发区供给严重过剩，园区空置乃至抛荒。我国在商品房库存难以消化的同时，还面临着开发区去库存的困境。

在高铁发展上，我国建设的高铁是世界其他国家和地区的 2 倍以上。高铁是资本高度密集的大运量交通方式，且只能运人不能运货。因此，只有在人口规模大、密度高、收入水平高的地区才能有足够的客流。目前，京沪高铁开始赢利，但大部分地区的高铁存在严重亏损。即使不考虑高铁的运营成本，高铁的全部运营收入还不够偿还高铁建设的贷款利息。中铁总的负债已高达4万亿元，只能靠借新还旧和财政补贴维持，已陷入债务负担恶性增长的深渊。另外，大规模建设高铁扭曲了我国的交通运输结构。每公里高铁的建设成本是普通铁路的2～3倍，建设1.9万公里高铁至少相当于少建了4万公里高等级普通铁路。目前，铁路货运周转量的市场份额已经下降到22%，不及公路的一半；而美国铁路货运周转量的市场份额在40%左右，一直高于公路的份额。我国大量用汽车运输煤炭等基础原材料，大幅度提高了物流成本，严重降低了国民经济整体的资源配置效率（赵坚[15]，2014）。

为发展战略性新兴产业，政府通过巨额补贴发展光伏产业造成了严重的产能过剩和国际贸易纠纷；为实现电动汽车的产销量目标，花费巨额财政补贴消费环节而不是研发环节，结果出现多起骗补事件。“战略性新兴产业”存在产品、技术、市场的不确定性，要由企业去试错，由市场的优胜劣汰机制来选择，不能靠补贴来制造暂时的市场繁荣。科技部和工信部都有主导新能源汽车产业化的职能，科技部制订了电动汽车产业化规划，并在25个城市开展电动汽车大规模商业化示范。新能源汽车的产品类型、技术路线、商业模式仍在探索阶段，存在很大不确定性。但科技部不仅规定了发展新能源汽车的技术路线，而且通过“863”计划引导磷酸铁锂电池的规模化生产，引发数百家企业投资生产磷酸铁锂电池。后来发现磷酸铁锂的能量密度无法满足要求，导致磷酸铁锂产能过剩，数百家生产企业陷入困境。更重要的，科技部主导的磷酸铁锂规模化生产，使我国企业在三元材料电池研发和规模化生产上远远落后于日本和韩国，电动轿车的“弯道超车”成为“弯道落后”，新能源汽车重蹈了我国燃油车不掌握核心技术的覆辙（赵坚[16]，2015c）。

但对于国内企业技术能力不足而国内需求巨大的市场，有关部门则很少关注。我国是世界上最大的制造业大国，但机电产品进口一直占进口总额的70%左右，年进口金额高达10万亿元。我国钢产量占世界的

50%，但2014年进口钢材1128亿元。我国生产了世界最多的高铁动车组，但高铁的车轮、车轴、轴承都要从国外进口；每年圆珠笔产量380亿支，占全世界总产量的80%，但圆珠笔头上的“圆珠”、制造圆珠的模具钢都需要进口。实行“进口替代”存在现有的巨大国内市场，对建设制造业强国、调整产业结构、增加就业具有重要意义。另外，推进进口替代要涉及商务部、工信部、科技部等多个部门的职能，存在部门协调壁垒。

因此，推进简政放权、加快转变政府职能，不仅要解决政府强化行政干预、扭曲资源配置的问题，还要解决部门行政职能交叉、不作为、少作为的问题。国务院与组成部门之间的关系是一种委托—代理关系，国务院是委托人，其组成部门是代理人，在二者之间存在信息不对称，而且每个部门都有自己的部门利益，并倾向于巩固本部门的权力和利益，扩大本部门控制的资源。设置了一个国务院组成部门，就内生地设定了这个部门的绩效评价指向，它就会找事做、争权力、要资源、批项目、出政绩，就会出现政府越位、缺位，政府职能就难以转变，难以实现国务院简政放权的要求。

减少审批事项、制定权力清单固然重要，但不能解决某些政府部门通过制定规划、项目立项审批，进一步增加并强化自己权力的问题。过多的部门设置必然增加管理职责交叉、重叠、空白的领域。大部门体制将相近的职能部门加以整合，加大横向覆盖的范围，可明确职责，减少行政协调成本。因此，需要进一步深化大部门体制改革，尽可能减少行政主管部门对经济活动的直接干预，简政才能放权。同时，需要进一步打破垄断，激发市场活力，提高资源的配置效率。

三、应对经济增速下降的举措

（一）以“壮士断腕”的决心去产能、去库存

要以“壮士断腕”的决心去产能、去库存，处置“僵尸企业”，这势必增加银行坏账损失，造成下岗失业，阵痛不可避免。目前，我国的

经济实力、社会保障能力还能够承受这种冲击。如不坚决处置，今后的坏账损失会更多、下岗失业会更多，损失会更大。去产能、去库存，应首先从高污染、高耗能的钢铁、水泥、煤炭等行业着手。对三、四线城市难以消化的商品住房库存实行分类处理：待售商品房库存逐步消化，在建商品房库存停建缓建，已购买土地尚未开工的商品房坚决停建。

要对已规划及审批的项目进行清理，避免在去产能的同时形成新的过剩产能。例如，不能再靠投资中西部铁路、投资高铁来拉动经济。我国铁路货运量的 80% 来自煤炭和冶炼物资等大宗货物运输，煤炭钢铁去产能，加之能源结构变化、建设坑口电站长距离高压输电、节能减排以及国际煤炭价格已经低于国内煤炭价格等因素的影响，铁路货运需求也必然随之下降，铁路发展也必然进入新常态。中西部铁路建设要适度，不能盲目加密中西部地区的路网密度，更不能继续建设没有多少客流的高速铁路和城际铁路。

（二）使大都市区成为经济增长的发动机

在去产能、去库存的同时，还必须有新的经济增长引擎，才能避免严重的通货收缩。中国应当调整区域发展政策，取消严格控制 500 万人口以上特大城市的人口和用地规模的政策，充分发挥大城市潜力，在商品房价格仍在上涨的特大城市和部分大城市，扩大房地产和城市轨道交通投资规模，使大都市区成为中国经济增长的发动机。

大都市区是区域经济发展的中心、创新的中心，城市群是由邻近的多个大都市区构成的。没有足够大体量且充满活力的大都市区，就难以发挥其对周边地区的带动作用，就难以形成区域经济发展的支撑，各种区域发展规划就是一纸空文。

我国应重点发展 20 个左右人口规模在千万以上的大都市区。大都市区有更强的经济实力和人口吸纳能力，一线城市应当降低落户门槛，在接纳农村转移人口中发挥主体作用、承担更大责任。要消除大城市恐惧症，实际上“小城市病”更难治愈（胡小武[17]，2016）。人多并不是大城市病的病因所在，除城市治理能力方面的问题外，交通基础设施的不适应，特别是轨道交通里程过少是最重要的病因所在。解决大都市区的轨道交通和基础设施短板，正是发展的机遇所在。

东京大都市区的面积 1.35 万平方公里，人口 3500 万，地方比北京小，但人口规模远大于北京，之所以没有出现交通拥堵的大城市病，是因为东京大都市区有 2500 公里轨道交通（包括地铁、通勤铁路），1514 个轨道交通车站，其轨道交通里程和车站数量是北京的 5 倍左右。照此推算，重点发展 20 个大都市区，需要建设 4 万公里的轨道交通，我国轨道交通建设还存在巨大发展空间。

目前，我国铁路投资的重点不应是没有多少客流的高铁和城际铁路，而是大都市区的轨道交通。大都市区中一条通勤铁路的长度在30～50 公里，在其车站周边可以进行高强度的房地产开发，这不仅能够降低房价，疏解中心城区人口，容纳更多的外来人口，为通勤铁路提供客流，而且，可以使建设通勤铁路带来的土地升值收益回归建设运营主体。因而可以吸引社会资本采用 PPP 方式进行建设和运营，不增加政府财政负担。大都市区的房地产投资和关联的轨道交通投资能够改善人口的空间分布结构，能够成为拉动经济增长的重要引擎。

发展大都市区是提高资源空间配置效率的主要途径。我国的城镇化已经进入大都市区化（Metropolitanization）的发展阶段，大都市区是人口的聚集地，是高新技术企业和第三产业的聚集地，是创新的发源地。同时，又汇聚了我国经济发展中的各种突出问题和深层次的体制障碍，涉及农民工市民化、财税体制、社会保障体制、行政管理体制、行政区划、城市规划不适应大都市区发展等多方面的问题（赵坚[13]，2015b）。把发展大都市区作为区域经济发展战略的核心，破解各方面的体制障碍，就能不断找准不同阶段改革的主攻方向，焕发出中国经济发展的巨大潜力。

（三）深化改革、打破垄断、激发市场活力

中国经济能较快走出 1997—2001 年的通货收缩，有两个主要原因：一是实施住房商品化导致的房地产投资高速增长；二是深化政府机构改革和企业重组，激发了市场活力。1998 年，我国实施了力度最大的一

次政府机构改革，撤销了10个专业经济管理部门，国务院组成部门由原有的40个减少到29个。同时，进行打破垄断、引入竞争的改革，最典型的是中国电信和国家电力公司的拆分重组。同时，把对铁路进行“网运分离”的改革重组写入了“十五”计划纲要，后因存在网运分离和区域公司两种重组模式的争论，铁路的深化改革就此被搁置，并留下多方面的后遗症。

本次打破通货收缩面临的困难远多于1997—2001年，最主要的是通过大规模持续新增房地产投资来拉动经济增长的空间已经不大，虽然房价仍在上涨的20个左右特大城市和大城市还存在很大的房地产投资空间。因此，更要通过深化改革来激发市场活力：一是要深化大部门体制改革，真正转变政府职能；二是要打破各种形式的行政垄断，放开民营企业在各领域的进入。

发达国家的政府组成部门一般不超过18个，这是因为，市场在资源配置中起决定作用，没有必要设置过多专门的政府行政管理部门。设置了专门管理部门，它就要体现其自身存在的价值，就要找事做，就要指导市场运行，就会干它不知道怎样干的事情，就无法正确处理政府和市场的关系。美国、日本、德国都没有单独设置与科技部、工信部类似的部门，但它们是世界上的科技、工业强国。美国2016年《制造创新国家网络战略规划》就是由美国商务部牵头，组织包括教育部、国防部、能源部、国家航空航天局、农业部、国家科学基金等多部门起草的。该规划的主要目标是“促进创新技术向可扩展、成本效益好、高绩效的国内制造能力转化”，“加速发展先进制造员工队伍”（NNMI[18]，2016），不是政府投资设立新工程项目或对新产品进行补贴。

我国应进一步深化大部门体制改革，可将科学技术部并入教育部，组建教育与科技部；将工业和信息化部并入商务部，组建工商产业部，统筹工业、通信、商贸流通、国内外贸易的相关管理；组建国土交通建设部，将交通运输部、住房和城乡建设部、国土资源部的国土管理职能统一并入国土交通建设部，统筹交通基础设施建设、国土开发利用与城乡建设（赵坚[19]，2012a）；国土资源部改组为能源矿产资源部，统筹能源和各类矿产资源的开发利用管理。政府的主要职能是组织制定规划、政策、标准，提供信息服务；要大幅度减少政府部门通过设立项目、审批项目申请、进行补贴等直接干预市场的行为。

要打破行政性垄断，放宽市场准入，构建充分竞争、公平竞争的市场环境，激发企业特别是民营企业和中小企业的创新活力。

铁路、石油、天然气、电力、电信、金融、医疗、教育等领域存在各种形式的行政垄断，严重抑制了社会的创新活力。其中，打破铁路高度垄断的运输管理体制尤为迫切，应以此为抓手带动其他领域的改革。目前，铁路货运周转量的市场份额持续下降，国务院关于引入社会资本、土地综合开发等促进铁路发展的政策无法落实。这些问题都是铁路没有深化改革、缺乏活力、不能适应市场的必然结果。铁路进行打破垄断、实施重组的改革已不应再回避拖延。国家应承担中铁总建设高铁的全部债务，实施把中铁总拆分为三大区域铁路公司的改革，形成三大区域铁路公司之间的比较竞争、区域公司内相邻子公司间的平行线竞争，即两层面竞争的铁路运输企业组织结构（赵坚[20]，2012b）。

要放宽市场准入，降低行业准入门槛。不仅要实行负面清单管理，还要提供信息服务和政策协调，支持中小企业和企业转型升级，进行“进口替代”。我国不仅要重视市场规模尚不确定的新能源汽车、3D 打印等前沿领域，而且，要同样重视每年进口 10 万亿元的现有机电产品市场。如果能够完成我国进口机电产品 50% 的“进口替代”，国内 5 万亿的市场容量不仅能够解决大量就业，创新能力和制造强国地位也将得到很大提升，而且将引发更新改造投资的有效需求，提高经济增长的速度和质量。

参考文献

[1]余永定. 我为什么主张出台新刺激政策[EB/OL].（2016-02-09）财新网.

[2]中国人民银行. 供给侧结构性改革与总需求管理[EB /OL]. (2016 - 02 - 09)财新网.

[3]蔡昉. 拨开经济悲观论的雾霾[J]. 求是,2014(14).

[4]Bloom D E, Williamson J G. Demographic Transitions and Economic Miracles in Emerging Asia [J]. World Bank Economic Review,1998,12 (3).

[5]Bloom D E ,Canning D, Jaypee S. The Demographic Dividend: A New Perspective on the Economic Consequences of Population Change [R]. Santa Monica,California,RAND,2003.

[6]蔡昉. 中国的人口红利还能持续多久[J]. 经济学动态,2011(6).

[7]蔡昉. 人口转变、人口红利与刘易斯转折点[J]. 经济研究,2010(4).

[8]Lewis A. Economic Development with Unlimited Supplies ofLabor [J]. The Manchester School,1954,22(2).

[9]刘易斯. 经济增长理论[M]. 梁小民,译. 上海:上海三联书店、上海人民出版社,1994.

[10]赵坚. 90 年代中国主导产业的选择[J]. 数量经济技术经济研究,1992(7).

[11]赵坚. 推进住房改革促进结构调整[J]. 数量经济技术经济研究,1991(1).

[12]赵坚. 未来铁路投资重点不在高铁[J]. 中国改革,2015(8).

[13]赵坚. 坚持底线思维破解发展大都市区的体制障碍[J]. 北京交通大学学报(社科版),2015(1).

[14]赵坚. 大城市群应为城镇化方向[J]. 中国改革,2013(3).

[15]赵坚. 高铁"走出去":热烈中的冷思考[N]. 东方早报,上海经济评论,2014 - 11 - 25(7).

[16]赵坚. 补贴新能源汽车政府不能任性[EB /OL]. (2015 - 05 - 04)财新网.

[17]胡小武. 中国小城市的死与生:一种城市问题的视角[J]. 河北

学刊,2016(1).

[18] NNMI. National Networkfor Manufaturing Innovation Program Strategic Plan[R]. February,2016.

[19]赵坚. 交通大部制构想[J]. 中国改革,2012(5).

[20]赵坚. 我国铁路重组为三大区域铁路公司的设想[J]. 综合运输,2012(7).

[21]国家统计局网站 http://www.stats.gov.cn/tjsj/.

通州副中心能否缓解北京大城市病

原载财新网，2015 年 8 月 4 日

多条通勤铁路、多个城市副中心比花费大量资金建一个通州副行政中心能够更有效地疏解北京人口

7 月中旬北京市委全会决定，为贯彻京津冀一体化国家战略，解决北京“大城市病”，未来将聚焦通州，加快“市行政副中心”建设。据报道，通州已经储备了 55 平方公里的土地，能够打造成功能独立、宜居宜业的独立新城，主要承担起到 2020 年疏解城 6 区 15% 人口的期望。但该设想符合城市发展规律吗？能实现解决北京“大城市病”疏解人口的目标吗？

三点疑问

第一，北京在 2004 年就制订了建设 11 个新城的城市总体规划，试图疏解中心城区人口，其中通州、顺义、亦庄是新城建设的重点，分别预留了百万人口规模的发展空间，但十年过去，成效甚微。那么聚焦在通州并将其提升到行政副中心的地位，就能建设一个“职、住一体”的新城吗？如果迁出机构和单位的员工家庭仍然留在中心城区，行政副中心不过就是远离市中心的办公区，而不是功能相对独立的新城。如果迁出单位的员工的家庭随迁到通州，但员工的家庭成员仍然要到中心城区就业、上学，京通通道上的交通压力将更加不堪重负。设立一个通州行政副中心怎能解决北京的“大城市病”呢？

实际上通过行政命令，一些北京市的政府机构、事业单位能够迁到通州，但即使通州成为北京市的行政正中心，大公司总部、高科技企业也很少会随迁到距离市中心 20 公里的通州。因为中央政府机构在中心城区，高端人才在中心城区。国内不乏通过市政府迁址扩展城市发展空间的案例，例如，2011 年西安市政府由市中心的莲湖区整体迁至北郊的未央区、2010 年成都市政府整体南迁，这些城市政府的迁址距离均不到 10 公里，但目前仍然是办公区，生活配套设施不完善，需要相当长时间才能形成新的城市副中心。北京市只迁移部分市政府机构，且迁址距离更远，因此 2020 年通州副中心很难承担疏解中心城区人口的期望。

第二，北京市行政机构的职能是服务北京、服务首都，其位置应设在交通便利、最便于到达各区县的位置，把北京市的一部分行政机构迁移到北京的东南部交通不便地区，会降低行政效率增加行政成本。北京市这种难以疏解别人，首先疏解直属行政机构的做法可以赞赏，但北京市的行政管理职能难道是应疏解的“非首都功能”?

第三，把通州作为行政副中心，新建连接通州的轨道交通，不过是在北京行政区划内进行空间布局的调整，如何体现京津冀一体化的国家战略?

笔者认为对于北京的“大城市病”，“聚焦通州建设行政副中心”的药方没有对症下药。

北京“大城市病”的病因在哪里

对所谓“大城市病”要一分为二。“大城市病”是指大城市的人口过多，人口密度过大，超过了城市基础设施的承载能力而出现的各种问题。人口向某个城市集聚，是该城市具有包容性、经济繁荣向好的标志，也是城市发展的推动力。相反一个城市人口减少则是衰败的开始。北京的人多并不是大城市病的病因所在，交通基础设施的不适应是最重要的病因所在。

北京市（人口2069万，面积1.64万平方公里）的人口规模和密度与纽约大都市区（人口1890万，面积1.73万平方公里）类似，但与东京大都市区（人口3500万，面积1.35万平方公里）还有很大差距。那么为什么东京大都市区、纽约大都市区没有“大城市病”？通过国际大都市的比较分析可以揭示北京“大城市病”的3个主要原因：

第一，北京的轨道交通里程过少。东京大都市区有2500公里的轨道交通，乘轨道交通的通勤人数比率高达74%。纽约大都市区的轨道交通总里程为3342公里。北京的城市轨道交通只有527公里。东京和纽约在汽车社会来到之前就已经建成了相当规模的轨道交通网络，形成了建在轨道交通上的城市。而北京在20世纪获得2008年奥运会主办权后才开始大力发展轨道交通，虽然北京的轨道交通在快速发展，但仍不能适应人口的快速增长。对于北京这样有2000万人口且在继续发展的大都市，至少需要2000公里的轨道交通，北京应成为建在轨道交通上的城市。

第二，北京的城市规划理念与建设轨道交通上的城市不相适应。2000万人口以上的特大城市只能主要靠轨道交通解决出行问题，但北京的城市规划是以道路交通为前提，先找地方盖楼房，再解决交通出行问题；而不是先确定轨道交通的走向（与城市形态相联系）和轨道交通车站位置，再在轨道交通车站周边盖楼进行高密度开发。北京的高楼大都建在二环、三环、四环两侧，而较少在轨道交通车站周边，北京的道路越建越宽。实际上，北京的城市空间布局和交通设施在促使人们开小汽车出行而不是乘轨道交通，而北京过多的小汽车保有量、过多的小汽车出行造成了严重的交通拥堵和空气污染等“大城市病”。

北京曾从建筑美学的视角提出形成“两轴—两带—多中心”的城市空间结构，但这种城市形态无法与以轨道交通为骨干的城市交通体系相适应。以轨道交通为骨架只能形成环形加放射线的路网结构和城市空间结构。东京大都市区是以环形的山手线为中心，山手线的主要车站向外放射的通勤铁路至少有12条，长度在30~70公里不等。在山手线

34.5 公里的环线上建设了新宿、池袋、涩谷等 7 个副都心，大量的公司总部商务办公、宾馆饭店、商业服务业集聚在这些副中心，形成了东京站、新宿站等多个“车站城市”（Station City），在这些轨道交通车站集中了几乎所有的城市功能，居住则主要集中在轨道交通向外放射线的多个串珠状车站周边的中小城市。北京的轨道交通也已经形成环线加放射线的路网结构，但在轨道交通环线特别是 10 号线的枢纽车站周边没有进行高强度开发，由于行政区划的限制，放射线的长度过短，不能充分发挥轨道交通疏解和集聚经济活动的功能。

第三，北京的城市治理体系，包括行政区划、城市规划体系、城市治理能力，不能适应大都市区的发展要求，特别突出的是在处理发展公共交通、小汽车交通与绿色出行的关系上。

治理北京“大城市病”的思路

首先，应当认识到世界城市化的发展趋势是大都市区的人口不断增长，而中小城市的人口则在下降，美国、日本、欧洲都是如此。2010 年美国人口数量排名前 100 位的大都市区聚集了 65% 的人口，获得了 92% 的专利，生产了 75% 的 GDP；人口排名前 20 位的大都市区聚集了 37.4% 的人口，获得了 63% 的专利，生产了 46.6% 的 GDP。美国经济不是 50 个州的经济，而是“大都市区经济（Metropolitan Economics）”。我国人口和经济的集聚水平与美国存在巨大差距，我国 2010 年排名前 100 位的城市人口占全国人口的 19.5%，生产的 GDP 占全国的 50%，分别比美国低 45.5 个百分点和 25 个百分点；排名前 20 位的城市人口占全国人口的 9%，GDP 占全国的 29%，分别比美国低 28.4 和 17.6 个百分点。

这种人口空间集聚结构上的差距是与我国发展第三产业上的差距紧密联系的，美国第三产业占 GDP 的比重为 80%，我国还不到 50%；这种差距还与国家创新能力有关。因为大都市区（大城市）才能为服务业创造发展空间，并更有利于创新。人口规模大、密度高的大都市区是创新的温床和经济增长的发动机。创新在美国主要发生在人口密度高的大都市区。在我国，创新也主要发生在北京、深圳、上海、广州、杭州等人口密集的大城市。经济学用集聚经济的匹配、共享和知识溢出机制来解释这一现象。

人口向大城市、大都市区集聚是市场机制进行资源空间配置的结果。北京市的功能定位之一是国家科技创新中心，创新是由人、企业进行的，而保持较大的人口规模和人口密度才有利于创新。北京的人口仍有继续增长的空间。水资源不能成为北京人口的约束条件，采用经济杠杆提高水价可以促进节约生活用水，大幅度降低农业工业用水，还可以通过海水淡化来增加水资源供应。大城市具有更高的生产率和更高的收入水平，但人口增加导致的各种要素价格上涨和房价的上升，又会使一些人离开，市场机制具有抑制城市人口增长的内在机制。实际上，北京的高房价正在抑制北京人口的快速增长。

其次，北京确实存在人口空间结构不合理的问题。目前城 6 区中的首都功能核心区（面积 92 平方公里）的人口密度高达每平方公里 23758 人，而城 6 区中的城市功能拓展区（面积 1276 平方公里）的人口密度仅为每平方公里 7902 人。中央和国务院的各部委以及北京市的党政机关都集中在首都功能核心区。因此北京疏解人口，首先要疏解首都功能核心区的人口。北京市的党政机构可以整体从首都功能核心区迁址到城市功能拓展区，可以在地铁 10 号线的轨道交通枢纽车站附近建设北京新的行政中心。

北京新行政中心的选址应当是北京城市总体规划的一个有机部分，而不是为完成疏解人口任务的一个举措。北京要避免“摊大饼”的城市形态，应建设环形加多条放射线的轨道交通，引导城市的发展方向。北京地铁 10 号线长 57 公里，是东京山手线长度的 1. 65 倍，目前在 10 号线上已经有国贸 CBD 和海淀中关村两个城市副中心，完全可以在枢纽车站上建设多个城市副中心，并从这些副中心出发建设多条通勤铁路延伸到河北。在这些通勤铁路车站周边可以建设多个规模不同的新城，北京市属行政事业单位可以向这些新城转移，可以在疏解北京中心城区人口的同时促进河北的经济社会发展，有利于推进京津冀一体化。

通勤铁路也被称为市郊铁路或市域铁路，但市郊铁路的概念容易产生误导。市郊铁路往往指城市行政区划内的郊区铁路，以区别于中心城区的轨道交通。通勤铁路强调铁路的功能是服务于通勤客流，因此其车站周边通常有高强度的房地产开发，以便为通勤铁路提供客流。一条通勤铁路的长度在 30～50 公里，不超过 70 公里，可以是跨越城市行政区划的。由于通勤铁路与土地商业开发紧密联系，因此北京的通勤铁路能够吸引社会资本采用 PPP 方式进行建设和运营。

北京的行政副中心应当建在哪里

北京的行政副中心甚至所有的市属党政机构都可以建在地铁 10 号线东南部的枢纽车站周边，例如宋家庄地铁站，只要盖一座行政办公大楼就可以解决问题。而把建设通州行政副中心新城的资金用于建设多条连接河北的通勤铁路，例如从地铁 10 号线延伸到通州、燕郊、三河的通勤铁路；延伸到亦庄、廊坊的通勤铁路；延伸到大兴、固安的通勤铁路。在各条通勤铁路沿线车站周边可形成多个规模不等的新城疏解中心城区人口。

这些通勤铁路与地铁 10 号线交汇的枢纽车站应进行高强度商业开发，在北京东南部的城市功能拓展区形成多个副中心。多条通勤铁路、多个城市副中心比花费大量资金建一个通州副行政中心能够更有效地疏解北京人口。为此需要及早在地铁 10 号线的一些区段建设平行的快速轨道交通线路，提高 10 号线的输送能力。地铁 10 号线应成为东京山手线那样的连接多个城市副中心的快速大能力通道。这将有利于改善北京的城市空间结构，形成更合理的北京城市空间形态和城市功能空间布局：首都功能核心区主要发挥全国政治中心功能，轨道交通 10 号线所在的城市功能拓展区主要发挥全国科技创新中心功能，文化中心、国际交往中心功能则涉及北京的所有区域。

实际上，城市的各种功能之间都存在着内在联系，而各种功能都是需要人来执行的，因此保持各功能之间的空间邻近性对提高城市的运行效率是必不可少的。东京都23区（面积622平方公里）人口密度为每平方公里14390人，政府机构、公司总部、金融机构、商业服务业大都高度集聚在山手线上的各副都心。东京都政府与日本中央政府机构原来都位于千代田区，1991年转移至新宿副都心。东京都政府虽然迁离了东京都中心的千代田区，但没有迁离作为东京都中心城区的23区，而且东京站和新宿站是千代田区和新宿区在山手线最重要的交通枢纽，相距10公里左右，因此不会降低行政效率。北京行政副中心如果设在距离市中心20公里的通州，不仅会降低行政效率，对推进京津冀一体化的作用也极为有限。

北京疏解人口、治理“大城市病”的体制障碍

我国的城镇化已经进入大都市区化（Metropolitanization）的发展阶段，其典型表现是工业企业从相当多的大城市迁出，在大城市周边出现一些新兴城镇，形成新的人口和产业集聚，出现跨行政区划的通勤族。这在全国一些大城市是普遍现象，例如，目前每天有数十万居住在河北燕郊、江苏昆山的居民到北京和上海上班，每天有数万居住在咸阳的居民到西安上班。大都市区的城镇空间结构和人口分布格局正在形成。

大都市区是指以大城市为中心，由多个与中心城市有较强通勤联系的周边县及城镇组成的区域，其面积在1.5万平方公里左右。而各级地方政府的行政管辖边界是延续历史形成的边界，并不是市场导向的大都市区边界。大都市区实际上形成了空间一体化的劳动力市场和空间资源配置市场，但这一市场是由不同城市行政主体分别治理的。在我国，这种大都市区内碎片化的政府治理会造成资源配置的各种扭曲，主要表现在以下3个方面。这些问题具有普遍性，不是北京市能够解决的，需要中央政府通盘解决。

第一，“城市行政区划面积倒置”导致政府治理碎片化造成的障

碍。我国城市的行政区划是在20世纪50年代划定的，当时为实现工业化要保障城市居民的粮食供应和社会福利，但保障能力的限制缩小了保障范围，大城市的行政区划面积普遍偏小。计划经济时期形成的城市行政区划已经不能适应发展大都市区经济的要求。

按照一般经济规律，大城市具有集聚经济和更完善的交通基础设施，会导致人口和经济活动在大城市及周边地区集聚和扩散。因此，城市人口规模越大，与其有紧密经济联系的地域范围也越大。把美国366个大都市区按人口规模排序，排名前20位大都市区的平均面积为1.94万平方公里，排名前100位大都市区的平均面积为1.16万平方公里，366个大都市区的平均面积为0.69万平方公里。

而我国则出现了“城市行政区划面积倒置”现象，城市人口规模越大，行政区划面积越小。以我国人口规模最大的一线城市为例，上海的行政区划面积只有0.63万平方公里，广州的行政区划面积0.74万平方公里，深圳还不到2000平方公里，北京的行政区划经多次调整虽有1.64万平方公里，但适于城市建设的地区只有7000多平方公里，而2013年全国289个地级以上城市的行政区划平均面积则达到1.72万平方公里。我国特大型城市和一些大城市的行政区划面积明显低于平均水平，由此导致市场机制推动下形成的大城市人口集聚和经济活动空间扩展，与行政区划导致的行政壁垒相冲突。

北京在2004年的城市总体规划中规划建设11个新城来疏解中心城区人口，包括距离北京80公里的密云、平谷、延庆等新城，但行政管辖范围决定了北京不能考虑向距离市中心仅30公里的河北燕郊镇疏解人口。而在市场机制驱动下，燕郊镇人口已迅速增长到60万，超过北京的任何一个远郊新城，且与北京形成了更紧密的经济联系，目前两地之间的通勤难已经成为严重的社会问题。

第二，城乡规划法律和规划体制上的障碍。我国的城乡规划法律和规划体制无法适应我国大都市区化的进程。2008年开始实施的《中华人民共和国城乡规划法》规定，城市总体规划及相关的交通规划要按行政区划，由所在地城市人民政府组织编制。这就是说，虽然河北燕郊镇与北京市在同一大都市区的空间范围之内，但其规划要由河北三河县（市）审批，燕郊镇的镇规划是河北省城镇体系规划的组成部分，与北京市没有关系。每个行政区只能在自己的“一亩三分地”上做规划。

在通州定位为北京行政副中心的消息公布后，不仅通州、燕郊的房价大涨，紧邻通州的河北三县——三河、大厂、香河一些地方的房价也已过万。这将引发“北三县”更大规模的房地产开发。这些开发项目未必与北京应在通勤铁路车站周边进行高密度开发的城市规划理念相一致，由此将导致城市的蔓延式扩张，更多的道路要与北京对接，该通道上的交通状况将进一步恶化。

第三，财税体制和干部考核体制的障碍。我国大城市行政区划过小导致的大都市区碎片化治理，不仅造成区域经济活动的人为分割，也引发不同行政区划在重大项目和招商引资上的竞争，难以实现协同发展，还会导致资源空间配置上的扭曲。在当前地方政府承担本地经济发展责任和“分灶吃饭”的财税体制下，地方政府首先考虑的必然是本地经济发展、财税收入和本地居民的社会保障及福利问题，在实际行动中必然把自己的“一亩三分地”放在优先地位。这是不以个人意志为转移的，谁在那个位置上都会如此，可能的差别仅是优先的程度不同而已。例如在首都第二机场选址时，京津冀均从自身利益出发，分别提出把大兴、武清、廊坊作为备选场址。最终首都第二机场的主体部分放在大兴境内，然而选址在廊坊能对京津冀协同发展和构建现代综合交通网络产生更大促进作用。

关于破解上述体制障碍的思路，笔者已有专文论述，不在此赘述。

坚持底线思维 破解发展大都市区的体制障碍

原载《北京交通大学学报社会科学版》，2015 年第 1 期

［摘要］ 我国的城镇化已经进入大都市区化的发展阶段，但《国家新型城镇化规划（2014—2020 年）》对该发展阶段存在的多方面体制障碍缺乏清醒认识。在现有体制下大都市区内碎片化的政府治理，已经成为发展大都市区的重大障碍，迫切需要优化我国部分大城市的行政区划。

［关键词］ 大都市区；集聚经济；行政区划

［基金项目］ 国家社会科学基金重大项目“集约、智能、绿色、低碳的新型城镇化道路研究”（13&ZD026）

十多年来我国城镇化采用的是平均、粗放的发展方式，主要用行政手段对所有城市按同比例增加建设用地指标。2001—2010 年我国 267 个地级以上城市的建成区面积增加了 1.4 万平方公里，占 10 年间全国新增建成区面积的 88%。按每平方公里产出排名，前 50 个大城市每平方公里产出是后 67 个中小城市产出的 4 倍。中小城市土地资源利用效率低下。按照十年间 GDP 翻一番需增加 1.6 万平方公里土地计算，2020 年我国将突破耕地红线。另外，267 个地级以上城市平均每平方公里建成区承载的人口由 2001 年的 1.76 万人下降到 2010 年的 1.21 万人，城市人口密度存在普遍下降趋势（赵坚，2013）。如果采用重点发展中小城市和小城镇的战略，实行所谓“就地城镇化”，我国城市人口密度将进一步降低，这不仅违反集聚经济规律，也违反世界城市化的发展

趋势。

《国家新型城镇化规划（2014—2020年）》（以下简称《新型城镇化规划》）提出，“部分特大城市主城区人口压力偏大，与综合承载能力之间的矛盾加剧”，因而要“严格控制城区人口500万以上的特大城市人口规模”。这是要求以城区人口达到500万为界线，在特大城市和部分大城市的行政区划内进行人口控制，试图把应通过大都市区化来解决的传统城市化面临的发展瓶颈，通过行政手段来解决。这实际上是把特大城市和部分大城市行政区划不适应大都市区①发展的问题、城市治理服务水平与城市发展不适应的问题混淆起来，试图用行政手段而不是市场机制进行资源的空间配置。这不是基于底线思维制定的政策。

一、我国城镇化战略要考虑的底线是石油对外依存度

底线思维与前瞻思维是相互联系的两个方面，前瞻思维的思考顺序是从未来到现在，即要设想未来10年、20年可能出现的情景，判断不同发展战略对未来情景的影响，由此设置“底线”。制订长期发展战略的“底线”要从我国的资源禀赋出发，我国已经设置了耕地保护红线，但石油对外依存度是更为重要的底线。

制定明晰有远见的长期战略才有可能避免我国经济运行轨迹突破“底线”。长期战略不同于短期宏观政策，财政政策和货币政策是对短期经济波动的应对，容易引起人们重视。长期战略要在10年或更长时期后才会显现效果，因此会因应对眼前紧迫问题而被置于次要地位，但会使未来的眼前问题更加难以应对。由于城镇化和交通运输的结构变化需要经历几十年的发展过程，长期战略应主要包括城镇化战略和交通发展战略，二者相互影响，共同决定了我国经济对石油和土地资源的需求。

① 大都市区和都市圈是对Metropolitan Area一词的不同翻译方式，日文的“都市圈”写法与中文相同，导致某些学者使用日文的译法，本文更趋向使用大都市区的术语。

美国发生页岩油气革命后，我国设置石油对外依存度底线的必要性更加凸显。我国石油的对外依存度由1994年的2.27%已经迅速上升到2013年的60.6%，而且仍将继续上升。石油是支撑现代经济社会运转的粮食，而我国石油供给的饭碗已经掌握在别人手中。2013年第四季度中国的石油进口量已经超过美国，2014年中国将成为世界上进口石油最多的国家。2013年我国汽车保有量达到1.37亿辆，产销量突破2000万。2020年我国汽车保有量预计将达3亿辆，超过美国成为世界上拥有汽车最多的国家，同时石油对外依存度将达到70%左右。在美国发生页岩油气革命，其能源对外依存度显著下降以后，我国的石油供给风险将剧增。

美国的石油对外依存度2005年曾达到60.7%的最高点。2012年美国的石油对外依存度下降到40.3%，美国能源信息局预测2020年将下降到25.6%，如果页岩油资源情况乐观，可下降到15.7%，情况悲观会下降到28.8%。因此2020年前后，世界石油市场的格局会发生根本性变化。

另外，各国制造业竞争力的格局也正在发生变化。波士顿咨询集团2014年8月19日发表了一篇世界出口排名前25个经济体制造业成本竞争力变化的研究报告，这25个经济体的出口占世界制造品出口的近90%。该研究报告把制造业工资水平、劳动生产率、能源成本、汇率水平作为决定制造业成本竞争力的主要因素。该报告认为，曾经认为亚洲、拉美、东欧是低成本地区的观点已经过时。中国作为低成本制造业大国的竞争优势正在逐步丧失。温和的薪酬增长和较低的能源价格正在使美国和墨西哥成为越来越受欢迎的制造业基地，越来越多美国企业在未来几年会在本区域内进行生产。

波士顿咨询集团的全球制造业成本竞争力指数以美国为基准（100分）。中国制造业对美国的成本优势已经由2004年的14%下降到2014年的4%，即目前在美国进行生产只比在中国进行生产贵4%。该研究报告认为按照目前的发展趋势，中国对美国的制造业成本差距在2020

年将不复存在。其主要原因是从2004年到2014年中国制造业工资水平几乎上涨了2倍，工业用电价格上涨了66%，工业天然气价格上涨了138%；而美国制造业工资水平同期只上涨了27%，页岩油气革命则使其能源价格出现下降。未来石油天然气价格的上涨将进一步削弱我国制造业的竞争力。

我国石油天然气资源人均保有量低的自然禀赋，决定了随着经济发展我国油气资源的对外依存度要不断增长，这是中国经济的软肋。使国际石油价格保持在较低的合理水平符合中国的国家利益，但这不一定是美国的利益所在。自1970年代初美元兑黄金的布雷顿森林体系转变为以石油为基础的美元交易体系以后，石油价格不断出现大幅度波动，但其总趋势是不断上涨。这在总体上对美国是利大于弊，因为石油是以美元计价的，买石油首先要买美元，石油涨价有利于强化美元地位，发行美元纸币就可以从世界各国购买商品和服务。在页岩油气革命降低了美国国内的能源价格并实现石油基本自给以后，美国就有了更多操控世界石油价格的空间。压低石油价格会损害高度依赖石油出口的国家，提高世界石油价格能够进一步促使制造业加速回归国内，增加就业岗位，减轻其巨额对外债务。

石油市场的垄断程度远高于世界农产品市场，石油能够成为国际政治经济角逐的战略资源。德国经济学家恩道尔（2008）认为，第一次世界大战、第二次世界大战以及伊拉克战争都是围绕控制石油而展开的战争。他引用美国前国务卿基辛格的话来概括美国的强权哲学，“如果你控制了石油，你就控制了所有国家；如果你控制了货币，你就控制了整个世界”。在最近的乌克兰危机中，压低石油价格可以成为打击俄罗斯经济的有力手段。能源出口一直是俄罗斯最主要的外汇收入和预算资金来源，俄罗斯的财政预算是以油价每桶保持在约100美元制定的。国际油价从几个月前的每桶107美元直降到每桶80美元，俄总统普京表示，不排除一场针对俄罗斯、针对俄财政和经济状况的阴谋正在上演。

未来抬高石油价格也可以成为损害中国经济的利器。一种可能出现的情景是，在2020年前后美国推动国际石油垄断寡头在短期内将石油价格提高2倍或3倍，这种趋势具有国家自身利益驱使的必然性。届时，中国作为世界上最大的石油进口国将蒙受最大损失，我国将出现严重的成本推进型通货膨胀，制造业的竞争优势将丧失殆尽，并可能造成严重的经济社会不稳定，巨额外汇储备将大幅度缩水。这是“文明”地洗劫我国外汇资产的最简便途径。因此，石油对外依存度红线是不能突破的底线，我国应把石油对外依存度不超过70%～80%作为制定长期战略的底线区间。

二、发展大都市区是我国城镇化的方向

基于底线思维我国的城镇化应重点发展人口密度高的大都市区。根据美国2010年的人口统计，美国366个大都市区的平均面积为6461平方公里，但平均人口密度只有每平方公里109人，由于人口密度低，无法发展公共交通，主要交通方式只能依靠私人小汽车。2009年美国使用小汽车通勤的人数达1.2亿，占通勤人数的86.1%，单程平均通勤时间为25分钟。这可以说明为什么美国小汽车每年要烧掉世界石油产量的1/10。美国只有5%的人使用公共交通通勤，只有纽约大都市区的公共交通通勤比率达到30%，其中大部分依靠轨道交通。纽约大都市区的人口密度是美国大都市区平均人口密度的6.2倍。纽约市的人口密度达到每平方公里1万人，高于北京功能核心区和功能拓展区的平均人口密度，因此有可能发展公共交通。纽约州是美国50个州中人均能耗和人均能源支出最低的州。

东京大都市区面积1.35万平方公里，人口密度每平方公里2587人，是纽约大都市区的2.37倍。东京大都市区乘轨道交通的通勤人数比率高达74%，是纽约的2.5倍。统计数据显示，大都市区人口密度越低，人均能源消耗越高，美国人均交通能源消耗是日本的3倍。在日本，东京都的人均收入最高，但东京都的家庭小汽车平均保有量为0.5辆，而日本三大都市区以外地区的家庭小汽车平均保有量约为1.5辆。

把更多的人口集聚在大都市区，提高人口密度，才能够更集约地利用土地，提高土地产出效率，才可能建设发达的公共交通特别是轨道交通，最大程度地减少对私人小汽车和石油的依赖。国际经验表明，发展人口密度高的大都市区是城镇化的方向，提高人口密度可以高效利用土地，有效降低能源消耗和二氧化碳排放。

我国在最近发布的《中美气候变化联合声明》中承诺，“中国计划2030年左右二氧化碳排放达到峰值且将努力早日达峰，并计划到2030年非化石能源占一次能源消费比重提高到20%左右”。非化石能源占比和二氧化碳排放与一国的经济发展阶段、生活方式、城市结构、交通结构、能源消费结构有密切关系。发展低碳经济首先要发展低碳城市、低碳交通，而发展人口密度高的大都市区是从能源需求方面建立发展低碳经济、更多利用可再生能源的经济活动空间结构。

大都市区（Metropolitan Area）是指以大城市为中心，由多个与中心城市有较强通勤联系城镇组成的区域。传统的城市概念已经无法反映这种城市空间结构。美国在1950年代界定了以县为基础的大都市区概念，大都市区由至少一个5万以上人口的核心城市及与核心城市有较高经济社会一体化程度的邻近县（County）组成，邻近县及城镇成为大都市区组成部分的最低标准是有15%的工作人口通勤到核心城市上班。大都市区主要不是与人口规模有关，而是与地域范围相关的概念。小都市区（Micropolitan Area）是由至少一个1万以上5万以下人口的核心城市，及与周边有较强通勤联系县组成的区域。大都市区通常是一个跨行政区划的地理区域，是一个人口和GDP的统计区域，而不是一个行政管辖区域。例如，纽约大都市区包括纽约州、新泽西州、宾夕法尼亚州的23个县和几百个城镇，陆地面积1.73万平方公里，人口1890万，其中纽约市的面积783.8平方公里，人口817.5万。

在城市化水平很高的美国和日本，城市化的发展趋势是大都市区的人口仍在增长，而一些中小城市的人口则很少增长或下降。1960年美国大都市区人口占全国人口的比例为63%，2010年美国366个大都市区人口占全国人口比例为83.7%，产出占美国GDP的89%。2010年美国366个大都市区人口比2000年增加10.8%，比1990年增加26.4%。2010年小都市区的人口占全美人口的10%，比2000年下降0.4个百分点（Census Bureau，2011）。日本东京、大阪、名古屋三大都市区的人口规模从1950年以来一直在不断增长，其他中小城市的人口则少有增长或下降，虽然日本政府自1960年代以来实施“全国综合开发计划”，力图实现“国土均衡发展”，但几乎没有任何“作用”。这是市场机制进行资源空间配置的必然结果，是集聚经济和不平衡发展规律作用的必然结果。

美国人口和经济活动的空间结构是市场进行资源配置的结果，美国经济不是50个州的经济，而是“大都市区经济（Metropolitan Economies）”，其主要特征是：人口和经济活动高度集中在大都市区。2010年美国排名前100位的大都市区聚集了65%的人口，生产了75%的GDP，获得了92%的专利。美国排名前20位的大都市区聚集了37.4%的人口，生产了46.6%的GDP，获得了63%的专利。大都市区同时是创新中心。

我国2010年排名前100位的城市人口占全国人口的19.5%，生产的GDP占全国的50%，分别比美国低45.5个百分点和25个百分点；排名前20位的城市人口占全国人口的9%，GDP占全国的29%，分别比美国低28.4和17.6个百分点。

我国人口和经济的集聚水平与美国存在巨大差距，这种差距是与产业结构上的差距紧密联系的，2011年美国第三产业占GDP的比重为80%，而我国仅为46%。我国经济的“调结构”不仅要调整二、三产业结构，而且应当调整人口和经济活动的空间结构，因为大都市区（大城市）才能为服务业创造发展空间，并更有利于构建创新的平台。

日本土地和石油匮乏的资源禀赋决定了其人口和经济活动的集聚程度远高于美国。实际上，美国靠小汽车交通实现大都市区的集聚经济也会削弱其可持续性。与美国的大都市区经济相比，日本大都市区的人口密度更高，主要依靠轨道交通而不是小汽车交通支撑大都市区的运行，具有更高的土地和能源利用效率。东京大都市区的人口密度是北京的2倍，每平方公里的GDP是北京的8倍，具有世界最高的土地产出效率。东京大都市区、大阪神户大都市区、名古屋等三大都市区聚集了日本50.9%的人口，创造了70%的GDP。东京大都市区（1都3县）面积1.35万平方公里，人口3500万，包括除东京都以外3个人口在100万以上的城市（横滨市、川崎市、埼玉市）；12个人口在100万~30万之间的中小城市，77个人口在30万以下的小城镇，这些城市几乎都由通勤铁路连接，构成了以东京都为中心由2500公里轨道交通支撑的大都市区，每天有250万人跨省级行政区到东京都上班。

我国的自然资源禀赋与日本类似，只能实施集约型的城镇化战略，发展大都市区经济，应大幅度提高排名前100位城市的人口和经济活动集聚水平，重点发展20个左右以大城市为中心的大都市区。未来十年中国农村新转移出来的人口主要应当集聚在这20个大都市区，要让每个大都市区在1.5万平方公里左右的区域集聚多个中小城市，高密度的容纳2000万到4000万人口，要建设4万公里通勤铁路和城市轨道交通支撑20个大都市区的运行。

三、我国的城镇化已经进入大都市区化的发展阶段

我国的城镇化已经进入大都市区化（Metropolitanization）的发展阶段，其典型表现是工业企业从相当多的大城市迁出，在大城市周边出现一些新兴城镇，形成新的人口和产业集聚，出现跨行政区划的通勤族。例如，目前每天有数十万居住在河北燕郊、江苏昆山的居民到北京和上海上班，每天有数万居住在咸阳的居民到西安上班。大都市区的城镇空间结构和人口分布格局正在形成。但目前的政府治理体系不能适应我国的大都市区化进程。

我国是按行政区划进行政府治理和人口及经济指标统计，没有类似大都市区的概念。这在统计上就无法反映大都市区的经济运行现状。按

目前的常住人口统计，数十万居住在燕郊、昆山、咸阳的居民白天应计入北京、上海、西安的常住人口，晚间则应计入河北、江苏、咸阳的常住人口，那么按行政区划的统计方式他们应算作何处的常住人口？他们创造的 GDP 又应计入何处？更重要的问题是，大都市区（一般不超过 2 万平方公里）如果跨越多个行政区划，大都市区内碎片化的政府治理会造成资源配置的各种扭曲。

发达国家城市化的空间结构演变一般分为两个阶段，传统城市化阶段和大都市区化阶段。在传统城市化阶段，人口和工商业不断向城市集聚，但集聚到一定程度后，有限的城市空间开始饱和，出现所谓城市病，表现为交通拥堵，土地价格上升，住房成本增加，形成集聚经济水平进一步提高的障碍。

在大都市区化阶段，制造业开始向郊区和附近的城镇迁移，城市作为制造业中心的功能弱化，作为服务和管理中心的功能不断强化；伴随着通勤铁路的发展和小汽车的普及，居住在中心城市周边的城镇或郊区，每天通勤到中心城市工作成为可能，人口向中心城市周边城镇和郊区迁移和聚集，逐渐扩展到距中心城区 30 公里的地域，或进而扩展到距中心城区 50 公里甚至更远的地域，但通勤联系范围一般不会超过 70 公里。

美国在 1920 年代城市化率达到 50% 以后，开始进入大都市区化阶段，二战后进入快速发展期。美国城市的大都市区化通常被国内学术界称为郊区化。实际上，居住在郊区人口的增长，商业和各类产业分散到郊区，形成多个次中心城镇，不过是中心城区功能的外延，郊区化并没有扩展到大都市区以外。欧洲和日本都同样经历了大都市区化的过程，大都市区是各国城市化中的普遍现象。

大都市区的地域范围是由通勤联系决定的，人们单程通勤的平均时间不会超过 2 小时，因此在现有交通技术条件下大都市区的地域面积一般不超过 2 万平方公里。这种由市场机制驱动形成的城市空间组织形态是发达国家的普遍现象，是不平衡增长规律和集聚经济的空间表现形式。城市本身就是人口和资源高度集聚的产物，大都市区通过疏解部分城市功能，克服了进一步提高集聚经济水平的空间障碍，能够在更大空间范围实现更高水平的集聚经济。

衡量城市集聚经济水平的一个主要指标是每平方公里的产出，我国城市的集聚经济水平普遍偏低，而中小城市又明显低于大城市。大城市有更高的生产率和土地利用效率。但我国大城市的集聚经济水平与国际先进水平还存在很大差距，纽约大都市区每平方公里的 GDP 是北京的 5 倍，东京大都市区每平方公里的 GDP 是北京的 8 倍（赵坚，2013）。

根据美国 2010 年 366 个大都市区的人口统计，中心城市人口平均为大都市区人口的 39%，中心城市面积平均为大都市区面积的 4%。这就是说美国大多数人住在中心城市周边的城镇，大都市区容纳的总人口是中心城市的 2. 56 倍，中心城市可以辐射的面积是其自身面积的 25 倍。因此大都市区有更高的人口承载能力。但我国是按城市行政区划发展经济，行政壁垒阻碍了通勤铁路的发展，中心城区人口和经济活动向周边地区扩展受到行政区划的抑制，无法适应发展大都市区经济的要求。而发展集聚经济（规模经济）是解决我国人均资源不足的最有效途径，发展大都市区应当是我国城镇化的方向。

但《新型城镇化规划》对我国发展大都市区（都市圈）存在的体制机制障碍未能给予充分重视，却提出要在比大都市区更大的空间范围“统筹制定实施城市群规划”。这说明《新型城镇化规划》对我国城镇化正在进入的大都市区化发展阶段以及在该发展阶段存在的矛盾和问题尚缺乏清醒认识。

四、“城市行政区划面积倒置”导致政府治理碎片化造成的不适应

我国城市的行政区划是在 20 世纪 50 年代划定的，当时为实现工业化要保障城市居民的粮食供应和社会福利，但保障能力的限制缩小了保障范围，大城市的行政区划面积普遍偏小。计划经济时期形成的城市行

政区划已经不能适应发展大都市区经济的要求。

按照一般经济规律，大城市具有集聚经济和更完善的交通基础设施，会导致人口和经济活动在大城市及周边地区集聚和扩展。因此，城市人口规模越大，与其有紧密经济联系的地域范围也越大。把美国366个大都市区按人口规模排序，排名前20位大都市区的平均面积为1.94万平方公里，排名前100位大都市区的平均面积为1.16万平方公里，366个大都市区的平均面积为0.69万平方公里。

而我国则出现了“城市行政区划面积倒置”现象，城市人口规模越大，行政区划面积越小。以我国人口规模最大的一线城市为例，上海的行政区划面积只有0.63万平方公里，广州的行政区划面积0.74万平方公里，深圳还不到2000平方公里，北京的行政区划经多次调整虽有1.64万平方公里，但适于城市建设的地区只有7000多平方公里，而2013年全国289个地级以上城市的行政区划平均面积则达到1.72万平方公里。

我国特大型城市和一些大城市的行政区划面积明显低于平均水平，由此导致市场机制推动下形成的大城市人口集聚和经济活动空间扩展，与行政区划导致的行政壁垒相冲突。我国特大城市和部分大城市周边地区政府治理碎片化引发的各种问题，已经成为新型城镇化和区域经济协调发展的重大障碍。“政府碎片化治理”是指由多个没有行政隶属关系的地方政府分块负责有紧密经济社会联系区域的行政管理。由于特大城市和部分大城市的“行政区划面积倒置”，在现有城乡规划法律和规划体制特别是现行财税体制和领导干部考核体制框架下，政府治理碎片化成为我国发展大都市区经济的严重障碍。

五、城乡规划法律和规划体制上的不适应

我国经济的高速增长和快速城镇化，以及交通条件的改善使大城市与周边地区产生了紧密的经济社会联系，城市的空间结构正在大都市区化，但我国的城乡规划法律和规划体制无法适应这一变化。

2008年开始实施的《中华人民共和国城乡规划法》（以下简称《城乡规划法》）规定，城市总体规划及相关的交通规划要按行政区划，由所在地城市人民政府组织编制。

《城乡规划法》的第十三条规定“省、自治区人民政府组织编制省域城镇体系规划”，第十五条规定：“县人民政府组织编制县人民政府所在地镇的总体规划，报上一级人民政府审批。其他镇的总体规划由镇人民政府组织编制，报上一级人民政府审批”。北京城市总体规划不可能考虑河北燕郊镇的规划，以及到燕郊的通勤铁路。燕郊镇与北京市在同一大都市区的空间范围之内，但其规划要由河北三河县（市）审批，燕郊镇的镇规划是河北省城镇体系规划的组成部分，而与北京没有关系。每个行政区只能在自己的“一亩三分地”上做规划。

这种按行政区划进行城镇体系规划的法律，实际上与《新型城镇化规划》提出的要求在规划体系上就无法衔接。燕郊镇在北京的1小时交通圈内，但按照城乡规划法的规定，北京城市总体规划和燕郊的镇规划分属2个不同的行政区划，城乡规划法对不同行政区划之间城市的总体规划如何进行协调没有做出规定。

《新型城镇化规划》提出建立城市群发展协调机制，“中央政府负责跨省级行政区的城市群规划编制和组织实施，省级政府负责本行政区内的城市群规划编制和组织实施”。但中央政府编制的京津冀城市群规划不会涉及燕郊镇是否应纳入北京城市总体规划的问题。

北京城市总体规划在自己行政管辖区内规划建设11个新城，包括距离北京80公里的密云、平谷、延庆新城，但不包括距离仅30公里的河北燕郊镇，北京的两条轨道交通也在通州区止步，不能通到燕郊。《北京城市总体规划（2004—2012）》是一个在自己“一亩三分地”上的规划，实践证明该规划不能反映大都市区的发展规律，与市场在资源空间配置上的作用相冲突。在市场机制驱动下，燕郊镇人口已迅速增长到60万，超过北京的任一个远郊新城，且与北京有更紧密的经济联系。

城镇体系规划上无法衔接的问题首先在通勤上表现出来，有媒体报道，燕郊每天有30万人到北京上班，“不亚于春运潮水般的迁徙”，每天清晨有老人为子女排队，为的是排到公交车上的座位。通勤难已经成为社会问题。而如果修建了北京到河北燕郊镇的通勤铁路，燕郊的人口会迅速超过百万，不仅对北京东部地区产生更大的交通压力，而且会在北京各区县招商引资的竞争中增加一个新的强大竞争对手。

如果燕郊镇成为百万级人口的城市，将对北京产生多方面的影响，北京的城市总体规划就需要进行相应调整。我国的城镇规划体制已经无法适应大都市区的发展要求。更重要的，如果由于城市总体规划上不能相互协调，不能事先对通勤铁路的线位进行规划控制，将极大地提高通勤铁路的建设成本，甚至无地可建，并将引发北京与燕郊之间日益严重的交通问题。

类似的，西安规划建设60公里以外的阎良新城，但距西安仅25公里的咸阳不在规划之内，因为咸阳不属西安市行政区划，西安在城市总体规划上就无法把咸阳作为一部分来考虑。西安以西咸一体化的名义与咸阳一同申报建设地铁1号线，但建到距咸阳市6.3公里的后卫寨止步，转而修建市内地铁。而没有大容量轨道交通连接，西咸一体化就难以推进。

全国唯一的跨省地铁项目——上海轨道交通11号线，在时任省委书记李源潮和时任市委书记俞正声的直接协调下，经国家发改委批复，才进入江苏昆山境内约5.6公里，实现了与花桥国际商务城的连接。花桥国际商务城是江苏省2005年确定的长三角现代服务业示范区，2006年被批准为省级开发区。花桥距上海市中心25公里，距昆山市区20公里。但沪苏双方又按照“近期贯通，远期分开”的原则制定建设运营方案，在远期上海和昆山的轨道交通要在沪苏边界的兆丰路站折返，乘客要换乘。昆山在上海大都市区范围之内，但大都市区内行政区划的碎片化已经成为《新型城镇化规划》建设“通勤高效、一体发展的都市圈”的巨大障碍。

六、财税体制和干部考核体制的不适应

我国大城市行政区划过小导致的大都市区碎片化治理，不仅造成区域经济活动的人为分割，也引发不同行政区划在重大项目和招商引资上的竞争，难以实现协同发展，还会导致资源空间配置上的扭曲。

在当前地方政府承担本地经济发展责任和“分灶吃饭”的财税体制下，地方政府首先考虑的必然是本地经济发展、财税收入和本地居民的社会保障及福利问题，在实际行动中必然把自己的“一亩三分地”放在优先地位。这是不以个人意志为转移的，谁在那个位置上都会如此，可能的差别仅是优先的程度不同而已。

中央政府和地方政府之间是一种委托—代理关系，中央政府是委托人，各地方政府是代理人，委托人不便直接干预不同代理人之间的利益分配；另外，中央和地方之间存在严重的信息不对称，中央政府无法对地方政府每个决策的合理性做出判断和裁决，资源在空间上的不合理配置很难由高层领导直接纠正。

例如，在首都第二机场前期选址时，京津冀都是从自己的“一亩三分地”出发，分别提出把北京大兴、天津武清、河北廊坊作为备选场址。目前首都第二机场的主体部分放在北京大兴区境内，对河北的经济带动作用有限；与天津较远且没有快速轨道交通连接。

如果把首都第二机场的主体部分放在北京与天津之间的廊坊，首先可以有力带动河北的经济社会发展，可以拉近北京与天津的联系，能够有力推动京津冀一体化。从构建现代综合交通网络考察，廊坊位于京津交通走廊上，目前有 2 条高速铁路和 3 条高速公路。在这里建设新机场实现空铁联运，可以大幅度扩大机场的吸引范围，优化机场起降资源，方便旅客出行实现航空和铁路的双赢。可节省上千亿元的交通配套投资，能够强化京津沪三地的经济联系，具有世界上独一无二的区位优势，有可能发展成新的高技术产业集聚区，实现多方共赢。

河北廊坊选址方案被否决的理由是，选址要按照地面服从空域安排

的原则。这实际上是不能成立的理由。第一，选址在大兴同样存在空域冲突，为此南苑机场要搬迁；第二，空域安排可以通过航线调整来解决，而地面的高速铁路和高速公路是已建成的基础设施，根本无法移动。这些理由不过是相关利益主体争取自身利益的借口。民航部门要享受北京的公共服务，要解决有关人员的北京户口，更愿意与资金实力雄厚的北京打交道（赵坚，2014）。北京则倾向于把重大交通基础投资安排在本行政区划之内，增加自己的 GDP。

然而，从局部利益出发做出的决策会扭曲资源的空间配置，该重大交通基础设施的选址决策失当，不仅对大都市区的发展，而且对京津冀区域经济社会发展将产生难以逆转的深远影响。

七、美国的政府治理碎片化解决方式

美国有 50 个州 3143 个县，各行政区划之间不存在人口和资金的流动障碍，但同样存在大都市区内政府治理碎片化的问题，这在交通基础设施建设上表现得尤为突出。美国联邦政府很早就认识到大都市区的一体化和活力取决于该区域交通网络上大规模的人员和货物交流。但大都市区内碎片化的政府治理很难适应交通基础设施发展的需要。

这种认识在 1962 年的《联邦资助公路法案》中得到体现，并以法律条款对交通规划的程序和组织安排做出规定。该法案提出，作为获得联邦交通建设项目资助的条件，州际高速公路和规划道路经过 5 万人以上的城市化地区及周边地区的交通建设项目规划，必须基于连续、综合以及州与大都市区各自治地方政府合作的原则。这就是著名的连续、综合、合作的 3C 原则（Continuing，Comprehensive，Cooperative）。连续性是要求保持交通规划的连续性，不因政府换届而变动；综合性是要求考虑各种交通方式的互联互通，交通规划与土地利用、经济发展与环境保护的关系；合作是要求州政府、大都市区内相关的各自治地方政府、不同利益团体、居民合作参与规划过程。3C 原则要求交通规划在大都市区范围内制定，而不是在不同的行政区划内分别制定。

为贯彻 3C 原则，一些跨行政区的大都市区规划组织（Metropolitan Planning Organizations，MPOs）建立起来，参与大都市区的交通基础设施规划。大都市区规划组织由各相关利益主体和专家组成，该组织的最高层是“政策委员会”，主要由大都市区内民选或任命的各自治地方政府官员、各种交通方式的代表、州政府的主管交通环境等部门的官员、商会代表等组成。2005 年美国有 385 个大都市区规划组织。

但 MPOs 的设立从一开始就引起很多争论，各州交通部认为该组织侵犯了州政府的权力，增加了一级不必要的机构，认为自治地方政府官员会基于综合性规划原则，通过大都市区规划组织，阻碍或减缓州际高速公路经过人口较密集的大都市区路段的建设。美国国会一贯支持 MPOs，并在 1991 年通过了《地面联合运输效率法案》（ISTEA），进一步强化了关于 MPOs 的立法，规定增加对 MPOs 的拨款，扩大其在选择项目上的权力，规定州交通部官员要认真听取 MPOs 中地方代表在项目优先顺序和项目决策上的意见。MPOs 的规划职能不断扩大到城市公共交通，并被要求考虑更广泛的经济、环境、社会目标。美国联邦政府以建立 MPOs 为条件，为各地交通建设项目提供大量资金支持，一方面靠跨行政区合作进行交通基础设施规划的立法，另一方面靠资金杠杆和经济利益驱动，来实现联邦政府的政策目标。

八、优化大城市行政区划建立发展大都市区的体制基础

我国没有必须进行跨行政区划合作共同规划大都市区交通基础设施的立法。中央政府也没有推动跨行政区合作规划的资金杠杆，无法用经济利益引导实现大都市区内不同行政区划间的合作。其次，2008 年实施的《城乡规划法》难以进行调整。最后，国家的财税体制、社会保障体制、领导干部考核方式在短期内难以改变，大都市区内各行政区划之间存在竞争关系的局面难以扭转。

在上述 3 个约束条件下，解决我国大都市区碎片化政府治理的思路是：把大城市的行政区划扩展到可能存在紧密经济联系的 1.5 万平方公

里左右的区域。这只涉及不超过 20 个副省级以上城市，只涉及这些城市周边的少数县，是最简单、影响面最小的解决方式。

这样，由于大城市的行政区划扩大到大都市区的地域范围，原来在现行城乡规划法律和体制下大都市区碎片化治理的问题较容易解决；财税体制和干部考核体制存在的问题在大都市区内虽然同样存在，各区县之间仍存在招商引资的竞争，但市级政府与下属各区县的信息不对称程度较低，有能力对本行政区内资源的空间配置进行协调。

实际上，我国一些大城市已经认识到碎片化治理的弊端，并进行了行政区划微调。例如北京市把宣武、崇文两区分别并入西城区和东城区；上海市撤销原黄浦区、原卢湾区，设立新的黄浦区；广州市撤销原黄埔区、原萝岗区，设立新的广州黄埔区，从化市、增城市“撤县设区”。但跨省、跨城市行政区划的调整还极为少见。

按大都市区优化我国大城市行政区划的具体做法是，将直辖市和部分省会城市（包括副省级城市）半径 70 公里左右的地域，以县为单位划归相应大城市的行政区划。例如，北京、上海、西安分别以天安门、人民广场、西安市政府为中心，将半径 70 公里的地域以县为单位划入各自的行政管辖范围。其作用是：

（1）充分发挥大城市的潜力，使大都市区成为中国经济增长的发动机。大城市发挥辐射作用带动周边城镇发展的最重要方式是通勤联系，较高的通勤水平意味着通过投资乘数和支出乘数，大城市能有力助推周边新兴城镇的涌现，随着周边城镇人口集聚水平的增加，会出现产业集聚。这有助于缓解大城市在人口、交通、环境、就业、住房等方面的压力，能够在更大空间范围实现大城市的集聚经济，同时也有利于实现大都市区地域范围的协同发展。

（2）有利于解决农业人口市民化的问题。大都市区有更强的人口吸纳能力，未来 10 年中国农村新转移出来的 2 亿 ~3 亿人口主要应当集聚在约 20 个大都市区中。因为中小城市没有多少工作岗位，也没有财力解决外来人口的安置问题。如果按中小城市未来新增 2 亿农村转移人口，每平方公里容纳2000人，每平方公里需要4亿元城市基础设施投资计算，需要投资40万亿元。这是中小城市根本无法承担的。大都市区有更强的经济实力，在20个左右大都市区内涌现出数百个与燕郊、昆山类似的新兴城镇是完全可能的。大都市区本身就是以大城市为中心与周边城镇和村庄组成的城镇网络，该区域居民和企业的日常相互联系特别表现为处于同一劳动力市场和共享交通设施。大都市区能够在外来农民工市民化过程中承担更大的责任。

(3) 为发展辐射作用大的城市群奠定基础。《新型城镇化规划》提出"发展集聚效率高、辐射作用大、城镇体系优、功能互补强的城市群"。但城市群是由多个大都市区构成的，发展辐射作用大的城市群，首先要破解大都市区协同发展的体制机制障碍。如果"培育形成通勤高效、一体发展的都市圈"尚困难重重，发展城市群就更缺乏基础。世界最著名的城市群是美国东北部大都市带（Megalopolis），就是由华盛顿、费城、纽约、哈特福德、波士顿等5个大都市区组成，总面积8.5万平方公里，人口4200万。没有纽约等5大都市区，东北部大都市带（城市群）就不存在。

《新型城镇化规划》提出要"统筹制定实施城市群规划"。但我国城市群的规划面积动辄10万平方公里甚至达20多万平方公里，相当于欧洲一些国家的面积。而如果在面积不超过2万平方公里的大都市区（都市圈）内，不同行政区划间招商引资的竞争尚难以协调，覆盖20万平方公里的城市群规划根本就缺乏实施机制。

更为重要的，大都市带（城市群）是市场机制进行资源空间配置的结果，而不是规划出来的。

参考文献

[1] 赵坚. 大城市群应为城镇化方向[J]. 中国改革,2013(30).

[2] 王旭. 大都市区:20世纪美国城市史的主导[N]. 光明日报, 2013-04-18.

［3］赵坚.走集约型城镇化发展道路［N］.光明日报(国家社科基金专版),2013－10－16.

［4］赵坚．京津冀一体化:从首都第二机场重新选址开始［EB/OL］.(2014－02－28)财新网．

［5］赵坚.就地城镇化是条死胡同［EB/OL］.(2014－02－28)人民论坛网．

［6］［德］恩道尔．石油战争:石油政治决定世界新秩序［M］.赵刚,等,译．北京:知识产权出版社,2008.

［7］The Brookings Institution. Metro Nation How U. S. Metropolitan Areas Fuel American Prosperity［R］. Metropolitan Policy Program,The Brookings Institution,2007.

［8］U. S. Census Bureau,Population Distribution and Change: 2000 to 2010［R］. U. S. Census Bureau,2011.

［9］U. S. Census Bureau. United States Summary:2010 Population and Housing Unit Counts CPH－2－1［R］. U. S. Census Bureau,2012.

［10］Harold L. Sirkin,Michael Zinser,Justin Bose Rose. The Shifting Economics of Global Manufacturing［R］. Boston Consulting Group,2014.

中国城镇化和交通发展的底线思维

原载财新网，2014 年 10 月 8 日

基于底线思维，中国应重点发展人口密度高的大都市区，铁路运输要在交通运输结构中占较大比重，在城市轨道交通和公共交通应占较高比重

摘要：制定经济发展战略要有底线思维，在美国发生页岩油气革命后，我国的石油对外依存度是比耕地红线更加不能突破的底线。但我国的短期宏观政策与基于底线思维的长期战略相冲突，这在城镇化和交通发展战略上表现得尤为突出，迫切需要进行调整。

底线思维与前瞻思维是相互联系的两个方面，前瞻思维的思考顺序是从未来到现在，即要设想未来 10 年、20 年可能出现的情景，判断不同发展战略对未来情景的影响，由此设置“底线”。制定长期发展战略的“底线”要从资源禀赋出发，我国已经设置了耕地保护红线，但石油对外依存度是更为重要的底线。

制定明晰有远见的长期战略才有可能避免我国经济运行轨迹突破“底线”。长期战略不同于短期宏观政策，财政政策和货币政策是对短期经济波动的应对，容易引起人们重视。长期战略要在 10 年或更长时期后才会显现效果，因此会因应对眼前紧迫问题而被置于次要地位，但会使未来的眼前问题更加难以应对。由于城镇化和交通运输的结构变化需要经历几十年的发展过程，长期战略应主要包括城镇化战略和交通发展战略，二者相互影响，共同决定了我国经济对石油和土地资源的需

求。本文认为目前我国存在长期战略不明确、短期宏观政策与长期战略相冲突的问题。

一、美国发生页岩油气革命后设置石油对外依存度底线的必要性

我国石油的对外依存度由1994年的2.27%已经迅速上升到2013年的60.6%，而且仍将继续上升。石油是支撑现代经济社会运转的粮食，而我国石油供给的饭碗已经掌握在别人手中。2013年第四季度中国的石油进口量已经超过美国，2014年中国将成为世界上进口石油最多的国家。2013年我国汽车保有量达到1.37亿辆，产销量突破2000万。2020年我国汽车保有量预计将达3亿辆，超过美国成为世界上拥有汽车最多的国家，同时石油对外依存度将达到70%左右。在美国发生页岩油气革命，其能源对外依存度显著下降以后，我国的石油供给风险将剧增。

美国的石油对外依存度在2005年曾达到60.7%的最高点。2012年美国的石油对外依存度下降到40.3%，美国能源信息局预测2020年将下降到25.6%，如果页岩油资源情况乐观，可下降到15.7%，情况悲观会下降到28.8%。因此2020年前后，世界石油市场的格局会发生根本性变化。

波士顿咨询集团8月19日发表了一篇世界出口排名前25个经济体制造业成本竞争力变化的研究报告，这25个经济体的出口占世界制造品出口的近90%。该研究报告把制造业工资水平、劳动生产率、能源成本、汇率水平作为决定制造业成本竞争力的主要因素。该报告认为，曾经认为亚洲、拉美、东欧是低成本地区的观点已经过时。中国作为低成本制造业大国的竞争优势正在逐步丧失。温和的薪酬增长和较低的能源价格正在使美国和墨西哥成为越来越受欢迎的制造业基地，越来越多的美国企业在未来几年会在本区域内进行生产。

波士顿咨询集团的全球制造业成本竞争力指数以美国为基准（100分）。中国制造业对美国的成本优势已经由2004年的14%下降到2014

年的4%，即目前在美国进行生产只比在中国进行生产贵4%。该研究报告认为按照目前的发展趋势，中国对美国的制造业成本差距在2020年将不复存在。其主要原因是从2004年到2014年中国制造业工资水平几乎上涨了2倍，工业用电价格上涨了66%，工业天然气价格上涨了138%；而美国制造业工资水平同期只上涨了27%，页岩油气革命则使其能源价格出现下降。

我国制造业的工资水平很大程度上已经由市场机制决定，但油气资源的对外依存度较高，能源价格要更多受到国际市场价格的影响，石油天然气价格是中国经济的软肋。在美国是最大石油进口国的情况下，控制石油供给维持低价格曾经是美国的国家利益所在。在实现石油基本自给以后，抬高世界石油市场价格，虽然对其国内经济有负面影响，但总体上对美国是利大于弊。因为石油是以美元计价的，买石油首先要买美元，石油涨价有利于强化美元地位，减轻其巨额对外债务。另外，页岩油气革命降低了美国国内的能源价格，提高世界石油价格能够促使制造业加速回归国内，增加就业岗位。

世界石油市场的垄断程度远高于世界农产品市场。一种可能出现的情景是，在2020年前后美国推动国际石油垄断寡头在短期内将石油价格提高2倍或3倍，这种趋势具有国家自身利益驱使的必然性。届时，中国作为世界上最大的石油进口国将蒙受最大损失，我国将出现严重的成本推进型通货膨胀，制造业的竞争优势将丧失殆尽，并可能造成严重的经济社会不稳定，巨额外汇储备将大幅度缩水。因此，石油对外依存度红线是不能突破的底线。我国应把石油对外依存度不超过70%～80%作为制定长期战略的底线区间。

二、是否会突破“底线”取决于城镇化道路选择和交通运输结构的优化

（一）基于底线思维应当使铁路客货运输占较大市场份额

交通运输是最主要的石油消费领域，2012年美国交通运输石油消

费占其石油消费总量的71%，其中小汽车石油消费又占交通运输石油消费的61%，交通运输结构对石油消费量具有决定作用。铁路是运量大、能耗低、占地少的交通方式，我国的交通运输结构应当使铁路在客货运输市场上占较大份额，应当使轨道交通和公共交通成为城市的主要交通方式。

我国的基本国情决定了国内石油产量只能维持在每年2亿多吨的水平。因此发展汽车产业是一把双刃剑，不发展汽车工业中国经济将失去增长空间，发展汽车工业就会增加石油对外依存度，特别在成为世界最大的石油进口国后，风险敞口将进一步增大。2013年我国每千人汽车保有量为100辆，按达到中等发达国家每千人汽车保有量500辆水平，我国汽车工业或许还有很大发展空间，但我国的石油对外依存度只有很小的增长空间。如果我国每千人汽车保有量达到中等发达国家每千人500辆水平，公路里程要在现有规划基础上增加1倍以上，达到1200万公里的规模，我国的耕地保护红线会被突破；要至少消耗世界1/4的石油产量，不仅要突破石油对外依存度底线，国际石油市场也难以支撑。

（二）基于底线思维我国的城镇化应重点发展人口密度高的大都市区

根据美国2010年的人口统计，美国83.7%的人口集聚在366个大都市区，大都市区面积平均为6461平方公里，但平均人口密度只有每平方公里109人，由于人口密度低，无法发展公共交通，主要交通方式只能依靠私人小汽车。美国靠小汽车交通实现大都市区的集聚经济会削弱其可持续性。2009年美国使用小汽车通勤的人数达1.2亿，占通勤人数的86.1%，单程平均通勤时间为25分钟。这可以说明为什么美国小汽车每年要烧掉世界石油产量的1/10。美国只有5%的人使用公共交通通勤，只有纽约大都市区的公共交通通勤比率达到30%，其中大部分依靠轨道交通。纽约大都市区的人口密度是美国大都市区平均人口密度的6.2倍。纽约市的人口密度达到每平方公里1万人，高于北京功能核心区和功能拓展区的平均人口密度，因此有可能发展公共交通。纽约州是美国50个州中人均能耗和人均能源支出最低的州。

东京大都市区面积1.35万平方公里，人口密度每平方公里2587人，是纽约大都市区的2.37倍。东京大都市区乘轨道交通的通勤人数比率高达74%，是纽约的2.5倍。在日本，东京都的人均收入最高，但东京都的家庭小汽车平均保有量为0.5辆，而日本三大都市区以外地区的家庭小汽车平均保有量约为1.5辆。东京大都市区在比北京还小的地理空间集聚了3500万人口，东京大都市区的人口密度是北京的2倍，每平方公里的GDP是北京的8倍，具有世界最高的土地产出效率。

把更多的人口集聚在大都市区，提高人口密度，才能够更集约地利用土地，提高土地产出效率，才可能建设发达的公共交通特别是轨道交通，最大程度地减少对私人小汽车和石油的依赖，降低碳排放。

三、基于底线思维的长期发展战略与短期宏观政策相冲突

基于底线思维，我国应重点发展人口密度高的大都市区，铁路运输要在交通运输结构中占较大比重，在城市要让轨道交通和公共交通占较高比重。提高这两个比重涉及我国交通发展战略和城镇化战略问题。但我国并没有基于底线思维来制定长期发展战略，短期宏观政策甚至助推经济发展轨迹加速向“底线”靠近。

（一）交通运输结构不合理的问题日益严重

我国铁路货运周转量的市场份额（不包括远洋运输）从1998年的54%下降到2013年的22%，而公路货运周转量的市场份额从1998年的24%上升到2013年的51%。由于铁路发展严重滞后，我国大量用汽车运输煤炭等基础原材料，用稀缺的石油资源换廉价的煤炭资源，大幅度提高了物流成本，严重降低了国民经济整体的资源配置效率。美国是世界上公路运输最发达的国家，但其铁路货运周转量的市场份额在40%左右，一直高于公路货运的市场份额。这说明我国交通运输结构严重恶化是发展战略和体制方面的问题造成的。

1998年为应对亚洲金融危机，我国用投资来拉动内需，但资金主

要投向高速公路建设，同时出台《汽车消费贷款管理办法》，用20%的低首付刺激私人小汽车消费。2012年8月又发布《重大节假日免收小型客车通行费实施方案》，鼓励私人小汽车长距离出行。我国在投资建设、市场销售、日常使用方面的政策是在推动石油对外依存度的增长，而不是优化交通运输结构。

在铁路发展上，大量资金投向高速铁路建设。高铁的建设成本是普通铁路的2倍以上，我国已修建了1万多公里的高铁，相当少建了2万多公里普通铁路，2008年到2013年，铁路客运的市场份额下降了4个百分点，铁路货运的市场份额下降了10个百分点。而同期航空客运的市场份额上升了3个百分点，公路客货运输的市场份额分别上升了1个百分点和9个百分点。高铁的巨额投入没有缓解我国交通运输结构恶化的趋势。

由于高速铁路的技术标准与既有线不兼容，普通客运列车不能上高铁运营，造成既有线运输能力不能充分释放，而已建成的大部分高速铁路运输能力大量闲置。例如，2010年初就开始运营的郑西高铁、2012年底运营的沈阳到哈尔滨高铁目前每天只开行30对高铁动车组，而其通过能力至少每天可开行160对动车组，造成严重亏损。不考虑高铁的建设和运营费用，高铁的票款收入还不够偿还建设贷款利息，中铁总面对仍在增长的3万多亿元债务已丧失偿还能力。目前一些地方政府又把高铁作为"微刺激"重点领域，例如，山东省在胶济客运专线利用率不及设计能力1/3情况下，又要按时速350公里标准建设济青高铁，耗费至少600亿元人民币仅为快半小时。

我国的交通运输发展战略应使铁路客货运输各占40%的市场份额。应对高铁项目进行重新评估，重点发展货运和时速160公里以下的客货混跑铁路及大都市区内的通勤铁路。应对中国铁路总公司进行拆分成三大区域公司的改革，通过打破垄断引入竞争来激发活力。

（二）城镇化采用平均、粗放的发展方式

我国主要采用行政手段对所有城市按同比例增加建设用地指标，

2001 年到 2010 年我国 267 个地级以上城市的建成区面积增加了 1.4 万平方公里，占 10 年间全国新增建成区面积的 88%。按每平方公里产出排名，前 50 个大城市每平方公里产出是后 67 个中小城市产出的 4 倍。中小城市土地资源利用效率低下。按照十年间 GDP 翻一番需增加 1.6 万平方公里土地计算，2020 年我国将突破耕地红线。另外，267 个地级以上城市平均每平方公里建成区承载的人口由 2001 年的 1.76 万人下降到 2010 年的 1.21 万人，城市人口密度存在普遍下降的趋势。如果采用重点发展中小城市和小城镇的战略，实行所谓“就地城镇化”，我国城市人口密度将进一步降低，这不仅违反集聚经济原理，也违反世界城市化的发展趋势。

国际经验表明，发展人口密度高的大都市区是城镇化的方向，提高人口密度可以高效利用土地，有效降低能源消耗和二氧化碳排放。在小城镇基础设施和公共服务比较完善的美国和日本，最近 20 年的发展趋势是大都市区的人口仍在增长，而一些中小城市的人口则很少增长或下降。2010 年美国 366 个大都市区人口比 2000 年增加 10.8%，比 1990 年增加 26.4%。2010 年小都市区的人口占全美人口的 10%，比 2000 年下降 0.4 个百分点（Census Bureau，2011）。日本东京、大阪、名古屋三大都市区的人口规模从 1950 年以来一直在不断增长，其他中小城市的人口则少有增长或下降，虽然日本政府自 1960 年代以来实施“全国综合开发计划”，力图实现“国土均衡发展”，但几乎没有任何作用。这是市场机制进行资源空间配置的必然结果，是集聚经济和不平衡发展规律作用的必然结果。

美国经济的空间布局特征是：人口和经济活动高度集中在大都市区。美国经济不是 50 个州的经济，而是以大都市区为主导的经济，即所谓“大都市区经济”。2010 年美国排名前 100 位的大都市区聚集了 65% 的人口，生产了 75% 的 GDP，获得了 92% 的专利。美国排名前 20 位的大都市区聚集了 37.4% 人口，生产了 46.6% 的 GDP，获得了 63% 的专利。大都市区同时是创新中心。

我国2010年排名前100位的城市人口占全国人口的19.5%，生产的GDP占全国的50%，分别比美国低45.5个百分点和25个百分点；排名前20位的城市人口占全国人口的9%，GDP占全国的29%，分别比美国低28.4和17.6个百分点。

我国人口和经济的集聚水平与美国存在巨大差距，这种差距是与产业结构上的差距紧密联系的，2011年美国第三产业占GDP的比重为80%，而我国仅为46%。我国经济的“调结构”不仅要调整二、三产业结构，而且应当调整人口和经济活动的空间结构，因为大都市区（大城市）才能为服务业创造发展空间，更能构建创新的平台。

《国家新型城镇化规划（2014—2020年）》提出，“部分特大城市主城区人口压力偏大，与综合承载能力之间的矛盾加剧”，因而要“严格控制城区人口500万以上的特大城市人口规模”。这实际上是把部分大城市行政区划不适应大都市区发展的问题，城市治理服务水平与城市发展不适应的问题混淆起来，而不是基于底线思维制定的政策。实际上发展集聚经济（规模经济）是解决我国人均资源不足的最有效途径。

我国应实施集约型城镇化战略，发展大都市区经济，应大幅度提高排名前100位城市的人口和经济活动集聚水平，重点发展20个左右以大城市为中心的大都市区。未来10年中国农村新转移出来的人口主要应当集聚在这20个大都市区，要让每个大都市区在1.5万平方公里左右的区域集聚多个中小城市，高密度地容纳2000万~4000万人口，需要建设4万公里通勤铁路和城市轨道交通支撑20个大都市区的运行。

优化大城市行政区划　推进新型城镇化*

原载财新《中国改革》，2014 年第 10 期

发展大都市区经济是我国城镇化的方向，应将直辖市和部分省会城市（包括副省级城市）半径 70 公里左右的地域，以县为单位，划归相应的大城市

《国家新型城镇化规划（2014—2020 年）》（以下简称《新型城镇化规划》）提出，要增强中心城市辐射带动功能，“推进中心城区功能向 1 小时交通圈地区扩散，培育形成通勤高效、一体发展的都市圈”。

但是《新型城镇化规划》未能充分重视我国发展大都市区（都市圈和大都市区都是 Metropolitan Area 的不同翻译，本文更趋向使用大都市区）存在的体制机制障碍，对我国城镇化正在进入的大都市区化发展阶段及存在的矛盾和问题，尚缺乏清醒认识。

我国已进入大都市区化发展阶段

与发达国家城市化阶段要经历两个阶段一样，我国的城镇化正在经历从传统城市化阶段进入大都市区化的阶段，其典型表现是工业企业从相当多的大城市迁出，大城市周边出现一些新兴城镇，形成新的人口和产业集聚，出现跨行政区划的通勤族。例如，目前每天有数十万居住在河北燕郊、江苏昆山的居民到北京和上海上班。

---

* 本文为国家社会科学基金重大项目（13&ZDO26）的阶段性成果。

大都市区是指以大城市为中心，在其周边70公里范围内，由多个与中心城市有较强通勤联系城镇组成的区域。美国在20世纪50年代界定的以县为基础的大都市区，由至少一个5万以上人口的核心城市及与该城市有较高经济社会一体化程度的邻近县组成，至少有15%以上的工作人口通勤到核心城市上班。这是一个跨行政区划的地理区域，是一个人口和GDP的统计区域，而不是一个行政管辖区域。

例如，纽约大都市区包括纽约州、新泽西州、宾夕法尼亚州的23个县和上百个城镇，土地面积1.73万平方公里，人口1890万。

发展大都市区经济是我国城镇化的方向

国际经验表明，大都市区是城镇化的方向。美国和日本最近20年的发展趋势是大都市区的人口仍在增长，而一些中小城市的人口则很少增长或下降。比如，日本东京、大阪、名古屋三大都市区的人口规模从1950年以来一直在不断增长，其他中小城市的人口则少有增长或下降，虽然日本政府自20世纪60年代以来实施“全国综合开发计划”，力图实现“国土均衡发展”，但几乎没有任何作用。这是市场机制进行资源空间配置的必然结果。美国的人口和经济活动也是高度集中在大都市区。美国经济不是50个州的经济，而是以大都市区为主导的经济，即所谓“大都市区经济”。2010年美国排名前100位的大都市区聚集了65%的人口，生产了75%的GDP，获得了92%的专利。美国排名前20位的大都市区聚集了37.4%人口，生产了46.6%的GDP，获得了63%的专利。

我国2010年排名前100位的城市人口占全国人口的19.5%，GDP占全国的50%，分别比美国低45.5个百分点和25个百分点；排名前20位的城市人口占全国人口的9%，GDP占全国的29%，分别比美国低28.4和17.6个百分点。这种人口和经济集聚水平与美国间的巨大差距是与产业结构上的差距紧密联系的。2011年美国第三产业占GDP的比重为80%，我国仅为46%。我国经济“调结构”不仅要调整二、三产业结构，而且应当调整人口和经济活动的空间结构，因为大都市区才能为服务业创造发展空间，更能构建创新平台。

日本土地和石油匮乏的资源禀赋决定了其人口和经济活动的集聚程度远高于美国。东京大都市区、大阪神户大都市区、名古屋大都市区聚集了日本50.9%的人口，创造了70%的GDP。东京大都市区面积1.35万平方公里，人口3500万，每平方公里产出1.18亿美元（2008年），是北京的8.6倍、上海的2.75倍（2010年）。

我国的自然资源禀赋与日本类似，只能实施集约型的城镇化战略，发展大都市区经济，大幅度提高排名前100位城市的人口和经济活动集聚水平，重点发展20个左右以大城市为中心的大都市区。让每个大都市区在1.5万平方公里左右的区域集聚多个中小城市，高密度容纳2000万到4000万人口，吸纳未来十年中国农村新转移出来的几亿人口，建设4万公里通勤铁路和城市轨道交通支撑运行。

《新型城镇化规划》提出，“部分特大城市主城区人口压力偏大，与综合承载能力之间的矛盾加剧”，因而要“严格控制城区人口500万以上的特大城市人口规模”。这实际上是把部分大城市行政区划不适应大都市区发展的问题、城市治理服务水平与城市发展不适应的问题混淆起来。实际上发展集聚经济（规模经济）是解决我国人均资源不足的最有效途径，发展大都市区经济应当是我国城镇化的方向。

政府治理碎片化不适应大都市区经济的发展

我国城市的行政区划是在20世纪50年代划定的，当时为实现工业化要保障城市居民的粮食供应和社会福利，但保障能力的限制缩小了保障范围，大城市的行政区划面积普遍偏小。以我国人口规模最大的一线城市为例，上海的行政区划面积只有0.63万平方公里，广州的行政区划面积0.74万平方公里，深圳还不到2000平方公里，北京的行政区划经多次调整虽有1.64万平方公里，但北部和西部的山区有近9000平方公里，适于城市建设的地区只有7000多平方公里。

按照一般经济规律，大城市具有的集聚经济和更完善的交通基础设施，会导致人口和经济活动在大城市及周边地区集聚和扩展。因此，城市人口规模越大，与其有紧密经济联系的地域范围也越大。把美国366个大都市区按人口规模排序，排名前20位大都市区的平均面积为1.94万平方公里，排名前100位大都市区的平均面积为1.16万平方公里，366个大都市区的平均面积为0.69万平方公里。

而我国则出现了“城市行政区划面积倒置”，城市人口规模越大，行政区划面积越小。2013年我国289个地级以上城市行政区划的平均面积达到1.72万平方公里，特大型城市和一些大城市的行政区划面积明显低于上述平均水平，由此导致市场机制推动下形成的大城市人口集聚和经济活动空间扩展，与行政区划导致的行政壁垒相冲突。我国特大城市和部分大城市周边地区政府治理碎片化（指由多个没有行政隶属关系的地方政府分块负责同一有紧密经济社会联系区域的行政管理）引发的各种问题，已经成为新型城镇化和区域经济协调发展的重大障碍。

城乡规划法律和规划体制不适应发展趋势

我国一些城市的空间结构正在大都市区化，但我国的城乡规划法律和规划体制尚不能适应这一变化。

2008年开始实施的《中华人民共和国城乡规划法》（以下简称《城乡规划法》）规定，城市总体规划及相关的交通规划要按行政区划，由所在地城市人民政府组织编制。该法第十三条规定“省、自治区人民政府组织编制省域城镇体系规划”，第十五条规定：“县人民政府组织编制县人民政府所在地镇的总体规划，报上一级人民政府审批。其他镇的总体规划由镇人民政府组织编制，报上一级人民政府审批。”燕郊镇在北京的1小时交通圈内，与北京市在同一大都市区的空间范围之内，但按照《城乡规划法》的规定，北京城市总体规划和燕郊的镇规划分属两个不同的行政区划。燕郊镇的镇规划是河北省城镇体系规划的组成部分，与北京没有关系。每个行政区只能在自己的“一亩三分地”上做规划。北京城市总体规划也不可能考虑河北燕郊镇的规划及到燕郊的通勤铁路。

这种按行政区划进行城镇体系规划的法律，实际上与《新型城镇化规划》提出的规划要求无法衔接。《新型城镇化规划》提出建立城市群发展协调机制，“中央政府负责跨省级行政区的城市群规划编制和组织实施，省级政府负责本行政区内的城市群规划编制和组织实施”。但中央政府编制的京津冀城市群规划不会涉及燕郊镇是否应纳入北京城市总体规划的问题。

北京城市总体规划在自己行政管辖区内规划建设 11 个新城，包括距离北京 80 公里的密云、平谷、延庆新城，但不包括距离仅 30 公里的河北燕郊镇。北京的两条轨道交通也在通州区止步，不能通到燕郊。但是，在市场机制驱动下，燕郊人口已迅速增长到 60 万，超过北京的任何一个远郊新城，且与北京有更紧密的经济联系，目前通勤难已经成为严重的社会问题。

全国唯一的跨省地铁项目是上海轨道交通 11 号线，在时任江苏省委书记李源潮和时任上海市委书记俞正声的直接协调下，经国家发改委批复，才进入江苏昆山境内约 5.6 公里，实现了与花桥国际商务城的连接。花桥国际商务城是江苏省 2005 年确定的长三角现代服务业示范区，2006 年被批准为省级开发区。花桥距上海市中心 25 公里，距昆山市区 20 公里。但沪苏双方又按照“近期贯通，远期分开”的原则制定建设运营方案，在远期上海和昆山的轨道交通要在沪苏边界的兆丰路站折返，乘客要换乘。昆山在上海大都市区范围之内，但大都市区内行政区划的碎片化正在阻碍“通勤高效、一体发展的都市圈”的形成。

财税体制和干部考核体制不适应时代需求

在当前地方政府承担本地经济发展责任和“分灶吃饭”的财税体制下，地方政府首先考虑的必然是本地经济发展、财税收入和本地居民的社会保障及福利问题，在实际行动中必然把自己的“一亩三分地”放在优先地位。

例如，在首都第二机场前期选址时，京津冀三地分别提出把北京大兴、天津武清、河北廊坊作为备选场址。目前首都第二机场的主体部分放在北京大兴区境内，对河北的经济带动作用有限；与天津较远且没有快速轨道交通连接。如果把主体部分放在北京与天津之间的廊坊，可以有力带动河北的经济社会发展，拉近北京与天津的联系，有力推动京津冀一体化。从构建现代综合交通网络考察，廊坊位于京津交通走廊上，目前有两条高速铁路和三条高速公路。在这里建设新机场实现空铁联运，可以大幅度扩大机场的吸引范围，优化机场起降资源，方便旅客出行，实现航空和铁路的双赢。可节省上千亿元的交通配套投资，强化京津两地的经济联系，具有世界上独一无二的区位优势，有可能发展成新的高技术产业集聚区、跨国公司总部集聚区，实现多方共赢。

河北廊坊选址方案被否决的理由是，选址要按照地面服从空域安排的原则。这实际上是不成立的。第一，选址在大兴同样存在空域冲突，为此南苑机场要搬迁；第二，空域安排可以通过航线调整来解决，而地面的高速铁路和高速公路是已建成的基础设施，根本无法移动。其实，被否决不过是相关利益主体争取自身利益的借口。民航部门要享受北京的公共服务，解决有关人员的北京户口，更愿意与资金实力雄厚的北京打交道。北京则倾向于把重大交通基础投资安排在本行政区划之内，增加自己的 GDP。

美国政府治理碎片化的解决方式

美国有 50 个州 3143 个县，各行政区划之间不存在人口和资金的流动障碍，但同样存在大都市区域内政府治理碎片化的问题，这在交通基础设施建设上表现得尤为突出。1962 年，美国制定《联邦资助公路法案》，提出了交通规划的程序和组织安排要求。该法案规定，作为获得联邦交通建设项目资助的条件，州际高速公路和规划道路经过 5 万人以上的城市化地区及周边地区的交通建设项目规划，必须基于连续、综合以及州与大都市区各自治地方政府合作的原则（3C 原则）。连续性是要求保持交通规划的连续性，不因政府换届而变动；综合性是要求考虑各种交通方式的互联互通，交通规划与土地利用、经济发展与环境保护的关系；合作是要求州政府、大都市区内相关的各自治地方政府、不同利益团体、居民合作参与规划过程。3C 原则要求交通规划在大都市区范围内制定，而不是在不同的行政区划内分别制定。

为贯彻 3C 原则，一些跨行政区的大都市区规划组织建立起来，参与大都市区的交通基础设施规划。规划组织由各相关利益主体和专家组成，最高层是“政策委员会”，主要由大都市区内民选或任命的各自治地方政府官员、各种交通方式的代表、州政府主管交通环境等部门的官员、商会代表等组成。2005 年美国有 385 个大都市区规划组织（MPOs）。

但 MPOs 从一开始就引起很多争论，各州交通部认为该组织侵犯了州政府的权力，增加了一级不必要的机构，认为自治地方政府官员会基于综合性规划原则，通过大都市区规划组织，阻碍或减缓州际高速公路经过人口较密集的大都市区路段的建设。美国国会一贯支持 MPOs，并在 1991 年通过了《地面联合运输效率法案》（ISTEA），进一步强化了关于 MPOs 的立法，规定增加对 MPOs 的拨款，扩大其在选择项目上的权力，规定州交通部官员要认真听取 MPOs 中地方代表在项目优先顺序和项目决策上的意见。MPOs 的规划职能不断扩大到城市公共交通，并被要求考虑更广泛的经济、环境、社会目标。美国联邦政府以建立 MPOs 为条件，为各地交通建设项目提供大量资金支持，一方面靠跨行政区合作进行交通基础设施规划的立法，另一方面靠资金杠杆和经济利益驱动，来实现联邦政府的政策目标。

建立发展大都市区经济的体制基础

我国没有必须进行跨行政区划合作，制定大都市区内交通基础设施建设规划和规划立法。中央政府也没有推动跨行政区合作规划的资金杠杆以引导不同行政区划间的合作。其次，2008 年实施的《城乡规划法》难以调整。最后，国家的财税体制、社会保障体制、领导干部考核方式在短期内难以改变，大都市区内各行政区划之间的竞争关系难以扭转。

在上述约束条件下，发展我国大都市区经济的思路是：把大城市的行政区划扩展到存在紧密经济联系的 1.5 万平方公里左右的区域。这只涉及不超过 20 个副省级以上城市及其周边少数县，是最简单、影响面最小的解决方式。实际上，我国一些大城市已经认识到碎片化治理的弊端，并进行了行政区划微调。例如北京市把宣武、崇文两区分别并入西城区和东城区；上海市撤销原黄浦区、原卢湾区，设立新的黄浦区等等。但跨省、跨城市行政区划的调整还极为少见。

按大都市区优化我国大城市行政区划的具体做法是，将直辖市和部分省会城市（包括副省级城市）半径 70 公里左右的地域，以县为单位划归相应大城市的行政区划。

例如，北京、上海、西安分别以天安门、人民广场、西安市政府为中心，将半径 70 公里的地域以县为单位划入各自的行政管辖范围。《新型城镇化规划》提出要“统筹制定实施城市群规划”，我国城市群的规划面积动辄 10 万平方公里甚至达 20 多万平方公里，相当于一些欧洲国家的面积。如果在面积不超过 2 万平方公里的大都市区内，不同行政区划间招商引资的竞争尚难以协调，覆盖 20 万平方公里的城市群规划更缺乏实施机制。

北京新城建设为何失败

原载财新网，2014 年 2 月 27 日

重点发展小城镇的就地城镇化是条死胡同，发展大城市群是中国城镇化的方向；北京新城建设失败，根本问题在于目前的行政区划、“分灶吃饭”的财税体制，以及不合理的城市规划

中国城市规划学会理事长、住房和城乡建设部副部长仇保兴在最近一次讲话中提出，要用底线思维来寻求城镇化问题的答案。仇保兴理事长提出的答案是：加强小城镇的规划管理，进行小城镇的基础设施和公共服务设施建设，实现就地城镇化，从而把小城镇作为“拦水坝”，防止人口洪流大量涌入大城市。笔者在此提出不同观点与仇保兴理事长商榷。

中国城镇化的战略性前瞻思维与底线思维是不可分割的，前瞻思维的思考顺序是从未来到现在，即要设想未来 10 年、20 年可能出现的情景，判断不同的城镇化战略对未来情景的影响，由此设置“底线”，做出城镇化道路选择的战略决策。推进城镇化的“底线”或“红线”要从我国耕地、石油资源稀缺的基本国情出发，由此可设定两条底线：一是耕地不能突破 18 亿亩红线，二是石油资源对外依存度不能超过 80%。

一、把城镇化的重点放在小城镇势必突破两条底线

把城镇化的重点放在小城镇势必突破这两条底线。根据我国 267 个

地级以上城市每平方公里 GDP 产出的排名，第 1 组城市（主要由大城市组成）每平方公里的产出是第 5 组（主要由中小城市组成）的 4 倍。如果把城镇化的重点放在小城镇，按照过去十年间 GDP 翻一番要增加 1.6 万平方公里土地的粗放城镇化方式，十年后就要突破“耕地红线”。中小城市和小城镇的土地价值低，人口密度低，不可能建设紧凑型城市，不具备发展高效率城市轨道交通和公共交通的条件，居民收入水平倍增后，中小城市和小城镇的私人小汽车保有量将高速增长。目前，这种发展趋势已经初步显现。一些中小城市和小城镇已经出现严重的交通拥堵。2013 年我国机动车数量突破 2.5 亿辆，汽车保有量达到 1.37 亿辆，石油的对外依存度达到 65.5%。2020 年我国汽车保有量将达到 3 亿辆，这不仅要占用大量土地进行道路和停车场建设，更重要的是石油进口量要达到 6 亿吨以上，对外依存度达到 80% 左右。

石油对外依存度红线是不能突破的底线。世界资源产品市场上，石油的垄断程度远高于农产品，在 2020 年或 2030 年美国完成页岩气革命，其石油对外依存度大大降低以后，世界石油市场的格局会发生根本性变化。一种可能出现的情景是，国际石油垄断寡头在短期内将石油价格提高 2 倍或 3 倍，这种趋势具有国家自身利益驱使的必然性。届时，中国作为世界上最大的石油进口国将蒙受最大损失，我国将出现严重的成本推进型通货膨胀，制造业的竞争优势将丧失殆尽，并可能造成严重的经济社会不稳定。

二、以小城镇为重点的城镇化超过社会承受能力

未来 10 年我国城镇人口预计要新增 3 亿人，如果采用重点发展小城镇战略，把新增的 2 亿人口拦在小城镇，那么不论新建小城镇还是让新增人口进入现有小城镇，都需要进行小城镇的基础设施建设。由于小城镇的土地价值低，人口密度要低于大城市，按每平方公里 2000 人计算，安置新增的 2 亿人，需要占用 1.5 亿亩土地；按小城镇每平方公里需要 4 亿元基础设施投资计算，需要投资 40 万亿元。小城镇普遍缺乏

财政能力，而不解决40万亿元基础设施投资的资金来源，以小城镇为重点的城镇化就根本无法落地。

三、重点发展小城镇的就地城镇化是条死胡同

即使我国在未来20年投入40万亿元搞大规模的所谓“就地城镇化”，但除在大城市群内的小城镇外，由于就业机会少，即使建成了较好的基础设施和公共设施，小城镇也难以吸引和留住人。目前在一些三、四线城市出现的大量空置楼盘已经是前车之鉴。重点对小城镇进行基础设施建设，只会造成人去城空，留下大量银行坏账的后果，严重拖累我国城市化进程。而采用行政手段把人口洪流限制在小城镇之内，限制农民自主决定在哪里成为市民的权利，不符合以人为核心的城镇化的基本原则，只会抑制经济增长。

实际上在城市化进程已经结束、小城镇基础设施和公共服务比较完善的美国和日本，最近20年的发展趋势是大都市区的人口仍在增长，而一些中小城市的人口则很少增长或下降。美国9个500万人以上的大都市区人口在2000—2010年期间平均增长了13%，而540个人口在10万到1.3万的小都市区人口在2000年到2010年期间平均只增长了5.07%。日本东京、大阪、名古屋三大都市区的人口规模从1950年以来一直在不断增长，其他中小城市的人口则少有增长或下降，虽然日本政府自1960年代以来实施“全国综合开发计划”，力图实现“国土均衡发展”，但几乎没有任何作用。美国和日本已经不存在城乡差别，人们为什么还要继续向大都市区流动呢？回答是：集聚经济规律。

四、发展大城市群是我国城镇化的方向

笔者所说的大城市群，是以特大城市或大城市为中心，在1.5万平方公里左右的区域内集聚和建设多个不同类型的城市和小城镇，容纳2000万到4000万人口，并以2000公里左右的轨道交通（大部分是通勤铁路）支撑大城市群的运行。2030年我国可能出现20个左右这样的

大城市群，新增人口的3亿城镇人口应因势利导地安置在大城市群内的不同类型城镇中，实现高水平的集聚经济。

仇保兴理事长在讲话中谈到英国的“新城规划”和“有机疏散论”，实际上英国建设的新城是本文所说的大城市群。从二战结束到1950年，工党政府批准建设了13座新城，其中8座位于距伦敦市中心不到100公里的区域内。该区域内在1950年代的人口增长数量为80万，相当于全英国人口净增数量的1/3。1946—1980年英国陆续建设的30座新城都是在大城市周边，英国没有搞遍地开花的“就地城镇化”。

英国的新城建设是由政府组织新城开发公司负责，而日本的多摩田园都市是由东急铁路公司规划设计并建设开发的，经过50多年该50平方公里的区域已经由2万人发展为有60多万人的多摩田园都市。而英国建设的最大的新城——位于伦敦附近的米尔顿·凯恩斯，目前的人口只有23万。英国的新城规划和日本东京大都市区的多摩田园都市都源于霍华德的田园城市理想，日本铁路公司同时负责物业开发的模式比英国更为成功。

世界上最典型的大城市群是东京大都市区，包括东京都及周边的神奈川、千叶、埼玉三个县，面积1.3万平方公里，人口达3500万，而东京都的核心区（23个特别行政区）的人口还不到900万。该大都市区内有3个人口在100万以上的城市（横滨市、川崎市、埼玉市）；12个人口在100万~30万之间的中小城市，77个人口在30万以下的小城镇，这些城市几乎都由通勤铁路连接。轨道交通里程达2500公里，构成了由轨道交通支撑的东京大都市区，人们出行主要依靠轨道交通。在日本，东京的人均收入最高，但东京都的家庭小汽车平均保有量为0.5辆，而三大都市区以外地区的家庭小汽车平均保有量约为1.5辆。发展大城市群能够集约高效地利用土地，最大程度地减少对私人汽车和石油的依赖。

五、北京新城建设失败是行政区划体制不合理的结果

仇保兴理事长在讲话中认为，北京的回龙观等新城区里很少有就业岗位，大部分人早晨到主城区上班，晚上又涌回新城，造成巨大的钟摆式交通流，因此这类新城是失败的。实际上任何新城区都有一个发展过程，英国、日本建设的很多新城开始也是睡城。企业选址总要位于交通便利、人口密集的地方，这样更能接近市场方便客户，也便于选择员工。因此大城市群内的城市人口达不到一定规模，就难以形成职住平衡，通勤客流不过是集聚经济的副产品。在东京大都市区每天乘通勤铁路从周边城镇到东京都上班的有 250 万人。

北京新城建设失败的原因在于，新城的区位选择不合理，轨道交通里程太少，没有建设通勤铁路。而更深层次的原因则是目前的行政区划，“分灶吃饭、自己养活自己”的财税体制，以及不合理的城市规划。北京的市区面积有 1.6 万平方公里，但其北部和西部是山区，东部、南部 30 公里外就是河北省地界，进行新城建设的空间极为有限。在现有行政区划和财税体制下，北京的新城建设只能安排在自己的行政管辖区域之内。把北京回龙观、天通苑新区安排在城市北面，而就业集中在东南的 CBD 地区，通勤交通流要穿过市区；而河北的燕郊、廊坊由于行政区划的分割，与北京没有通勤铁路的连接，由此造成交通拥堵等多方面的问题。因此，进行新城建设、推进新型城镇化要从深化改革理顺体制机制入手。

中国应发展大城市群

原载财新网，2013 年 12 月 26 日

重点发展中小城市和小城镇，还是重点发展大城市群，是必须面对的两种不同选择。这一争论事关继续过去十多年平均粗放的城镇化，还是走集约型城镇化道路的重大战略问题，是不能回避、不可超越的。这一争论的实质是：在城镇化道路选择上，是让市场在资源配置中起决定性作用，还是让行政手段起决定性作用？

回避城镇化道路之争无法推进以人为核心的城镇化。以人为核心的城镇化应当包含两层含义：一是给农民自由选择市民身份和市民待遇的权利，二是给农民自由迁徙、自主决定在哪里成为市民的权利。有一项调查表明农民工流动人口的 68% 愿意落户大城市，如果限制农民工的迁徙自由，只允许他们在没有多少就业机会的中小城市成为市民，那并不是以人为核心的城镇化，也不是利用市场机制进行人力资源的空间配置，不过是沿用行政手段推进城镇化的一种方式。

争论重点发展中小城市还是大城市，首先要厘清城市的概念，否则就没有讨论的基础。而研究城市问题面临的困难之一就在于城市的定义。城市的概念看似简单，但人们通常以不同的方式运用这一概念。一个人说他是北京人，这对于大多数中国人来说是一个清楚的事实，因为他们能够轻易地想象出地图上北京的位置。但对于熟悉北京的人来说，他们的反应可能是“你是在北京市区还是在大兴或通州”。即使是北京市区也是一个变动的概念。1950 年代初期，北京的城墙（即二环路）内才是北京市区，海淀中关村都不是市区。目前大多数人认为五环或六

环之内才是北京市区，所谓大城市病也是发生在这一地区，而不是在大兴或通州。

中国的城市概念是按行政建制界定的，1990 年的城市规划法规定“城市，是指国家按行政建制设立的直辖市、市、镇”，这种城市概念实际是把行政区划内的农村地区划归城市。2008 年的《城乡规划法》虽然没有重申这一定义，但这构成了人们理解城市概念的基础。行政区划上城市边界的形成有其历史原因，但目前的行政区划及与其相联系的“分灶吃饭、自己养活自己”的财税体制已经成为经济社会发展的障碍，“环首都贫困带”的形成就是典型例证。

按行政区划进行 GDP 统计似乎是理所当然的，但目前的行政区划会造成某种扭曲。例如，数万居住在河北燕郊的人每天到北京上班，数万居住在江苏昆山的人每天到上海上班，这些居民创造的 GDP 分别纳入北京和上海的统计。

为应对类似的情况，美国和日本以跨行政区划的大都市统计区（Metropolitan Statistical Area）进行人口和 GDP 统计。美国把核心城市周边至少有 25% 就业人员在核心城市工作的区域纳入同一大都市统计区。纽约大都市统计区包括纽约市及纽约州、新泽西州、康涅狄格州、宾夕法尼亚州的多个县，面积 1.7 万平方公里，人口 2000 多万。东京大都市区包括东京都及周边的神奈川、千叶、埼玉三个县，面积 1.3 万平方公里，人口达 3500 万，而东京都的核心区（23 个特别行政区）的人口还不到 900 万。该大都市区内有 3 个人口在 100 万以上的城市（横滨市、川崎市、埼玉市），12 个人口在 100 万～30 万的中小城市，77 个人口在 30 万以下的小城镇，这些城市几乎都由通勤铁路连接，构成了以东京为中心由轨道交通支撑的大都市区。

中国没有大都市统计区的概念，笔者所说的大城市群是与大都市统计区类似的概念，即以特大城市或大城市为中心在 1.5 万平方公里左右的区域内集聚多个中小城市和小城镇的大都市统计区，在大城市群内应集聚 2000 万到 4000 万人口，以 2000 公里左右的轨道交通（大部分是通勤铁路）支撑大城市群的运行，实现高水平的集聚经济。

城镇化总是在特定空间尺度、特定地理区域内进行的，如果重点发展中小城市主要是指在大城市群内发展多个中小城市，那与笔者主张的重点发展大城市群并不矛盾；如果重点发展中小城市是要搞遍地开花的所谓“就地城镇化”，则是笔者反对的。

大城市与大城市群是不同的概念，严格控制特大城市人口与发展大城市群并不矛盾。而城市的概念如果不包含明确的空间尺度，政策规定就难以实施。严格控制北京的人口规模是指六环以内的人口规模，还是要包括大兴、通州的人口规模？不过这显然不包括控制北京周边河北的燕郊、廊坊、固安的人口规模，而这些地区如果有与北京10号线相衔接的通勤铁路，就能成为北京大城市群的一个组成部分，北京东部南部的“环首都贫困带”将不复存在。

但现在的体制和政策障碍是：燕郊、廊坊、固安的农民（包括城镇居民）和房地产开发企业能否分别修建3条与北京地铁10号线相连接的通勤铁路？在现行体制下，这是不允许的。因为规划的权利属于政府规划部门。而问题在于：政府规划部门是否有足够的知识来决定大城市群应当如何发展？

实际上，大城市病是政府规划部门规划出来的。1990年代以后已经不能采用把外来人口赶走的方式来控制特大城市的人口规模，但通过控制开发建设的容积率和开发建设的边界就可以控制城市人口规模。例如，从1990年代中期开始，如果北京不在三环以外进行高强度开发，也不修建四环，没有那么多居住和工作空间，北京的人口不可能提前超过1800万。北京的大城市病实际上是政府自己规划出来的。中国过去10多年平均粗放的土地城镇化也是不同层级的政府部门规划出来的，最典型是一些中小城市政府规划建设的长期空置的房地产，以及一些空城“鬼城”。

由此提出的一个重大问题是：在中国的新型城镇化过程中，城市规划应当完全由政府行政部门决定还是要利用市场机制，政府只承担规则制定和组织仲裁职能？

一个简单的国际比较就能够揭示问题的实质。日本东京大都市区的多摩田园都市就是由东急铁路公司规划设计并建设开发的，该规划由东京都政府组织审查通过。多摩田园都市主要位于东京都东南部神奈川县约50平方公里的区域，1950年代初该地区的农户和居民只有2万多人。东急铁路公司同时也是房地产开发公司，该公司修建了31.5公里的田园都市通勤铁路线，连接到东京都山手线上的涩谷车站。多摩田园都市是沿田园都市线两侧开发建设的，与涩谷车站的平均距离约20公里。目前多摩田园都市的人口达60万，多数居民每天乘东急铁路公司的田园都市线到东京上班，该地区的人均纳税额是日本平均水平的1.5倍。涩谷车站也由此成为东京都的一个副都心。日本东京大都市区的1134公里的通勤铁路和多个中小城市（包括大城市）大多是以这种方式发展起来的。东京大都市区的发展是市场在资源配置中起决定作用和正确发挥政府作用的结果。

在中国的新型城镇化过程中如何发挥市场的作用，而不是完全由政府规划、政府一手操办，则涉及处理好政府与市场关系这一核心问题，涉及行政区划体制、财税体制、规划体制、土地产权制度、社会保障体制等多方面深层次的改革。

经济学用集聚经济来解释城市的存在和发展，经济活动的集聚必然导致拥挤，而城市基础设施特别是交通基础设施的规模和水平则决定了集聚经济可能达到的水平。城镇化违背集聚经济规律就要付出难以弥补的代价。

一些发达国家大都市区的发展趋势是，虽然城市化的进程已经基本结束，但大都市区的人口仍在增长，而一些中小城市的人口则很少增长或下降。美国500万人口以上的大都市区的人口规模都在增长，纽约大都市区的人口由1999年的1970万增长到2012年的2336万。日本东京、大阪、名古屋三大都市区的人口规模从1950年以来一直在不断增长，其他中小城市的人口则少有增长或下降，虽然日本政府自1960年代以来实施“全国综合开发计划”，力图实现“国土均衡发展”，但几乎没有任何作用。日本已经不存在城乡差别，人们为什么还要集聚到三大都市区呢？回答是：集聚经济和不平衡发展规律。

中国如果走重点发展中小城市和小城镇的道路，只能靠行政手段，只会造成人去城空，留下大量的空城和大量的银行坏账的后果，严重拖累中国城市化进程。

走集约型城镇化发展道路

原载《光明日报》国家社科基金专版，2013 年 10 月 16 日

我国应当如何推进城镇化？目前存在两种选择：或实施集约型的城镇化发展战略，或继续过去十多年平均粗放扩张的城镇化。笔者认为，平均粗放扩张的城镇化违反经济发展规律，是不可取的，未来我国应当走集约型城镇化之路。

我国 20 世纪六七十年代三线建设的实践、80 年代发展乡镇企业的实践证明了分散发展只能导致生产效率低下，导致对生态环境的破坏和治理成本远高于产出。而改革开放以来深圳迅速发展成特大型城市及其在创新上的突出表现、上海浦东开发取得的显著成果，则证明了集聚的、不平衡增长的必要性。2009 年世界银行发展报告提出，“世界上几乎没有平衡的经济增长。过早着手平衡经济增长的努力只会危害发展……成功发展国家的经验表现为生产在地理空间上更集中。最成功的国家制定政策平衡不同地区的生活水平。经济生产集中，而生活水平趋同”。由此可见，世界银行对一国经济发展的建议是“不平衡增长、包容性发展”。

不平衡增长表现为人口和生产日益向经济密集地区集中，以利用集聚经济的优势。集聚经济发生作用的三个内在机制是：共享、匹配、学习和知识溢出。共享机制是指，集聚导致城市基础设施包括轨道交通、城市道路、通信水电供应设施、垃圾污水处理设施、学校、医院等的共享和人均成本的降低，而在小城市建设完备的城市基础设施是不经济的。匹配机制是指，提高经济活动和人口的密度可以为员工与企业以及

供应链的上下游企业之间提供更多的相互选择，进而降低交易成本，强化竞争，实现更优的匹配和效率更高的要素组合。学习和知识溢出机制是指，集聚有利于面对面的交流，有利于知识溢出和创新。杨格定理（劳动分工取决于市场规模，而市场规模又取决于劳动分工）有助于解释集聚经济的自我增强机制。大城市能够满足多样化的需求从而吸引更多的人和企业进入大城市，导致集聚水平进一步增加；而扩大的市场规模又导致了更细的产业间分工和更高的生产率、更多的工作岗位、更多的人口向大城市集聚，使得集聚水平进一步增加。集聚经济推动增长的核心机制是导致市场规模的扩大和分工的深化，因而可以创造出更多的需求和就业，特别是为第三产业创造生存空间。集聚经济的一种空间表现形式是大都市区，即形成以特大城市为中心、由通勤铁路连接众多中小城市组成的大城市群，它是中国城市化的方向。

事实上，在“耕地红线”和石油资源短缺约束下，中国的城市化战略确实应当选择发展以特大型城市或大城市为中心的大城市群。中国特大型城市都存在严重的交通拥堵等大城市病，这成为限制特大城市发展的一个重要理由。其实，造成特大型城市交通拥堵的主要原因是城市规划布局不合理，直接原因则是轨道交通发展严重滞后，以及缺乏公平有效的交通需求管理。目前，很多城市正在加大对轨道交通的投入以解决交通拥堵，却又出现了两个问题：一是地铁建设“大跃进”的倾向，二是主要限于修地铁而忽视通勤铁路。如此发展，将会拖累中国的城市化进程。

除规划不合理之外，在我国，城市轨道交通和大城市群的发展还受到行政区划体制、财税体制、规划管理体制的束缚。以北京为例，其北部、西部是生态涵养区，北京大都市区的发展方向只能向东、向南。但北京市中心东南方向 30 公里以外就是河北省地界，北京的通勤铁路不会修到河北。没有通勤铁路的连接，在北京东部、南部 50 公里左右的区域内就难以出现百万级人口的城市，难以形成大城市群，北京的集聚经济水平难以提高。同时，轨道交通的疏解功能也难以发挥，又加剧了北京房价过高、交通拥堵的问题。

即使在城市管辖的行政区内，由于部门分割、职能交叉，城市轨道交通也难以健康发展。城市轨道交通的运力虽然是地面交通的数十倍，但其通达范围却远低于地面交通，这一属性必然要求在其车站周边进行高强度开发。但国土部门的城市轨道交通用地政策不允许在车站用地开展物业开发；规划部门关于城市建筑容积率的规范不允许在轨道交通车站开展高强度开发；发改委的产业布局、工业园区布局不一定在城市轨道交通沿线；等等。由此可见，中国不可能出现东京、大阪铁路车站那样的集各种城市功能为一体的“车站城市”，更不可能出现日本那种同时经营通勤铁路和房地产开发的企业。这既限制了城市轨道交通的发展，也限制了集聚经济可能达到的规模，应当尽快加以解决。

我国大城市发展公共交通的制度安排

——城市空间权利的视角

原载《北京交通大学学报社会科学版》，2018 年第 2 期

[**摘要**] 在简要综述大城市发展公共交通对策研究、城市道路外部性及城市交通产权研究的基础上，提出列斐伏尔关于空间生产、空间冲突的理论；福柯关于全景敞视建筑体现权力关系的观点；以及科斯的产权理论，能够为研究城市公共交通问题提供新的视角。基于交通便利性权利和空间便利性权利分析，本文得出轨道交通枢纽车站高强度开发法则和城市副中心形成法则。城市规划是对城市空间资源进行配置，必然要对不同交通方式出行群体的交通便利性权利和空间便利性权利进行制度性安排，并把这种权利关系通过城市道路和建筑设计在城市建筑空间中实现，而出行结构是城市空间权利制度安排的结果。

[**关键词**] 轨道交通；城市规划；空间便利性权利

[**基金项目**] 国家社会科学基金重大项目“集约、智能、绿色、低碳的新型城镇化道路研究”（13&ZD026）

2012 年国务院专门发布了《国务院关于城市优先发展公共交通的指导意见》，提出“优先发展公共交通是缓解交通拥堵、转变城市交通发展方式、提升人民群众生活品质、提高政府基本公共服务水平的必然要求，是构建资源节约型、环境友好型社会的战略选择”，该指导意见把发展公共交通置于城市发展的战略层次。2016 年 7 月交通运输部发布的《城市公共交通“十三五”发展纲要》进一步要求，特大城市的

绿色交通（公共交通、自行车、步行）出行分担率应达到75%左右。

实际上，早在2005年国务院办公厅就转发了建设部等7部门《关于优先发展城市公共交通意见的通知》，提出优先发展公共交通符合城市发展和交通发展的实际，是贯彻落实科学发展观和建设节约型社会的重要举措。但我国大城市的公共交通、绿色交通发展缓慢，交通拥堵状况日趋严重。对于中央政府优先发展公共交通的战略为什么在实施过程中困难重重，需要进行更综合、更全面的理论分析和制度安排分析。

大力发展城市公共交通涉及一系列体制、规划、政策方面的问题，学术界在该领域已经进行了长期研究，取得了很多研究成果。本文在以往研究的基础上，提出城市空间权利的视角，即不是仅仅从城市交通本身，而是从城市空间资源配置和城市空间权利的更广阔视角分析发展公共交通（绿色交通）的问题。

一、国内发展城市公共交通研究综述

国内学者对发展城市公共交通的研究大致可分为三个方面：城市公共交通发展对策研究、城市道路交通外部性研究和城市交通产权研究。这3个方面的研究存在相互联系，后两方面的研究是对策研究的理论基础。

（一）城市公共交通发展的对策研究

在20世纪，大城市交通问题就已经引起学术界的高度重视。1996年中国科学院院士、前建设部副部长周干峙主持完成了中科院院士咨询项目“发展我国大城市交通的研究”。该研究报告对我国大城市在即将到来的21世纪面临的交通问题、发展前景和应采取的交通政策，进行了总结与分析。对大城市疏解、调整用地功能、路网建设、优先发展公共交通、私人小汽车发展的合理引导、自行车交通的地位、特大城市轨道交通等做了深入的前瞻性的研究。

2012年全国哲学社会科学办公室设立了国家社会科学基金重大项目《我国大中城市公共交通可持续优先发展的制度设计与运营机制研

究》，同年国家自然科学基金委员会管理科学部设立了应急研究项目“我国城市交通公交优先发展战略研究”，由此在学术界出现了一个研究城市公共交通问题的高潮，有关学术期刊刊载了多篇研究城市公共交通问题的文章。

郭继孚等[1]（2013）认为目前对于公交优先发展的认识依然停留在交通行业内部，未能上升到国家、城市发展战略层面，且公共交通服务至今尚未明确纳入国家基本公共服务范畴。他们提出应在充分认识和确立公交优先发展在国家和城市发展中的战略地位基础上，构建完善的法律法规体系，从各个环节为公交优先发展提供政策和制度保障。在政府调控监管方面，建立以服务满意度为主的公共交通营运服务考核制度，并将公共交通服务对象的满意程度作为评价公交优先实施效果的关键内容；将服务考核结果记入企业信用档案，作为政府财政补贴、线路运营权招标以及延续或撤销经营许可的依据。建立完善的公共交通财税机制，扩大公共交通投资来源，形成可持续的公共交通建设与运营资金保障渠道。

李昆达等[2]（2013）提出我国发展公共交通的政策体系不健全、政策实施保障措施不具体。应尽快制定《城市公共交通优先发展促进法》以及配套实施条例，为公共交通优先发展奠定法律基础，认为公共交通优先发展的政策体系主要包含 4 方面的政策：城市发展政策，统筹协调公共交通与城市发展及资源利用的关系；公共交通政策，针对公共交通自身发展存在的问题完善相应的政策措施；交通需求管理，营造公共交通优先发展的外部环境；科技创新政策，加强科技在推动公共交通优先发展中的引领和支撑作用。

李晔等[3]（2013）认为我国对公交优先理念存在理解误区，导致关键制度的缺失和偏差。他们将公交优先的理念划分为“需求引导”“品质吸引”与“效率提升”三个层次。“需求引导”是以公交优先发展引领城镇化可持续发展，使公众便于乘坐公共交通。“品质吸引”主要是通过构建无缝隙的公共交通服务体系、确立合理的公共交通服务价格，使公共交通对居民出行形成足够的吸引力。“效率提升”是从公共交通运营体制、政府监管制度、财政来源保障、公共交通补贴机制等方面提高财政资金运作效率。

林群等[4]（2013）认为制度设计是推进城市公交优先发展的关键环节，各项公交优先发展政策的落实，包括资金、用地、设施、监管等，需要通过公交优先制度设计保障实现。公交优先制度设计要从规划、建设、资金、运营、管理五个方面落实公交优先和可持续发展战略。在规划环节要以公交引导城市发展（TOD）为基本理念，建立宏观、中观、微观多层次的土地—公交协调规划机制；在建设中要明确刚性化的公共交通设施用地指标，并出台用地开发建设过程中的强制性实施意见和配建制度；在资金来源上要研究建立中央、省级政府公共交通发展专项基金并纳入财政预算，形成中央—省—地市多级负担的、稳定的公共交通资金支持体系，还应建立“轨道交通＋用地”协同开发制度，政府赋予轨道交通公司沿线土地综合开发经营权，通过土地开发收益为轨道交通建设和运营提供资金。

近20年来相当多的学者认识到发展公共交通与城市土地利用及城市规划存在相互作用关系，实行公共交通为导向的发展战略（Transit－Oriented Development，TOD）才能使公共交通可持续发展，出现了大量介绍国外TOD发展模式的文章，对TOD发展模式的认识也不断深化。一些学者指出现行城市规划没有考虑交通与土地利用的互动反馈机制，城市规划首先关注的是城市空间结构和土地利用，然后在此基础上规划交通系统等以满足不同土地利用强度产生的交通流。

陆化普[5]（2005）指出“传统的交通规划以‘四阶段’法为核心，分析城市的交通需求分布，从而设计道路网和公交网。整个规划过程的一个重要前提，就是城市的土地利用模式，即交通需求的时空分布特点已经基本确定。传统的城市交通规划理论缺乏对城市规划的反馈机制，因而无法反映城市交通系统的建设对城市发展的影响”，他建议进行“基于TOD模式的城市综合交通规划”。

潘海啸[6]（2010）认为城市轨道交通的网络效应应该体现在客流量的增长大于网络规模的增长。然而从北京和上海的统计数据来看，都存在网络规模效益递减的规律。因此 TOD 模式如何适应我国城市发展依然有待探讨，单纯通过加密轨道交通线网来提高轨道服务覆盖率的可持续发展性较差。他建议“通过多模式交通换乘的方式能大大提高轨道交通站点的服务半径，在减少投资的前提下完善公共交通系统的构建，为更加可持续的发展方向。特别是将自行车与轨道交通结合，在不增加轨道交通长度的情况下，将能够有效地扩大轨道交通的服务面，有利于城市的低碳排放”。

何冬华[7]（2017）总结了近 30 年广州探索 TOD 发展模式的经验和教训。广州在 1980 年代建设轨道交通 1 号线时，就邀请法国 S. M. S.（斯马里公司）进行 TOD 发展模式的探索，于 1988 年完成了《广州市地下铁道可行性研究—示例报告》。该文通过对比广州市公园前站和体育西路站的 TOD 规划，及每十年左右时间跨度的车站周边实际开发历程，指出“仅仅借助于站点与土地利用的捆绑规划设计条件的联合开发，难以应对站点周边开发的复杂利益问题”。何冬华认为实施 TOD 发展模式的 3 个关键要素是：城市空间结构发展的支撑、具备站点周边土地权属再开发条件、拥有合适的配套政策与保障。

（二）城市道路交通外部性研究

城市道路外部性研究主要基于庇古“外部不经济”的概念。庇古在其老师马歇尔“外部经济”概念基础上扩展了“外部性”及“外部不经济”的概念。庇古通过分析边际私人净产值与边际社会净产值的背离来阐释外部性。当行为主体某种行为所产生的成本（或收益）并不由该行为主体承担，部分或大部分成本（或收益）由社会其他人承担时，就产生了外部性。庇古在 1920 年出版的《福利经济学》一书中曾以城市道路为例说明边际私人净产量低于边际社会净产量，即“外部经济”的情形，“资源投入道路或电车轨道将会增加毗连土地的价值，——的确，除非依据人们享受到的改进情形，向这些土地所有者征收一笔特别的投资改良费”[8]。庇古还以工厂烟尘为例说明边际私人净产量高于边际社会净产量，即“外部不经济”的情形，“烟尘在大城市中给社会造成了大量未予补偿的损失，它对建筑物与蔬菜造成损害，增加衣物清洗和打扫房屋的开支，增加提供人工照明以及其他形式的开支”[8]。在庇古所处的时代，机动车尾气污染的成本还没有被人们充分认识。

城市道路是准公共物品具有非排他性，随着我国汽车工业的快速发展和大中城市机动车保有量的高速增长，城市交通拥堵机动车尾气污染的问题日益严重，私人小汽车外部不经济问题引起广泛关注。一些学者对大城市机动车出行的外部成本进行了测算，提出了相应的治理思路。

邓欣和黄有光[9]（2008）采用支付意愿法和人力资本法等方法，具体计量了北京市 2000 年机动车的外部成本在 15.82 亿 ~5.21 亿美元，其中包括大气污染成本、拥堵成本、交通事故成本和交通噪音成本，按平均值计算，北京每辆机动车每年的平均外部成本为人民币 8349 元，其中因空气污染造成的损失为人民币 4700 元。他们建议“有必要使机动车所有者支付其所造成的外部成本，而且对机动车的收费应该明确反映这一目的。合理的办法是使燃油税反映污染、噪音、拥塞等外部成本，使汽车的注册费或拥有费反映汽车的炫耀性或钻石性效应”。

佟琼等[10]（2014）计量了北京市机动车造成的交通拥堵、大气污染、噪声污染和交通事故的外部成本，他们估计 2011 年北京市机动车的总外部成本为 1248 亿元，其中交通拥堵的外部成本为 1171 亿元，大气污染的外部成本为 76 亿元。如果按不同交通出行方式每次出行造成的外部成本考虑，公交车辆、出租汽车、私人小汽车每人次出行产生的交通拥堵和大气污染成本分别为 1.02 元、3.99 元、10.94 元。他们建议外部成本应由不同交通工具的使用者承担，以实现外部成本的内部化，特别要对私人汽车采取每年征收拥堵费的措施，引导人们选择公共交通或绿色出行来减少拥堵。

让乘私人小汽车出行者承担外部成本的治理思路实际上是庇古外部

性理论的具体应用。科斯提出了一种基于产权的更具包容性的治理思路。科斯在《社会成本问题》中对庇古的损害赔偿及通过庇古税弥补私人成本和社会成本差异的理论提出批评，科斯在该著名论文中甚至根本没有使用“外部性（Externality）”的概念，而是使用“有害影响（Harmful Effects）”的说法。科斯认为“有害影响问题具有相互性（Reciprocal）”，“避免对 B 的损害将会使 A 遭受损害。必须决定的真正问题是，是允许 A 损害 B，还是允许 B 损害 A？关键在于避免较严重的损害”[11]。因此，在科斯看来，“有害影响”问题实质上是产权配置问题，即 A 有损害 B 的权利，还是 B 有损害 A 的权利？产权配置的关键在于避免较严重的损害。

科斯的产权理论能够对小汽车出行的外部成本问题做出更有包容性的解释。科斯认为产权不是某种生产要素的所有权，而是“行使一定行为的权利”。采用某种交通方式出行的行为也是一种产权，产权的概念可以用来分析交通出行行为。

如果使用小汽车出行只需支付汽油和小汽车维护等费用，而无须支付污染气体排放、道路空间占用等外部成本，实际上是给予小汽车排放有害气体、无偿的比其他交通方式多占用城市道路空间的权利。在城市道路空间稀缺、空气自我净化能力弱的环境中，给予小汽车出行这些权利，就是允许损害绿色出行和公共交通占用道路空间的权利，允许损害绿色出行者呼吸清洁空气的权利。反之，规定选择小汽车出行必须支付外部成本，就要损害小汽车出行的权利。因此乘小汽车出行支付还是不支付外部成本的问题，本质上是“是允许 A 损害 B，还是允许 B 损害 A”的问题，或者说是一个产权安排问题。

（三）城市交通产权研究

学术界对城市交通外部性的研究较多，直接从城市交通产权角度研究问题的论文则仅有少数几篇，且对城市交通产权概念存在不同理解。

徐丽群[12]（2015）对与城市交通有关的产权问题研究集中在“城市公共交通产权制度”安排上。她认为“公共交通吸引力不足，一个非常重要的原因是公交企业服务水平和效率不能满足公众需求，没有可依赖性。服务水平和效率提高不仅与政府财政支持力度有关，而且与企业产权制度模式相关，中国城市公交企业产权效率低”。她认为，“公共交通产权制度”效率发挥的关键就是要既能体现公共交通的公益性，又能使市场具有有效的竞争机制。她建议通过引入民营企业设立多种产权制度模式、营造适度竞争环境和政府购买公共交通服务来提高“产权效率”，促进公共交通优先发展。

徐丽群对城市交通有关产权问题的分析，仅限于考虑公共交通企业的产权安排如何影响公交企业的服务水平和运营效率。实际上如何增加城市公共交通的吸引力促进公共交通的发展，公共交通企业的产权制度及服务水平运营效率只是问题的一个方面。公共交通在城市空间中的权利是更为重要的产权问题，如果这个问题处理不当，不论国有公交企业是提供公共交通服务的主体，还是民营企业是提供公共交通服务的主体，城市公交的吸引力都是无法提升的。

王卫华[13]（2008）的文章在更一般的意义上讨论城市交通产权问题，认为“城市交通产权同样包含两层含义：第一层含义是作为基础产权范畴的对城市交通基础设施和公共交通载运工具的使用权以及公共交通服务和私人交通服务领域的经营权。城市交通产权的第二层含义，即决定城市交通资源配置状况的行政（政治）权利范畴。该层次产权对城市交通资源配置的影响受政府机构设置的不同而略有差别”。王卫华提出，城市交通产权中使用权和经营权是一系列权利的“产权束”，因而可以把产权束分为 n 个产权向量，由此构成行为主体的 n 维产权空间。“产权束”的各个向量都将影响到行为主体的决策。例如，如果某项决策涉及三个产权向量：产权向量 A（如行驶速度）、B（道路的选择权）和 C（对其他行为主体的排他权），则可构成一个三维城市交通产权空间，并影响城市交通参与者的交通行为。

王卫华等和徐丽群关于产权概念的共同点是从对物（交通基础设施和交通工具）或企业的权利角度来理解。实际上科斯的产权概念不是简单的对“物”或企业的所有权、使用权、经营权的概念，科斯的产权概念强调的是行使一定行为的权利。在其著名的“社会成本问题”一文中，科斯明确指出，经济理论界未能发展出一种合适的理论来解决“有害影响”或外部成本问题的原因，是“关于生产要素的错误概念”。人们通常认为某人或某企业拥有生产要素，但科斯认为“所有”或“拥有”生产要素是一个不准确的概念。

科斯在其著名论文中指出：“我们会说某人拥有土地，并把它当作生产要素，但土地所有者实际上所拥有的是实施一定行为的权利。土地所有者的权利并不是无限的。对他来说，通过挖掘将土地移到其他地方也是不可能的。虽然他可能阻止某些人利用‘他的’土地，但在其他方面就未必如此。例如，某些人可能有权穿过该土地。进而言之，或许可能或不可能在该土地上建某类建筑，种某种庄稼，或使用某种排水系统。这样做不只是因为政府的规定。在普通法上亦如此。”[11]

值得注意的是，科斯在“社会成本问题”一文中没有使用“产权（Property Rights）”的概念，而是使用“权利（Rights）”的概念。在科斯那里产权和权利是同一概念，当科斯说“The rights of a land - owner are not unlimited”时，这里的权利（Rights）一词是复数，指的是权利束，或者说是能够行使的各种行为的权利集合。本文按照科斯的理解，把产权和权利看作同一含义的不同表述，在使用时不加区别。科斯的产权概念对解决如何发展城市公共交通有更强的解释能力。

王卫华关于城市交通产权的概念包括 3 个方面：城市交通基础设施和公共交通运载工具的使用权，公共交通服务和私人交通服务领域的经营权，国务院、部委以及省政府和各职能厅局及城市政府及其各职能委、局对城市交通资源配置和布局的直接影响。这种城市交通产权概念比徐丽群仅限于考虑公共交通企业产权更宽泛，但其共同点是仅限于考虑城市交通资源的产权，而没有扩展到城市空间资源和空间权利。

一些区域经济学领域的学者注意到法国哲学家亨利·列斐伏尔和米歇尔·福柯关于空间生产和空间权力的思想，开始从权力和城市空间资源配置的更宽广视角考虑问题。例如，马学广等[14]（2008）的论文“权力视角下的城市空间资源配置研究”分析了我国城市空间资源配置中的权力组织结构及其运作。该文指出：“在城市空间资源配置过程中，政府、企业和市民团体常常会从自身需要出发赋予空间不同的意义，具有支配地位及权力大的团体最终取得对空间的支配权并赋予空间独特的意义，因此空间就成为反映社会不平等关系的场域。受内外政治因素的影响，城市规划意味着一定地域范围内的多种利益抉择，在考虑各种行动方式的过程中会偏向不同的利益集团，而忽略或损害另外一些利益集团的利益。”虽然该文没有展开分析有支配地位利益群体“空间支配权”的表现形式，也没有涉及城市公共交通问题，但从城市空间资源配置的角度考虑不同利益群体的权利，可以延伸到选择不同交通方式出行的利益群体权利问题，这或是研究公共交通产权的更有深度的视角。实际上列斐伏尔的空间生产理论在讨论城市空间生产时已经涉及了城市交通问题。

二、城市空间生产与空间权力关系

从20世纪中期开始，空间越来越受到哲学、地理学、社会学等人文社会科学的重视，法国新马克思主义哲学家亨利·列斐伏尔①（Henri Lefebvre）和法国后现代主义社会思想家米歇尔·福柯②（Michel Foucault）被看作前瞻性地指出20世纪人文社会科学正在发生由时间性向空间性转向的思想家。列斐伏尔在《空间的生产》（1974）一书中提出了社会空间范畴，阐释了资本主义的空间生产过程，重点分析了资本主义的城市空间生产、空间冲突问题。福柯充分肯定了空间在人类历史发展进程中的重大作用，正如他所说，“空间安排是用来达到政治和经济的目的……一部完全的历史仍有待撰写成‘空间的历史’——它同时

① 列斐伏尔（1901—1991年）：法国哲学家、社会学家，城市社会学理论的重要奠基人。

② 福柯（1926—1984年）：法国哲学家、社会思想家。

也是‘权力的历史’（空间和权力两词都是复数）——它包括从地缘政治学的重大策略到细微的居住策略；它包括从教室到医院的经由种种经济和政治安排的公共建筑[15]。”在福柯看来，公共生活离不开空间这个载体，同样，权力的运行也无法离开空间的基础，空间体现着权力关系。

（一）城市空间生产理论

西方马克思主义学界“空间转向”的开启者和主要代表是列斐伏尔。列斐伏尔认为以往的人文社会科学忽略了空间维度，只有加入这个维度，才能够对世界进行更加深入的认识。正如他所说，“认识论哲学思想没有为一种科学的产生奠定好基础，而这种科学在非常长的时期内都在努力形成——这种科学就是空间的科学”[16]。传统哲学将空间理解为空洞的几何容器，列斐伏尔指出，空间既是物质的基本存在形式，体现着自然属性，又是政治经济运行的载体，蕴涵着社会意义。列斐伏尔认为“我们面临着大量的不确定的多元空间，其中每个都重叠着或者包含着下一个：地理的，经济的，人类学的，社会的，生态的，政治的，商业的，国家的，大陆的，全球的”[16]。

列斐伏尔提出了社会空间（Social Space）的概念。他认为空间体现着社会关系，社会空间包含社会关系的再生产和生产关系的再生产，社会空间给这两种社会关系的再生产分配合适的地区。列斐伏尔认为，城市空间（Urban Space）明确揭示出社会空间的许多基本方面，这些方面在乡村是难以看到的。因此完全可以在城市空间的形式上进行详细描述，阐明城市空间的结构（中心/周边地区）、城市空间的社会功能以及城市空间的生产和再生产。

城市空间能够集中体现各种类型的空间冲突（The Contradiction of Space）。城市空间资源具有稀缺性，空间冲突本质上是不同利益群体的冲突、不同利益群体的权利冲突。列斐伏尔认为：“空间自己没有权力，空间本身不能决定空间冲突（Spatial Contradictions）。是社会冲突，社会中不同事物之间的矛盾，例如各种力量和生产关系之间出现在空间的矛盾，产生了空间冲突。”[17]列斐伏尔在著作《空间的生产》中特别以城市中的私人小汽车交通问题为例分析空间冲突，他指出这种城市空间冲突的背后是资本主义剩余价值生产和社会的冲突。

列斐伏尔指出，私人小汽车的所有者按照自己的意愿占据城市空间，他们自己仅支付极低的成本，而整个社会要为小汽车的使用支付非常高的成本。这种安排使得小汽车及小汽车所有者的数量不断增长，使得汽车制造商得到好处，并加强了汽车制造商不断努力，来扩大小汽车的使用空间。列斐伏尔认为，小汽车对城市空间的生产性消费（The Productive Consumption of Space）[17]，是生产的，或者说是剩余价值的生产性消费，并得到了政府的大量补贴和信贷支持。而城市绿地、树木、城镇公园等能明显地给整个社区带来愉悦，但没有人为这种愉悦付费。因为这些城市空间不是服务于特定的个人，虽然这些空间给所有的人带来愉悦，但这种空间会趋向于消失。非生产性消费（Non - productive Consumption）无法吸引投资，因为它的产品是愉悦。这样，城市空间趋向于以两种方式被分割、退化，最终被空间冲突进程所破坏：一方面是不断增加的城市快速路和变为停车场车库及相关设施的空间，一方面是不断减少的林荫道、绿地、公园和花园。只生产愉悦的消费空间是不生产的，而能够给汽车制造商带来剩余价值的消费空间是生产的，这种空间冲突展现在生产剩余价值的消费空间与只生产愉悦的消费空间的撞击之中。列斐伏尔认为这种冲突是城市空间配置上资本主义效用群体与社区使用群体之间（Between Capitalist “Utilizers” and Community “Users”）的冲突[17]。

对于城市规划和城市建筑空间，人们通常认为对于一部分给定的空间，建筑师可以按照他的风格、技能、设计思想和偏好进行设计，他接受设计工作并可以完全自由地进行设计。列斐伏尔认为，实际情况不是这样。这部分城市空间分配给建筑师进行设计，要受到来自开发商或政府机构意图的影响，他会得到一些他不完全理解的提示。空间本身不会选择其用途，城市空间要适应特定的策略和战略，因而是主导生产方式的空间，是资产阶级控制的资本主义空间（The Space of Capitalism, Governed by the Bourgeoisie）[17]。

列斐伏尔在《空间的生产》一书中还讨论了1961年简·雅各布斯对美国城市规划和城市重建失败的分析。他认为雅各布斯揭示了城市街道和街区的破坏怎样导致了安全、社会联系、儿童游乐设施、多样化关系等城市生活所需要特性的消失，但雅各布斯没有进一步把这些问题直接归咎于新资本主义，或者说把资本主义空间生产与其内在的空间冲突隔离开[18]。

列斐伏尔关于城市空间冲突的理论为分析城市交通问题提供了新视角，但他关于城市快速路的扩展是汽车制造商为追求剩余价值努力扩大小汽车使用空间的说法，则引发了一些批评。哈佛大学经济学教授格莱泽（Glaeser）在其《城市的胜利》一书中反驳说："由于联邦政府对公路系统的大力支持，有些人认为这是汽车生产商的一个巨大阴谋，他们用公共资金摧毁了有轨电车。当然，像大多数其他企业一样，汽车生产商也希望击败运营公共汽车和有轨电车的竞争对手。但是，如果真的存在某个阴谋的话，那它也是公开的，并且得到了广泛的支持，美国人喜欢他们的汽车，愿意花费数十亿美元去建设一个快捷的公路网络。"[19]日本有非常有竞争力的汽车工业，而且同样采用资本主义的生产方式和生活方式，但东京大都市区有世界上最发达的轨道交通网络。这说明城市空间冲突不一定要归咎于资本主义的生产关系，把这种冲突看作不同利益群体、不同城市发展方式的冲突或更能说明问题。

（二）空间体现权力关系

福柯对空间的研究与对权力（Power）的研究紧密联系起来，他认为建筑空间结构体现出权力关系（Power Relation），权力借助建筑结构得到自动实施。不同于列斐伏尔对空间冲突的一般性研究，福柯研究的空间通常都是具体的建筑空间结构，例如，医院、监狱、军营等具体建筑空间所体现的权力。福柯认为，"空间是任何公共生活形式的基础，是任何权力运作的基础"[20]。

福柯的分析思路是“一切权力都只能通过严格的监视来设施”[21]，而建筑空间结构成为监视的载体。在其代表作《规训与惩罚监狱的诞生》一书中福柯考察了军营的空间布置，连队士兵帐篷的数目、位置，帐篷入口的方向，帐篷的间隔，军士长与军械库帐篷的间隔，军营道路的宽度和位置，连长帐篷要位于军营道路的对面，其帐篷入口要面向整个连队。军营是一个借助把一切变得总体可见来行使权力的示意图。福柯认为，在很长一段时间，这种军营模式的基本原则：层级监视的空间结构（The Spatial Nesting of Hierarchized Surveillance），已经体现在城市发展中，体现在工人阶级居住区、医院、精神病院、监狱和学校的建设中。一个建筑物不再仅仅是为了被人观赏或为观看外面的情景，而是使得建筑物里的人能够被观察到以便进行内部精细控制，建筑物被用来改造人，控制他们的行为，使权力对他们发生作用。

福柯研究的重点是英国功利主义思想家边沁根据可视性原则设计的全景敞视监狱（Panopticon）或圆形监狱，其设计思想便是以最小的代价取得最大的社会功用。福柯在《规训与惩罚监狱的诞生》一书中最后一章的题目是全景敞视主义（Panopticism），即不是监狱本身，而是具有普遍意义的社会运行机制。全景敞视监狱只是福柯的一个理论模型，他要以此说明建筑空间体现的规训机制、权力运行机制，因而具有更一般的意义。

全景敞视监狱是一个环形建筑，中心是一座瞭望塔。瞭望塔有一圈窗户，对着环形建筑。环形建筑被分成许多小囚室，相邻囚室被墙壁完全隔开。每个囚室都有两个窗户，一个与瞭望塔的窗户相对，另一个朝向环形建筑的外面，能使光线从囚室的一端照到另一端。在中心瞭望塔安排一名监督者，在每个囚室里关进一个疯人、一个病人、一个罪犯、一个工人、一个学生。通过背后照明的效果，监督者可以从瞭望塔与光源恰好相反的角度，观察每个囚室里被囚禁者的人影。这些囚室就像许多小笼子、小舞台，每个小舞台上只有一个演员，每个被囚禁者都可以有针对性地和不间断地被观察到。

全景敞视建筑通过建筑空间设计创造出这样一种机制：每个被监视者被分别关在一间房屋，监视者可以从前面看到他，而他不能看到监视者，也不能与邻近的其他被监视者交流接触。他的房间被安排成正对着中心瞭望塔，这就使他有一种轴向单方向可见性。环形建筑被分割为不同的房间，意味着横向不可见性，这种不可见性成为一种秩序的保障。如果被监视者是一些罪犯，就不会有阴谋串通的危险；如果他们是病人，就不会有相互传染的危险；如果他们是疯人，就不会有彼此施暴的危险；如果他们是学生，就不会有相互抄袭、喧闹的现象；如果他们是工人，就不会有偷窃、串谋降低工作效率的情况。从监视者的角度看，这是一种可对多个被监督者编号和进行监督的状态。从被监视者的角度看，他处于被隔离和被观察的孤独状态。

由此产生全景敞视建筑的主要后果：使得被监视者感受到处于一种有意识的和持续的监视状态，这保证了权力能自动地发挥作用。为即便在监视出现断续的情况下也具有持续的效果，权力的完善应当倾向于使权力的实际行使不再必要，这种建筑装置应当成为创造和维持一种权力关系（Power Relation）的机器，并独立于行使权力的人。总之，全景敞视建筑使被监视者陷入一种权力格局（Power Situation），他们只是权力格局的承受者[22]。

这是全景敞视建筑的一种重要机制，它使权力自动化和非个性化，权力不再体现在某个人身上，而是体现在对物体、表面、光线、注视的某种协调分布上，体现在一种安排上，这种安排的内在机制能够产生制约每个个体的权力关系。由此，一种虚构的权力关系自动地产生一种现实的服从。在福柯看来，这是一种文明的进步，因为全景敞视制度不再需要使用暴力来强制犯人有正常行为，不需要使用暴力来强制疯人安静，来强制工人埋头干活，来强制学生专心学习，来强制病人遵守制度。全景敞视制度（Panoptic Institutions）不需要镣铐，不需要沉重的锁链，所需要的只是严格的隔离和恰当地设置监视窗口。

因此，全景敞视建筑应当被视为一种普遍发挥作用的模型，一种在人们日常生活中确定权力关系的方式。全景敞视建筑代表一种建筑和光学系统，实际上是一种独立于任何具体用途的政治技术的代表。全景敞视建筑在应用上有多种用途，它可以用于改造犯人，也可以用来医治病人、教育学生、关闭疯人、监督工人、迫使乞丐和懒汉劳动。全景敞视建筑是一种在空间安排物体位置的类型，是一种根据相互关系和层级结构分配人员、安排权力的中心和通道、确定权力干预手段和方式的类型。它可以用于医院、工厂、学校和监狱。凡是需要迫使不同人从事一项任务或一种行为方式的情况，就可以应用全景敞视建筑模式。除了必要的修改，全景敞视建筑适用于建筑物占用空间不大，又需要对一定数量人进行监督的任何场合。

在任何一种应用中，全景敞视建筑都可能使权力的行使更为完善。因为它能减少行使权力的人数，同时增加受权力支配的人数；因为它能使权力在任何时刻进行干预，甚至在过失、错误或罪行发生之前不断施加压力。在这些情况下，全景敞视建筑的力量就表现在它从不介入，它是自然行使的，因为除了建筑式样和几何形状，它不使用任何物质手段就能对个人发生作用。全景敞视模式更为经济（在物质、人员和时间上）更有效率，通过其预防性功能、连续运作和自动机制，全景敞视模式使任何权力机构都得到强化。福柯认为，虽然全景敞视模式使权力的运行更经济更有效率，但它这样做并不是为了权力本身，也不是为了直接拯救受威胁的社会；它的目的是加强社会力量——增加生产、发展经济、传播教育、提高公共道德水平，并使这些社会力量得到增强和放大[22]。

福柯在《规训与惩罚监狱的诞生》中讨论不同问题时分别使用了权力（Power）和权利（Rights）两个概念。一般认为二者的差异是主体的不同，权力的主体是国家行政及执法机构，而权利的主体是民事组织或个人，但也不都是如此，国家主权在国际纠纷中就是不受他国干涉的权利。福柯对这两个概念的使用未做严格区分，例如福柯认为，随着生产规模的扩大和分工的深化，监视变得更加必要和更加困难，监视成为经济活动的一个决定性因素，成为规训权力的一个特定机能（A Specific Mechanism in Disciplinary Power）。这里，福柯认为企业内部监督是权力的一个特定机能，而不是权利的一个机能。

在科斯获得诺贝尔经济学奖的奠基之作《社会成本问题》中同样出现了权力和权利两个概念，但他对这两个概念的使用做了较严格的区分，权力通常是指政府权力（Governmental Power），权利通常是指个体的法律权利（Legal Rights）。由于这两个概念在内涵有相似之处，都是指实施一定行为的权利或权力。因此福柯关于“空间体现权力关系”的观点，可近似等价于“空间体现权利关系”。科斯从另一视角对该问题进行了分析，按照科斯的理论，这种权利关系是一个“A 有损害 B 的权利，还是 B 有损害 A 的权利”的问题。

（三）科斯关于空间权利的观点

科斯虽然没有把空间作为他的研究对象，但他在《社会成本问题》中所讨论的几乎所有权利（产权）安排的案例，都与空间权利有关。科斯分析的视角不同于福柯的具体建筑空间结构本身体现的权力关系，而更类似于列斐伏尔不同利益群体的城市空间冲突。

科斯分析的“布赖恩特诉勒菲弗”案[11]，是一个相邻建筑冒出烟尘的损害责任问题。在此案例中，原告和被告的房屋紧挨着，且高度相同。在 1876 年之前，原告可以在其房子内任何一间里生火而室内都没有烟，两幢房子保持这一状况达三四十年。在 1876 年，被告拆掉了旧房并盖起新房。他在原告烟囱旁造了一堵墙，超过了原先的高度，并且在房顶堆放木材，由此导致不论何时原告生火，烟囱的烟就会进入室内。显然，烟进入原告房屋是建墙和堆放木材影响了空气流通所致。在陪审团的审理中，原告得到 40 英镑的损害赔偿费。然而被告不服，案件上诉到上诉法院，在上诉法院，初审判决被否决。

布拉姆韦尔法官争辩说：陪审团已经裁决被告的行为引起了对原告房屋的侵害。我们认为，没有任何证据能证明这一点。无疑，侵害是存在的，但这不是被告引起的，他们没有做出任何引起侵害的事，他们的房子和木材并没有造成损害。恰恰是原告自己引起了侵害，因为他点火地方的烟囱离被告的墙过近，以致烟无法消散而进入室内。假如原告不生火，假如他将烟囱挪个地方，假如他将烟囱造得再高些，侵害就不复存在了。

科顿法官则说：被告竖立的墙确实干扰了原告屋内居住者的舒适感，而且据说，被告对于侵害需负责任，通常情况下确实如此，但被告的所作所为并不是将任何烟尘和有害气体送进原告屋内，而是以某种方式阻断了原告房子烟尘的出路。原告引起了烟尘，影响了自己的舒适。他有权以特定的方式消除来自被告的干扰，除此之外，他不能起诉被告，因为是他自己引起了烟尘，而对此他没有采取任何有效的防范措施，从而造成了烦恼。

这个案例是一个城市或乡村住宅建筑高度控制的问题，或者说是空间冲突问题。按照科斯的理论，这是一个权利或产权配置问题，即房屋所有人是否有决定自己房屋建筑高度的权利。科斯对该案例提出了另一种通过市场的解决方案：

科斯认为烟尘损害是由建墙者和生火者共同造成的，若被告不建高墙，原告生火并不会出现烟尘损害；若被告建了高墙，原告不生火也不会有烟尘损害。不造墙或不生火，烟尘损害就不会发生。按照边际原理，显然双方都有责任，双方在决定是否继续产生烟尘的行为时，都要计入烟尘带来不适的成本。在可进行市场交易的情况下，尽管建墙者对烟尘损害不负法律责任，但假如他愿支付给原告一笔等于消除烟尘的钱，这笔钱就成了建墙者继续拥有高墙和在房顶堆放木材的成本。

科斯对上诉法院法官的判决提出了质疑。他说，法官认为是生火者独自造成烟尘损害的观点，只有在假定墙是既定因素的情况下才是正确的。法官所做的判决是裁定建造高墙的人有建墙的权利。科斯提出了另一种情况，如果烟囱里冒出的烟对木材造成损害，那么造墙者就要蒙受损失。按照以往的判例，毫无疑问生火者要对木材的损失负责，尽管木材所有者在建高墙以前没发生过任何损失。但按照上诉法院法官的逻辑：建墙者要对他木材的损失负责，因为是建墙者自己引起了侵害，因为他把木材放在烟通过的地方，假如他不建墙，假如他将木材放到其他地方，木材就不会受到损害。这样，法官的判决会自相矛盾。

科斯认为法官们必须对法律责任做出裁决，但经济学家应当明白法律责任涉及的经济问题的性质。如果我们想达到资源的最优配置，双方当事人在决定他们的行动时必须考虑有害影响。有害影响造成的产值下降是双方的成本，这是平稳运行的定价制度的一个优点[11]。

科斯分析的另一个案例，“德尔塔航空公司诉克西，克西诉亚特兰大市”案[11]是一个空中飞机航行影响地面住宅宁静的典型案例。该案例中的空间冲突，表现在公众利益与个体利益的冲突上。

该案的情况是，克西先生在亚特兰大市买了地，并盖了一幢房子。几年以后，该市在靠近克西的地产处建造了机场。克西抱怨说，“在机场建造前，他的地产是宁静的适合居住的地方，但建机场后，灰尘、噪声、飞机的低空飞行使得他的房屋不适宜居住了。”案情报告对该事件做出了详细的陈述。法官首先参考了早期的“里托诉亚特兰大市”案，在此案中法官注意到亚特兰大市已明确得到建造机场的授权。

由于特许航空运输被认为是一种合法的行业和涉及公共利益的企业，因此所有按法定方式使用（机场）的人都享有市政当局授权的保护和豁免。飞机场本身不构成妨害，尽管建造和经营飞机场的方式会构成妨害。既然飞机场是涉及公众利益的合法行业，而且机场的建造是法律准许的，因此，法官接着参考了“乔治亚铁路和银行公司诉马德克斯”案。该判例写到：所建的铁路终点站的编组场是经法定机构授权的，如果建造和使用方法得当，就不能判定它构成妨害。因此，从火车头发出的噪声、汽车的隆隆声以及由此造成的震动、烟雾、灰烬、烟尘等等给编组站附近的居住者带来的妨害和不便，都是正常的和必然的结果。而且，适当地使用和经营该车场也不是妨害，只不过是所授特许权的必然伴随物。

据此，法官认定克西所抱怨的噪声、尘埃“可能是对该机场的适当利用所产生的意外，这样就不构成妨害”，因此克西不能得到禁令。

科斯案例中飞机场、铁路编组站对周边地区的噪声侵害是一种典型的空间冲突，是不同利益群体的维持空间宁静权利与产生噪音权利之间的冲突。科斯从经济学视角分析空间冲突问题，他认为“我们在处理造成有害影响行为时所面临的问题，并不是简单地限制那些行为”[11]。这就是说，虽然飞机场和铁路编组站在周边地区造成了噪声侵害，但不应简单地进行限制。科斯支持法官对该案件的判决，并进一步指出“真正必须决定的是，制止侵害的收益是否大于停止侵害行为而在其他地方造成的损失。在法律制度调整权利安排需要成本的世界上，法院在有关侵害案件中，实际上是在做经济问题决策，在决定各种资源如何利用”。如果禁止飞机场及铁路编组站发出噪声或迁移到其他地方所造成的损失，大于停止噪声侵害所产生的利益，就应当赋予飞机场和铁路编组站发出噪声的权利，但应当在可能的条件下降低噪声。

与列斐伏尔不同，科斯在分析空间冲突问题时，更多是从资源配置的角度，从产权安排的角度提出解决思路。与福柯不同，科斯分析的不是某种具体建筑式样所体现的权力关系，而是涉及更大空间维度的权利安排问题。这三种对空间及空间权利的研究虽然视角不同，侧重点不同，但可以为研究城市公共交通问题提供有益的启示。

三、公共交通的城市空间权利

优先发展公共交通还是优先发展小汽车交通，是列斐伏尔的所谓空间冲突问题。列斐伏尔曾把发展私人小汽车交通作为城市空间冲突的一个典型表现，并把这种空间冲突归结为资本主义剩余价值生产和社会的矛盾。本文认为这种城市空间冲突是不同利益群体之间、不同城市发展方式之间的冲突。而冲突的结果会物质化在城市空间结构和城市空间形态上，低密度蔓延型城市形态适于小汽车出行，而不适合发展公共交通；高密度紧凑型城市形态适合发展公共交通，而不适合小汽车出行。城市形态不过是在更大空间尺度上重现福柯全景敞视建筑体现的权利关系，并同样具有福柯所揭示的全景敞视建筑的内在机制，城市空间形态能够使不同利益群体的权利得到自动实施和强化。科斯的理论可以揭示城市空间冲突具有的“相互性”性质，城市形态适合发展公共交通会损害小汽车出行的权利，避免损害小汽车出行的权利就会妨害公共交通的发展，需要决定的是科斯所谓“是允许 A 损害 B，还是允许 B 损害 A”的问题。

本文从交通便利性和空间便利性两个方面，分析城市道路结构和城市空间结构空间形态体现出的权利关系，即哪种交通出行方式（小汽车交通和公共交通）在何种城市空间资源配置方式和城市空间结构中获得了更多出行便利的权利。

（一）交通便利性权利

由于考虑的是大城市交通问题，可以假设人们主要在公共汽车、轨道交通、私人小汽车、慢行系统（自行车或步行）这四种交通方式中进行选择。城市交通出行是一种引致需求，这里假定人们首先选择能快速到达出行目的地的交通方式。当然出行成本也是重要的考虑因素，对出行费用如何影响人们的交通出行方式选择，笔者在以往文章[23]中已有分析，不在此赘述。

大城市交通问题主要出现在大都市区通勤出行上，大都市区（Metropolitan Area）的面积一般在 1.5 万平方公里左右。在大都市区地方劳动力市场（Local Labor Market），单程通勤出行的极限时间一般不超过 2 小时，其出行距离一般不超过 70 公里。为说明方便起见，仅考虑乘小汽车或轨道交通两种出行方式，慢行系统和公共汽车只作为轨道交通的接驳方式。这意味着可以把城市交通出行群体分为两类：一个是开小汽车的出行群体，另一个是依靠公共交通（以轨道交通为代表）的出行群体。这两个群体可能不存在严格的划分，可以相互转换，如果某人一段时间内大部分出行是乘公共交通，该人就属于公交出行群体，否则就属于小汽车出行群体。假设从住所到工作地点（或出行目的地）可选择开小汽车或乘坐轨道交通，花费的出行时间分别为 T_{Ahw} 和 T_{Rhw} ，

$$T_{Ahw} = T_{Am} + \sum_{Ci=1}^{n} T_{ACi}\ ;\ T_{Rhw} = T_{hS} + T_{RO} + T_{SW}$$

其中，T_{Am} 为从住所到工作地点小汽车的实际开行时间，主要取决于小汽车的开行速度和城市道路结构及道路状况，T_{ACi} 为小汽车在交叉路口 Ci 的等待时间，$\sum_{Ci=1}^{n} T_{ACi}$ 为住所到工作地点途中小汽车在 n 个交叉路口的总等待时间；

T_{RO} 为轨道交通的运行时间（包括途中车站停留时间），T_{hS} 为选择轨道交通出行时从住所到轨道交通车站的时间，T_{SW} 为从轨道交通车站到工作地点（或出行目的地）的时间。如果轨道交通需要中途换乘才能到达，换乘时间计入 T_{hS} 或 T_{SW}。

如果开小汽车比乘轨道交通能更快到达，即 $T_{Am} + \sum_{Ci=1}^{n} T_{ACi} < T_{RO} + T_{hS} + T_{SW}$，人们会选择小汽车出行；反之，人们会选择乘轨道交通出行[23]。

从上式可以看出保证小汽车快捷出行有两个要素：一是提高小汽车的开行速度，二是减少交叉路口的数量及在交叉路口的等待时间。为此，就要提供相应的交通基础设施，由于小汽车在城市道路的行驶速度受到严格限制，因此只能通过减少拥堵、减少在路口等待时间来实现快捷出行。这就需要拓宽城市道路，建设大量 6～8 车道的快速路，要在交叉路口实现道路立体交叉，从而减少机动车路口等待时间。但不同的交通出行方式对城市道路空间有不同的需求，立交桥和 8 车道的城市快速路不适于步行和自行车通过，慢行交通要求相对较窄和较多平面交叉的道路。

在空间资源稀缺的城市，建设过多的宽马路、立交桥、快速路，是把交通出行便利权利配置给小汽车出行群体。较少地拓宽城市道路，较少地建设立交桥，是把交通出行便利权利配置给绿色出行群体（公共交通出行群体）。福柯全景敞视建筑所体现的权力关系在城市道路上体现为不同群体的权利关系，并同样具有福柯所揭示的全景敞视建筑使权力自动化的机制，城市道路结构能够使不同利益群体的权利得到自动实施和强化，城市道路结构本身就对交通便利性的权利进行了配置。这种权利关系具有科斯强调的“相互性”性质：是允许公共交通出行便利性权利损害小汽车出行便利性权利，还是允许小汽车出行便利性权利损害公共交通出行便利性权利，避免对小汽车出行便利性权利的损害将会使公共交通出行便利性权利遭受损害。

（二）空间便利性权利

空间便利性权利是在城市空间布局上，使乘轨道交通出行快速可达的权利。城市轨道交通能否比小汽车更快到达出行目的地的条件可以表示为：

$T_{RO} + T_{hS} + T_{SW} < T_{Am} + \sum_{Ci=1}^{n} T_{ACi}$，这取决于两个因素：一是城市轨道交通的运行时间 T_{RO}，轨道交通的运行速度为 40 ~ 100 公里，且自成系统不受其他交通方式的干扰，轨道交通的运行速度一般快于小汽车；由于存在站间距、技术、成本等方面的约束条件，城市轨道交通通过进一步提高运行速度缩短运行时间的可能性较为有限。因此，轨道交通能否比小汽车出行更快到达，主要取决于第二个因素，即从住所到轨道交通车站的时间 T_{hS} 和从轨道交通车站到工作地点（或出行目的地）的时间 T_{SW}。如果在轨道交通车站及周边地区进行高密度、高强度开发，使商务办公、公司总部、宾馆饭店、商业服务、影剧院以及房地产在轨道交通车站集聚，就可以大幅度提高轨道交通车站的可达性，T_{hS} 和 T_{SW} 就可以减少。这样对于上班族来说，出了城市轨道交通车站就可以到达公司办公场所；对于购物族来说，出了轨道交通车站就到了城市购物中心；对于去影剧院和餐馆的人群，到轨道交通车站就可以满足相应的服务需求；对于部分回家的人群，出了轨道交通车站，住所就在附近。在轨道交通车站及周边地区集聚多元化的城市功能，就可以大幅度减少乘轨道交通的出行时间。

公共交通，特别是城市轨道交通是大运量的交通方式，存在运输的规模经济，因此它不可能覆盖所有个人出行需求的起点和终点，不可能像私人小汽车那样通过“门到门”的出行来减少出行时间。如何解决“最后一公里”问题是减少轨道交通出行时间的关键。在轨道交通车站及周边进行高密度、高强度的多种城市功能开发是解决“最后一公里”问题的最有效方式，这实际上是把“最后一公里”变成“最后半公里”甚至“最后零公里”，即通过大幅度减少 T_{hS} 和 T_{SW} 来使轨道交通最大可能地实现“门到门”出行。

需要进一步分析的是：为减少轨道交通的出行时间，轨道交通枢纽车站与非枢纽车站集聚的城市功能应有何差别？城市轨道交通是多条线路组成的网络，在多条轨道交通线路交汇的枢纽车站及周边地区会以商务办公、商业购物、餐饮娱乐等功能为主，在非枢纽车站周边地区会以居住为主。

这是因为，多条轨道交通通过的枢纽车站有更大的客流输送能力，因而能够吸引集聚各类企业和集聚多种城市功能。例如，如果 4 条轨道交通线路通过的一个枢纽车站，意味着轨道交通网络可以把 8 个不同方向的客流送到该车站，轨道交通具有大客流输送能力，每天进出该车站的人数可超过 200 万；对企业来说，把公司总部或办公场所设在该枢纽车站及周边可以方便员工上班，可以方便客户来访；对商贸服务业来说，枢纽车站能汇集大量客流，在这里开商店、开餐馆更能招来顾客。各类企业在轨道交通枢纽车站的集聚会导致临近车站的土地价格上涨，居住功能会分布在离轨道交通车站稍远地方，由此形成围绕轨道交通车站不同城市功能的圈层结构。而仅有一条轨道交通的非枢纽车站及周边地区，也会吸引一些商贸服务企业，但更多的是吸引房地产业利用城市轨道交通的优势开发居住功能。这是因为居住在轨道交通车站附近，虽然比其他地方离工作地点更远，但轨道交通具有快速且不受其他交通方式干扰的特点，具有“时空收缩”的效能，通勤时间可能更短。

由此可得出以以轨道交通为主导的市场进行城市空间资源配置的第一个法则——轨道交通枢纽车站高强度开发法则：城市轨道交通枢纽车

站交汇的轨道交通线路越多，在该车站及周边地区越应进行更高密度、更高强度的多元化城市功能开发。因为在该交通枢纽交汇的线路越多，意味着更多的人要到该枢纽车站，为使更多的人在该车站把乘轨道交通“最后一公里”变成“最后半公里”甚至“最后零公里”，就要使该交通枢纽具备更多样化的城市功能，成为多方面出行的目的地，这就需要在该交通枢纽进行更高强度的开发。而人口和工作岗位集聚导致的交通需求，可能会导致新的轨道交通线路接入该交通枢纽，从而形成正反馈的相互作用。

值得注意的是，减少轨道交通出行时间不是通过轨道交通本身，而是通过改变城市空间资源配置方式，通过在轨道交通枢纽车站进行高密度、高强度开发来实现。进行高强度开发，大幅度减少 T_{hS} 和 T_{SW} ，及通过自行车步行来解决“最后半公里”出行，是把“空间便利性权利”配置给公共交通出行群体。但高强度高密度开发势必不利于小汽车出行，低密度开发才方便小汽车出行。福柯全景敞视建筑所体现的权力关系在城市空间资源配置上体现为不同群体的权利关系，并同样具有福柯所揭示的全景敞视建筑使权力自动化的机制。在轨道交通枢纽进行高密度高强度开发，能够使轨道交通出行群体的空间便利性权利得到自动实施和强化；而且，比全景敞视建筑更能使权利自动化的是，全景敞视建筑还需要有监视者的存在，而轨道交通枢纽高强度开发的空间结构就直接把空间便利性权利进行了配置，而不需要任何人为的干预。这种权利关系同样具有科斯强调的“相互性”性质：是允许公交出行群体的空间便利性权利损害小汽车出行便利性权利，还是允许小汽车出行便利性权利损害公交出行群体的空间便利性权利，避免对小汽车出行便利性权利的损害将会损害公交出行群体的空间便利性权利。

但任何轨道交通枢纽车站的开发密度、开发强度和开发面积都不可能过度扩大，开发密度强度本身就受到轨道交通输送和疏解能力的约束，开发面积过大则会降低离轨道交通车站较远地块的价值，不适合进行高强度开发。因此对于人口超千万、以轨道交通为主导的大都市区，应形成多个位于轨道交通枢纽的高密度、高强度具有多元化城市功能的区域，有可能形成由城市轨道交通网络联通的多个相邻的城市副中心。

这是因为，对于出行选择（或就业地点选择）来说，例如去影剧院或商店购物（或工作地点），如果 50 分钟可以到达已进行高强度开发的轨道交通枢纽 A，那么再多乘 10 分钟轨道交通到开发强度稍低的轨道交通枢纽 B 或 C（如果有类似的影剧院商店及工作岗位），并没有太大差别。对于房地产开发企业来说，3 个轨道交通枢纽都有多条轨道交通线路交汇，每个车站都有巨大客流量，轨道交通枢纽 B 和 C 或有更大的继续开发机会。

由此可得出以轨道交通为主导的市场进行资源空间配置的城市副中心形成法则——邻近高强度开发枢纽的轨道交通枢纽趋向于得到高强度开发：在城市轨道交通网络上，邻近高强度开发轨道交通枢纽的、开发强度稍低的轨道交通枢纽趋向于得到高强度开发。进行高强度高密度多元化城市功能开发的轨道交通枢纽地区，能提供多样化服务和大量就业岗位，从而引发接入该轨道交通枢纽的通勤铁路建设，并引发该轨道交通枢纽地区进一步的高强度开发，由此形成新的城市副中心，城市副中心的开发强度可能有一个不断强化的演进过程。

这里的城市副中心是指集聚了商业服务业等多种城市功能，开发密度、开发强度显著高于周边建成区，开发面积在 1 平方公里左右的区域。本文的城市副中心不同于更大尺度的城市副中心概念，如北京通州城市副中心，其规划面积达 155 平方公里，已经是超百万人口的大城市。

由于大都市区轨道交通网络有一个长期发展过程，各轨道交通枢纽交汇的轨道交通线路数量、通过的客流量都有一个动态变化发展过程，相应的轨道交通车站及周边的开发密度、开发强度都有一个动态变化过程。按照轨道交通为主导的城市副中心形成法则，邻近的轨道交通枢纽的开发强度之间存在相互作用，稍低强度开发的交通枢纽或得到更高强度的开发，甚至超过以前开发强度高的轨道交通枢纽，并对邻近轨道交通枢纽产生影响。这种开发强度的相互强化作用可促使形成大输送能力的环形轨道交通及多条放射线路的路网结构，以及在环形轨道交通枢纽上多个开发强度不断提高的城市副中心。

（三）城市规划与城市空间权利配置

基于轨道交通枢纽车站高强度开发法则和以轨道交通为主导的城市副中心形成法则，是轨道交通出行群体空间便利性需求的体现，同时是轨道交通企业为吸引客流对城市空间结构的基本要求，因此这两个法则又是以轨道交通为主导出行方式下市场进行资源空间配置的基本法则。按照这一法则将趋向于形成大输送能力环形轨道及多条放射线的轨道交通路网形态，及环形轨道交通枢纽上多个高密度、高强度开发的城市副中心；然而这还取决于城市规划能否顺应市场对资源进行空间配置的机制做出动态调整，能否把空间便利性权利配置给轨道交通出行群体。

城市规划是对城市空间资源进行配置，城市空间资源是以土地为载体的不同城市功能设施及其建筑体量、用地面积、开发强度、相邻距离、连通方式的集合。不同的空间资源配置方式实际上是不同权利（产权）的配置方式。从使用轨道交通出行群体的视角考虑，空间便利性取决于人口居住地及就业地到达轨道交通车站的便利、邻近程度。城市规划在进行城市空间资源配置时，不论主观意向如何，必然把空间便利性权利配置给某种交通出行方式。在轨道交通枢纽车站及周边地区进行高强度、高密度开发就为轨道交通出行提供了空间便利性，是把“空间便利性权利”配置给轨道交通出行群体，这必然损害私人小汽车出行便利性权利；否则，将损害轨道交通出行群体的空间便利性权利。大都市区轨道交通网络有一个动态发展过程，因此，空间便利性权利的配置也应有一个动态变化过程。

以轨道交通为主导出行方式的大都市区轨道交通网络的形成要经历几十年甚至上百年的发展过程，其网络形态及哪些交通枢纽将成为城市副中心，要受到多方面因素的影响，不是城市规划可以事先确定的。规划师不可能预知 10 年后，甚至 5 年后哪个轨道交通枢纽有更大的开发需求，哪些交通枢纽需要接入新的轨道交通线路。问题在于如何根据市场进行资源空间配置的法则，对轨道交通建设规划和轨道枢纽开发强度的限制进行动态调整。

日本东京大都市区轨道交通的“环形 + 放射线”的路网形态，以及环形轨道交通枢纽上多个城市副中心的城市空间结构，不是事先规划的结果，而是市场进行资源空间配置和二战后城市规划不断进行动态调整、主动适应的结果。这种路网形态和城市空间结构经历了上百年的演化过程，在汽车社会到来之前已经具备雏形。1960 年代日本东京大都市区的轨道交通里程已达 1300 公里。

全长 34.5 公里的环形山手线不是事先规划的，而是在不同时期、不同方向建设的铁路相互衔接，经历半个多世纪才逐渐成环。日本第一条铁路是 1872 年建成通车的新桥到横滨的 29 公里线路，其中新桥—品川约 4.9 公里铁路后来成为山手线的一部分。最早的山手线是 1885 年通车的品川—新宿—池袋—赤羽的铁路，这是当时东京市区第一条南北纵向贯通的铁路，其中品川—池袋约 15.4 公里路段后来成为环形山手线的一部分。直到 1925 年山手线才实现环线连通。另外，山手线的环形通道本身也发生了一般交通规划难以预测的变化，为适应不断加大的轨道交通需求，山手线的一些区段增加了平行运行的线路，在大崎—涉谷—新宿—池袋区段共建设了 3 条铁路复线，其中一条 13.4 公里的铁路复线在 2001 年才投入运营。品川、东京、上野等 3 个车站则可直接换乘新干线高铁列车。

山手线上共有 29 个车站，但哪些车站会成为接入线路更多的枢纽车站，应接入多少条线路？哪些枢纽车站应进行更高强度的开发，容积率应达到多少？这些是城市规划难以事先确定的，需要有一个市场选择过程和城市规划动态调整过程。因为存在多方面因素的影响，并不是最早运营的轨道交通枢纽就一定会成为开发强度最高、客流最多的车站。日本最早建设的两条铁路 1885 年在品川交汇，品川成为日本第一个轨道交通枢纽。当时铁路只是通过池袋地区，还没有在池袋设站。1903

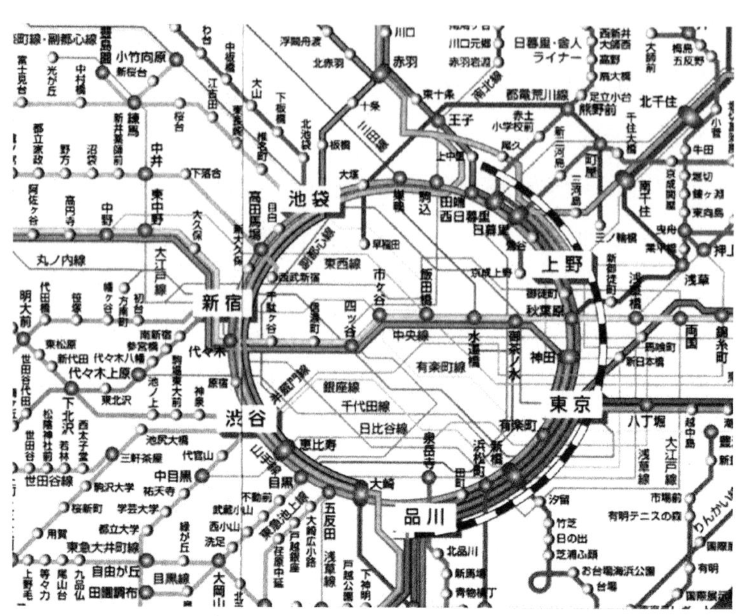

图 1　山手线环线铁路及主要交通枢纽

年日本铁道丰岛线（田端—池袋）通车，才设池袋站。1885 年山手线开通时新宿仍然只是郊区，新宿站客流稀少，下雨天更曾是完全无人使用。随着甲武铁道 1889 年接入新宿站，京王电铁 1915 年接入新宿站，小田急电铁 1927 年接入新宿站，新宿成为轨道交通枢纽后才逐渐发展起来。涩谷车站是在 1907 年东急玉川线接入，1923 年东京都电青山线延伸至涩谷站前，1927 年东急东横线接入，成为交通枢纽后逐渐发展起来。池袋、新宿、涩谷成为交通枢纽均晚于品川，但百年以后，无论从接入轨道交通枢纽的线路数量、车站及周边开发强度、车站日客流量看，品川都远在新宿、池袋、涩谷之后，造成这种状况的一个重要原因是东京大都市区的通勤铁路建设，另一个重要原因是日本政府解决东京核心区过密的政策。

1956 年发布的第三次东京大都市区轨道交通规划是为应对 1950 年代出现的东京中心城区与郊区之间巨大的通勤需求，这种需求是商业功能在东京中心城区集中而人口向郊区扩展产生的。该规划第一次表明要建设连接郊外住宅区到市中心往复运行的轨道交通。由于通勤的拥挤程度日益严重，通勤铁路的规划里程在1962年增加了1倍。为应对东京大都市区的人口增长和通勤时间长、轨道交通严重拥挤的问题，第七次东京大都市区轨道交通规划要求增加中心城区到周边地区放射型通勤铁路的运输能力，加快运行速度以减少通勤时间。1970年到2000年东京大都市区建设了1100公里轨道交通，大部分是呈放射线的通勤铁路，相当多的通勤铁路是从山手线西侧的池袋、新宿、涩谷等轨道交通枢纽向西延伸。2010年东京大都市区的轨道交通网络规模已达2525公里。

为解决东京都核心区过密问题，日本政府试图通过建设多个城市副中心来解决。东京都的核心3区，中央区、千代田区、港区约42平方公里的区域，集中了日本中央政府和东京都政府机构，大公司总部林立，商业设施云集，人口高度聚集，导致这一地区出现地价高涨、交通拥堵、噪声和汽车尾气污染等各种问题。1958年日本首都圈整备规划指定新宿、池袋、涩谷为副都心。1991年东京都政府机构从千代田区搬迁至新宿区，带动大批金融保险、房地产、商业服务业企业涌入新宿。后来日本政府又提出追加建设4个副都心，但其发展远没有达到新宿、池袋、涩谷3大副都心的规模。

轨道交通枢纽车站高强度开发法则和轨道交通为主导的城市副中心形成法则，或能对这三大城市副中心发展成功的原因提供部分解释。新宿站距离涩谷站、池袋站分别只有3～4站的距离，三大副中心都围绕轨道交通枢纽进行高密度、高强度开发，都有多条轨道交通线路接入三大交通枢纽。2007年，新宿站有11条线路接入，日均使用人数364万；池袋站有8条线路接入，日均使用人数271万；涩谷车站有8条线路接入，日均使用人数241万。这3个车站是日本客流量居前三位的轨道交通枢纽。

值得注意的是，涩谷轨道交通枢纽还在进行更高强度的开发[24]。在东急电铁主导下“涩谷站街区”项目被看作TOD的典范项目，日本株式会社日建设计称其为“站城一体开发”，东日本铁路公司则称其为

“车站城市（Station City）”，后两种说法更能体现这种开发模式的核心理念：在轨道交通枢纽车站要集聚多种城市功能。“涩谷站街区”项目分三期开发，包括4个街区，建筑面积59万平方米。一期涩谷之光（2012年建成）城市综合体项目，地上建筑34层包括商业、办公、剧场、创意空间、多功能展览、空中花园等功能，由于增加城市公共空间，该商业房地产开发项目获得容积率奖励，容积率由原来的7提高到接近14[24]。2013年东急东横线地下车站完工，实现与地铁副都心线同层换乘，能更便利到达新宿、池袋等其他车站，并且实现与涩谷之光的连接。一期项目完成后涩谷车站的每日使用人数已超过300万人次，超过池袋成为仅次于新宿站的第二大交通枢纽。涩谷站街区二期项目将在2020年东京奥运会之前完成，其中涩谷STREAM大厦将于2018年完工，谷歌日本总部将从六本木重新迁回涩谷，入驻涩谷STREAM大厦14～35层。涩谷站街区东栋项目地上建筑47层，高230米，比涩谷之光高约50米，预定2019年度竣工并投入使用。三期项目将在2027年完成。二、三期项目的建成将完善涩谷车站的城市功能架构，从原来单一的交通、商业功能转型为融入创意产业、办公、文化娱乐、观光、居住等功能的综合性城市副中心。

东京三大副都心的开发建设都遵循了以轨道交通为主导城市副中心形成的基本法则：在轨道交通枢纽及周边地区进行高强度开发，而且交通枢纽接入的轨道线路越多，开发强度也越高。这也是市场进行资源空间配置的基本法则。因为，如果不能在轨道交通枢纽进行高强度开发，企业营业收入就不能覆盖轨道交通的建设运营成本，而城市轨道交通建设运营完全靠政府投入则不可持续。另外，如果不在轨道交通枢纽进行高强度开发，就不能把空间便利性权利配置给轨道交通出行群体，更多的人就会选择小汽车出行方式，轨道交通就不能成为主导交通方式。但在轨道交通枢纽进行高强度开发首先就要面对容积率的约束，城市规划能否进行动态调整就成为能否实行“站城一体开发”的关键。

（四）以轨道交通为主导的城市规划

我国的城市规划适用于道路交通为主导交通方式的城市，而不适应于以轨道交通为主导交通方式的城市。首先，这种规划模式是先进行分区规划，先找地方盖楼房，再解决交通出行问题，交通规划只是城市总体规划的下层规划，而“站城一体开发”则要求轨道交通规划与城市空间布局的紧密协同互动。

其次，在规划程序上，制订城市总体规划后，要制订控制性详细规划。现行控规要对各地块的土地使用性质、容积率、建筑高度、建筑密度、配套公共设施等刚性指标做出限制性规定。然而，在城市快速发展时期，规划师无法事先预知经济社会环境变化是否会改变一些地块的使用性质，也无法预测各地块的开发主体对土地使用的要求。其结果是，先把规划师凭主观设计做出的控规以法规形式确定下来，在土地开发活动发生时，容积率、建筑高度、建筑密度等刚性指标几乎已经没有调整空间。我国城市规划中轨道交通枢纽的容积率一般控制在3，很少超过4。这种僵硬的规划模式根本无法适应在轨道交通枢纽进行高强度开发的需要。

随着我国特大城市尤其是超大城市对发展轨道交通重大意义认识上的深化，城市规划理念和规划模式在一些超大城市正逐渐发生改变。《上海市城市总体规划（2015—2040）》纲要中明确提出“未来上海将以成为高密度超大城市可持续发展的典范城市为目标”，并且上海已经在龙阳路轨道交通枢纽进行高密度、高强度开发[25]，该枢纽有6条轨道交通线路接入。2018年2月中片区25万平方米超巨型地块在上海市土地交易市场公开出让，上海地产集团联合上海浦东轨道交通、上海申通地铁中标。该地块规划地上建筑面积近138万平方米，规划最高建筑200米，体量超过上海中心、上海环球金融中心、金茂大厦之和，地块开发建设将以办公、商务、商业、文化为核心功能，兼具市级综合交通枢纽与城市副中心定位，将于2026年全部竣工，届时上海城市空间格局将发生重大变化。深圳罗湖区城市更新的湖贝旧改项目的容积率甚至达到12。

《北京城市总体规划（2016—2035年）》中也明确规定“到2020年轨道交通里程由现状约631公里提高到1000公里左右，到2035年不低于2500公里”。但新增的1500公里轨道交通建在哪里，在哪些轨道交通枢纽要进行高密度、高强度开发尚不清晰。北京曾从建筑美学的视角提出形成“两轴—两带—多中心”的城市空间结构，这种城市形态无法与轨道交通为骨干的城市交通体系相适应，以轨道交通为骨架只能形成“环形+放射线”的路网结构和中央大团加放射线的城市空间结构。北京2004—2020年总规的多中心所以没有达到预期发展规模，首先是没有轨道交通的支撑，其次是离北京中心城区过远，其结果是在市场机制驱动下，距离市中心30公里的河北燕郊镇的人口迅速超过60万，远超任一个北京远郊新城。

笔者曾建议[26]：北京应建设环形加多条放射线的轨道交通网，引导城市的发展方向。北京地铁10号线长57公里，是东京山手线长度的1.65倍，应进一步扩大10号线的通过能力，一些区段要建设双复线，使10号线成为北京的大能力环型通道。目前在10号线上已经有国贸CBD和海淀中关村两个城市副中心，完全可以在枢纽车站上建设多个城市副中心，并从这些副中心出发建设多条通勤铁路延伸到河北。除建设通往燕郊、大厂、香河、廊坊、固安、涿州主城区的6条通勤铁路，还应建设从10号线不同交通枢纽通往昌平、顺义的至少4条通勤铁路。在地铁10号线与通勤铁路交汇的枢纽车站应进行高强度、高密度商业开发，形成多个城市副中心。北京未来房地产开发项目、科技工业园区应安排在通勤铁路车站周边，形成多个规模不等的新城，可以在疏解北京中心城区人口的同时促进河北的经济社会发展，有利于推进京津冀一体化。

城市规划是把空间资源配置给不同的城市功能，实际上是通过城市空间结构设计把城市空间权利配置给不同的群体。通过不断拓宽马路、建更多立交桥来解决交通拥堵，还是在轨道交通枢纽进行高强度开发、建更多的轨道交通来解决交通出行？这一问题本质上是把交通便利性权利和空间便利性权利配置给小汽车出行群体还是配置给公共交通出行群体的问题。中国的城市更倾向于把交通便利性权利配置给小汽车出行群体，对此国外城市规划专家比国内规划工作者有更清楚的认识。

德国多特蒙德工业大学空间规划学院昆兹曼教授尖锐地指出“在21世纪的中国，汽车比人重要。无论刻意与否，汽车行业都在引领或主导城市规划工作。交通规划师和建筑师也乐意接受这种对于汽车的无条件让步。为确保城市中汽车出行的便利度，他们规划了通达的环路和路网并拓宽了马路，同时缩减人行道、自行车道和停车所占据的空间，拆除了村庄以建造立交。可以说，为了实现全社会对汽车所怀有的梦想，他们竭尽所能优化汽车交通的出行环境。然而建造的道路越多，对道路的使用率和交通量也会越高，拥堵和污染的情况就越严重。这就导致在中国很多大城市，很多时间都浪费在拥堵的道路上”[27]。

总之，城市规划是对城市空间资源进行配置，必然面临科斯关于权利配置的经典问题：“避免对B的损害将会使A遭受损害。必须决定的真正问题是，是允许A损害B，还是允许B损害A？关键在于避免较严重的损害。”特别在城市空间资源稀缺的特大城市和超大城市，拓宽马路、不在轨道交通枢纽进行高强度开发，势必损害轨道交通出行群体交通便利性权利和空间便利性权利，并造成小汽车尾气污染、拥堵、不可持续等更严重的损害。因此城市规划不仅是一种城市“空间设计”技术，更是在对不同群体的城市空间权利进行制度性安排，并把这种权利关系通过城市道路和建筑设计在城市建筑空间中实现，而这种权利关系自动实施的后果会在人们的出行结构中表现出来。

例如，北京五环内的面积为667平方公里，2014年五环内常住人口为1053.6万；东京23区的面积为622平方公里，白天人口为1128.5万，因此两个中心城区有一定的可比性。根据2008年的统计，东京23区在上下班时间的绿色出行分担率高达94%，其中轨道交通高达79%，小汽车的出行分担率仅为4%；而2014年北京五环内的绿色交通分担率为 60.6%，其中轨道交通仅为 19.4%，小汽车和出租车的分担率高达 37.7%（这里假定五环和六环的出行结构相同）[23]。这或说明北京把交通便利性权利和空间便利性权利更多地配置给小汽车出行群体，出行结构不过是城市空间权利制度安排的结果。

参考文献

[1] 郭继孚,孙明正,刘雪杰,安健. 城市公共交通优先发展战略思考与建议[J]. 城市交通,2013(3): 7 - 12.

[2] 李昆达,马林,杨新苗,林志伟. 快速城镇化下的公共交通优先政策研究[J]. 城市交通,2013(3): 60 - 65.

[3] 李晔,邓皓鹏,卢丹妮. 基于理念更新的城市公共交通优先发展制度框架[J]. 城市交通,2013(3): 41 - 46.

[4] 林群,赵再先,林涛. 城市公共交通优先发展制度设计[J]. 城市交通,2013(3): 47 - 51.

[5] 潘海啸. 面向低碳的城市空间结构——城市交通与土地使用的新模式[J]. 城市发展研究,2010(1): 40 - 45.

[6] 陆化普. 基于 TOD 的城市综合交通规划及其研究课题[J]. 中国科学基金,2005(4): 209 - 212.

[7] 何冬华. TOD 影响下的站点地区空间发展演进与土地利用形态重组[J]. 规划师,2017(4):126 - 131.

[8] 庇古. 福利经济学[M]. 金镝,译. 北京:华夏出版社,2013: 151 - 153.

[9] 邓欣,黄有光,中国道路交通外部成本估计——北京案例研究[J]. 重庆大学学报(社会科学版),2008(1):4 - 10.

[10] 佟琼,王稼琼,王静. 北京市道路交通外部成本衡量及内部化研究[J]. 管理世界,2014(3):1 - 9.

[11] Coase, Ronald H. The Problem of Social Cost[J]. Journal of Law and Economics,1960(3):1 - 44.

[12] 徐丽群,鲁昊昆. 公共交通产权制度安排困境与对策[J]. 现代管理科学,2015(3): 30 - 32.

[13] 王卫华,欧国立. 城市交通的产权空间属性研究[J]. 北京交通大学学报(社会科学版),2008(3): 31 - 35.

[14] 马学广,王爱民,闫小培. 权力视角下的城市空间资源配置研究[J]. 规划师,2008(1):77 - 82.

[15] Michel Foucault. The Eye of Power[M]//Thomas Hirschhorn. The Impossible Prison. Nottingham city: Nottingham Contemporary,2006: 10 - 11.

[16] Henri Lefebvre,The Production of Space[M]. Translated by Donald Nicholson - Smith,Oxford: Basil Blackwell Ltd,1991:7 - 8.

[17] Henri Lefebvre,The Production of Space[M]. Translated by Donald Nicholson - Smith,Oxford: Basil Blackwell Ltd,1991: 358 - 360.

[18] Henri Lefebvre,The Production of Space[M]. Translated by Donald Nicholson - Smith,Oxford: Basil Blackwell Ltd,1991: 364.

[19] 格莱泽. 城市的胜利[M]. 刘润泉,译. 上海:上海社会科学院出版社,2012:161.

[20] 福柯. 空间、知识、权力——福柯访谈录[M]//包亚明. 后现代性与地理学的政治. 上海:上海教育出版社,2001: 13 - 14.

[21] Michel Foucault,Discipline and Punish— The Birth of the Prison [M]. Translated from the French by Alan Sheridan, New York: Vintage Books,1995: 171.

[22] Michel Foucault,Discipline and Punish—The Birth of the Prison [M]. Translated from the French by Alan Sheridan, New York: Vintage Books,1995: 200 - 208.

[23] 赵云毅,赵坚. 建设公交都市:基于产权及城市规划的视角——北京与东京出行结构差异分析[J]. 经济与管理研究,2017(2):51 - 60.

[24] 吴春花,王桢栋. 涩谷·未来之光背后的城市开发策略——访株式会社日建设计执行董事陆钟骁[J]. 建筑技艺,2015(11):40 - 47.

［25］上海房地产观察．上海 25 万㎡超巨型地块刚刚拍出！500 亿总投资重塑上海城市格局！［EB/OL］．https://sh.focus.cn/zixun/4527cc96c96b8eb2.html,2018－02－13.

［26］赵坚.新版北京城市规划如何适应城市发展［EB/OL］.财新网.http://opinion.caixin.com/2017－04－07/101075396.html,2017－04－07.

［27］克劳斯・昆兹曼.一个欧洲人视角下的中国城市发展政策［J］.刘源,译.国际城市规划,2017(6):1－4.

“站城一体”使轨道交通与土地开发价值最大化

原载《北京交通大学学报社会科学版》，2018年第4期

[**摘要**] 国家发改委等部门最近为规范高铁车站周边区域开发建设，提出了“站城一体”的指导意见。站城一体和TOD的开发模式有很多共同之处，但二者的出发点则存在很大差异。本文在深入分析世界上最成功的日本“站城一体”案例和库里蒂巴TOD案例的基础上，进一步指出，如果我国现行城市规划的理念、做法和流程不做重大变革，“站城一体”的要求是根本无从落实的。

[**关键词**] 站城一体；城市规划；城市空间资源配置

[**基金项目**] 国家社会科学基金重大项目“集约、智能、绿色、低碳的新型城镇化道路研究”（13&ZD026）

一、引言

2018年4月，国家发展改革委、自然资源部、住房城乡建设部和中国铁路总公司联合发布了《关于推进高铁站周边区域合理开发建设的指导意见》，该指导意见提出“我国高铁车站周边区域整体开发建设仍处于起步阶段，各方面对高铁建设和城镇化融合发展研究还不深入，个别地方高铁车站周边开发建设不同程度地存在初期规模过大、功能定位偏高、发展模式较单一、综合配套不完善等问题，对人口和产业吸引力不够，持续健康发展的基础不够牢固，潜藏着一定的社会经济风险”。在该指导意见的第六条“促进站城一体融合发展”中，特别提出

“高铁车站周边开发建设要突出产城融合、站城一体”。

这是“站城一体”的概念第一次出现在部委正式文件中，也是该指导意见中的最大亮点。站城一体的发展模式不仅适用于部分高铁车站，而且适用于城市轨道交通车站，特别是城市轨道交通枢纽车站。“站城一体”的“站”是指轨道交通车站，“城”则是指城市。要采用“站城一体”的发展模式，首先轨道交通规划和城市规划就必须实现一体化，如果在规划阶段不能一体化，事后则要支付巨大的拆迁重建成本，或者根本就无法实现“站城一体”。这就对现行的城市规划理念和城市规划流程不适应轨道交通发展的顽疾提出了严峻挑战和紧迫的变革要求。为此，首先要准确理解“站城一体”的内涵。

人们通常认为“站城一体（Integrated Station – City)”是公共交通导向的发展（Transit – Oriented Development，TOD）的一种模式。甚至日本“日建设计站城一体研究会”全面总结日本“站城一体”开发模式的书名也为“*Integrated Station – City Development – The Next Advances of TOD*”（站城一体开发——TOD 的新进展)，并且称“站城一体”是“日本特色的 TOD 城市结构”[1]。TOD 和“站城一体”在开发模式上有很多共同之处，都主张发展公共交通，通过把办公、居住、购物等功能安排在车站步行可达的范围内，来减少日常生活和经济活动对小汽车的依赖。

但二者的出发点则完全不同，日本的“站城一体开发”是为了实现轨道交通与城市房地产协同开发的价值最大化，而且铁路公司通常是“站城一体”开发的主导者；TOD 更多地从可持续发展的视角出发，倡导通过发展公共交通减少资源环境压力、降低二氧化碳排放。实际上，1920 年代“站城一体”的开发模式在日本就已经出现，TOD 的概念 1990 年代才出现在美国。

一般认为 TOD 的概念最早由美国新城市主义代表人物彼得·卡尔索普（ Peter Calthorpe）提出，他在 1993 年出版的《下一代美国大都市：生态、社区和美国之梦》一书中明确提出了以 TOD 模式取代蔓延式的发展模式，这是对美国城市发展模式的深刻反思。第二次世界大战后，房地产和汽车产业成为拉动美国经济的主要引擎。美国政府的住房贷款和州际高速公路建设，形成了与市中心相连接的高速公路网，极大地便利了人们在郊区居住、开小汽车到中心城区上班的生活模式，导致了小汽车导向低密度蔓延的城市发展模式，成为所谓“汽车轮子上的国家”。

美国以小汽车为导向的城市发展模式引发出各方面的问题，过度依赖小汽车出行导致城市低密度无序蔓延，而低密度蔓延又进一步强化了对小汽车出行的依赖。1980 年代前后人们逐渐认识到城市低密度蔓延、交通拥堵状况不断恶化、石油资源消耗不断增长、环境和空气污染加重的城市发展模式是不可持续的。倡导新城市主义（New Urbanism）和精明增长（Smart Growth）理念的城市规划师和建筑师开始探索更可持续的城市发展模式。

1993 年，卡尔索普等成立了以芝加哥为基地的新城市主义协会（Congress for the New Urbanism ，CNU）。新城市主义协会在其宪章中明确宣称：“我们提倡重新构建我们的公共政策和发展实践来支持以下原则：邻里应该在人口构成和使用功能上体现多样性；社区设计应该考虑为步行和公共交通服务也要考虑小汽车出行（Communities should be designed for the pedestrian and transit as well as the car）；城市和城镇的物质形态由其公共空间和社区组织机构的普遍可达性来限定；城市地区建筑和园林设计的构建要体现地方历史、气候、生态和建筑特色[2]。”基于“新城市主义”和“精明增长”的发展理念，公共交通为导向的发展（TOD）倡导通过公共交通来引导土地利用和城市发展，以达到控制城市蔓延、限制小汽车使用，实现可持续发展的目的。

实际上，城市发展的实践已经走到理论前面。早在 1970 年代，巴西库里蒂巴的带形城市（Linear City）就已经实现了在道路交通为主导交通方式的城市中，如何用公共交通引导城市发展。甚至在更早的 20 世纪初，日本阪急电铁的站城一体开发模式，就已经实现了在轨道交通为主导交通方式的城市，如何用公共交通引导城市发展。

日本“站城一体”开发模式的逻辑是：使人们选择轨道交通出行的最好办法，就是把人们的居住、就业、购物、娱乐等活动场所都安排在步行可达轨道交通车站的范围。如果城市在空间布局上把人们的居住、就业、购物、娱乐等活动的场所都安排在步行可达，或可便利到达的轨道交通车站范围内，就能够使轨道交通成为最便利的出行方式。这样，一方面能够提高轨道交通车站周边房地产开发的价值；另一方面能够给轨道交通带来更多的客流，从而实现轨道交通与城市房地产协同开发的价值最大化。

新城市主义宪章中要求“社区设计应该考虑为步行和公共交通服务，也要考虑小汽车出行”，而巴西库里蒂巴的带形城市、日本的站城一体化模式则是主要考虑公共交通出行的便利性，较少考虑小汽车的出行便利，甚至造成小汽车出行的不便利。本文通过这两个世界上最成功的“站城一体”和 TOD 的典型案例，说明不同的城市在以轨道交通或道路交通为主要出行方式的情况下，是如何在城市空间资源配置上把交通便利性权利和空间便利性权利配置给公交出行群体而不是小汽车出行群体，从而使公共交通出行成为最主要的出行方式[3]，同时使这种城市发展模式更可持续。

二、日本的站城一体化开发

日本不是最早进行轨道交通与土地一体化开发的国家。19 世纪末和 20 世纪初，轨道交通与土地一体化开发是美国许多城市的主要发展模式。美国经济学家库什曼在其“土地开发与公共交通衔接的探究”一文中曾这样总结洛杉矶早期的轨道交通与土地一体化开发：“电气化铁路集团与土地利用权益的一体化提供了来自土地销售的利润，而这些土地销售多年来都支撑着给私营有轨电车公司的隐性经营补贴。洛杉矶的一位知名企业家亨廷顿就曾利用发展中的有轨电车运营，在圣费尔南多山谷购置了 5 万英亩的土地，在轨道运营期满后，成为在洛杉矶土地开发热潮中的一个大玩家。”到 20 世纪 40 年代，据说洛杉矶地区在运营的有轨电车线路超过 1400 英里（约 2253 公里）[4]。

但在汽车时代来临后，美国的城市发展就几乎完全被小汽车主导的蔓延型发展模式所取代。其中一个原因是美国土地资源禀赋丰裕；另一个重要原因可能是，美国未能发展出“站城一体”开发模式，因而轨道交通提供的交通便利性和空间便利性无法与小汽车竞争。交通便利性是指使用该交通方式到达目的地的通畅程度；空间便利性是指出行者使用该交通方式的便捷程度，对轨道交通来说，是指到达轨道交通车站的方便程度和轨道交通车站能够满足多种需求的程度。

而轨道交通与土地开发一体化的城市发展模式在东京、大阪等日本大都市区却取得了成功，其原因在于日本国土面积狭小，人多地少，土地资源极为稀缺；另外日本在汽车化时代没有来临之前就较早地发展了铁路。更为重要的是，日本企业家开创了站城一体化的创新开发模式，并不断提高轨道交通车站及周边地区的开发强度和开发密度，使轨道交通成为日本大都市区占主导地位的交通方式，其中最突出的是大阪的阪急电铁和东京的东急电铁。

（一）阪急电铁的早期站城一体化开发

在日本，轨道交通与房地产的一体化开发模式是 20 世纪 20 年代初期，由阪急电铁（Hankyu Corporation）在大阪京都地区首先采用的，也被称为站城一体化开发的古典模式。其核心是轨道交通与城市相辅相成，实现共同发展，重点是在轨道交通枢纽站进行综合性一体化开发，成为城市的核心地区和交通节点，使其所在地区土地开发价值实现最大化。阪急电铁的前身是 1907 年成立的箕面有马电气轨道公司（Minoo Arima Electric Tramway Company），创建者为小林一三。“轨道交通并不是运人的工具，而是让沿线地区可居住的手段”[1]，这不仅是小林一三的口头禅，同时也是阪急电铁的经营理念。该经营理念的核心是，使邻近轨道交通车站周边居住能够最大程度地获得交通便利性和空间便利性。

19 世纪末 20 世纪初，日本的国有铁路建设主要是连接重要城市、港口的长途干线铁路，如从东京出发，途经京都、大阪到神户的铁路干线，1872 年开通运营的连接新桥—横滨的铁路只是该铁路干线的支线，这些铁路是以运送货物、军用物资为主的长途运输铁路。在大阪，1905 年阪神电气铁道开通了大阪到神户的 90 分钟线路。小林一三建设的箕面有马铁路不同于国有铁路和阪神电气铁路主要连接不同的城市，而是连接大阪城区和郊区的以运人为主的短途铁路。小林一三的箕面有马电气轨道公司 1910 年 3 月开始运营，其经营的铁路线路为 24.5 公里的梅田至宝冢（宝冢本线）和茨木至箕面（阪急箕面线）铁路。箕面有马铁路通向的宝冢、箕面等大阪郊外地区人烟稀少，在很多人看来这是一条没有客流几乎无法运营的铁路。因为铁路的建设周期长，资金回收也是一大难题。小林一三曾陷入资金链几乎断裂的困境。

当时大阪被称为“日本的曼彻斯特”，工业化的发展带来大量的人口集聚，同时也引发了交通拥堵、空气污染等一系列大城市病。当时大阪郊外还没有进行开发，虽然人们怀疑建铁路能否有人乘坐的问题，但小林一三坚信，越来越多的人将会追求舒适的田园型住宅，大阪梅田至宝冢铁路沿线的田园风光、优美的自然环境是其他线路没有的，这也是阪急电铁进行沿线房地产开发的优势所在。小林一三认为，在还没有进行开发建设的便宜的土地上，在建设轨道交通的同时进行商品住宅开发，那么轨道交通的使用人数就会随着商品房的不断开发而持续增加。基于这一理念，小林一三在其轨道交通车站周边进行房地产开发，并引入分期付款方式，吸引人们购买。

小林一三在 1910 年首先开发的是池田站的池田室町住宅地开发项目。该地区保留了历史悠久的吴服神社，并采用一种不同于市区和传统农村的全新的街区设计。该地块的规模约为 8.9 万平方米，建设了 200 户独立的商品住宅。每一户住宅用地约 330 平方米，木造的 2 层小楼，有 5 ~ 6 个房间，建筑面积 66 ~ 99 平方米，并附带庭院。小林一三为这些住宅安装了电灯，成立了专门的供电公司负责住宅供电，还在日本首先采用了分期付款的销售模式。只需支付 2% 的首付 50 日元，余款可在 10 年内还清。一栋住宅的价格为 2500 日元，据说是当时银行职员年薪 500 日元的 5 倍。分期付款在现在是普通的住房销售模式，但在当时则是一种全新的尝试。

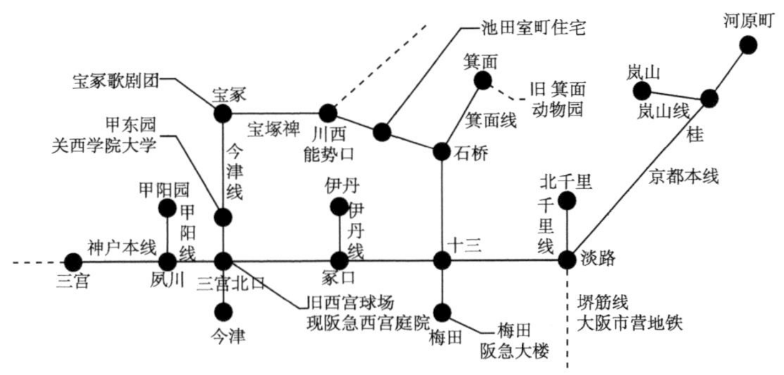

图 1　阪急电铁线路图

在城市郊区居住对当时的日本来说是一种全新的生活方式。为向大众宣传郊区全新的生活方式，在完善硬件设施的同时，小林一三还进行了大量的商业宣传活动，来提升轨道交通沿线房地产的商业价值。其宣传活动以“模范的郊外生活”为口号，针对大阪市“天空昏暗、烟尘弥漫”的环境，鼓励人们离开空气污染严重、卫生状况恶劣的大阪市区，倡导郊外与大自然共处的健康生活方式。阪急电铁发行的《如何择地而居，如何择屋而居》的宣传册生动形象地描述了居住于郊外独立式住宅的生活，便利的轨道交通，阳光明媚空气清新，可在自家庭院种菜，充满田园趣味。为实现阪急电铁宣传的生活方式，阪急在车站周边设置了理发店、干洗店等日常生活所必需的商业服务设施。到新建住宅出售时，这些住宅几乎被抢购一空。除了池田室町之外，阪急电铁还开发了其他铁路车站的房地产项目，取得了很大成功。

为增加客流，小林一三在宝冢本线的起点站大阪梅田站策划了百货商店项目。1920 年，阪急电铁邀请东京的著名百货店白木屋在梅田阪急大楼一层试验性开设白木屋分店，经营日用杂货。1929 年，阪急电铁创立了自己直营的百货商店，这是全球第一家设在轨道交通枢纽车站的百货店。阪急百货店以销售日用杂货和食品为主，以最好的品质和最优惠的价格为经营理念。阪急大厦的二层和三层是直营的大卖场，大厦的四层和五层是餐饮区。顾客可以在直营大卖场购物，在餐饮区就餐，在同一大厦内乘轨道交通回家，购物、就餐、乘车可以在阪急大厦内完成，为顾客提供如此便利的满足多种需求的出行方式，使阪急吸引了大量顾客。在当时全球经济大萧条的环境下，阪急电铁取得了良好的经济效益。这一系列创新使得梅田阪急大厦成为现代轨道交通枢纽百货公司的原型。

为了进一步增加轨道交通的客流，1913 年，小林一三在箕面有马线的终点站宝冢站成立了宝冢剧团，表演舞台剧，该剧团以表演男女老少喜闻乐见的国民剧为目标，一举成名。1919 年，该剧团开设了宝冢音乐歌剧学校，在校生和毕业生共同组织了宝冢少女歌剧团。1924 年建成了可容纳 4000 人的宝冢大剧院，宝冢少女歌剧团成功地培育了一大批忠实的女性观众。阪急电铁还在宝冢站周边建设了儿童游乐园、宝冢新温泉天堂等设施。在当时的宝冢，宝冢少女歌剧团的指定席门票、温泉入场券、咖喱饭各 30 钱。于是宝冢被称为“只要 1 日元就可以玩一天”的综合性娱乐场所。阪急电铁不仅满足了通勤和通学的需求，还创造出满足休闲娱乐的出行需求，使得以前以通勤和通学为目的的乘客群体中增加了女性和儿童群体，轨道交通成功地吸引了沿线几乎所有人群。

小林一三还在阪急神户线西宫北口站建设了阪急西宫球场，作为阪急电铁职业棒球队的主场，兼具举办自行车比赛、美式足球、音乐会的多种用途，这可以说是日本体育场多元化经营的起点。小林一三建设了今津线，把宝冢站与神户线连接起来，形成路网，在今津线的东园站附近吸引关西学院大学等教育机构入驻。

这样就为宝冢本线创造出双流向、多时段的客流：一是在宝冢本线车站周边居住、到梅田方向的客流，即到大阪上班的通勤客流；二是到宝冢方向看歌舞剧、体育比赛，到关西学院大学等教育机构的客流。这两股客流的流向相反，可以使铁路的运输能力得到充分利用。在大阪梅田车站建百货公司，可以为在宝冢本线沿线车站周边居住的居民乘轨道交通到梅田站的百货公司购物提供极大的便利，而这些购物及到大阪市内出行的客流，与到大阪上班的通勤客流出现在不同时段，从而使轨道交通的运输能力得到更充分的利用，而轨道交通成为城市生活日常出行最便利的交通方式。

阪急电铁的站城一体化开发模式侧重轨道交通建设与沿线城市功能的开发，在阪急电铁的轨道交通车站及周边集聚了商业、居住、教育、娱乐、体育、餐饮等各种城市功能，以枢纽车站为中心的高度复合、集聚型开发模式在阪急大厦和周边的开发中也有体现。在阪急模式的启示下，东急电铁和西武铁道等民营铁路公司在东京大都市区的通勤铁路和轨道枢纽车站进行了更高强度的站城一体化开发，面对更为复杂的 JR 线和地铁高度复合的轨道交通枢纽，东急电铁等铁路公司把高度复合、集聚型开发模式推进到新的发展阶段。日本国铁在完成民营化改革后也采用了这种开发模式，特别是在轨道交通枢纽车站及周边地区进行高强度、高密度开发，站城一体化开发成为日本铁路公司主要经营领域之一。

（二）东急电铁的站城一体化开发

东急的站城一体化在早期阪急电铁的站城一体化开发模式上有了进一步发展，不仅在轨道交通枢纽车站的开发建设规模、复杂程度上，而且在城市规划、土地利用的许多方面都出现了重大变化。东急最成功的站城一体化开发是田园都市铁路和“东急多摩田园都市”的开发建设。

多摩田园都市的构想要追溯到 1918 年，当时，涉泽荣一是日本明治时期最成功的企业家之一。在人口大量迁入东京的初期，涉泽荣一怀着对东京郊区无序扩张的质疑，成立了“田园都市株式会社”，设想建设多个田园都市，并通过轨道交通实现与东京的连接。田园调布就是其中的一个田园都市，1922 年从山手线上的目黑站到田园调布地区的轨道交通开始进行建设，同时开始田园调布周边的住宅用地开发。1923年从目黑到田园调布到蒲田的目蒲线（现名：目黑线及多摩川线）开通运营。东急集团（Tokyu Group）的前身就是1922年设立的“目黑蒲田电铁株式会社”。这是东急早期进行的轨道交通与土地一体化开发。涉泽荣一采用了和土地所有者合作共同进行房地产开发的方式，这些初期的开发经验成为以后多摩田园都市开发的重要指引。涉泽荣一试图建设田园式的居住区来解决东京的无序扩张，这一设想借助了霍华德的“田园之城”规划理念。但霍华德的“田园之城”是要建造一个在经济上独立于伦敦的新城，而涉泽荣一设想的日本田园城市主要是通勤者及其家人的居住社区。涉泽荣一努力要建设几个郊外住宅区，其中最成功的是“田园调布”，直到现在仍是东京大都市区中广为人知的高级住宅区，但他的设想因二战而被中断。

涉泽荣一的继任者五岛庆太（1882—1959年）以独到眼光和领导力，从20世纪60年代开始多摩田园都市建设。一个日本历史学家写道：“涉泽荣一设想的具有慈善性质的花园城市，在五岛庆太手中变成了利润导向的商业投资。五岛庆太认为轨道交通不在于把各个站点连接起来，而是在轨道交通通道上开发房地产的机会。”[5] 五岛庆太的这一城市开发理念形成了东急现代版的站城一体化开发模式。

东急的快速发展是在二战以后。1949年，东急电铁在东京股票交易所上市。1950年后，日本经济进入高速增长阶段，同时也是东京大都市区人口快速增长的时期。为适应人口快速增长的住房需求，日本在距东京都中心60公里范围内建造了多个经过规划的新城，这些以居住功能为主的新城，面向依靠轨道交通去东京中心城区上班的家庭。政府开发的新城面积大都在10～30平方公里，东急电铁主导开发的“东急多摩田园都市”开发面积为50平方公里，初期规划人口为40万，后调整到50万，2012年，东急多摩田园都市的人口已达60万，远超规划人口，成为日本规划建设的最大规模的新城。获得过包括1987年日本建筑学会和2002年的日本城市规划学会奖在内的3次大奖。获奖的理由是“和轨道交通一起成功的计划性都市建设，与人口增长同步的生活环境整备”“规划调整工程的推进”“规划下的市区环境维持和提升，体系化的绿化”等，得到学术界和社会的很高评价。东急集团也成为日本最成功的财团之一。

五岛庆太在1953年提出了《城西南地区开发意向书》，主要内容是通过建设轨道交通联络中心城区，实现中心城区人口疏解，收购土地在轨道交通沿线建设新城，该项目由已经在新城建设方面取得一定成果的东急电铁进行一体化开发。东急多摩田园都市的选址位于东京都西南方向距离东京火车站15~35公里的农田、林地的区域，1953年该地区人口只有2万多人和一些小村庄，但东急电铁相信东京大都市区的面积会不断扩大，并于1953年提出并制定了轨道交通建设和住宅区开发的总体规划，这是一个将轨道交通建设和住宅区开发同步推进的城市开发项目，并设立了东急不动产负责项目开发。

东急电铁的《开发意向书》发表之后，就遇到了与东京都城市规划上的矛盾。日本政府1956年发布的《首都圈整备法》，规定市区外围15~25公里范围为绿带，来防止东京市区无序蔓延，而多摩田园都市正位于该地带。按照规定，绿带地区的住宅开发和工业建设将被禁止。而当地的土地所有者希望通过房地产开发获得土地增值收益，当地政府希望通过房地产开发带动地方经济发展，因而反对把该地区划为禁止开发的绿带。通过当地政府、土地所有者、东急电铁等多方面的努力，日本政府在1961年发布公告，允许在轨道交通车站1公里范围内进行城市化建设，东急电铁的多摩田园都市建设成为可能。

东急多摩田园都市线的起点站是山手线的涩谷站，终点站是中央林间，线路全长31.5公里，共27个车站。1953年，东急电铁已经开通了涩谷到沟之口站的线路。为保障田园都市线的顺畅运行，东急电铁计划把涩谷到二子玉川区段9.4公里的线路全面地下化，把二子玉川到沟之口区段2公里的线路高架化。东急电铁需要新建的是沟之口到中央林间20.1公里的铁路。为保证新建轨道交通和周边房地产开发用地，东急电铁在项目开始之前就通过土地区划调整工程对土地进行收购。

日本的土地区划调整工程类似于我国的土地利用规划调整和土地一级开发，是指在没有城市基础设施或城市基础设施尚不完备的地区，以建设完善城市基础设施为目标，进行道路、公园、河流等公共设施的建设和完善，土地区划调整要对相关区域内土地所有者所提供的土地进行合理调整与利用，一部分改作道路、公园等公共用地和保留地，另一部分进行房地产开发与销售。通过土地区划调整工程可以提供城市公共基础设施用地，整体优化土地利用布局，提升土地价值。

多摩田园都市的站城一体化开发，首先要有用地保障，包括轨道交通线路、车站、车辆维护检修基地用地，房地产开发用地（商品房、配套商业服务设施用地），城市公共设施用地（公共交通、学校、医院、公园等）。如果东急电铁对规划的 50 平方公里用地采用全部收购的方式，在收购中要投入大量资金，进行轨道交通和城市基础设施建设又要投入更大量的资金，因而存在较大的金融风险。

东急电铁的做法是：通过土地区划调整工程、土地置换和收购获得 1/3 的开发用地，从而避免收购全部开发用地的金融风险。在日本，轨道交通建设用地获得与公共利益相关，可以根据相关法律程序获得土地征用权，但用于城市开发建设的用地，则要通过土地利用规划调整来对开发地区的土地利用进行控制。土地区划调整工程由土地所有者组成的协会主导实施。东急电铁通过收购当地一定量土地后成为土地所有者协会的一员，参与土地区划调整工程。

东急电铁仅收购了部分城市开发用地，因此必须设法吸引其他土地所有者参与到东急规划的项目开发中来。东急电铁提出“地上权对价方式”对土地所有者进行利益返还，从而吸引土地所有者参与东急的房地产开发。土地开发利益主要来自两个方面：一是通过轨道交通和道路建设缩短出行距离和时间及城市基础设施建设导致的土地升值；二是通过容积率调整、用地功能的改变，增加了土地开发的可能性、收益性所导致的土地升值。首先，东急以进行房地产开发为条件与土地所有者签订利用其土地进行商品房建设的契约。其次，东急利用地上权建设商品房。最后，东急把新建成的一部分商品房无偿转让给土地所有者，剩余的商品房作为有地上权的住宅出售，来收回建设成本获得收益。通过这种方式，土地所有者可以零成本地获得可供出租或出售的房产，东急可以利用他人的土地进行房地产开发。

土地区划调整工程是东急为多摩田园都市集中土地和获得资金的前提。东急在 1953 年到 1966 年期间先后共组织了 53 个土地所有者协会，集中了 49 平方公里的土地。大多土地所有者是农民，基于东急电铁在田园都市建设方面的业绩，他们信任东急集团创建高品质住宅的能力。东急电铁起源于从事田园城市建设的公司而不是经营铁路起家的企业，使其更能赢得土地所有者的支持。土地所有者协会放手把土地开发权和项目规划交给东急电铁。在日本城市规划界，以这种前所未有的方式来推动新城开发被称为“东急”方式。

按照东急的土地区划调整工程模式，土地所有者放弃他们 45% 的土地来换取对土地的一级开发（城市基础设施建设）。土地所有者们放弃的土地中有一半用于道路、学校、医院、公园等公共设施建设，另一半保留备用，最终出售来补偿开发成本。备用土地在 1953 年开发初期阶段的售价为每平方米 0. 43 美元，1960 年代中期备用土地每平方米的售价就达到 1. 5 美元，在当时这是相当昂贵的价格，但是开发商愿意支付这个数，因为他们相信高质量、有轨道交通的住宅区将建起来[5]。东急电铁进行土地重整的协调方式和融资能力，能够建成有整齐的道路、给排水管网和其他的城市公共服务基础设施的城市化地区。以东急电铁的领导能力、金融实力和土地所有者协会中最大土地所有者的身份，有能力重新安排土地用途，在相对短的时间里配置必需的城市基础设施。

1966 年，东急田园都市线（沟之口—长津田站）投入运营，乘坐轨道交通可以方便地从多摩田园都市到达山手线的涩谷站，交通便利性进一步增加了人们到多摩田园都市居住的吸引力。东急电铁在同年发布了“梨城规划”向全社会说明东急多摩田园都市的开发理念和构想，多摩田园都市周边盛产梨，所以用梨来命名其规划，以此来推动住房销售。该规划将日常生活设施设置在车站和居住区，提出了以交通系统、商业系统和绿地系统等三大系统相连接来形成该地区城市骨架的规划理念。交通网络包括轨道交通、汽车、停车场、自行车、步行系统网络；商业体系网络包括各类商业服务设施网络；绿地系统包括绿地、河流、开放空间、公园、文化设施、住宅区中的步行绿色廊道等。但东急多摩田园都市的“梨城规划”不是一开始就计划好三大系统，而是根据居民不断增加的需求和当地经济社会发展的状况，逐步进行商业和公共服务设施的更新和品质提升，依次追加新的功能来满足当地居民不断增长的需求。这是一种更灵活更具弹性的城市规划方式，这种规划理念也是东急多摩田园都市规划得到高度评价的一个原因。

在田园都市线开通后，东急将大量独立住宅投放市场，而且还将大量完成了一级开发的土地卖给其他房地产开发企业。这一方面是回收轨道交通和房地产开发的前期投资；另一方面是实施“先吸引人口，后建设相应生活服务设施”的经营策略。在满足了居住人口量的积累后，再寻求质的提高。东急电铁以其《开发意向书》中提出的建设“低密度田园郊外住宅区”开发理念，成功打造了环境优越的高品质住宅形象，满足了中产阶层的购房需求，吸引了这一群体的大批入驻，而这一群体的入驻也进一步加速了高品质服务设施的开发。1973 年东急电铁公布了“生活设施便利规划”，拟在田园都市线的主要车站附近建造百货公司、购物中心、游泳池、网球场等运动设施、社区活动中心、医院等生活服务设施。随着生活服务设施的运营，街区的整体价值不断得到提升。

东京田园都市线车站间的距离是根据人的步行距离考虑的，这样就能以轨道交通车站为中心形成连续的步行圈。如果以轨道交通车站为中心、人的步行半径为 750 米，轨道交通车站间距离 1000 ~ 1500 米之间的地带，就能形成沿轨道交通的连续街区。起初，东急电铁轨道交通沿线的房地产开发限定在以车站为中心的 750 米步行圈内。为进一步扩大房地产的开发范围，东急电铁在车站广场建设公交车站，增设联系轨道交通车站和居住区的公交线路，开通定点公交班车，使得车站步行圈外的区域也能成为具有交通便利性的居住用地，由此扩大了房地产的开发范围，促进了轨道交通沿线的人口增长，也给轨道交通增加了客流，获得更多收益。

由于在郊外轨道交通沿线开发的新城往往成为东京中心城区的"卧城"，导致上下班时间出现单方向客流高峰和交通拥挤，而反方向客流稀少，降低轨道交通的运行效率。东急电铁主要采用两类措施来创造反向客流：一是吸引名牌大学、私立高中在轨道交通沿线建立校区；二是吸引大型商业、娱乐体育设施进驻轨道交通沿线。

东急电铁在早期发展阶段就曾通过吸引大学入驻轨道交通沿线，来提高轨道交通利用效率，建设文化教育走廊，塑造沿线城市品牌。1923年，日本关东大地震使东京工业大学校区受到严重毁坏，东急电铁邀请东京工业大学在其大岗山车站附近重建。1929 年，东急电铁将位于东横线日吉站附近的一块面积为 23 公顷的土地赠送给庆应义塾大学，成功实现吸引庆应义塾大学入驻轨道交通沿线的愿望。在东京多摩田园都市开发初期，东急电铁就向桐荫学园等两所私立高中销售了土地。1968年，东急电铁通过转让 17 公顷土地，成功邀请东京工业大学把研究机构和研究设施设在长津田车站附近，该校区于 1975 年投入使用。东急电铁还邀请了森村学园、东京女学馆等多所大学、高中等教育机构入驻轨道交通沿线。众多文化教育机构的引入不仅增加了田园都市线城市的品牌价值，而且形成了早高峰时从东京向多摩田园都市方向的通学客流。图 2 为东急田园都市线通道上的各类学校。

2000 年，位于东急田园都市线南町田站前的美国式开放型奥特莱斯购物中心"Grandberry Mall"开业。该购物中心占地面积 8.7 万平方米，有 100 多家餐饮及购物店，还设有一个影剧院综合体，开业当年就吸引来客达 760 万人次以上。南町田车站的轨道交通客流量也因此增加，奥特莱斯开业当年，轨道交通客流量平均每日增加 9000 人次，给

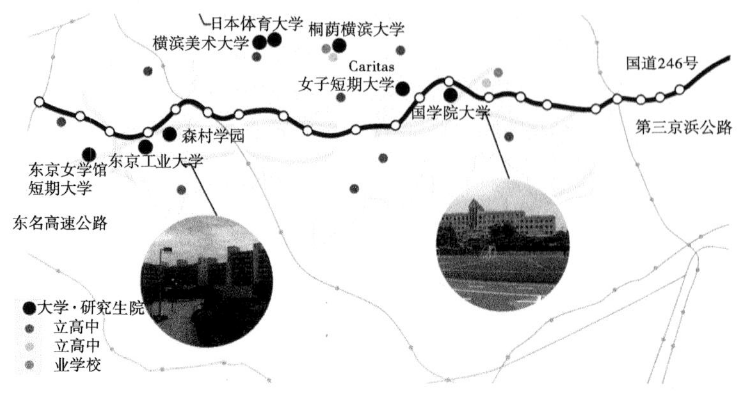

图2　位于东急田园都市线沿线的各类学校

东急电铁带来约5亿日元的增收。更重要的是，由此给东急田园都市线增加了与上班通勤客流方向相反的客流以及周末客流。

在东急田园都市线的起点站涩谷轨道交通枢纽，东急电铁更是进行了长期持续的站城一体化开发建设。1951年东急多摩田园都市的《开发意向书》发布后，东急电铁在涩谷建设了东急百货总店，并逐步进行办公、商业、文化设施的一体化复合开发。涩谷车站周边已经建成了多座集聚了商业、办公、酒店、文化娱乐等功能城市功能复合体，其中3座大厦的建筑面积均在10万平方米以上，地上建筑高度在100米以上。涩谷成为日本第一批确定的东京三大副中心之一。

（三）站城一体化开发的新阶段

1990年代以后，日本三大都市区基于轨道交通枢纽的“站城一体化开发”已经进入新阶段，其主要特征是已经不限于轨道交通站点的上盖物业或车站周边的商业服务设施的建设运营，而是轨道交通车站和周边街区的一体化建设，集轨道交通车站与公交站场及商业设施于一体，伴随周边地区的高强度开发的轨道交通车站大规模改造，大幅度提高轨道交通的空间便利性和交通便利性；而且整个城市的开发和城市更新都是以这些轨道交通枢纽周边区域为核心来进行。

东急集团是这种“站城一体化开发”模式的一个典型代表。2005

年，涩谷车站周边被日本政府选定为特定城市更新紧急强化区，允许进一步放宽容积率限制进行更高强度的开发。东急“涩谷之光”项目的容积率从原来的 7 提高到接近 14[6]。2012 年，东急集团在东急文化馆原址新建起“涩谷之光”城市综合体，该建筑地上 34 层、地下 4 层，高 182 米，总建筑面积 14.45 万平方米，综合了地铁车站、商业、餐饮、办公、剧场、创意空间、多功能展览、空中花园等功能。整个建筑中，地上 7 层、地下 2 层为商业，第 8 层是创意空间，第 9 层是多功能展览空间，第 11 层是空中大堂，第 13～16 层是剧场，第 17～34 层是办公。在涩谷之光中有 2000 个席位的日本最大的歌舞剧场，有可举办时装秀等活动的集会大厅以及充满艺术氛围的创意空间，购物区大约有 200 家店铺。早在 1956 年东急电铁在涩谷车站就建了东急文化会馆，经过近 60 多年的发展，涩谷车站周边已经集聚了大量的创意产业（包括音乐、时尚、影像、设计、IT 产业等），是东京乃至日本的知名地区。涩谷的时尚和音乐等流行文化还吸引了大量外国观光客。

目前，涩谷的站城一体化建设正进一步扩展到附近的 4 个街区，计划建设 8 座高度 100 米以上的高层建筑，总建筑面积近 100 万平方米；涩谷的站城一体化开发项目还包括轨道交通与道路交通、站前广场的更新改造。因为有 8 条铁路线路（包括山手线、地铁和通勤铁路）汇集在涩谷，实现各类轨道交通之间的便利换乘，以及轨道交通与地面公交、机场大巴、步行系统便利转换，缩短换乘距离就是必须解决的问题。涩谷的站城一体化还包括地上地下一体化空间立体开发，实现轨道交通线路和公交线路的无障碍换乘的城市交通基础设施建设项目。原有的“东急涩谷广场”被拆除，目前地面的大型公交枢纽停靠站将被集中转移至地下，将设置地下机场大巴总站，成功实现地铁、通勤铁路和机场大巴之间的便利换乘，改善现在各种交通工具换乘距离长的缺点。

涩谷站城一体化 4 个街区开发项目中的核心是涩谷站街区开发项目，该项目由日建设计等都市设计事务所负责设计，包括东、中、西 3 栋大厦，总建筑面积 27 万平方米，其中的涩谷站大厦（也称东栋）地上47层、地下7层，地上高度230米，超过涩谷之光大厦近50米，将成为该地区的新地标。涩谷站大厦的最上层设置有室外和室内观景台。建成后将成为日本规模最大的屋顶观景广场，从这里不仅可以看到代代木公园和新宿的超高层区域，还可以远眺富士山的风景，涩谷站大厦预计在2020年东京夏季奥运会前投入使用，它将使涩谷成为东京旅游的热点地区。涩谷站城一体化开发的4个街区建设项目预计2027年完成[7]。

图3　未来的涩谷车站

涩谷站开发以涩谷站为中心对周边超100万平方米的街区进行再开发。图3正中央是涩谷站街区的3栋大厦，东栋，又称涩谷站大厦、中央栋、西栋。它的左侧是涩谷未来之光，它的右侧是道玄坂街区。共三个区块的规划。这些楼的下方是8条轨道交通线路交汇的超大换乘立体广场。

“站城一体化开发”的核心是以轨道交通为依托，通过在轨道交通车站特别是轨道交通枢纽的高密度高强度开发，来满足人们在出行、购物、娱乐、工作、教育、居住需求上的最大可能的空间便利性。“站城一体”的城市空间资源布局是把交通便利性权利和空间便利性权利配置给轨道交通出行群体，而不是小汽车出行群体，这是日本三大都市区中轨道交通出行比率远高于小汽车出行比率的根本原因[3]。

三、库里蒂巴公交引导城市空间发展

如果日本的“站城一体化”把交通便利性权利和空间便利性权利配置给轨道交通出行群体，那么库里蒂巴则提供了一个把交通便利性权利和空间便利性权利配置给地面公共交通出行群体，而不是小汽车出行群体，从而使公共交通成为城市主要出行方式的典型案例。

（一）库里蒂巴规划思想的转变

库里蒂巴是巴西南部城市，巴拉那州的首府。地处圣保罗西南部约330千米处的马尔山脉高原上，市区面积431平方公里。库里蒂巴市有包括中心城区的9个区，每个区设有区政府。2017年人口达190万。库里蒂巴建立了世界上第一个快速公交（Bus Rapid Transit，BRT）系统，成为举世闻名的公交都市。1990年，库里蒂巴作为唯一的发展中国家城市，与温哥华、巴黎、罗马、悉尼一起成为首批联合国评选出的“最适合人类居住城市”。1994年又被联合国环境与发展大会推荐为公共交通示范城市。库里蒂巴主要靠道路公共交通引导城市空间发展，是公共交通与土地利用协调发展的典型，其城市发展和规划过程对如何实施公共交通导向的发展（TOD）具有重要的启示意义。

二战后库里蒂巴的人口快速增长，1950年，库里蒂巴市区人口为30万人，1965年约45万人，与巴西其他城市一样，随着人口的快速增长，随之而来的是失业率的增长、贫民区、交通阻塞、环境污染等一系列典型城市问题。库里蒂巴采用不同于其他巴西城市的发展模式，与曾三次任市长的杰米·勒纳（Jaime Lerner）的城市规划思想有关。杰米·勒纳1937年出生在库里蒂巴市的一个犹太人家庭，1964年毕业于巴拉那联邦大学建筑学院，毕业后成为一名建筑师。1971年，勒纳第一次当选库里蒂巴市市长，当他第三次作为库里蒂巴市市长任期已满之时，当地仍有97%的选民选举他为下一届市长，勒纳主导的库里蒂巴城市发展得到市民的高度认可。

库里蒂巴在财政收入极为有限的情况下实行了低成本、高效率的城市改造创新，不追求豪华奢侈而立足于内在生活品质的改造，在发展中国家城市达到了发达国家城市的发展水平。库里蒂巴拥有 30 个大型公园和森林公园，街心公园和绿地多达 200 多处，人均绿地面积 51 平方米，远远超过联合国规定的 16 平方米标准。每天到公园健身、休闲已经成为很多当地人的生活方式。据 20 世纪 90 年代初的调查，99% 以上的库里蒂巴人表示不愿意到其他任何地方去生活。在里约饱受汽车拥堵、犯罪频生、垃圾肆虐之苦时，库里蒂巴人却拥有怡人的自然风景、城市面积的 1/5 是绿地（美国城市绿地的平均水平是 8%）、高效又便宜的公共交通，拥有乐队、剧院和图书馆，文盲水平和贫困人口远远低于巴西平均数。然而，库里蒂巴的城市发展模式经历过一个长期探索演变过程。

库里蒂巴交通与土地利用规划一体化的演化在过去半个多世纪主要经历了三个比较重要的时期。

第一阶段（1943—1970 年）：这一时期形成了库里蒂巴未来城市形态的总体愿景，奠定了城市规划理念的基础。

第二阶段（1972—1988 年）：是规划全面实施时期，一体化公交网络（Integrated Transit Network，ITN）基本形成。

第三阶段（1989 年以后）：进一步优化和差别化地区公交服务，特别是引入快速公交服务和扩大公交站场容量。

库里蒂巴现今城市和交通协调发展的模式并不是一蹴而就的，早期的城市总体规划指明了城市发展未来的概括性前景。具体的实施采用一步一步进行、不断试错的方式。其中也出现了很多错误，提供了不少经验教训，通过在城市发展过程中坚持简单和透明，以及低成本和快速转换解决方案的原则，库里蒂巴能够使情况迅速好转，并获得发展的动力和可信性。

预测到二次世界大战后经济的快速发展，库里蒂巴第一个城市总体规划是法国城市规划专家 Alfred Agache 制订的 1943 年规划（The Agache Plan）。该规划的一个基本假定是小汽车交通将呈几何级数增长，因此，需要建设多条从城市核心区向外放射的通道来解决城市交通问题。按照法国豪斯曼大规模工程的传统，套用巴黎的城市发展模式，1943 年规划以老城区为核心，采用一圈圈向外扩大的环状道路和一系列从老城区向外放射的道路相结合的方式来处理城市发展扩大的问题。

Agache 规划要进行大规模城市基础设施投资，包括建设跨越中心城区两个广场的高架路，将主要的交通干道扩宽至 60 米，这需要拆除主通道上许多古老、珍贵、具有历史传统、巴西特色的建筑。Agache 规划建设多条从中心城区到郊区的放射线道路以及多条环路，强化中心城区的作用，计划形成轮辐式道路网络。该规划关于库里蒂巴将被小汽车所困扰的假定似乎是有理由的。那时石油非常便宜，巴西也希望成为重要的汽车制造大国，库里蒂巴正在发展，人们相信库里蒂巴的发展道路将类似于圣保罗，将成为巴西新兴的大都市。

事实上，库里蒂巴从来就没有能够实施 Agache 规划的财力。然而，Agache 规划让人们意识到应该精心策划未来城市的发展方式以跟上二战后城市的快速扩张。在国家发展银行的支持下，库里蒂巴市组织了地方建筑和规划界的城市规划竞赛，最后采用的就是 1965 年城市总体规划（1965 Master Plan）。1965 年城市总体规划根本改变了 1943 年规划的“摊大饼”扩展模式，库里蒂巴不再进行“摊大饼”式的扩展，而是沿着规定的轴线扩展，库里蒂巴要成为带形城市（Linear City）。库里蒂巴的城市核心区和历史建筑街区要部分地禁止机动车通行，改为步行街区。不同于 1943 年规划让交通流经过中心城区，新规划把中心城区作为交通枢纽和终点。1965 年城市总体规划的核心是强化中心城区和中心城区放射线型轴线，反对为小汽车快速通过中心城区提供交通便利。公共交通而不是私人小汽车要成为库里蒂巴的主要交通方式。

库里蒂巴 1965 年城市总体规划的理念是：库里蒂巴要满足人的出行需要而不是小汽车的出行需求，这使得库里蒂巴的城市总规不同于其他城市的总体规划。当时，大多数巴西的城市规划是在满足小汽车的出行需要，集中体现在巴西首都巴西利亚城市总体规划中宽阔的道路网络规划中。在1960年代，库里蒂巴中心城区已经出现了人口过密和严重交通拥堵的状况。为避免重复圣保罗和其他特大城市“摊大饼”的城市形态，1965年总体规划试图引导新增人口沿着两条放射型轴线分布，最后变成了5条结构轴线（Structural Axes）。这是1965年规划显著不同于1943年Agache规划的放射型道路的关键要素。Agache规划中的放射线道路是连接城市核心区和郊区的交通基础设施，方便人们在郊区居住到城市核心区上班，这将产生同方向的潮汐式通勤交通流。而1965年规划的要点在于，带形通道或结构轴线而不是中心城区，将是房地产开发的汇集区。这些从城市核心区出发呈放射状的结构轴线将成为房地产开发的高密度通道，由此导致更平衡的双向交通流从而使公共交通可持续。城市核心区主要是步行和进行公交换乘，而把小汽车的出行便利性降低到次要位置。

库里蒂巴1965年城市总体规划得以实施的第一步是1971年杰米·勒纳当选为库里蒂巴市的市长。杰米·勒纳曾经是库里蒂巴城市规划设计研究院（Curitiba Research and Urban Plan Institute，IPPUC）的首席执行官，成立于1965年的IPPUC是为了实施库里蒂巴的城市总体规划，但只有在杰米·勒纳当选为市长后才有足够的权力、资源和政治授权来实施1965年城市总体规划。勒纳很快证明了他的远见，敢于挑战传统思维，勇于冒险在城市规划上进行新的试验。1964年到1979年是巴西军政府统治时期，政府政策偏好通过国外贷款进行大的基础设施项目，那时大部分巴西城市都在建设快速路、高架路去适应小汽车出行。“越大越好”的理念非常盛行，限制小汽车发展的提议被认为是左派倾向。杰米·勒纳的哲学是采用简单、快速、低成本的方式做事，1965年库里蒂巴的城市总体规划就是这种哲学在城市发展上的实践。

（二）三重道路系统为骨干的一体化公交网络

库里蒂巴形成带形城市形态的关键是其独创的三重道路系统（Trinary Road System），带形城市是建立在三重道路结构上的。这一独特的库里蒂巴创新体现了公共交通、城市道路与土地利用一体化的精髓，图4是库里蒂巴三重道路系统的横截面示意图。

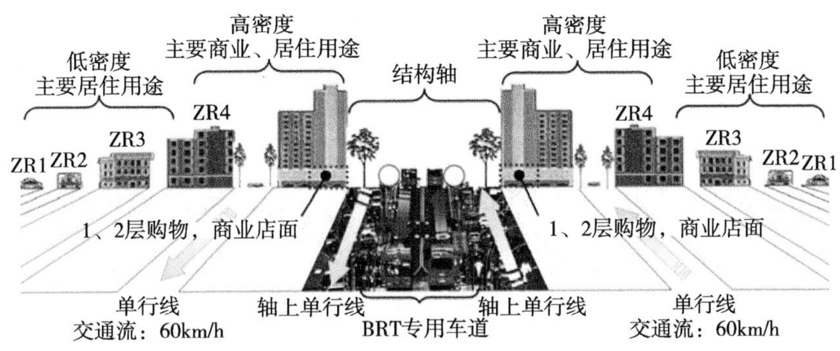

图4　库里蒂巴的三重道路系统

图4中心部分的道路是两条向相反方向行驶的大容量公交车专用快速车道（即BRT专用车道），一条快速公交专用道驶向城市核心区，另一条快速公交专用道驶离城市核心区，在BRT专用车道两侧路边设有上下车的圆筒型公交车站，如图5所示。乘客要在圆筒型公交车站刷卡或买票，而不是在公交车上；在中央专用快速车道的两侧，分别有两条与相邻BRT专用车道同向行驶的车道作为辅助车道，以便在辅助车道上行驶的车辆靠近右侧的高层建筑，辅助车道允许各种车辆通过。在中央BRT专用车道行驶的大容量公交车在交叉路口有优先通行权，在其两侧辅助车道上行驶的车辆需要避让BRT上下车的乘客。

在中央轴线一个街区以外，是与中央轴线平行的两条大容量单行线，一条驶向中心城区，另一条驶离中心城区，这两条单行线是结构轴线的边界。这两条大容量单行线后来被公交管理部门用来开行只停少数几个车站的直达快线（Direct Line），其平均运营速度可达每小时32公里；因为BRT专用车道上的公交车每站都停，其平均运营速度仅为每小时20公里。库里蒂巴的三重道路系统由3条平行的通往城市核心区的道路和3条平行的驶离城市核心区的道路组成；这三重道路分别是：

图5　库里蒂巴的 BRT 公交专用道和圆筒型公交车站

BRT 专用车道、辅助车道、大容量单行车道。库里蒂巴的城市结构轴线大都采用三重道路结构，城市总体规划中规定这些结构轴线的长度在 10～15 公里。

三重道路结构的关键是在城市空间资源配置上实现了公共交通与土地利用的协调互补。如图 4 所示，BRT 专用通道两侧的街区是高层建筑，其一层和二层主要用于商业服务业，三层及以上主要用于办公或居住，该街区是高密度开发和土地混合利用地区。高密度使得大量出行的起点和目的地沿快速公交通道分布，从而为大容量公交提供客流，而高发车频次的大容量公交又为在快速通道上进行高密度开发提供了交通出行保障。城市快速出行通道上的高可达性提升了沿线土地价值，能够吸引不同功能的土地开发，而土地的混合开发使得 BRT 通道两侧的高层建筑能够产生双向客流，因为居住、办公、商业服务业是混合分布在快速公交通道上，而不是分布在不同功能分区。

在结构轴线外侧邻近 BRT 通道的区域是住宅区，靠近 BRT 通道越近的街区开发强度越高，离 BRT 通道越远的街区开发强度越低。在结构轴线外侧的街区 ZR4 是中等强度居住用地，主要建造 8 ~ 12 层的居民楼，ZR4 街区外侧的道路是普通城市道路。ZR3 街区建造 3 ~ 5 层的居民楼，ZR2 街区建造 2 层联排住宅，ZR1 街区建造独立住宅。在以居住为主的区域，库里蒂巴允许开设一些小商店、小药店等满足居民的日常需求的小型商业服务业设施。库里蒂巴对土地开发强度和房地产投机进行了严格控制，开发商都清楚了解在什么地方能够建造高层建筑，而在什么地方不能；严控房地产投机不仅有助于居民有能力购置 BRT 通道附近的商品房，而且降低了城市基础设施的建设成本。

库里蒂巴三重道路系统的形成还部分得益于 1943 年 Agache 规划中的放射型 60 米宽交通干道规划。当时库里蒂巴已经在一些规划的通道上购买了路权，准备某一天能够建设多条宽阔的放射线大道，但库里蒂巴没有财力继续进行建设。幸运的是，政府拥有放射线通道的土地，适应了把快速公交、两条单行线道路和高强度土地开发整合在有路权的 60 米宽范围内想法，而不是建设 60 米宽的水泥路。原来为实施 Agache 规划的土地储备使三重道路结构和建设带形城市成为可行。

1974 年，库里蒂巴建成了最初的 20 公里快速公交专用道，形成了库里蒂巴城市核心区向南北方向的两条放射状结构轴线，这是带形城市发展的最早骨架。1978 年，库里蒂巴建成了向东南方向放射的快速公交专用线路，构建了城市新的第 3 条带形增长轴。1979 年，杰米・勒纳提出了一体化公交网络（Integrated Transit Network，ITN）的概念，以便更好地管理公交系统，使公共交通更有效地覆盖到人口密度低的地区。库里蒂巴把原有的 44 公里环城路与 3 条快速公交专用道在交汇处通过中间公交换乘车站实现无缝换乘，能够使乘客如在地铁车站换乘一样，一次付费就可以在快速公交和城区间公交联线及支线之间便利换乘，这就需要建设封闭的公交中转换乘站和预先买车票，而不是像传统公交那样在车上买票。1980 年，库里蒂巴建成了向东、西方向放射的公交快速专用通道，形成了从城市核心区向 5 个方向辐射的交通干线；一体化公交网络建有 9 个公交中转车站和终端枢纽站，能够实现乘客在快速公交与城区间公交联线及其他公交支线实现便利换乘。

1982年，库里蒂巴初步形成了一体化公交网络，包括3个层次的道路系统：第一层次是从城市核心区向外放射的5条结构轴线，总长54公里。第二层次是4个连接不同地区的环城道路，最小的一环靠近城市核心区，二环、三环的半径更大，最大的四环接近城市的边界且只有半个环（没有形成完整的环路），环路的总长为167公里。第三层次是连接主要公交车站与其周边居住区的支线，有约294公里。一体化公交网络形成了主干线加分支道路的路网，类似蛛网的路网形态。5条放射型结构轴线中的BRT公交快速路成为城市交通的主干线，市郊区际公交联线（Interdistrict Line）把城市中的人口低密度地区通过公交换乘站与BRT快速公交联系起来。图6是库里蒂巴一体化公交网络结构示意图。

库里蒂巴的5条结构轴线是人口居住密度最高的地区，BRT和直达快线能够为居住密度高的地区提供公交服务，市郊区际公交联线和支线能够为居住密度较低的地区提供公交服务，一体化公交网络通过公交换乘站把居住密度高的地区与居住密度低的地区整合在一起，库里蒂巴70%的居民步行500米就能够得到公交服务。便利的公交服务使库里蒂巴实现了从小汽车到公交出行为主的转变。1991年的出行调查表明，公共交通成为库里蒂巴的主要出行方式，上下班期间70%的人选择公共交通，由此，每年减少了2700万次小汽车出行，每年可节约600万加仑的燃油。实际上，库里蒂巴公共交通系统每天运送的乘客中有28%的乘客原来是使用小汽车作为交通工具的。到1995年，库里蒂巴一体化公交网络的规模达1200公里，有1300辆不同载客量的公交车辆。运营的线路中有18条BRT线路、11条直达快速线路、7条市郊区际公交联线、115条支线；20个能够使乘客在BRT、直达快线、市郊区际公交联线、支线之间免费换乘的公交中转站和终端枢纽车站，每天运送人数为160万人。

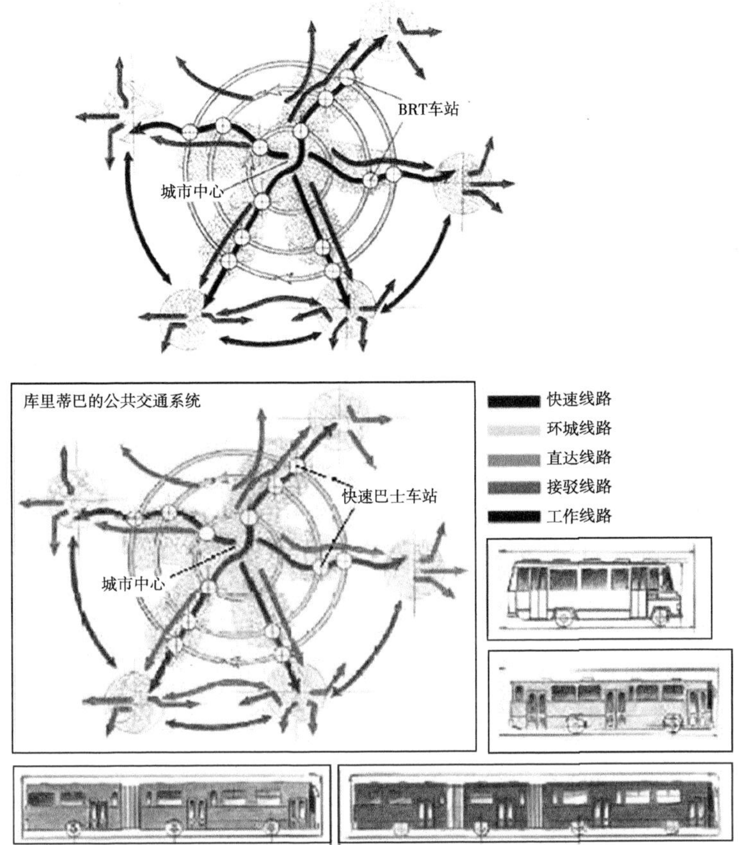

图 6　库里蒂巴一体化公交网络

图 7 所示的公交中转站在 BRT 通道两侧各有一个圆筒型车站，分别为朝不同方向行驶的车辆停靠，两个圆筒型公交车站通过地下通道连通。公交中转站中间的道路是 BRT 公交专用通道（A 线），不同出行方向的乘客都从右侧车门下车进入公交中转站。直达快速公交线（B 线）从与 BRT 通道平行的大容量单行线转入辅助通道，从左侧停靠公交中转站，乘客从左侧车门下车进入公交中转站。市郊区际公交联线（C 线）和支线（D 线）的公交车从与 BRT 通道交叉的方向转弯停靠公交中转站，乘客从右侧车门下车，可实现不同方向、不同线路的换乘。库里蒂巴的公交中转站与地铁车站一样，乘客能够实现不同方向、不同线

路的换乘。

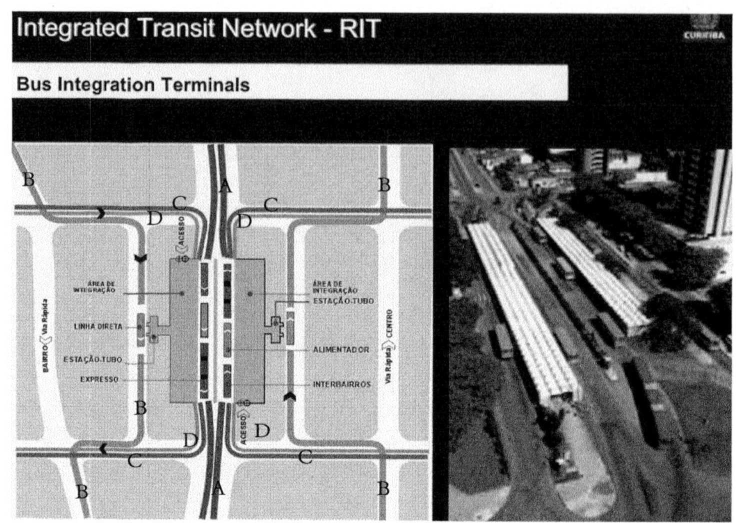

图 7　库里蒂巴公交中转站

在 BRT 线路终端的公交中转车站所占的面积更大，可以实现不同公交线路的中转换乘。终端公交中转站通常设有餐馆、小型超市、花店、药店等生活服务设施。不同类型的公交中转换乘站是库里蒂巴实现公交网络一体化的关键。

库里蒂巴的一体化公交网络类似于“地面地铁（Surface Metro）”，其核心是在 BRT 专用公交通道开行的红色多车厢公交车，有载客人数为 270、170、105 的多种车型。杰米·勒纳与 Volvo 公司签约购买可载客 270 人的多车厢公交客车，上下班高峰时段，载客 270 人三节车厢公交车发车间隔为每 1 分半钟一班，每小时单方向可运送乘客 10800 人，超过城市轻轨的运送能力。BRT 公交车提供发车频次较高的服务，占库里蒂巴公交车完成车公里的 18%，运送约 1/3 的乘客。

直达快线公交（灰色公交车）于 1991 年开通运营，其运营线路大部分与 BRT 公交专用道平行，提供停站次数少、更快捷的公交服务。直达快线公交运营里程的 40% 在结构轴线以外地区，11 条直达快线公交中的 2 条提供环城运营服务，居住在郊区的低收入群体更多地利用这种公交服务。直达快速公交车的载客人数为110人，在上下班高峰期发车间隔为45秒，单方向运送能力高达每小时8800人。沿着库里蒂巴的城市结构轴线，BRT公交与直达快速公交车同方向并排运行，每小时运送能力可达15000人，超过某些轻轨的运送能力。

7条市郊区际公交联线（绿色公交线路）和115条支线（黄色公交线路）在公交中转站与BRT和直达快线公交实现无缝换乘，从而实现了公共交通对人口低密度地区的有效覆盖，几乎70%的库里蒂巴居民居住在距离公交车站500米的范围内。使小容量公交服务和大容量公交服务一体化的是公交中转车站，市郊区际公交线路和支线公交线路服务网络使得库里蒂巴成为由不同等级公交服务组成的混合型公交都市。

库里蒂巴在工作日依靠公共交通的通勤比率高达70%，与巴西其他类似规模的城市相比，人均消费的燃油只相当同类城市的25%。库里蒂巴与其他巴西城市相比有最清洁的空气。虽然库里蒂巴是巴西除首都巴西利亚之外人均小汽车拥有量最高的城市，人均收入也位于巴西前列，但库里蒂巴保持了非常高的公交出行率。由此导致另一种收益是库里蒂巴居民在交通出行上的支出仅为收入的10%，远低于巴西政府规定的交通支出可占收入20%的标准。

（三）公交出行的空间便利性权利配置

库里蒂巴能够在以道路交通为主体的条件下建设公交都市，不仅在于其高效的一体化公交网络，更重要在于在城市空间资源配置上把出行的空间便利性配置给公共交通的出行群体。而这是通过建设带形城市，在城市结构轴线上进行高密度、高强度开发来实现的，或者说是把人们日常活动空间，包括居住、工作、购物及获得生活服务的地点集聚到城市结构轴线来实现的。所有这些都需要通过对土地利用、道路空间和公共交通的一体化规划来保障，其中，土地利用规划、分区规划具有特殊重要的作用。

库里蒂巴的分区规划是首先对与城市结构轴线平行地带进行分区，按该地带与城市结构轴线的距离，对土地利用、人口分布、城市基础设施的配置做出进一步安排，使城市总体规划具体落实到不同分区。为了促进城市沿着交通轴线带形发展，以便为快速公交集聚客流。库里蒂巴的分区规划规定，位于三重道路结构轴线上 BRT 专用公交通道两侧的地块是商业和居住的混合用地。商业及办公用地的容积率是 5，居住用地的容积率可达 4。办公用地建筑物的容积率可以更高，因为经验表明每平方米办公用房比每平方米居住用房能够产生更多的公交客流。库里蒂巴市政府只允许在距离 BRT 公交专用线最近的 2 个街区进行高密度开发，并严格控制距公交线路 2 个街区外的建筑密度和高度，形成了城市结构轴线两侧城市建筑高度阶梯下降的空间结构。

对于 BRT 专用公交道和辅助道路两侧的建筑，库里蒂巴的分区规划允许这些建筑的一层和二层可以延伸到其建筑红线，即在城市建筑和人行道之间仅留 1.5 米的距离。分区法规要求这些建筑的一层和二层 50% 的面积要用于商店、餐饮等零售商业，而且这些用于零售商业的楼面面积不计入容积率。这种容积率奖励政策导致所有 BRT 公交专用通道临街建筑的一层和二层都用于零售商业和餐饮业。这意味着这些建筑在最高容积率限制的基础上可以多加 2 层楼房。分区法规还规定，这些建筑层高超过 2 层的部分要从建筑红线退后 5 米，以保证人行步道、辅助通道和 BRT 公交专用道上有足够的阳光。库里蒂巴的分区法规在创建丰富多彩的临街店面和沿公交主轴线进行引人注目的开发方面，发挥了关键作用。

库里蒂巴还通过支持公共交通的交叉补贴政策，鼓励在城市结构轴线附近和沿结构轴线进行房地产开发，把更多的人聚集到城市结构轴线上居住。杰米·勒纳创立了一个支持公共交通的“买进”项目。按照城市住房基金法案（Municipal Housing Fund Act），房地产开发企业可以在其建设的楼盘上额外增加两层，同时只向城市政府支付市场价格 75% 的增加楼层面积的费用，市政府通过库里蒂巴城市住房基金 COHAB（Companhia de Habitacao Popular Curitiba）把这些钱用于为低收入家庭提供住房补贴和住房建设。库里蒂巴的这种开发强度奖励规则只适用于图 4 中所示的 ZR4、ZR3、ZR2 地带的居住用地块，这些地区在距离 BRT 公交专用通道步行可达的范围内，而且这些地区的交通基础设施能够支撑更高的居住密度。到 1998 年，已经有 20 万户低收入家庭在城市结构轴线附近安家。

通过在城市公共交通主干线沿线进行高密度开发，来构建带形城市形态，是库里蒂巴城市规划理念的核心。这一规划理念贯彻到库里蒂巴城市空间资源配置的所有方面，例如，大型购物中心的选址必须首先得到库里蒂巴城市规划设计研究院 IPPUC 批准。自 1970 年以来，只有一个大型购物中心被允许建在城市结构轴线上，多个在城市周边地区建设美国式大型购物中心的计划被否决。这一政策不仅在于通过把新的商业零售业引导到由公共交通提供服务的通道，来强化城市结构轴线的功能；而且是通过降低小汽车购物的便利性来增加中心城区的活力。

库里蒂巴公共交通、土地利用和道路空间的一体化规划对城市形态的累积效果从高处俯瞰可以清晰显现，从国家电话公司观光塔向外看，5 条独特的高层建筑构成的通道明显可见。如同 1965 年城市总体规划的设想，库里蒂巴现在是一个典型的带形城市。混合用地的高层建筑紧邻公共交通通道构成的城市结构轴线，在高层建筑带之外是开发强度逐渐降低的居住区。不同区域之间有绿化带隔开。开发强度最高的结构轴线位于中心城区以外的公交轴线上：在南轴线延伸约 5 公里，在北轴线延伸约 2 公里，在西轴线延伸约 4 公里，在东轴线延伸约 1 公里到一个主要公交中转站。

库里蒂巴的人口沿公共交通轴线分布，且人口密度沿公共交通轴线两侧向外阶梯下降。库里蒂巴三重道路轴线上的人口密度非常高，大约每公顷近 100 个住户（37.6 户/英亩），按人口密度计算至少是户数密度的 2 倍。在靠近中心城区的北、西、南三重道路轴线上一些地块的居住密度高达每公顷 170 户。从 1970 年到 1992 年，在三重结构轴线上的住户增加了 885%，1992 年在三重结构轴线上居住的人口占库里蒂巴市人口的 9%。

库里蒂巴市有 14% 的人口居住在图 4 所示最靠近结构轴线的中高

密度居住区（ZR4），有16%的人口居住在距离结构轴线2～3个街区的中密度居住区（ZR3）。这样库里蒂巴大约有1/3的人口住在便于步行到达BRT公交专用通道的距离。表1是1992年库里蒂巴结构轴线和邻近街区的居住密度状况。

表1　1992年库里蒂巴三重道路轴线和邻近街区的人口和居住密度[5]

居住区	居住区人口数量	居住人口		住所数量	
		（每公顷）	（每英亩）	（每公顷）	（每英亩）
混合居住高层	130700	294	119.0	93	37.6
中高层居民楼	217300	164	66.4	40	16.2
中密度居住区	240800	76	30.8	22	8.5
低密度居住区	416506	63	25.5	17	6.9

资料来源：IPPUC，Advanced Planning Section，data files.

在所有依靠道路交通解决出行问题的城市中，库里蒂巴是世界上人均公交出行率最高的城市[5]。库里蒂巴创新性城市规划思想的核心是构建由城市结构轴线支撑的带形城市形态，在三重道路轴线及邻近街区进行高密度开发从而为公共交通集聚客流，同时用一体化公共交通网络把高密度地区与低密度地区连接在一起，从而使公共交通服务可以覆盖到城市的几乎所有地区。大容量公交车在三重道路系统中央的公交专用道上运行，具有最高的优先通行权，而小汽车只能在与公交专用道平行的外侧道路上单方向行驶，没有便利小汽车出行的快速路。库里蒂巴的城市道路干线主要为乘坐公共交通的出行群体服务。库里蒂巴在城市空间资源配置上是把交通便利性权利和空间便利性权利配置给公共交通的出行群体，而不是小汽车出行群体。

实际上，库里蒂巴在城市空间资源配置上给小汽车出行设置了诸多不便利，最突出表现在停车政策上。在库里蒂巴中心城区，只设有非常有限的路边停车位，而且只可以短时停车。虽然有路外停车位，但路外停车场是私人所有，停车费非常昂贵，允许增加的停车位无法适应停车需求的增长，而且库里蒂巴中心城区的很多地方是步行街，不允许车辆通过。在库里蒂巴三重道路轴线上，虽然有提供路外停车位的要求，但由于库里蒂巴在城市结构轴线上进行高密度开发，三重道路结构本身要求小汽车只能单向行驶，进入出行目的地的停车位极不方便。对于小汽车出行来说，如果在库里蒂巴中心城区和城市结构轴线上都很难找到停车位，库里蒂巴的一体化公交网络就成为更好的出行选择。这是库里蒂巴在人均小汽车保有量比较高的情况下仍然保持非常高的公交出行比率的一个重要原因。

四、结语

本文分析的世界上最成功的日本“站城一体”案例和库里蒂巴带形城市（或 TOD）案例说明，城市交通问题本质上是城市空间资源配置问题，或者说是城市规划问题。

城市规划是对城市空间资源进行配置，城市空间资源是以土地为载体的不同城市功能设施及其建筑体量、用地面积、开发强度、相邻距离、连通方式的集合。城市空间结构和道路结构不过是在更大空间尺度上重现福柯全景敞视建筑所体现的权利关系，这种建筑空间结构能够使不同交通方式出行群体的权利得到自动实施和强化[3]。因而必然面对科斯关于权利配置的经典问题：“避免对 B 的损害将会使 A 遭受损害。必须决定的真正问题是，是允许 A 损害 B，还是允许 B 损害 A？关键在于避免较严重的损害。”[8]特别在城市空间资源稀缺的特大城市和超大城市，不断拓宽马路、建设快速路立交桥，实际上是把交通便利性权利配置给小汽车出行群体；不在轨道交通枢纽进行高强度开发，势必损害轨道交通出行群体的交通便利性权利和空间便利性权利。而在轨道交通枢纽和 BRT 专用道两侧进行高强度高密度开发，首先就会遇到控规对容积率的刚性约束。

我国城市规划的做法是，在制订城市总体规划后，就要制订控制性详细规划。现行控规要对各地块的土地使用性质、容积率、建筑高度、建筑密度、配套公共设施等刚性指标做出限制性规定。然而，规划师无法事先预知各地块的未来开发主体对土地使用的要求，也无法预测经济社会环境变化是否会改变一些地块的使用性质。现行做法是，先把规划师凭主观想象做出的控规以法规形式确定下来，在土地开发活动发生时再进行调整。但这很难适应“站城一体”开发的需要，特别是轨道交通车站及周边区域的容积率、建筑高度等刚性指标几乎已经没有调整余地。这种僵硬的规划模式根本无法适应“站城一体”的开发模式。因此，如果现行城市规划的理念、做法和流程不做重大变革，国家发改委等三部委和中铁总指导意见中“促进站城一体融合发展”的要求，是根本无从落实的。

参考文献

[1] 日建设计站城一体化开发研究会. 站城一体开发[M]. 北京:中国建筑工业出版社,2014.

[2] CNU. The Charter of the New Urbanism[EB/OL]. https://www.cnu.org/who - we - are/charter - new - urbanism,1996.

[3] 赵坚,赵云毅. 我国大城市发展公共交通的制度安排——城市空间权利的视角[J]. 北京交通大学学报(社会科学版),2018(2):27 - 43.

[4] 库什曼·金,皮尔斯. 土地开发与公共交通衔接的探究[M]//公共交通、土地利用与城市形态. 韦恩·奥图,帕特里·夏亨德森,编. 龚迪嘉,译. 北京:中国建筑工业出版社,2013:16.

[5] Cervero Robert. The Transit Metropolis[M]. Island Press, Washington, D. C. ,1998:181 - 209,265 - 294.

[6] 吴春花,王桢栋. 涩谷·未来之光背后的城市开发策略——访株式会社日建设计执行董事陆钟骁[J]. 建筑技艺,2015(11):40 - 47.

[7] 胡昂. 日本枢纽型车站建设及周边城市开发[M]. 成都:四川大学出版社,2016.

[8] Coase, Ronald H. The Problem of Social Cost[J]. Journal of Law and Economics,1960(3):1 - 44.

建设公交都市：基于产权及城市规划的视角

——北京东京出行结构差异分析

原载《经济与管理研究》，2017 年第 2 期

［**摘要**］在对北京和东京交通出行结构进行比较基础上，用出行方式选择模型说明不同的出行结构都是人们理性选择的结果。传统的交通拥堵治理思路是，让小汽车承担交通拥堵和空气污染的外部成本，来促使人们选择绿色交通出行。一种更包容的治理思路是产权的治理思路，这不仅考虑小汽车外部成本的权利配置对出行方式选择的影响，而且考虑城市空间资源配置对出行结构的影响。城市规划是规划城市空间资源的配置方式，而城市空间资源配置实际上是产权的配置，其中，交通便利性权利配置和空间便利性权利配置，会改变不同交通出行方式的效用曲线，从而决定人们的出行结构。这种思路或对如何引导公众选择绿色交通方式出行，建设公交都市提供有益启示。

［**关键词**］交通拥堵；公交都市；城市规划；产权

［**基金项目**］国家社会科学基金重大项目“集约、智能、绿色、低碳的新型城镇化道路研究”（13&ZD026）

交通拥堵一直是北京治理大城市病中的“老大难”问题，而人们出行结构中小汽车出行比例过高是交通拥堵的最主要原因。改变大城市人们的出行结构，大力发展公共交通是解决大城市交通拥堵的主要途径。2012 年国务院发布了《国务院关于城市优先发展公共交通的指导意见》；2016 年 7 月交通运输部发布的《城市公共交通“十三五”发展

纲要》提出，特大城市的绿色交通（公共交通、自行车、步行）出行分担率应达到75%左右；2016年9月北京市发布的《“十三五”时期重大基础设施发展规划》把“高标准建设公交都市”列为十大任务之首，提出了“中心城全日绿色出行比例提升至75%”的建设目标。本文在对北京和东京的交通出行结构进行比较基础上，从产权配置及城市规划的视角分析北京绿色交通分担率过低的原因，或对如何建设公交都市提供有益启示。

一、北京与东京交通出行结构的比较分析

交通出行结构的比较分析应当在地域面积、人口规模、交通基础设施大致相同的条件下进行，否则会降低可比性。北京市（1.64万平方公里，人口2152万）和东京大都市区（一都三县，1.35万平方公里，人口3500万）在轨道交通网络规模上有巨大差距，不便于直接进行比较。但北京五环和东京区部（23区）在上述三个方面有一定的可比性。本文根据北京交通发展研究中心发布的2014年数据和东京都市圈交通计画协议会发布的2008年数据进行比较分析。

北京五环内的面积为667平方公里，中央政府和北京市的党政部门都在五环之内，根据北京市统计局首次披露的环线人口分布情况，2014年五环内常住人口为1053.6万，人口密度为每平方公里1.58万人。

东京区部的面积为622平方公里，日本中央政府和东京都政府部门都在东京区部之内，2010年该地区的人口为894.9万，人口密度为每平方公里1.44万人。然而，根据日本2005年的人口统计，东京都的白天人口比夜间人口多256万，因为东京都周边邻近县的通勤族要到东京都上班。东京区部的白天人口为1128.5万，人口密度高达每平方公里1.81万，高于北京五环内的人口密度。

2014年北京市的地铁运营里程为527公里，由于北京的地铁网络主要分布在中心城区，五环内的地铁路网密度接近每平方公里0.79公

里。根据北京市的规划2017年五环路内平均步行1公里即可到达轨道交通站点，北京的轨道交通路网密度将进一步提高。

东京区部的轨道交通里程约为707公里（李前喜等，2008）[1]（含地铁运营里程292公里），轨道交通路网密度每平方公里1.14公里。虽然高于北京五环内的轨道交通密度，但差距不大，有一定的可比性。

北京交通发展研究中心对北京的出行结构进行了长期研究，在每5年4万家庭出行调查基础上，参考地铁、公交公司的数据，计算出每年不同交通方式的出行量和出行结构。北京交通发展研究中心[2]每年公布5种交通方式在6环内的出行结构。2014年北京六环内日均出行总量达3146万人次（不含步行），比2013年底增加了47万人次。中心城日均出行总量为2854万人次，其中轨道交通比例19.4%；公共汽（电）车比例28.6%；小汽车出行比例31.5%；出租车出行比例6.2%；自行车出行比例12.6%。北京中心城的面积虽大于五环，但该出行结构可以基本反映北京五环内的交通出行方式构成。

日本东京大都市区每10年进行一次交通出行调查，交通出行方式分为轨道交通、公共汽车、小汽车、自动两轮车、自行车、步行6种，并按不同区域、不同时段进行调查。2008年的调查是从东京大都市区1600万个家庭中随机抽取140万个家庭发放问卷，最后回收了34万份有效问卷，由此统计出东京的出行结构。表1列出东京区部和东京大都市区在上下班时间及平日6种交通方式的承担比例。

表1　东京的交通出行结构

	轨道交通	公共汽车	小汽车	自动两轮车	自行车	步行
东京区部上下班时间	79%	2%	4%	2%	7%	5%
东京区部平日	48%	3%	11%	1%	14%	23%
东京大都市区上下班时间	53%	2%	24%	3%	10%	7%
东京大都市区平日	30%	3%	29%	2%	14%	22%

资料来源：东京都市圈交通计画协议会[3]. http://www.tokyo-pt.jp/person/01.html.

比较北京市和东京大都市区的出行结构，无论从轨道交通密度相差不多的中心城区还是在更大的范围，东京的轨道交通出行比例明显高于北京，而东京的小汽车出行比例明显低于北京。在地域面积、人口规模、轨道交通里程基本相近的北京五环和东京区部，在上下班时间东京的轨道交通出行比例是北京的 4 倍（79: 19.4），平日是北京的 2.5 倍（48: 19.4）；东京的小汽车出行比例在上下班时间不到北京的 1/9（4: 37.7），平日不到北京的 1/3（11: 37.7）。

东京 23 区在上下班时间的绿色出行分担率高达 94%，平日高达 88%。北京和东京在绿色交通分担率上的重大差异很难完全用东京大都市区的轨道交通几乎是北京市的 5 倍来解释。因为在地域面积、人口规模、轨道交通网络大体相同的东京区部和北京五环，出行结构差异仍然非常显著。

2008 年东京都的人均 GDP 为 67450 美元，是北京 2014 年按常住人口计算人均 GDP（16278 美元）的 4 倍。东京都的人均收入水平远高于北京，但私人小汽车的出行比例远低于北京，轨道交通的出行比例远高于北京，东京都的交通拥堵程度也远低于北京。那么，为什么收入水平更高的东京的绿色出行分担率远高于北京呢?

二、一个出行方式选择模型

城市交通出行结构是人们自主选择的结果，本文构建一个出行选择模型来分析人们的出行方式选择行为。该出行选择模型可以说明，北京更多地选择小汽车出行和东京更多地选择轨道交通出行，都是人们理性选择的结果，进一步地深入分析可以揭示改变人们出行结构、治理交通拥堵的思路。

为分析方便，首先，假定人们的出行偏好和收入水平是相同的，可以在公共汽车、轨道交通、私人小汽车、骑车或步行这四种交通方式中进行选择。如果一次出行包括了多种交通方式，则只计算其中的一种主要交通方式。例如一次出行包括自行车、公共汽车、轨道交通，那么可以认为自行车和公共汽车是提供接驳，该次出行应记为轨道交通出行。当然还可以考虑更多的交通方式如出租车、网约车、电动自行车等，但这只增加表述的复杂程度而没有给所讨论的问题增加新意。

其次，假设每种交通出行都是一种引致需求，其他条件不变情况下，每种出行方式的次数都服从边际效用递减规律。这样可以构建一代表性个体的出行效用函数：

$$U = U(Q_B, Q_T, Q_A, Q_W)$$

其中，Q_B 代表一个月乘坐公共汽车的出行次数，Q_T 代表一个月乘坐轨道交通的次数，Q_A 代表一个月乘坐私人小汽车出行的次数，Q_W 代表一个月绿色出行（骑自行车或者步行）的次数，U 是该出行结构的效用函数。

出行的预算约束为：

$$E = P_BQ_B + P_TQ_T + P_AQ_A + P_WQ_W$$

其中，E 为一个月在出行上的预算支出额；

P_B 为每次出行乘坐公共汽车的费用（公共汽车票价）；

P_T 为每次出行乘坐轨道交通的费用（轨道交通票价）；

P_A 为每次出行乘坐私人小汽车的费用，包括小汽车使用和折旧的全部费用；

P_W 为每次绿色出行的费用（如自行车的使用和折旧费用）。

由此构建拉格朗日函数：

$$L = U(Q_B, Q_T, Q_A, Q_W) + \lambda(E - P_BQ_B - P_TQ_T - P_AQ_A - P_WQ_W)$$

对每个变量分别求偏导数，并令其等于零：

$$\frac{\partial L}{\partial Q_B} = \frac{\partial U}{\partial Q_B} - \lambda P_B = 0$$

$$\frac{\partial L}{\partial Q_T} = \frac{\partial U}{\partial Q_T} - \lambda P_T = 0$$

$$\frac{\partial L}{\partial Q_A} = \frac{\partial U}{\partial Q_A} - \lambda P_A = 0$$

$$\frac{\partial L}{\partial Q_W} = \frac{\partial U}{\partial Q_W} - \lambda P_W = 0$$

由此得出的均衡条件为：

$$\frac{\partial U/\partial Q_B}{P_B} = \frac{\partial U/\partial Q_T}{P_T} = \frac{\partial U/\partial Q_A}{P_A} = \frac{\partial U/\partial Q_W}{P_W}$$

该均衡条件的含义是：当支付在四种不同交通方式上的每一元钱都得到相同的边际效用时，该交通出行结构的选择对出行人来说达到最优。该均衡条件的含义可以用图 1 表示：

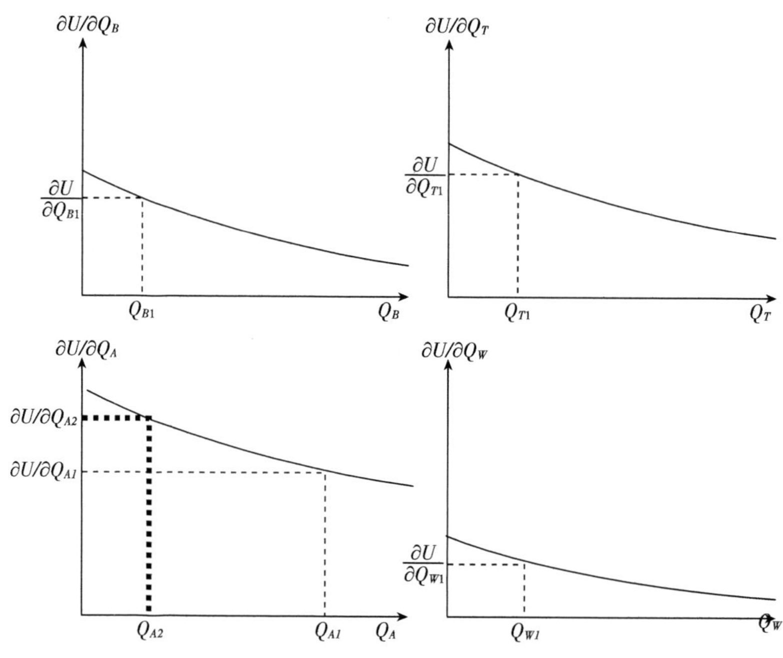

图 1　交通出行结构的均衡状态

在这 4 种交通出行方式的边际效用曲线中，私人小汽车出行的边际效用曲线处于最高位置，说明由于小汽车出行更便捷、舒适，该人对小汽车出行有更高偏好；骑车或步行出行的边际效用曲线处在最低的位置，说明该出行方式效用水平较低。

假设公共汽车、轨道交通、私人小汽车、骑车和步行等 4 种交通出行方式一次出行的费用（价格）分别为 P_{B1}、P_{T1}、P_{A1}、P_{W1}，假设在该交通出行费用结构下选择这 4 种出行方式的次数分别为 $Q_{B1}, Q_{T1}, Q_{A1}, Q_{W1}$ 时，可以满足均衡条件：

$\frac{\partial U/\partial Q_{B1}}{P_{B1}} = \frac{\partial U/\partial Q_{T1}}{P_{T1}} = \frac{\partial U/\partial Q_{A1}}{P_{A1}} = \frac{\partial U/\partial Q_{W1}}{P_{W1}}$，那么，这种出行结构达到消费者最优，如图 1 中的细虚线所示。

该均衡条件说明，当 4 种交通出行方式的道路环境不变，各种交通出行方式的效用曲线不变的情况下，各种交通方式的出行费用决定了人们的出行结构选择。而改变某种交通方式的出行费用，则会改变人们的出行结构选择。

例如，为了减少私人小汽车的出行次数，可以提高小汽车的保有和使用费用，如大幅度提高停车费，使小汽车的每次出行费用提高到 P_{A2}，即 $P_{A2} > P_{A1}$。这样上述均衡条件的第 3 项的分母增大，在其他条件不变的条件下，要保持该均衡条件成立就要使分子增大，即 $\partial U/\partial Q_{A2} > \partial U/\partial Q_{A1}$，才能使均衡条件 $\frac{\partial U/\partial Q_{B1}}{P_{B1}} = \frac{\partial U/\partial Q_{T1}}{P_{T1}} = \frac{\partial U/\partial Q_{A2}}{P_{A2}} = \frac{\partial U/\partial Q_{W1}}{P_{W1}}$ 成立。由于边际效用递减，减少小汽车的出行次数才能提高小汽车的出行效用，即 $Q_{A2} < Q_{A1}$，如图 1 中粗虚线所示，减少私人小汽车出行成为最优选择。当然，在总出行次数不减少的情况下，小汽车的出行次数会相对降低，而其他交通方式的出行次数会相对增加，出行结构会发生变化。

三、不同交通出行方式的外部成本

在前面的出行预算约束中，4 种交通出行的费用（价格）仅考虑了该代表性个体支付的市场交易价格，而没有考虑不同交通方式的外部成本，这会导致在交通出行选择上产生扭曲。某种交通方式的外部成本是未经市场交易而使他人或社会承担的成本，例如，机动车造成的空气污染、交通拥堵、交通事故、噪音污染等。如果必须支付这些外部成本，人们的交通出行方式选择会发生变化。但这些因素难以量化，国外学者对如何计量不同交通方式的外部成本进行了大量研究，形成了计量外部成本的方法论，国内学者也开始采用类似方法进行机动车外部成本的量化研究。

邓欣和黄有光（2008）[4]采用支付意愿法和人力资本法等方法，具体计量了北京市 2000 年机动车的外部成本在 15.82 亿 ~5.21 亿美元，其中大气污染成本相当于北京当年 GDP 的 3.26% ~0.7%，拥堵成本相当北京 2000 年 GDP 的 0.91%，交通事故成本相当于北京当年 GDP 的 0.926% ~0.138%，交通噪音成本占 GDP 的 0.615%。2000 年北京市道路交通外部成本占 GDP 的份额介于 1.745% ~5.296%。若根据平均值（3.52%）计算，北京每辆机动车每年的平均外部成本为人民币 8349 元，其中因空气污染造成的损失为人民币 4700 元。他们建议"有必要使机动车所有者支付其所造成的外部成本，而且对机动车的收费应该明确反映这一目的。合理的办法是使燃油税反映污染、噪音、拥塞等外部成本，使汽车的注册费或拥有费反映汽车的炫耀性或钻石性效应"。

宗刚和李聪（2014）[5]量化分析了北京 2010 年交通拥堵、噪音污染、空气污染、交通事故、温室效应的外部成本，这 5 种因素外部成本占当年 GDP 的比例分别为 66.01%、20.38%、9.56%、3.10%、0.94%，机动车所产生的总外部成本为 574 亿元，按照他们的估计，2010 年机动车的负外部性比 2000 年（邓欣和黄有光的计算）有显著增长。他们认为，交通拥堵是负外部性的主要原因，而交通拥堵在很大程度上增加了噪音污染和空气污染，因此政府部门可从治理交通拥堵着手，通过采取拥堵收费政策和大力发展公共交通，来改变出行者的出行结构，减少交通系统的负外部性。

佟琼、王稼琼、王静（2014）[6]计量了北京市机动车造成的交通拥堵、大气污染、噪声污染和交通事故的外部成本，并综合考虑运营里程、排量、载客量以及乘客平均出行里程的因素，把外部成本分配到公交车辆、出租汽车以及私人小汽车等 3 种交通工具上。他们估计 2011

年北京市机动车的总外部成本为 1248 亿元，其中交通拥堵的外部成本为 1171 亿元，大气污染的外部成本为 76 亿元。如果按不同交通出行方式每次出行造成的外部成本考虑，公交车辆、出租汽车、私人小汽车每人次出行产生的交通拥堵和大气污染成本分别为 1.02 元、3.99 元、10.94 元。他们建议外部成本应由不同交通工具的使用者承担，以实现外部成本的内部化，特别要对私人汽车采取每年征收拥堵费的措施，引导人们选择公共交通或绿色出行来减少拥堵。

温哥华一项出行的全成本核算（THE BASICS，2015）[7]研究考虑了步行、自行车、小汽车、公共汽车 4 种交通方式的所有成本和收益。一些出行成本是直接由个人承担的，如出行时间、公共汽车票价、小汽车的保养费用；另一些成本则是由社会承担的，如空气污染和交通事故的成本。一些步行和骑自行车的收益由个人获得，如健康状况的改善；一些则由社会获得，如节约了医疗费用和增加了生产率。该项研究考虑了机动车排放、道路维护、交通拥堵、噪音、交通事故等方面的社会成本。通过把这些成本和收益都用货币计量，该项研究计算出不同出行方式需要社会支付的成本：个人在出行上支付 1 美元，如果步行，需要社会支付 0.01 美元；如果骑自行车，需要社会支付 0.08 美元；如果乘公共汽车，需要社会支付 1.5 美元；如果开小汽车，需要社会支付 9.2 美元。该项研究希望通过出行的全成本核算来进行城市交通政策选择。

对北京机动车外部成本的上述 3 项研究虽然对交通拥堵和大气污染的外部成本有不同估计，但都认为小汽车是北京交通负外部性的主要根源。他们提出解决方案的共同点是把外部成本内部化，特别是让小汽车承担交通拥堵和大气污染的外部成本。这就是通过增加小汽车的每次出行费用，来减少小汽车的出行，使交通出行结构达到考虑小汽车外部成本的新均衡状态，如图 1 所示 Q_{B1}、Q_{T1}、Q_{A2}、Q_{W1} 的出行结构。

世界上一些城市采用不同方式增加小汽车的保有和使用成本，通过负向经济激励来减少小汽车出行，治理交通拥堵。例如，新加坡和伦敦在特定区域收取交通拥堵费，提高小汽车的使用成本；东京都采取购置小汽车首先要有停车位，新加坡采用有效期 10 的拥车证制度，中国香港按小汽车的排量每年收取牌照费，这些制度安排提高了小汽车的保有成本。这种基于小汽车应承担外部成本的治理思路，如果从出行选择的均衡条件考察，实际上是改变均衡条件中分母的数值，通过经济手段引导形成新的出行结构。

一种更包容的治理思路是产权的治理思路，这不仅涉及小汽车外部成本内部化对出行方式选择的影响，而且涉及城市空间结构对人们出行结构选择的影响。如果从出行选择的均衡条件考察，产权的治理思路不仅涉及均衡条件中分母数值的改变，而且涉及均衡条件中分子数值的改变，从而改变人们的出行结构选择。

四、基于产权及城市规划视角的出行结构分析

（一）外部性是产权配置问题

让乘小汽车出行者承担外部成本的治理思路实际上是庇古外部性理论的具体应用。科斯提出了一种基于产权的更具包容性的治理思路。科斯在其著名论文中对庇古的损害赔偿及通过庇古税弥补私人成本和社会成本差异的理论提出批评，科斯甚至不使用外部性的说法，而是使用“有害影响（Harmful Effects）”的概念。科斯认为“有害影响”问题具有相互性，“避免对 B 的损害将会使 A 遭受损害。必须决定的真正问题是，是允许 A 损害 B，还是允许 B 损害 A？关键在于避免较严重的损害”（Coase，1960）[8]。因此，在科斯看来，“有害影响”问题实质上是产权配置问题，即 A 有损害 B 的权利，还是 B 有损害 A 的权利？产权配置的关键在于避免较严重的损害。

科斯的产权理论能够对小汽车出行的外部成本问题做出更有包容性的解释。科斯认为产权不是某种生产要素的所有权，而是“行使一定行为的权利”。采用某种交通方式出行的行为也是一种产权，产权的概念可以用来分析交通出行行为。

如果使用小汽车出行只需支付汽油和小汽车维护等费用，而无须

支付污染气体排放、道路空间占用等外部成本，实际上是给予小汽车排放有害气体、无偿的比其他交通方式多占用城市道路空间的权利。在城市道路空间稀缺、空气自我净化能力弱的环境中，给予小汽车出行这些权利，就是允许损害绿色出行和公共交通占用道路空间的权利，允许损害绿色出行者呼吸清洁空气的权利。反之，给予绿色出行呼吸清洁空气的权利，给予绿色出行和公共交通更多占用城市道路空间的权利，就要损害小汽车出行的权利，选择小汽车出行就要支付外部成本。因此乘小汽车出行支付还是不支付外部成本的问题，本质上是“是允许 A 损害 B，还是允许 B 损害 A”的问题，或者说是一个产权安排问题。

合理的产权安排能够“避免较严重的损害”，这还与资源的稀缺程度有关。在城市道路空间稀缺、空气自我净化能力有限的大城市，给予小汽车出行过多的便利，势必损害公共交通和绿色交通的出行便利，会造成交通拥堵和加重空气污染。通过重新进行产权配置，损害小汽车的出行权利（增加其出行成本，即为获得出行权利而支付的费用），使其转向公共交通或绿色交通出行，就能“避免较严重的损害”。反之，在道路空间宽裕、空气自我净化能力强的农村和中小城市，小汽车出行对其他交通出行方式不造成实质性损害，并且由于公共交通不发达，损害小汽车的出行权利，会降低出行效率，造成较严重的损害。

基于产权的治理思路不仅可以解释改变不同交通方式的出行成本能够改变人们的出行结构，而且能够说明改变不同交通方式的出行空间便利性，就会改变不同交通出行方式的效用曲线，也能够改变人们的出行结构。因为城市的交通出行需求大多是一种引致需求，是为出行到目的地而派生出来的空间位移需求。因此决定人们选择不同交通出行方式的主要因素是：出行花费的时间、出行的便利程度、出行的费用。在出行距离一定的情况下，出行花费的时间主要取决于所选交通工具的运行速度，出行的便利程度（相对于小汽车）主要指公共交通的可达性和不同交通方式的衔接程度，出行的便利程度又影响出行所需的时间，而这与城市规划和城市交通布局有关。

（二）城市规划与产权配置

城市规划是对城市空间资源进行配置，城市空间资源是以土地为载体的不同城市功能设施及其建筑体量、用地面积、相邻距离、连通方式的集合。不同的空间资源配置实际上是不同产权配置方式。例如，对小汽车出行来说，周边道路只有少数车辆是最好的出行环境，创造这种出行环境的低密度、宽马路的城市规划，实际上是把出行便利的权利配置给小汽车的出行方式。

为说明出行结构与城市规划的关系，这里首先分析城市交通结构与出行结构的关系，然后分析城市空间资源配置对出行结构的影响。从产权的视角，前者是不同出行方式的交通便利性权利的配置问题，后者是不同出行方式的空间便利性权利的配置问题。

为方便起见，仅考虑两种交通出行方式，假设从住所到工作地点（或出行目的地）可选择开私人小汽车或乘坐轨道交通，花费的出行时间分别为 T_{Ahw} 和 T_{Rhw}：

$$T_{Ahw} = T_{Am} + \sum_{Ci=1}^{n} T_{ACi}\ ;\ T_{Rhw} = T_{hS} + T_{RO} + T_{SW}$$

其中，T_{Am} 为从住所到工作地点小汽车的实际开行时间，主要取决于小汽车的开行速度和道路状况。

T_{ACi} 为小汽车在交叉路口 Ci 的等待时间（包括出现交通拥堵时的停车时间），$\sum_{Ci=1}^{n} T_{ACi}$ 为住所到工作地点途中小汽车在 n 个交叉路口的总等待时间。

T_{RO} 为轨道交通的运行时间（包括途中车站停留时间），T_{hS} 为选择轨道交通出行时从住所到轨道交通车站的时间，T_{SW} 为从轨道交通车站到工作地点的时间，如果轨道交通需要换乘，换乘时间计入 T_{hS} 或 T_{SW} 。

假设城市内的 $T_{Am} = T_{RO}$ ，即小汽车的行驶时间与轨道交通的运行时间相同，实际情况与该假设基本相同，根据北京交通发展研究中心发布的数据，2014 年工作日早高峰期间，全路网机动车平均速度为 27. 8km/h；晚高峰期间，全路网机动车平均速度为 24. 6km/h；而地铁的平均运行速度在 30km/h 左右（包括车站停车时间）。因此开小汽车比乘轨道交通更节省出行时间的条件为：$\sum_{Ci=1}^{n} T_{ACi} < T_{hS} + T_{SW}$，反之，乘轨道交通更节省出行时间。这取决于对不同交通出行方式的道路空间和城市出行空间便利性的安排，或者说取决于城市规划对城市空间资源的配置方式。

（三）交通便利性的权利配置

不同的交通出行方式对城市道路空间有不同的需求，步行和自行车出行要求相对较窄和较多平面交叉的道路，而小汽车出行需要宽且较少平面交叉的快速路。如果一个城市建造了过多的宽马路、立交桥、快速路，就节省了小汽车在交叉路口的等待时间，为小汽车出行提供了更多便利，而不利于步行和自行车出行。北京的城市道路就是这种状况。1992 年到 2003 年北京的二环、三环、四环、五环相继全线贯通，多条道路大幅度拓宽，并通过加设道路隔离栏减少交叉路口，这意味着 $\sum_{Ci=1}^{n} T_{ACi}$ 的下降，从而为小汽车出行提供了更多便利。东京 23 区没有对城市道路进行大规模拓宽，只建设了少量快速路，因此开小汽车出行要比乘轨道交通需要更多的出行时间，在通勤高峰时间更是如此。这是东京都小汽车出行比例远低于北京的重要原因之一。

从产权的角度考察，城市规划对交通资源的配置，本质上是对不同出行方式的交通便利性权利的安排。在空间资源稀缺的城市，建设过多的宽马路、立交桥、快速路，是把交通出行便利的权利配置给小汽车的出行方式；而保留窄马路、多平交路口，是把交通出行便利的权利配置给步行和自行车的出行方式。这同样是一个“是允许 A 损害 B，还是允许 B 损害 A”的问题。对城市交通规划来说，需要考虑的是，在哪些通道应当“允许 A 损害 B”，而在另一些通道应当“允许 B

损害 A”。

（四）空间便利性的权利配置

从使用公共交通出行考虑，空间便利性取决于人口居住及就业区与公共交通站点的邻近、可达、方便程度。城市规划在进行城市空间资源配置时，不论主观意向如何，必然把空间便利性权利配置给某种交通出行方式。在公共交通站点周边进行高密度开发就为公共交通出行提供了空间便利性，必然损害私人小汽车出行的空间便利性权利，因为小汽车出行最希望的环境是路上只有少数机动车；在城市进行低密度、蔓延式开发可以为私人小汽车出行提供空间便利性，但必然损害公共交通出行的空间便利性权利，因为公共交通的可达性必然下降。

前面讨论关系式中的 $\sum_{Ci=1}^{n} T_{ACi}$ 取决于交通便利性的权利安排，关系式右边的 T_{hS} 和 T_{SW} 则取决于空间便利性的权利安排。如果在轨道交通车站周边进行高密度开发，使大量的工作地点和居民住所聚集在轨道交通车站周边，就可以大幅度提高轨道交通车站的可达性，T_{hS} 和 T_{SW} 就可以大幅度减少。这主要取决于城市规划对轨道交通车站周边用地的容积率控制和多样化功能集聚程度。

在东京 23 区的轨道交通环线山手线（运营里程 34.5 公里）上，很多车站周边进行了高密度开发，东京车站周边一些地块的容积率在 15 以上。山手线上的新宿、东京、涩谷、池袋、品川、大手町等轨道交通车站及周边集聚了商业办公、购物中心、餐饮中心、酒店、影剧院，形成多个城市副中心，大量的公司总部在这些副中心集聚，形成多个就业中心，形成了东京、新宿等多个“车站城市”（Station City），集中了几乎所有的城市功能。山手线上的轨道交通车站有非常高的空间便利性。而北京的轨道交通环线的车站周边，无论是 1984 年开通运营的 2 号线（23 公里），还是 2008 年开通运营的 10 号线（57 公里），则少有高密度开发。

从城市规划的角度看，这是一个轨道交通车站周边地块的容积率控制和城市功能空间安排的问题，或者说，是一个是否把轨道交通作为城市交通骨干的问题。《香港城市规划准则》中明确规定“铁路将发展为客运公共运输网络的骨干”。为此，规划准则中规定“在规划新发展区及大型的人口及就业中心时，须充分考虑如何尽量利用现有及拟议的铁路路线及车站”。“较高密度的住宅发展应尽可能建于铁路车站及主要公共交通交汇处附近，以期善用发展机会，并减低对路面车辆交通的依赖程度”。“住宅发展密度应随与铁路车站及公共交通交汇处的距离增加而渐次下降”。北京虽然提出要使轨道交通成为城市交通的骨干，但并没有落实到城市规划导则和规划实践中。

（五）交通与空间便利性的权利配置与出行结构

如果城市规划把交通便利性权利配置给步行和自行车出行方式，而不是小汽车出行方式，把空间便利性权利配置给公共交通特别是轨道交通出行方式，而不是小汽车出行方式，就会导致 $\sum_{Ci=1}^{n} T_{ACi} > T_{hS} + T_{SW}$，即乘轨道交通出行比开小汽车更快捷。这会改变乘轨道交通、小汽车、步行和自行车出行的效用函数，相应的，这 3 种交通出行方式的边际效用曲线也会发生变化，如图 2 中的粗线所示。即使这 4 种交通出行方式的价格水平不变，仍然为 P_{B1}、P_{T1}、P_{A1}、P_{W1}，该代表性个体的出行结构也会发生重大变化，每月采用不同交通方式的出行次数由 Q_{B1}、Q_{T1}、Q_{A1}、Q_{W1}，变为 Q_{B1}、Q_{T3}、Q_{A3}、Q_{W3}，即更多地乘坐轨道交通、步行和骑自行车，而较少选择私人小汽车出行，这种出行结构可以使均衡条件 $\frac{\partial U/\partial Q_{B1}}{P_{B1}} = \frac{\partial U/\partial Q_{T3}}{P_{T1}} = \frac{\partial U/\partial Q_{A3}}{P_{A1}} = \frac{\partial U/\partial Q_{W3}}{P_{W1}}$ 成立。

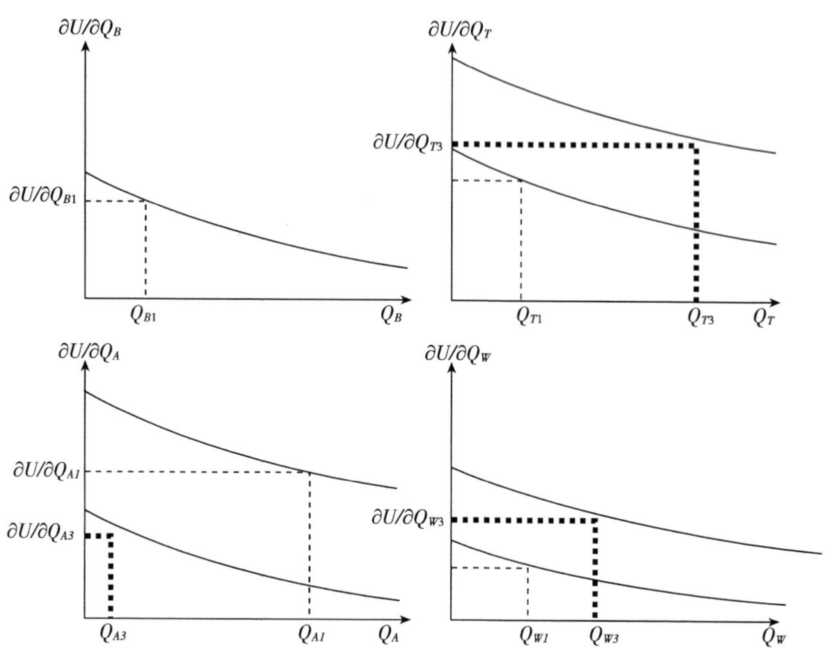

图2 改变交通与空间便利性权利配置后的均衡状态

五、结论：产权制度安排决定交通出行方式选择

交通出行结构中的小汽车出行比例过高是北京等特大城市交通拥堵的一个重要原因。本文构建了一个出行方式选择模型，说明人们的出行结构选择是一定产权制度安排下的均衡状态，主要分析了决定交通出行结构的 3 种产权安排。

第一种交通行为的产权安排与是否考虑相关交通行为的外部成本或“有害影响”有关。在道路空间稀缺的大城市，如果小汽车出行方式享有比其他交通方式更多占用城市道路空间、排放有害气体而无须付费的权利。交通出行结构中的小汽车出行比例就会上升，绿色出行和公共交通的出行比例就会下降。

另外两种决定交通行为的产权安排与城市空间资源配置有关。城市规划是规划城市空间资源的配置方式，而空间资源配置实际上是产权的配置，其中，交通便利性权利的配置和空间便利性权利的配置，会影响人们的出行结构选择。

东京的出行结构提供了轨道交通路网密度高于北京情况下，轨道交通出行比例远高于北京的案例，香港特区的出行结构则提供了轨道交通路网密度低于北京，但公共交通特别是轨道交通出行比例远高于北京的另一个案例。香港特区的面积为1104平方公里，不到北京六环面积的一半，轨道交通仅有221公里不及北京的一半，但香港特区出行结构的90%是公共交通，其中轨道交通出行占公共交通的48.5%（易珉，2016）[9]。

这是因为，第一，在香港特区私人小汽车要为排放有害气体和多占城市道路空间付费。私人小汽车每年必须按排气量缴纳牌照费[10]，气缸容量小于1.5，每年的牌照费为3929港元；气缸容量在1.5～2.5（不含2.5）每年的牌照费为5794港元；气缸容量更大私人小汽车和使用柴油的小汽车每年要交更多的牌照费，每年的牌照费最高可达12789港元。第二，香港特区的窄马路多、平交路口多，小汽车没有交通出行便利的权利。第三，轨道交通出行方式有最高的空间便利性，香港特区在轨道交通车站周边进行高密度开发，集聚了CBD、商业、餐饮、学校、幼儿园、医院、娱乐、住宅等几乎所有人类活动的功能设施。

本文的一个副产品是纠正人们对科斯产权理论的错误理解，科斯要探讨的是交易成本大于零的真实世界。在真实世界，产权的制度安排决定着人们的选择和行为方式，这包括人们的交通出行方式选择。产权制度安排不仅体现在法律条文中，而且体现在城市空间资源配置中，或者说城市空间资源配置物化了产权配置。例如，如果城市道路没有自行车的骑行空间或被大量占用，人们就没有选择自行车出行的交通便利性权利，就难以选择骑自行车出行；如果轨道交通车站缺乏可达性，人们就没有乘轨道交通出行的空间便利性权利，也很难选择轨道交通出行。人们的交通出行方式选择总是在特定的城市交通资源配置和城市空间资源配置下进行的，建设公交都市就要在城市空间资源配置上给予绿色交通更多的便利性权利。

参考文献

[1] 李前喜,王耀球,岡本真一. 东京都市圈的轨道交通框架构成及输送能力分析[J]. 物流技术,2008(12):136 - 139.

[2] 北京交通发展研究中心. 2015 北京市交通发展年度报告[EB/OL]. http://www.bjtrc.org.cn/JGJS.aspx?id = 5.2&Menu = GZCG.

[3] 东京都市圈交通计画协议会. 2008 东京大都市区交通出行调查[EB/OL]. http://www.tokyo - pt.jp/person/01.html.

[4] 邓欣,黄有光. 中国道路交通外部成本估计——北京案例研究[J]. 重庆大学学报(社会科学版),2008,14(1):4 - 10.

[5] 宗刚,李聪. 北京市交通运输系统负外部性量化分析与计算[J]. 生态经济,2014 ,30(5):57 - 63.

[6] 佟琼,王稼琼,王静. 北京市道路交通外部成本衡量及内部化研究[J]. 管理世界,2014(3):1 - 9.

[7] THE BASICS,What is the Full Cost of Your Commute?[EB/OL]. http://movingforward.discoursemedia.org/costofcommute/,2015 - 03 - 26.

[8] Coase,Ronald H. The Problem of Social Cost[J]. Journal of Law and Economics,1960(3):1 - 44.

[9] 易珉. 北京公共交通出行比例为 40% 香港是 90%[EB/OL]. 财经网,2016 - 03 - 18.

[10] 香港车辆牌照收费[EB/OL]. http://www.td.gov.hk/tc/public_services/fees_and_charges/index.html#VEHICLE.

首尔公交改革对北京优化地面交通的启示

原载《北京交通大学学报社会科学版》，2019 年第 3 期

［摘要］随着北京轨道交通的快速发展及其他多方面的原因，地面交通客运量出现了快速下降的趋势。北京地面公交客流萎缩的最主要原因是运行速度慢，准时性差。首尔在 2004 年进行公交改革之前曾面临与北京类似的问题，但通过路中央公交专用道改革和运营线路优化等改革，显著提高了地面公交的运营速度、准点率和换乘的便利性，增加了人们对地面公交的满意度，从而提高了地面公共交通的乘坐率。本文在重点分析首尔公交改革经验的基础上，提出 5 项对北京具有重要借鉴价值的举措。

［关键词］公交改革；路中央公交专用道；公交线路优化

一、引言

近 10 年来随着北京轨道交通的快速发展以及网约车、共享单车、疏解人口等多方面的原因，北京地面公交客运量出现了快速下降的趋势。北京公共电汽车的年客运量由 2009 年的 51.7 亿人次下降到 2017 年的 33.6 亿人次，下降了 35%，而轨道交通的客运量由 14.2 亿人次增加到 37.78 亿人次，已超过公共电汽车的客运量。2009—2017 年北京轨道交通运营线路里程由 228 公里增长到 608 公里，轨道交通车辆由 2014 辆增加到 5328 辆，相应的轨道交通客运量增长了 166%。但同期北京市对地面交通的投入也在增加，公共电汽车运营车辆由 21716 辆增加到

25624 辆，增长了 18%；公交线路长度增加了 5.58%；公交专用道长度由 279.7 公里增加到 907 公里，增加了 224%（北京交通发展研究院，2018），按同比口径至少也增加到了 20% 以上。

在北京市对地面公交投入增加的情况下，公交客流萎缩的最主要原因是运行速度慢、准时性差，降低了人们公交出行的满意度。根据北京交通发展研究院 2018 年年报的数据，2017 年公共电汽车在早高峰时间的平均行程速度每小时 9.9 公里，自行车的平均行程速度可达每小时 9.2 公里，乘公共电汽车比骑自行车快不了多少；而轨道交通的平均行程速度达到每小时 15.4 公里（北京交通发展研究院，2018）。因此，当轨道交通网络的覆盖范围扩大后，人们更多地选择轨道交通出行。

北京市提出了在 2020 年实现绿色交通出行达到 75% 以上的目标，北京加大了轨道交通的发展力度，但短期内轨道交通运营里程不可能大幅增长，而地面公交通过运营组织优化和改革却能够大幅度提高公共电汽车的运营效率和公交乘客的满意度，从而增加绿色交通出行的比例。

首尔在 2004 年进行公交改革之前曾面临与北京类似的问题，但通过大刀阔斧的地面公共交通改革，特别是路中央公交专用道改革和运营线路优化等改革，显著提高了地面公交的运营速度、准点率和换乘的便利性，增加了人们对地面公交的满意度，从而提高了道路公共交通的乘坐率。首尔公交改革的经验值得北京借鉴。

二、首尔公交改革的背景

首尔市（Seoul）是韩国首都，面积约 605.25 平方公里，人口 1014 万（2014 年 1 月），是世界上人口密度极高的城市之一。虽然首尔市仅占韩国面积的 0.6%，但其 GDP 却占全国 GDP 的 21%。本文讨论的首尔公共交通主要是指首尔大都市区的公共交通。首尔大都市区包括首尔市、仁川市，以及环绕这两个城市的京畿道，面积 11704 平方公里，人口 2400 万，2014 年首尔大都市区的 GDP 为 6300 亿美元，占韩国 GDP 的 48.2%。

首尔是韩国的政治、经济、科技、文化中心，是世界上发展最快的城市之一。首尔大都市区的人口在 1960 年到 2002 年翻了两番，达到 2200 多万人，快速增加的人口使得出行需求快速增长。韩国经济的快速发展和收入水平的提高，产生了更大的出行需求。韩国的人均 GDP 从 1970 年的 311 美元增长到 1980 年的 2044 美元、1990 年的 7378 美元和 2002 年的 12531 美元。随着收入水平的提高，私人小汽车保有量也快速增长。1970 年韩国每千人的小汽车保有量仅有 2 辆，2003 年韩国每千人小汽车保有量达到 215 辆（Pucher et al.，2005）。

首尔的公共汽车是由私人公司运营的，公共汽车服务在 1960 年代和 1970 年代得到快速发展，在 1970 年代中期公共汽车成为首尔最主要的出行方式。1974 年首尔的第一条地铁投入运营，1990 年代中期，轨道交通客运量超过地面公交客运量成为首尔最主要的出行方式，到 2004 年首尔大都市区的轨道交通网络扩展到 487 公里，其中首尔市的地铁 314 公里，有 13 条轨道交通线路，389 个车站。首尔轨道交通、公共汽车、私人小汽车、出租车出行份额的变化趋势如图 1 所示：

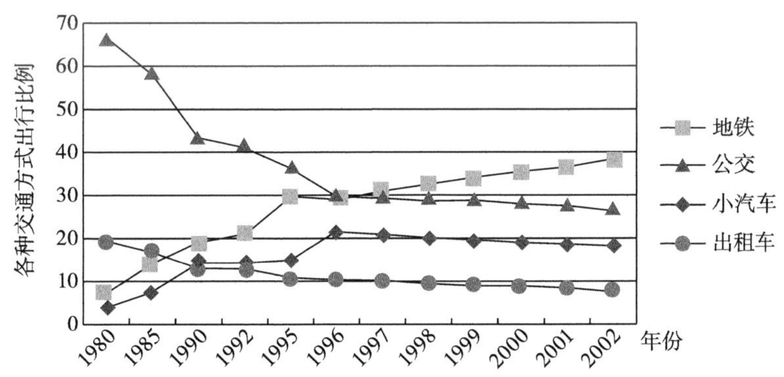

图 1　1980—2002 年首尔不同交通方式出行份额的变化趋势

资料来源：Seoul Metropolitan Government 2004；Seoul Development Institute 2003a.

首尔轨道交通的发展使地面公交的吸引力下降。私人小汽车保有量的快速增长导致了城市道路越来越严重的交通拥堵，特别是在连接首尔郊区和市中心的放射性通道上，拥堵情况更为严重，2002 年首尔的平均车速只有每小时 20 公里，两个城市商业中心区的平均车速只有每小时 17 公里，一些主要道路的车速仅每小时 13.6 公里。而 1980 年首尔市的平均车速可以达到每小时 30.8 公里。道路拥堵对公共汽车的行驶速度的影响远大于小汽车，这导致公共汽车服务质量的显著下降，使更多的人选择私人小汽车出行，由此进一步增加了交通拥堵，形成恶性循环（Pucher et al.，2005）。

快速增长的私家车使得城市交通基础设施无法承受，而且随着车辆数量的增多、使用频率的增加，首尔空气污染日趋严重，车辆停放也成为日趋严重的问题。为应对道路拥堵和停车场的不足，首尔采取修宽道路、增加停车场等措施，试图缓解道路拥堵和停车难问题。大量的稀缺城市土地资源被停车场和越来越宽的道路占用，但城市土地资源是稀缺资源，不可能满足不断增长的机动车对道路和停车场的需求。

在道路拥堵情况日趋严重的同时，公交公司的运营也陷入困境。到 20 世纪 90 年代，公交乘客人数减少了一半。按照韩国法律规定公交运营商必须按照政府规定的收费标准统一收费，在客源减少车票收入减少、道路拥堵造成车次周转慢、能源消耗增高等一系列客观因素的制约下，多数公交公司都面临严重的财务问题，以至于很多公交公司为了节约运营成本采取降低服务质量、减少车辆班次、午夜后车辆停驶等方式。这些行为更导致乘客放弃公交车，选择其他出行方式，这种恶性循环最终导致一些公交公司破产。从 1995 年到 2002 年期间公交运营商由原来的 89 家减少到 58 家。尽管政府对公交公司进行补贴，但仍然无法弥补车票收入下滑带来的损失。公共汽车出行方式已经无法与其他交通方式竞争。

首尔地铁开通运营取得令人印象深刻的成功。但地铁造价昂贵，运营成本高。到 2004 年首尔建设地铁所积累的债务已近 60 亿美元，相当首尔所有债务的 80%。而地铁车票收入只够负担日常运营成本的 75%，剩下的 25% 还需要政府补贴。仅 2003 年地铁系统一年的运营赤字就高达 6.34 亿美元。地铁建设成本和运营补贴已经成为首尔的沉重财务负担。韩国中央政府曾承担首尔地铁建设成本的40% ~50%，由于不断加大的建设资金需求难以承受，韩国中央政府大幅度减少了对新建地铁项目的资金支持。这使得本来就债务负担沉重的首尔大都市区政府面临更大的财务困境。

所有这些都迫使首尔地方政府寻求经济上可承受的方式，来提供公共交通服务满足特大城市不断增加的出行需求，迫切需要采用比扩建地铁网络更节约成本的交通方式。巨大的财务压力是2004年首尔深化公交改革的主要动因。首尔公交改革的战略是更主要依靠低成本的公共汽车服务，通过提高公共汽车的运行速度、换乘连接程度、舒适性，来提高公共汽车吸引力，扭转公共汽车乘坐率不断下降的趋势。

三、首尔的路中央公交专用道改革

早在1984年为解决私人小汽车高速增长造成的交通拥堵，首尔开始提倡公交优先，建设了第一条公交专用道。这些公交专用道大都是在主干道右侧划出的路边公交专用道（Roadside Exclusive Bus Lanes）。到1999年首尔的公交专用道的里程达到224.5公里，但这并没有阻止公共汽车乘坐率不断下降的趋势。首尔的交通状况在不断恶化，社会不满情绪不断增长，首尔公共交通部门的应对举措不力和严重的财务困境，使得在成本和补贴可承受的条件下，对公交服务质量进行全面改进更为迫切。

2002年李明博竞选获胜成为首尔市市长，他承诺进行公交改革并直接负责首尔的公交改革工作。在李明博的领导下，直到公交改革实施前，几乎每周都召开交通政策会议。公交改革涉及不同利益集团的博弈，不是能轻易改变的。李明博委托首尔发展研究院等各方面的专家进行了一系列深入研究，一系列详细的研究报告在2003年12月发表，该报告提出了扩展和改建公交专用道网络、公交运营组织和线路重组、整合公共汽车和地铁运营、票价结构和支付系统改革等改革建议。2004年1月李明博通过大众媒体进行大量的宣传工作，说明公交改革的必要性和带来的好处，同时宣布 2004 年 6 月首尔启动公交改革。

首尔公交改革的基本理念是采用各种措施尽可能把交通便利性权利和空间便利性权利（赵坚、赵云毅，2018）配置给公共交通的出行群体，通过提高公共汽车的运行速度，方便公交换乘，提高公交出行的满意度，引导私人小汽车出行群体转向公共交通。首尔借鉴了巴西库里蒂巴三重道路结构轴线的 BRT 专用道设置方式，首先把首尔公交干线的道路右侧公交专用道改建为路中央公交专用道（Exclusive Median Bus Lanes）。在主干道的中央而不是靠近路边的车道设置道路中央公交专用道，并将公交车站设置在紧靠路中央公交车专用道的位置，使得公交车辆不受左侧行驶车辆右转弯或路边停车的影响，也无须为停靠车站而变换车道。在路中央公交专用车道行驶的公共汽车，不会因受到其他车辆的干扰而降低速度，使得公共汽车比在右侧车道行驶的小汽车以更快的速度行驶（Shin Lee，2017），实现了显著提高公共汽车运营速度的目标。到 2005 年 2 月首尔在 4 条交通干线上建设了 36 公里的路中央公交专用道。

这实际上是把交通便利性权利配置给乘公共汽车出行的群体，这种权利安排的改变在很短的时间就显著提高了公共汽车的运营速度，其中 Dobong – Mia street 上公共汽车的运营速度提高了 1 倍，从 2004 年 6 月启动公交改革时的每小时 11 公里，提高到 2004 年 12 月的每小时 22 公里。首尔公交改革取得成功最显著的标志是公共交通乘客的增加。虽然在公交改革的第一个月由于乘客不了解新的公交运营组织方式，出现了一些混乱，公共汽车的乘客有所下降，但这种情况很快得到改变。由于公共汽车的运营速度提高，公共汽车的乘客数量很快开始增加。公交改革后的 2004 年 9 月首尔的公共汽车乘客数量比公交改革前 2003 年 9 月的乘客数量增加了 40.6 万人，2005 年 3 月的公共汽车乘客数量比公交改革前 2004 年 3 月的乘客数量增加了 70.5 万人（Pucher et al.，2005）。

令人印象深刻的是在公共汽车运营速度提高的同时，在同一通道上小汽车的运行速度也得到提高，这或是因为公共汽车不需要在停靠车站接送乘客时变换车道，从而减少对通道上其他车辆的干扰。图 2 是在实施路中央公交车专用道改革前后 3 条主干道上的公共汽车和小汽车平均运行速度（Pucher et al. ，2005）。

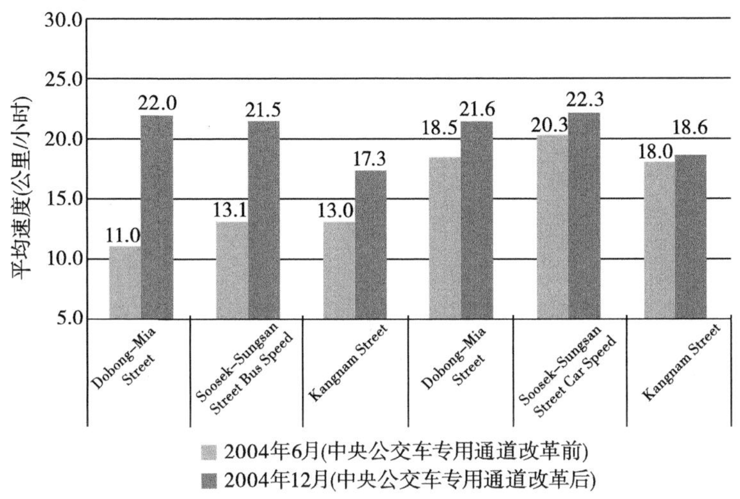

图 2　路中央公交车专用道改革前后公共汽车和小汽车平均运行速度

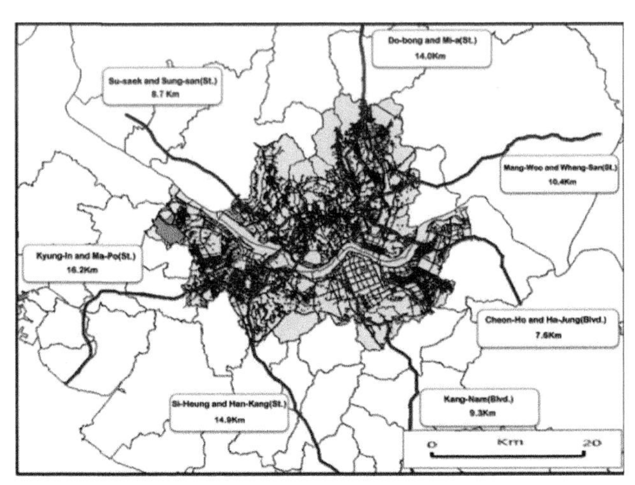

图 3　首尔的公交车专用道

在主干道上新建或改建路中央公交专用道能够比路边专用公交专用车道显著提高公共汽车运营速度，增加路中央公交专用车道减少路边专用公交车道成为首尔实施公交优先战略提高公共汽车服务质量的一项重要举措。首尔路边公交专用道的里程从 1999 年的 224.5 公里减少到 2011 年的 89.3 公里，而路中央公交专用道的里程从 1999 年的 4.5 公里增加到 2011 年的 121.1 公里。路中央公交专用道改革使公交车的运行速度提高了 30%，公交乘客的平均数量增加了 4% ~7%（Shin Lee，2017）。

首尔大都市区政府还规定了设置路边公交专用车道和路中央公交专用车道的技术标准。对于单方向 3 车道的路段：如果每小时通过小汽车 60 辆以上和 1800 人以上，可设置路边专用公交车道；如果每小时通过小汽车 100 辆以上和 3000 人以上，还应考虑设置相反方向的路边公交专用车道；如果每小时通过小汽车 150 辆以上和 4500 人以上，应考虑设置路中央公交专用车道，并在公交车站设置超车车道。

对于单方向 4 车道的路段：如果每小时通过小汽车 100 辆以上和 3000 人以上，应考虑设置路边公交专用车道和在公交车站设置超车道；如果每小时通过小汽车 150 辆以上和 4500 人以上，应考虑设置路中央公交专用车道，并在公交车站设置超车车道（Shin Lee，2017）。

除了设置公交专用车道，首尔大都市区还采取了一系列其他措施来提高公交的交通便利性和空间便利性。改革公共交通的运营组织模式是其中的一项措施。

首尔的公共汽车长期以来都是由大量私营企业运营的，首尔市政府几乎没有对运营路线、运营时刻、服务质量的管理。首尔大都市区政府只对公共汽车的票价进行管制，对私营公司的运营亏损则由政府进行补贴。首尔大都市区政府对私营公交公司的补贴从 1999 年的 900 万美元上涨到 2002 年的 1.1 亿美元，以便维持私营公交公司提供公交服务。私营公交公司为追求利润或减少亏损，在运营线路选择上都要在乘客多的路段运营，而在不能赢利路段则尽可能减少运营服务，有时甚至不事先通知就取消亏损线路的运营。私营公交公司的运营路线是按尽可能经过乘客最多的路段来设计，这使得公共汽车的运营路线过长和绕道来尽可能多地增加乘客，而不是较直接地到达终点站。这增加了一些重要路段的拥堵，延长了线路运行时间，造成公共汽车服务不准时不可靠。私营公交公司的服务质量不断下降，司机只是设法在车上搭载更多的乘客，甚至尽量避开搭乘老人和残疾人来节约运行时间；而且公共汽车的维修保养状况差，老旧车辆迟迟不进行更新，公共汽车的服务质量成为严重的社会问题。

2004 年首尔公交运营组织模式改革的一项重要举措是首尔大都市区政府保留了私营公交公司，同时增加了对公交运营线路、运营时刻表、票价和整个公交组织方式的控制，使首尔的公共交通变成“半官方的运营系统”。在政府对公交运营线路进行重新组织后，私营公交公司的收入不再是各公司自己的客票收入，而是根据各私营公交公司完成运营车公里和服务质量进行分配。这使得在乘客数量多的路段运营和在乘客数量较少区域运营都能根据运营里程得到相应收入，而不是根据本公司完成的客票收入，从而实现线路的优化和公共交通的普遍服务。

首尔把所有的公交线路分为 4 类，分别用红、蓝、绿、黄四种颜色区分不同线路的公共汽车。其中红色公共汽车代表首尔大都市区的长距离快速公交线路，用以连接卫星城与首尔中心城区之间的主干道路，以便替代小汽车出行。蓝色公共汽车代表首尔市内各个区域和中心城区的主要干线的运营车辆，主要提供快速准时的公交服务。绿色公共汽车代表支线运营车辆，服务城市各区域内的短途出行，主要提供城市内各区域到地铁和快速公交车站的短途接驳。黄色公共汽车是城市内的环行线路，主要在中心城区中心提供商务、购物等出行服务。在进行公交线路整合后，首尔公交线路的数量由原来的 365 条增加到 411 条，一些公交线路变得更短更直接，缩短了运营时间，提高了运营效率。四种不同颜色的公共汽车分别针对不同出行需求，解决了以往公交运营路线过长、多次绕行、过多线路集中繁忙路段造成交通拥堵的问题，提高了公共汽车运行速度、准点率和可靠性；同时解决了城市某些区域缺乏公交服务的问题，显著改善了公共交通的交通便利性。

为方便乘客在干线快速公共汽车、环线公交、支线公交之间的换乘，以及公共汽车与地铁之间的换乘，首尔在主要的交叉路口设置公交换乘枢纽，把多条公交线路的车站和地铁车站近距离整合在一起，尽可能地减少公交换乘的步行距离。图 4 和图 5 是公交改革前后首尔的一个公交枢纽，公交改革后多个公交车站及地铁车站之间的换乘距离显著缩短，提高了公共交通换乘的空间便利性。

图 4　公交改革前

图 5　公交改革后

首尔还进行技术创新引入信息化管理手段提高公共交通运营效率，主要是交通智能卡系统和公交信息管理系统。

首尔公交改革前，只有地铁是按乘坐距离收费，公共汽车对每次乘坐按单一票价收费，乘坐距离短的乘客要支付较多的费用。首尔整合了所有线路公共汽车和地铁的票价和收费方式，实行统一的基于乘坐距离的收费方式。无论乘坐公共汽车或地铁，第一个 10 公里付 900 韩元，途中在限定时间内可以在不同公交线路和地铁之间换乘 4 次；乘坐公共交通超过 10 公里后每 5 公里要加收 100 韩元。为此首尔开发出新型的智能公交卡付费系统——可以储值的智能公交卡。这种智能卡以预付费或信用卡方式付费，用于乘坐所有的公交车和地铁。智能公交卡能够记录乘客在哪个车站换乘、乘坐了多少公里的公共交通，还能对乘坐公交的乘客提供优惠。一个中心清算系统对各公交企业和地铁的收入进行清算。这样大大方便了乘客换乘和乘坐公共交通。在引入基于乘坐距离的收费系统后，乘客的车票费用支出平均降低了30%。对于乘坐距离长需要多次换乘的乘客，新收费方式比过去每次换乘分别收费的方式能够让乘客支付较少的费用，这进一步增加了公共交通的吸引力。

首尔引入新的公共汽车信息管理系统，将公交运营与信息服务合为一体，通过在每辆公共汽车上安装全球定位系统（GPS），准确定位公交车的位置，从而实时监控所有公交车的运营状况，该系统使公交指挥中心能够直接联系公交车司机对意外情况进行处理，对各条线路上运营的公交车数量进行调整。公交车的位置、速度的实时信息还传送到公交车站的信息显示板上，乘客也可以随时通过手机、互联网查询，方便乘客了解公共汽车运行的实时信息。首尔的公交优先信号系统TSP（Transit Signal Priority）能够在公交车要通过交叉路口时延长放行时间和等待时间，即通过优化交通信号灯控制让公交车优先通过，来提高公共汽车的运行速度。

此外首尔市政府从2006年开始在干线公共汽车上采用新型低地板公交车使乘客上下车更方便快速，增加铰接式公交车投入到蓝色干线和红色快速线路的运行中，增加单次车辆的运力，使用压缩天然气公交车减少排放造成的空气污染，提高城市空气质量。同时也对其他几个线路的柴油公交车安装柴油机微粒过滤系统，以降低车辆排放的污染。

四、首尔交通需求管理与城市规划调整

首尔通过交通需求管理和对城市规划的调整来降低小汽车出行的交通便利性，引导居民减少私家车的使用，转乘公共交通。最典型的是清溪川修复工程拆除了供机动车使用的高架快速路，恢复步行道路网络和清溪川自然生态，使清溪川成为首尔市中心一个休憩、购物、商务、旅游的热点地区。

清溪川发源于韩国首尔西北部的山脉，全长10.92公里，由西到东贯穿首尔市中心，流往韩国最大的河流汉江。1394年在首尔还没有成为首都之前，清溪川属于自然河川。由于首尔四周环山、中间地势较低

的地理特点，水流自然汇聚到首尔都城中心。1394 年，韩国迁都首尔，清溪川成为首尔的中轴线，穿越市中心，清溪川也是首尔的公共休闲场所，15 世纪初修建了广通桥、惠政桥等多座桥梁，成为韩国历史上的重要文化遗产。1950 年代朝鲜战争结束后，大量的城市贫民聚集在清溪川周边定居，他们搭建简陋的木板房，将生活污水排放到清溪川中，使清溪川迅速被污染。20 世纪 60 年代清溪川在水质没有处理的情况下陆续被水泥板覆盖成暗渠，清溪川的水质进一步恶化。20 世纪 60 年代后期，韩国经济开始起飞，首尔政府为了解决交通问题，提高城市中心区的道路通行能力，1971 年首尔市政府在被覆盖的清溪川上建起了高架路，高架路长 5.8 公里、宽 16 米，有 4 条车道的机动车道，成为横贯首尔东西的主要交通干道，日均交通流量达到 16 万多辆。由于交通便利，清溪川高架路两侧聚集了众多商家。然而，高架桥在提高城市交通运输能力的同时也带来许多问题，噪声、汽车尾气对周边地区产生了严重污染。

2002 年李明博以国大党的首尔市长候选人身份参加市长竞选，并把清溪川修复作为首尔市长的竞选承诺。李明博提出建设以人为本的环境友好型城市，改变过去优先经济增长的发展模式，树立更加注重平等、环境和人的发展理念。按照过去的经济增长优先政策，建起高架机动车专用道，而没有考虑机动车排放造成的空气污染和清溪川的历史文化遗产。现在首尔市民需要通过修复工程还清溪川一个清洁美好的环境来保护首尔的历史文化遗产（Hwang Keeyeon et al. 2016）。

2003 年 7 月，在首尔市长李明博推动下开始了清溪川修复工程，将清溪川上的高架道路拆除，重新挖掘河道，综合治理水体污染，种植各种植物，美化环境。复原广通桥，将旧广通桥的桥墩混合到现代桥梁中重建。修筑河床以使清溪川水不易流失，在旱季时引汉江水入清溪川，以使清溪川长年不断流，形成了城市中的滨水生态景观及休闲游憩空间，有清洁流水的清溪川作为城市河流重新出现在首尔市民的生活中。清溪川修复工程耗资 3800 亿韩元（折合约 3.6 亿美元），工程于

2005 年 10 月竣工。图 6 和图 7 是清溪川修复工程前后的对比。

图 6　修复前的清溪川

图 7　修复后的清溪川

建于 1970 年代的清溪川高架路是双向汽车专用道，承载了城市东西方向的交通。清溪川工程开始以前，很多市民和民间团体都认为拆除高架桥将会使首尔市中心原本就拥堵不堪的交通状况更加糟糕。但清溪川修复工程后的事实证明，结合交通分流措施，特别是首尔的公交改革，清溪川的交通拥堵状况非但没有加剧，反而得到了有效缓解。

清溪川高架机动车专用道拆除是首尔把交通便利性权利配置给公共交通和步行的一个典型。清溪川修复拆除机动车专用道而没有造成该地区交通拥堵的事实，对韩国的交通政策从以小汽车交通为中心转向以人为中心的公共交通发挥了重大作用。首尔还采取一系列交通需求管理措施来减少私人小汽车的使用。首尔市政大厅广场在 2004 年 5 月建成开放，以前这一区域交通经常堵车，汽车尾气和噪声污染严重。改造后这一区域成为公共绿地花园广场，供市民使用。改造后减少了周边的道路，限制了往来机动车的数量，为行人创造了一个安全的地带。首尔减少小汽车出行的另一个举措是仿照库里蒂巴的办法，不允许在路边长时间停车，而路外停车要付很高的停车费，从而引导人们乘公共交通出行。

首尔清溪川修复工程不仅是一项交通工程，而且是首尔激发城市发展活力、进行城市更新和城市规划调整的重要组成部分。首尔的江南区在 1970 年代以来得到快速发展，而位于首尔中心城区的江北区经济发展滞后，出现了发展的不平衡。清溪川位于江北区的中心，这一地区已经成为缺乏竞争力的贫民窟，如果不加重视，该地区将成为城市整体发展和经济振兴的障碍。清溪川修复工程是通过城市中心地区的大规模城市更新，来恢复城市活力，启动增长动力。该修复工程对首尔城市经济振兴、缩小城市不同区域间差距发挥了重要作用。清溪川修复创造出的滨水景观生态环境带来了巨大的商机，许多知名大企业入驻清溪川周边地区。该地区恢复活力的一个重要标志是租金和地价的上涨，清溪川周边地区租金和土地价格的上涨幅度显著高于首尔江南区（Hwang Keeyeon et al. 2016）。

李明博也因为在首尔公交改革和清溪川修复工程中表现出的领导能力于 2007 年成功竞选韩国总统。

五、北京应重点借鉴的首尔公交改革经验

北京公共电汽车客运量下降面临的问题与首尔公交改革前面临的问题几乎相同，首尔公交改革的核心是通过多种举措把交通便利性权利和空间便利性权利配置给公共交通出行群体，而不是小汽车出行群体，从而使人们更多地选择公共交通出行。首尔公交改革的成功经验是多方面的，特别是以下几个方面对北京有重要借鉴价值。

第一，路中央公交专用道改革。1980 年代首尔开始提倡公交优先，并在主干道右侧划出路边公交专用道，但对提高公共电汽车运营速度的效果并不明显。北京的公交专用道大都设置在道路右侧，因此面临首尔公交改革前同样的问题。这是因为在道路右侧公交专用道行驶的公交车会受到右转机动车的干扰，无法提高运营速度。把公交专用道设置在道路中央，就要使公交车站紧邻路中央公交车专用道，需要移动公交车站的位置。这样在路中央公交专用车道行驶的公交车辆由于不受右转车辆的干扰，可显著提高运营速度。但上下车的乘客要经过道路右侧的机动车道，会对小汽车和其他机动车造成干扰。

路中央专用道改革的实质，是通过道路基础设施改造把交通便利性权利配置给公共交通的出行群体，而不是小汽车出行群体。北京的道路比首尔更宽，有很多单向 4 车道的道路，可以建设比首尔更多的路中央专用道，大幅度提高公共电汽车的运行速度。

第二，公交运营线路优化。首尔公交改革以前，公交运营线路主要由民营公交公司按尽可能经过乘客最多的路段来设计，这使得公共汽车的运营路线过长和绕道，增加了一些重要路段的拥堵，延长了运行时间，造成公共汽车服务不准时不可靠。首尔公交改革是把民营企业运营的公共交通变成“半官方的运营系统”。政府针对不同出行需求，把所有的公交线路分为 4 类，对公交运营线路进行优化。民营公交公司的收入不再根据各公司自己的客票收入，而是根据各民营公交公司完成运营车公里和服务质量进行分配，构建起优化公交运营路线后新的经济激励机制，解决了以往公交运营路线过长、多次绕行、过多线路集中繁忙路段造成交通拥堵的问题，缩短了公共电汽车的周转时间，提高了准点率和可靠性。

公交线路优化是通过运营组织调整提高公共交通出行的交通便利性。北京的地面公交由两家国有企业运营，公交线路设定要经过一定的审批程序，但一些线路仍存在运营路线过长、绕行、过度重叠的问题，仍存在很大的优化空间。按照北京交通发展研究院 2018 年年报的数据，2017 年北京公共电汽车运营线路长度 19290 公里，886 条线路，每条线路平均长度 21.77 公里。有些进入二环和穿过三环的公交线路有 20 多个甚至 30 多个车站。运营线路过长、停靠车站数量过多，必然影响运营的准点率和可靠性。北京可借鉴首尔公交改革的经验，针对不同地区的不同出行需求特点对公交线路进行分类，优化线路设计，承担快速公交和支线运营等不同功能的公交车还可使用不同颜色。

北京交通管理部门和公交集团已经认识到北京公交线路需要优化的问题，提出了“长（线路）改短、提运速、快周转、便接驳、减重叠、增覆盖”的公交线路调整思路。但如果不在运营组织方式特别是考核分配方式上进行相应调整，公交线路也很难优化。北京公交集团对下属分公司设置了运营行驶里程、客运量、运营成本、服务质量等考核指标。客运量（或客运收入）应当是公交线路优化的结果，可以作为公交集团的整体考核指标，但如果逐层分解到分公司和车队，就会驱使每个车队都要保留乘客多的路段，很难实现公交线路的整体优化。在这方面，首尔公交改革后实行的主要以运营行驶里程、服务质量、运营成本指标为主的激励机制设计方案值得借鉴。

第三，方便公交换乘。首尔在公交改革中，为方便乘客在不同公交线路以及公共汽车与地铁之间的换乘，尽可能把多条公交线路的车站和地铁车站近距离整合在一起，尽可能地减少公交换乘的步行距离。这是通过减少公交换乘距离增加公交换乘的空间便利性。

北京的公交车站位置受到多部门规范的影响，交通管理部门、公共交通运营部门、地铁管理部门从各部门出发有不同考虑，导致一些公交车站之间以及公交车站与地铁车站之间的换乘距离过长，降低了公交换乘的空间便利性。因此，北京各交通管理相关部门要加强相互协调，以乘客公交换乘的空间便利性为基本原则优化公交车站设置。

第四，运用互联网提供公交信息服务。首尔重视应用互联网和信息技术提高乘客对公交服务的满意度。乘客可以随时通过手机、互联网查询公共汽车运行的实时信息。交通信号灯控制可让公交车优先通过。

北京的互联网和手机应用已经达到相当高水平，但在提供地面公共交通运行实时信息和交通信号控制方面还有很大的发展空间，应给予高度重视，尽早投入使用。这是通过互联网技术提高公共交通出行的交通便利性和实现公交优先。

第五，交通需求管理。在大力提高公交出行便利性的同时，首尔采取拆除清溪川高架道路、限制路边长时间停车等多种措施造成小汽车出行的不便利，从而驱使人们更多地使用公共交通。

解决北京的交通拥堵，要大力发展轨道交通，进行科学的城市规划和城市空间组织，提高地面公交运营效率，同时要进行有效的交通需求管理。因为城市道路面积的增长永远也赶不上小汽车数量的增长。交通需求管理应当让市场机制发挥作用，必须提高拥有和使用小汽车的成本，严格限制小汽车路边停车，在人流密集地区大幅度提高停车收费，推动人们选择公共交通、自行车和步行等绿色出行方式。

参考文献

[1] 北京交通发展研究院．北京市交通发展年度报告[EB/OL]. http://www.bjtrc.org.cn/JGJS.aspx? id =5.2&Menu = GZCG,2018.

[2] John Pucher, Hyungyong Park, and Mook Han Kim. Public Transport Reforms in Seoul: Innovations Motivated by Funding Crisis[J]. Journal of Public Transportation, 2005, 8(5): 41 - 62.

[3]赵坚,赵云毅. 我国大城市发展公共交通的制度安排——城市空间权利的视角[J]. 北京交通大学学报(社会科学版),2018(2):27 - 43.

[4] Shin Lee. Exclusive Median Bus Lane Network, in Seoul Policies That Work : Transportation[R]. University of Seoul, 2017:89 - 104.

[5] Hwang Keeyeon, BYUN Miree, LAH Tae Joon, and LEE Sang - min Cheonggyecheon Restoration Project: Conflict Management Strategies[R]. Published by The Korea Transport Institute, 2016.

第 二 部 分

产业政策研究

产业政策之争中的逻辑问题

原载财新网（2016 年 9 月 18 日），本文根据作者 10 月 30 日在“产业政策研讨会”上的发言有个别补充。该文 2016 年 10 月 14 日被人民日报《内部参阅》第 40 期（总第 1331 期）刊发，题为“如何设计和实施产业政策”

制定产业政策，重要的是要促进竞争而不是保护垄断，要通过竞争来提高资源配置效率；要重点支持核心技术研发而不是补贴某些最终产品的销售，更不能期望通过补贴来实现“弯道超车”

新能源汽车骗补、光伏产业严重产能过剩等一系列产业政策失败的案例，引发了公众对产业政策问题的关注，最近针对林毅夫与张维迎二位教授争论也有了很多评论。前者强调产业政策的作用，提出“没有产业政策的国家经济发展必然不成功”。后者则主张“废除任何形式的产业政策，政府不应该给任何企业、任何行业任何特殊的政策”。

一、否定产业政策方论证中的逻辑评析

张维迎教授主张废除任何形式产业政策的论证三段论：（1）产业政策等于计划经济，产业政策不过是穿着马甲的计划经济。（2）创新是不可预见的，因此是无法计划的，“计划经济在全球都失败了”。（3）产业政策是计划经济，所以产业政策一定会失败，所以要废除任何形式的产业政策。

（一）产业政策不能等同于计划经济

产业政策不能简单等同于计划经济。产业政策的主要内容是，政府提出发展某些产业的战略指引，以及通过产业组织政策、补贴、税收、贷款、关税等政策工具扶植某些产业的政策。

实际上，世界各国都有不同形式的产业政策，重要的问题是采取什么样的产业政策和怎样实施产业政策。美国一直存在不同形式的产业政策。19 世纪为抵制英国工业品的竞争，美国制定了保护本国工业的关税保护政策。门罗总统在国会咨文中明确提出，“关税尤其应该为襁褓中的制造业和与国家独立休戚相关的行业提供保护”，1818 年美国国会通过了提高进口钢铁关税的特别关税法案，扶持了美国钢铁工业的发展。二战后美国的“国家州际及国防公路法案”开启了大规模的高速公路建设，使钢铁、煤炭产能在战后找到出路，促进了中心城市周边房地产业的发展和大都市区化的进程。即使目前美国也没有放弃产业政策，1993 年美国总统克林顿提出了“国家信息基础建设计划”，即信息高速公路计划。2014 年美国国会通过了“复兴美国制造和创新法案”。根据该法案，由美国商务部牵头，组织包括教育部、国防部、能源部、国家航空航天局、农业部、国家科学基金等多部门在 2016 年制定了《制造创新的国家网络战略规划》。该规划的 4 个主要目标是：“增加美国制造的竞争力”；“促进创新技术向可扩展、成本效益好、高绩效的国内制造能力转化”；“加速发展先进制造劳动队伍”；“支持研发机构发展稳定和可持续的商业模式”。

这些政策目标和相应的资金支持是美国政府对制造业的干预，是某种形式的产业政策，但很难论证美国是在搞计划经济。美国的产业政策是在国家立法后实施的，降低了一届政府在政策制定上的随意性，且不因政府换届而改变。这是与我国产业政策制定的重要区别。

（二）产业政策面向的是现有产业而不是原始创新

反对产业政策的根据是“创新是不可预见的”，并举出瓦特的蒸汽机、IBM 公司的计算机、贝尔实验室的激光技术等，发展出一系列产业的原始创新的案例来论证。确实，与新产业发展相关的原始创新是不可预见的，具有不确定性，原始创新不是也不可能是实施某种产业政策的结果。产业政策的目的是增强某些现有产业的竞争力。

但是，中国的绝大多数产业都是在追随发达国家已经发展起来的产业，是在产业发展方向基本明确环境中的消化吸收再创新，或走不同技术路线的创新，而不是不可预见的原始创新。通过与发达国家比较，发展中大国的政府应当能够识别应重点发展的产业，问题在于如何制定产业政策来促进这些产业的发展。因此“创新是不可预见的”不能成为否定我国制定产业政策的根据。对我国产业政策失误造成的资源浪费表达愤怒是可以理解的，但对产业政策采取完全否定的态度，则缺乏实践和理论依据。

我国产业发展是在追赶世界先进水平，比较容易识别应重点发展的产业，并通过产业政策加以扶持。美国的各种高技术产业都处在世界领先地位，但在进一步增强美国制造业竞争力上，美国政府也力图有所作为。美国政府 2016 年发布的《制造创新的国家网络战略规划》就是典型例证。美国政府仍然识别出一些对增强美国制造业竞争力的关键技术领域，在产业组织模式进行指导，在资源配置上给予支持。因此不能简单地以“创新是不可预见的”来否定政府通过产业政策在增强某些产业竞争力方面的作用。

（三）不应忽视国际上产业政策研究的最新成果

在进行学术研究时，不应忽视该研究领域的最新进展。美国哈佛大学的经济学教授 Philippe Aghion 等 2012 年的论文“产业政策与竞争”，用中国大中型企业的数据，进行了产业政策的理论和实证研究，是不应忽略的。

Philippe Aghion 等的论文首先总结了过去关于产业政策的不同观点，指出目前学术界关于产业政策的新观点是：第一，气候变化以及意识到没有政府在鼓励绿色生产和绿色创新上的干预，全球变暖会加剧，会产生全球的副外部性。第二，最近的金融危机促使一些政府包括美国政府支持某些产业的发展。美国越来越多的学者指出自由放任政策的危险，这种政策导致发达国家专业化在 R&D 和服务领域，而把制造环节外包给成本低的发展中国家。他们要求美国学习德国和日本，采取更主动的产业政策来保留中间制造环节，而只外包人力资本非密集的生产环节。

Philippe Aghion 教授等提出的竞争性产业政策能够促进生产率增长的理论模型是：假设一个经济体中的两家企业可以从两种方式中选择一种来提高生产率，要么进行横向差异化，要么选择创新。在自由放任的环境中，两家企业通常会选择多样化的方式来运营，也就是说，为了躲避相互竞争，它们会在不同的产业部门从事生产活动。如果迫使（或鼓励）这两家企业在同一产业部门运营，则会促使它们为了躲避相互竞争而进行纵向创新（也就是提高生产率的创新），其结果将会促进生产率的增长。

在该论文中 Philippe Aghion 教授等使用 1998—2007 年中国大中型工业企业数据，从实证上检验产业政策对企业生产率增长的影响，他们考虑的产业政策包括补贴、税收减免、低息贷款和关税。他们的实证研究发现：竞争的产业政策促进了企业生产率的增长。他们的研究还发现，在竞争更为激烈的部门实施产业政策，能够促进企业提高生产率。当补贴和税收减免作为产业政策的工具时，此结论成立。当以低息贷款和关税作为政策工具时，此结论则不成立。他们认为产业政策讨论的重点问题应该是如何设计和实施产业政策，以使它们更有利于竞争，进而促进增长。

不论 Philippe Aghion 教授等的理论分析和实证研究能否令人信服，但至少比基于原始创新不可预见的案例，就完全否定发展中大国采用产业政策的说法更有逻辑。中国学者在提出完全否定产业政策作用的观点时，是需要对该研究领域中 Philippe Aghion 教授使用中国数据的理论和实证研究进行评述的，而不能仅仅自说自话。

（四）产业政策是面向某些产业的扶持政策因而对不同产业是不平等的

产业政策不同于货币政策和财政政策，产业政策是面向某些产业的扶持政策，因而是对不同产业的一种不平等政策。因为这些产业对增强国家竞争力具有重大作用。学者呼吁"政府不应该给任何企业、任何行业任何特殊的政策"，但产业政策就是给某些对国民经济发展具有关键意义的产业一些特殊政策，该政策应平等对待该产业中相互竞争的企业，而对该产业外的企业则是一种不平等，这是提高国家竞争力的需要。美国《制造创新的国家网络战略规划》实际上是给美国先进制造业的特殊政策。其理由是：该产业部门雇佣了美国2/3的研发队伍，持有美国商务部发给的大部分专利，使该产业部门位于全球竞争的前沿是现在和将来国家繁荣的需要。"进一步说，保持先进制造领域的技术优势是国家安全问题和美国全球竞争优势可持续的关键"。因此在美国，不同的产业也不是得到平等对待的。

二、支持产业政策方论证中的逻辑评析

支持产业政策制定原则存在逻辑缺陷，并且与其新结构经济学视角的产业扶植方式相矛盾。

（一）按"潜在比较优势"制定产业政策只会增加制定政策的任意性

《产业政策与我国的经济发展——新结构经济学的视角》一文高度强调了产业政策的作用，认为发展中国家的政府采用产业政策失败的主要原因是"发展中国家的政府容易出于赶超的目的，而去支持违反比较优势的产业，结果这些产业中的企业在开放竞争的市场中缺乏自生能力，只能靠政府永无止境的保护补贴来生存"。该文提出根据"潜在比较优势"制定产业政策的原则。"成功的产业政策必须是针对有潜在比较优势的产业，所谓有潜在的比较优势产业指的是该产业的要素生产成本在开放竞争的市场中有优势，但是由于软硬基础设施不完善，交易

费用太高，使得总成本在开放竞争的市场中没有竞争力的产业”。

这不过是“企业自生能力”及“比较优势战略”在产业政策制定中延伸。林毅夫教授2005年发表的《按照比较优势选择产业政策》一文，通俗解释了比较优势战略：由于发展中国家资金严重匮乏，在劳动力或自然资源方面则具有比较优势，因此应选择劳动或资源比较密集的产品并以劳动密集的技术来生产，才能有竞争优势。由于发展中国家与发达国家有很大的技术差距，且前沿技术的研发费用非常高，失败概率也非常高，因此技术创新必须以引进为主，只有当我国具备了在某一产业的比较优势，而发达国家在同一产业没有比较优势的情况下，才应当自主研发。例如，发达国家基本上不生产摩托车了，我们就需要自主研发。

比较优势是在规模收益不变条件下解释国际贸易分工的理论，能够用来选择出口产品，不能成为大国制定产业政策的依据。中国是超巨型国家，其国土面积相当整个欧洲，人口则超过欧洲、美国、日本的总和，中国市场几乎就是世界市场，应当形成完整的现代工业体系。我国应根据国家发展当前和未来的需要，发展技术知识密集型高附加值制造业，即使是当前不具比较优势的产业，也要充分利用我国的规模经济获取竞争优势，问题在于怎样发展这些产业。因此，制定产业政策要根据市场需求和产业发展需要，而不是比较优势和所谓潜在比较优势。

笔者2008年在《中国工业经济》杂志上发表的论文《我国自主研发的比较优势与产业政策》中，曾以华为的案例和企业能力理论对“比较优势战略”提出批评。该文指出比较优势不同于竞争优势，竞争优势依赖于对比较优势的有效利用和企业能力建设。在竞争过程开始之前，很难判断哪个企业将会有更强的企业能力。企业能力是动态而非静态的概念。市场经济的运行过程就是企业能力构建的竞争过程和企业不断的生灭过程。“我国应当实施以企业能力构建为导向的竞争型产业政策，创造公平竞争环境”，而不是由政府根据比较优势来选择产业政策，因为政府不具备识别哪个产业有何种比较优势和如何把比较优势转化为竞争优势的知识。

根据“潜在比较优势”制定产业政策的说法更难以把握。比较优势是现实的相对优势，是分工和市场经济中进行资源配置的基础。那么，什么是潜在比较优势？比较优势与潜在比较优势的区别是什么？如何判断未来才可能把“潜在比较优势”变成现实比较优势的可能性？“潜在比较优势”概念只会给产业政策制定增加更多的任意性。

（二）“新结构经济学的视角”的五类产业与比较优势原则相矛盾

根据“新结构经济学的视角”把我国的产业分成五种不同类型产业，建议政府因势利导发挥不同的作用，但这些产业大多与比较优势原则又是相矛盾的。

支持产业政策观点提出建设的第一种产业是追赶型产业，汽车、高端装备业、高端材料即属于这种类型。第二种是领先型产业，像白色家电、高铁、造船等。第三种是退出型产业，包括一些劳动密集型的出口加工业和产能过剩行业。第四种是“弯道超车型”产业，如信息、通信产业的软件、手机等。第五种是战略型产业，如大飞机、航天、超级计算机产业即属于这种类型。

上述五种产业中除第三种外，都不是劳动密集型和可以用劳动密集型技术来生产的，都是“违反比较优势的产业”，但却建议政府不同的扶持方式。按照比较优势选择产业政策的原则与新结构经济学要发展的产业不存在逻辑联系，这不是用“潜在比较优势”可以解释的。

更令人费解的是，该观点还把高铁列为领先型产业。高铁是资金密集型、技术密集型，只能运人不能运货的铁路。除在人口规模大密度高、收入水平高的通道高铁有可能盈亏平衡或赢利外，大部分高铁处于严重亏损状态。目前即使不考虑高铁的运营成本，我国高铁的全部运输收入尚不够支付建设高铁的贷款利息。中铁总要靠财政补贴和不断借新债还旧债来维持。高铁“只能靠政府永无止境的保护补贴来生存”，那么高铁怎么能够符合林毅夫的比较优势原则，又怎么进入林毅夫的“领先型产业”呢？

根据“新结构经济学的视角”划分的五类产业都是指向不同的最终产品，而不是产品中的核心技术。实际上，创新导向的竞争型产业政策所支持的不应是某个产业的最终产品，而是某些可扩展的、能够用于多个领域的关键技术研发。2016 年美国《制造创新的国家网络战略规划》支持的主要是这类技术研发。例如，美国已经建立了增材制造创新机构、数字化制造与设计创新机构、轻金属制造创新机构、下一代电力电子制造创新机构、先进复合材料制造创新机构、集成光子制造机构、柔性混合电子制造机构等 7 个研发中心。美国计划到 2016 年底建立 15 个类似的研发中心，10 年内要建立 45 个类似的研发中心。这类研发中心的研发必须是面向商业应用的，在联邦资助的最初 5 ~ 7 年，来自社会的资源要等于或超过联邦的资助。

三、制定产业政策重要的是什么

产业政策是各国普遍采用的、对增加国家经济竞争力起关键作用的某些产业的政策。制定产业政策，重要的是要促进竞争而不是保护垄断，要通过竞争来提高资源配置效率；要重点支持核心技术研发而不是补贴某些最终产品的销售，更不能期望通过补贴来实现“弯道超车”。支持技术研发比补贴某种产品更便于引入竞争，技术研发可以有不同的技术路线，更便于引入多家企业和研发机构联合体的参与。

我国为发展新能源汽车则采取了对新能源汽车整车厂家进行补贴的政策，希望通过高强度补贴发展出一个新能源汽车产业。按照这种补贴政策，新能源汽车的关键环节——储能器件的研发不一定能得到补贴，或只有同时生产整车才能得到补贴。高容量储能技术不仅可以用于新能源汽车，而且可以用于风力发电、太阳能发电等其他领域，不注重核心技术的研发，使我国的新能源汽车补贴政策严重扭曲了资源配置，给大面积骗补创造了机会。

我国的这种补贴模式还与政府行政管理体制相关，设置了科技部，它就试图主导新能源汽车产业化的工作，就要主导研发的技术路线，在其组织实施的“863 计划”中，科技部提出“通过磷酸铁锂正极材料高性能化关键技术与规模化生产关键技术研究，开发出满足大型电动汽车的动力电池，实现在电动汽车中的示范应用”。科技部主导的磷酸铁锂规模化生产，使我国企业在三元材料上远远落后于韩国和日本，电动轿车的“弯道超车”成为“弯道落后”，由此造成的损失难以估计。科技部是用每年立项批准研发项目的方式推进“创新”，有了示范应用，就可以鉴定评奖，就可以有政绩，至于能否进行商业化应用并回收成本创造利润与科技部无关。

而美国的科技创新是由商务部主导的，研发成果能够促进美国制造的国际竞争力提升是其主要目标。因此，我国不仅存在如何制定产业政策的问题，还有由谁来制定产业政策、在何种行政管理体制中才能制定出合理的产业政策的问题，需要通过进一步深化大部门体制改革来解决。

产业政策问题研讨会综述

原载《中国工业经济》，2016年第12期

2016年10月30日，“产业政策问题”研讨会在北京交通大学经济管理学院思源东楼821会议室召开。本次会议由北京交通大学经济管理学院、中国工业经济学会竞争政策专业委员会、《中国工业经济》编辑部、首都经济贸易大学中国产业经济研究院、辽宁产业组织与技术创新研究中心联合发起。天津财经大学副校长、中国工业经济学会副会长于立教授，首都经济贸易大学校长助理戚聿东教授，北京大学经济学院平新乔教授，辽宁大学经济学院原院长黄继忠教授，北京大学政府管理学院顾昕教授，北京大学新结构经济学研究中心副主任王勇副教授，中国社会科学院工业经济研究所江飞涛副研究员，北京交通大学经济管理学院赵坚教授分别做主题演讲。北京交通大学荣朝和教授、卜伟教授、武剑红教授、李雪梅教授，北京交通大学经济管理学院院长张秋生教授、副院长崔永梅教授，中央财经大学齐兰教授，《中国工业经济》编辑部王燕梅副研究员等来自各高校和研究院所的30余位学者及100余位博士、硕士研究生参加了本次研讨会。研讨会分四个单元进行，在主题演讲的互动环节，发言针锋相对，言辞犀利，气氛热烈友好，一改自说自话的论文宣读模式。张秋生教授致辞并主持第一单元的研讨，赵坚教授、戚聿东教授、于立教授相继主持了各单元的研讨。

一、产业政策与新结构经济学

北京交通大学经济管理学院赵坚教授做题为“产业政策之争，重要的是采用什么样的产业政策”的主题报告。报告指出，张维迎教授和林毅夫教授在关于产业政策的辩论中，论证观点存在的主要问题是：前者的论据不能够支持其论断，而后者的新结构经济学的“五类产业”与“比较优势”原则相矛盾。赵坚教授认为，比较优势是在规模收益不变条件下解释国际贸易分工的理论，不能成为大国制定产业政策的依据，政府应采用以企业能力构建为导向的竞争型产业政策，政府所支持的不应是产业的最终产品，而应是可扩展的、能够用于多个领域的关键技术研发，《2016 美国制造创新国家网络战略规划》就采用了这种模式。当前，中国政府采取对新能源汽车整车厂家进行补贴，而不是对储能器件关键技术研发进行补贴的政策，为企业“骗补”行为提供了一定便利。实行竞争型产业政策，重要的是创造公平的竞争环境，而不是保护垄断。

北京大学新结构经济学研究中心副主任王勇副教授做题为“有效市场与有为政府：新结构经济学视角下的产业政策”的主题报告。他指出，新结构经济学是用新古典经济学的方法来研究一个经济体的各种不同的结构的内生、形成、演化以及影响。在政策制定上，新结构经济学首先是看一个发展中国家的资源禀赋、潜在的比较优势在哪里，然后再考虑在现有资源制度条件下，如何能够降低交易成本，使潜在的比较优势发挥出来。有效市场和有为政府是理想概念，不能认定现实中的市场一定是有效的，现实中的政府一定是有为的。不能拿政府乱为的例子，说成是新结构经济学倡导的有为政府。有为、乱为、不作为政府的界限需要根据具体情形、具体问题做分析。

二、产业政策与公平竞争

天津财经大学副校长、中国工业经济学会副会长于立教授做题为

“从竞争政策看产业政策”的主题报告。他指出，国务院《关于在市场体系建设中建立公平竞争审查制度的意见》提出，要从源头上规范政府相关行为，防止出台限制市场竞争的措施（包括产业政策），保障市场在资源配置中起决定性作用和更好地发挥政府作用，因此，恰当的研究视角是从竞争政策看产业政策。他认为，“产业政策是否存在？肯定存在。产业政策是否失灵？肯定失灵。产业政策有没有积极意义？有。产业政策是否能自行改进？有可能，非常难”。产业政策与公平竞争审查制度存在严重的矛盾，因此，中国政府当前提出公平竞争审查制度，通过竞争政策的办法对各项政策（主要是产业政策）进行审查。

首都经济贸易大学校长助理戚聿东教授以“产业政策转型：从功能型走向竞争型”为题，梳理了中国政府不同时期颁布的产业政策，分析了产业政策的积极作用和消极作用。他认为，竞争政策和产业政策均是政府经济政策体系的重要组成部分，二者既有一致性，也存在冲突。现实中，有悖于公平竞争的行业性和地方性产业政策比比皆是，不仅酿成了现阶段的产能全面过剩局面，而且在一定程度上也造成了“国进民退”的“挤出效应”。产业政策应限制在最严格且有必要的场合，即产业政策只应作为市场失灵的替代和补充而出现。实施产业政策时，仍需要强调以市场竞争机制为基础，需要运用《反垄断法》和公平竞争审查制度，防止贯彻产业政策过程中通过滥用行政权力限制竞争的各种行为。

辽宁大学经济学院原院长黄继忠教授以“环境·条件变化与中国产业政策演变趋势”为题，分析了产业政策演变趋势。他指出，产业政策属于政府干预，因此，关于产业政策的讨论要紧紧围绕市场和政府的关系。任何国家都在寻求市场作用和政府作用的平衡点，只不过在不同的时期，这个平衡点是不同的。平衡点的位置由两个因素决定：一是政府决策和实施的能力，在一定程度上类似于有为政府的问题；二是市场化的程度，而且市场化的程度是决定平衡点移动的关键因素。日本在“二战”期间以及战后初期的市场化程度并不高，政府通过主导资源分配的方式直接干预经济活动；进入多样化时代后，日本的市场经济体制日趋完善，产业政策的重点逐步转变为政府引导和改善市场环境。

三、产业政策的基本问题

北京大学经济学院平新乔教授在“产业结构调整和产业政策”的主题报告中强调，在产业政策问题上，还是有一些基本理论问题需要厘清。例如，企业和产业需要界定清楚。如果没有产业政策，企业就要直接对市场价格做出反应；如果产业政策存在，就会起到保护企业的作用。产业政策有广义和狭义之分，张维迎教授和林毅夫教授讨论的是不同的产业政策。平新乔教授认为，在赶超过程中，狭义的产业政策具有其存在的价值，张维迎教授对于产业政策的批评是比较极端的，但必须注意另一个方面，即实行狭义的产业政策会压抑市场竞争机制的发育。他提出，应建立新的理论框架，要以等替代弹性效用函数和生产函数为基础研究产业结构的更新和升级，这基本上是一个市场化的内生过程。

北京大学政府管理学院顾昕教授做题为“发展主义的发展：产业政策治理创新的政治经济学”的主题报告。报告指出，产业政策之争实质上是新自由主义与新发展主义之争，新自由主义主张自由市场和有限政府，废除一切产业政策；新发展主义主张有效政府、有为政府。顾昕教授指出，林毅夫教授在与他的通信中强调，“因势利导，不能跟市场拧着，这是非常重要的”。顾昕教授提出“九式破解林毅夫张维迎产业政策之争”，并主张第三条道路，即“自由市场 + 有限的有为政府”。政府要转变角色，从“领航员”转变为“服务生”；有限的有为政府之道在于更好地发挥市场和社会的作用；政府在促进知识生产和知识传播上可以发挥积极的作用，要用“能力建设”取代“挑选赢家”，政府要帮助市场主体和社会组织提升能力，从而促进社会保障和社会福利的发展。

中国社会科学院工业经济研究所江飞涛副研究员在“干预市场抑或增进与扩展市场——产业政策研究中的问题、争论与理论重构”的主题报告中强调，产业政策是旨在促进产业发展、产业竞争力提升或者影响经济结构的政策。中国产业政策的基本特征包括：对微观经济的大量直接干预；以政府部门的判断、选择来代替市场机制；限制市场竞争，扶持大企业发展，限制小企业发展。中国的产业政策取向应从干预市场与限制竞争调整为增进与扩展市场，即通过放松微观管制逐步建立与完善市场制度体系，拓展市场协调的空间，增强市场的协调功能，进而促进产业的长期健康发展。这需要我们在充分认识市场机制、市场与政府关系的基础上，重构以增进与扩展市场为取向的产业政策理论体系。

在圆桌会议环节，几位主题报告专家围绕产业政策问题总结了自己的观点，并针对他人的观点提出问题，进行了深层讨论、互动。赵坚教授指出，“以企业能力构建为导向的竞争型产业政策的理论基础是企业能力理论”。江飞涛副研究员提出，“当前，产业政策发展的整个趋势是更少的市场干预，更多地补充市场，是功能型的政策工具”。黄继忠教授提出，“对我国各层次的产业政策要进行调查才能有发言权”。平新乔教授表示，“对根据比较优势制定的产业政策持怀疑态度”。顾昕教授提出，“要限制政府乱为的行为，约束行政力量”。王勇副教授提出，“在研究发展产业政策的过程中，必须要有一个一般均衡的动态思考”。于立教授作为圆桌会议主持人总结并提出，要用公平竞争政策作为基础政策来审查产业政策。参会的北京交通大学经济管理学院教师与演讲嘉宾进行了积极的交流互动。

北京交通大学经济管理学院院长张秋生教授做总结发言。他表示，希望未来可以定期举办相关研讨会，不仅探讨理论问题，也要对重要的产业政策问题发表看法，用自己的智慧、理论和方法为社会做出贡献。

停车产业需要政府优惠吗

原载财新网，2015 年 8 月 12 日

七部门“加强停车设施建设的意见”初衷是按市场经济的运作方式，吸引社会资本解决城市停车难问题，但提出的很多举措恰恰反映了城市规划、城市管理理念的落后；反映出政府过度干预产业发展、执法不严，不能发挥市场在配置资源中起决定作用的现状

昨天，国家发改委等 7 个部门发布了《关于加强城市停车设施建设的指导意见》。该意见针对目前“城市小汽车保有量大幅提高，停车设施供给不足问题日益凸显”的问题，认为“吸引社会资本、推进停车产业化是解决城市停车难问题的重要途径，也是当前改革创新、稳定经济增长的重要举措”，并提出了支持停车产业发展的一些政策措施。

该意见的初衷是按市场经济的运作方式，吸引社会资本解决城市停车难问题。但该意见中提出的很多举措恰恰反映了目前我国在城市规划、城市管理理念上的落后；反映出政府过度干预产业发展、执法不严，不能发挥市场在配置资源中起决定作用的现状。

一、应当用优惠政策来发展停车产业吗？

该意见提出了发展停车产业的一系列优惠措施，主要包括：（1）加强公共用地保障，符合《划拨用地目录》的，可以划拨方式供地；不符合《划拨用地目录》可以协议出让方式供地。（2）加大金融支持力度，研究设立引导停车设施建设专项产业投资基金。（3）将停

车产业纳入高端装备制造业清单，给予相关政策优惠，积极引导自主品牌走出去，实现停车产业优势产能输出。

在城市，特别是大城市交通拥堵地区停车是个人的消费行为，而且是政府不应鼓励的消费行为，政府更应鼓励的是公共交通出行、绿色交通出行。大城市的道路资源、空间资源是稀缺的公共资源。目前“停车设施供给不足”的问题，主要是价格机制没有发挥作用、停车价格太低和政府城市规划管理缺乏弹性造成的，价格机制具有解决停车设施供给不足的内在机制。

据报道，伦敦海德公园附近一个3米乘4米的私人长期停车位，要价30万英镑，已经变成了“市场指引价”，30万英镑相当在伦敦买套两居室的价格。在伦敦西区停车费要高达4英镑/小时，相当近40元人民币，因此人们到这些地方主要乘地铁或公交。大幅度提高城市交通拥堵地区的停车价格，就可以有效减少该地区的停车需求；在城市规划和建设中放宽该地区建设停车场的限制条件，就可以增加该地区的停车供给。用市场进行空间资源配置就可以解决停车难的问题，而无需靠政府的优惠政策来解决。

政府也不应向停车产业提供优惠政策，这有违社会公平。目前住房已经是商品，汽车也是商品，为什么汽车的使用（停车）要依靠政府的优惠政策？停车场建设可以划拨土地，而不用招拍挂；停车装备可以有金融支持、政策优惠。停车场与商品房的区别在于一个住人，一个放车；小汽车停放除了占用城市空间资源外有什么公益性可言？为什么要给放车的停车场优惠政策？这些公共资源更应用于发展公共交通、绿色交通，而不是更方便小汽车使用。

该意见提出“利用公共资源建设停车设施，鼓励采用政府和社会资本合作（PPP）模式，政府投入公共资源产权，与社会资本共同开发建设，采用放弃一定时期的收益权等形式保障社会资本的收益”。这里首先要明确停车场的基本属性，停车场是与商品房同类的私人产品，社会资本进入应当按市场规则定价，并获取平均利润。政府不应投入公共资源，不能通过采用（PPP）模式来保障社会资本收益，应当与房地产开发一样盈亏自负。

二、能够用双轨制来发展停车产业吗？

该意见提出要“充分发挥价格杠杆的作用，逐步缩小政府定价范围，全面放开社会资本全额投资新建停车设施收费”。这就是说要实行停车收费的双轨制，“对于路内停车等纳入政府定价范围的停车设施，健全政府定价规则，根据区位、设施条件等推行差别化停车收费”。而对社会资本全额投资的新建停车设施收费则全面放开。

这说明7部门仍然不想让市场在资源配置中起决定作用，而要用双轨制的办法。政府定价的路内停车要低于市场价，而社会资本全额投资的新建停车场采用市场价。占用公共道路的政府定价低，而占用私人产品的新建停车场收费高，这种定价本身就缺乏社会公平。占用公共资源、侵犯公众利益应该付更高的成本而不是相反。另外，如果新建的停车场收费高，有人会到社会资本新建的停车场停车吗？社会资本基于对双轨制后果的预期还会全额投资吗？更为重要的是，在目前政府执法不严、违法占道停车成本极低已成常态的情况下，现有低价停车场尚不能充分利用的情况下，社会资本全额投资、按市场规则运营的停车场有生存空间吗？

三、政府该如何规划城市停车场？

该意见提出要“科学编制规划。各地依据城市总体规划和综合交通体系规划，修订城市建筑物配建停车泊位标准，组织编制停车设施专项规划，并及时纳入城市用地控制性详细规划，做好用地管控。规划需统筹城市功能分区的区位特征、用地属性、公共交通发展等状况，合理测算停车需求，明确阶段性适应目标，优化设施布局，制定近期实施方案，建立项目库，并及时公布”。这里，政府的城市规划是不是管得过多、过细。

首先，政府如何“合理测算停车需求”？如何把停车场建设“及时纳入城市用地控制性详细规划”？城市某个地段的停车需求是动态变化的，与停车价格、公共交通的发达程度、经济活动的集聚程度有关，如何事先纳入城市用地控制性详细规划？如果在城市某个地段规划建设了大规模停车设施，但没有多少车停，谁来承担停车场的经营亏损，是否可以把停车场改建为其他商业设施？又如何调整控规？

其次，城市规划部门如何“修订城市建筑物配建停车泊位标准”？城市的不同地区、不同的商业办公区域、不同的住宅小区的土地价格不同，小汽车保有使用的需求不同，如何制定停车位配建标准？制定了标准如何进行检查、谁来审批？建多了没人使用，谁来承担投资损失，违反配建标准是否要进行处罚？符合配建标准政府是否要进行财政补贴？对这类问题，政府可出指导意见但无须制定标准。这类问题完全可以留给市场解决。对富人居住的高档小区，没有停车位，开发商的房子就卖不出去，无须政府制定标准，更不应符合配建标准就给什么优惠政策。商业繁华地区应鼓励公共交通、绿色交通出行，根本就应不设或少设停车位。

城市控制性详细规划应当更有弹性，放开政府不应管的事项，市场就能够解决停车供给不足的问题。把一个地块用于餐饮业、商业、办公与用于停车没有什么不同，都是同类经济活动，不用政府事先进行控制性详细规划。在停车需求高的地段，在不改变原建筑空间格局的情况下，允许一些物业改变功能、改建为停车场，同时按市场价格收取停车费。这样一些经营不善的商场可能改建为立体停车场，一些居民院落也会成为停车场。停车供给就会增加，亏损则由这些投资主体自己负责，无须政府优惠政策。

值得注意的是，国务院 2012 年发布了《国务院关于城市优先发展公共交通的指导意见》，提出“优先发展公共交通是缓解交通拥堵、转变城市交通发展方式、提升人民群众生活品质、提高政府基本公共服务水平的必然要求，是构建资源节约型、环境友好型社会的战略选择”；

并提出了“大城市要基本实现中心城区公共交通站点500米全覆盖，公共交通占机动化出行比例达到60%左右”的具体要求。一线城市的公共交通出行比例应当更高，为此必须增加在特大城市拥有和使用小汽车的成本。而国家发改委等7个部门《关于加强城市停车设施建设的指导意见》提出了可用“划拨方式供地”进行停车场建设等优惠政策，这是在降低小汽车的使用成本。这与国务院2012年优先发展公共交通的指导意见一致吗？

补贴新能源汽车政府不能任性

原载财新网，2015 年 5 月 4 日

如果说中国家庭小汽车发展是在政府产业政策指导下让出市场，却没有换来核心技术，纯电动轿车发展则将在政府巨额财政补贴下培育市场，却培育不出核心技术

四部委（财政部、科技部、工业和信息化部、发展改革委）2015 年 4 月 29 日发布《关于 2016—2020 年新能源汽车推广应用财政支持政策的通知》，试图继续通过大幅度补贴主导资源配置，发展新能源汽车产业。然而，该通知制定的财政补贴政策有违十八届三中全会《决定》中“使市场在资源配置中起决定性作用”的指导方针，以及“打破行政主导和部门分割，建立主要由市场决定技术创新项目和经费分配、评价成果的机制”的规定。

四部委是否有权决定高达 4000 亿元的补贴规模

根据国务院“节能与新能源汽车产业发展规划（2012—2020）”，2020 年新能源汽车要达到累计产销量超过 500 万辆的目标。即使按照通知中逐步退坡的财政支持政策补贴标准，2015 年到 2020 年中央财政的补贴将超过 2000 亿元，地方财政也要按相同标准配套，补贴的总规模将超过 4000 亿元。问题是：四部委是否有权做出如此巨额的财政补贴决定？法律依据何在？

其次，即使靠巨额财政补贴实现了 2020 年新能源汽车累计产销量

超过500万辆的目标，这样的新能源汽车产业有市场竞争力吗？特别是在新能源汽车发展的技术路线、商业模式存在很大不确定性，电动汽车报废电池回收及污染处理体系毫无着落的情况下，靠政府的巨额财政补贴主导资源配置能够形成可持续的新能源汽车产业吗？

目前中国的新能源汽车企业尚不掌握核心技术。纯电动轿车使用的三元材料电池主要依靠韩国企业，其成本达到1.5元/瓦时，已经形成规模经济。而中国企业的三元材料电池成本为3元/瓦时，无法与韩国竞争。按照通知中逐步退坡的财政支持政策，“2017—2020年除燃料电池汽车外其他车型补助标准适当退坡，其中：2017—2018年补助标准在2016年基础上下降20%，2019—2020年补助标准在2016年基础上下降40%”，这会对企业核心技术研发形成负向激励。

核心技术研发和商业应用需要相当长的时间，目前的新能源汽车市场主要靠财政补贴支撑，财政补贴快速退坡后新能源汽车市场的不确定性会显著增加，企业会因此失去研发投入的激励，而主要依靠国外企业的电池实现产量目标。由于新能源汽车电池等储能部件的成本占新能源汽车成本的50%左右，中国巨额的财政补贴将主要流向外国有核心技术的企业。

中国纯电动轿车将重蹈燃油车发展的覆辙，而且更糟。如果说中国家庭小汽车发展是在政府产业政策指导下让出市场，却没有换来核心技术，那么，纯电动轿车发展则将在政府巨额财政补贴下培育市场，却培育不出核心技术。

科技部是否能够制定发展新能源汽车的技术路线

石油资源总有一天会耗尽，新能源汽车是未来汽车产业的发展方向，但新能源汽车面向的耐用消费品市场，是充满风险、存在很多不确定性的市场。

科技部不是先知先觉，根本不可能具有制定发展新能源汽车技术路线的知识。发展新能源汽车的技术路线、商业模式需要企业去探索、试错；政府没有这方面的知识，不能去试错，不能拿纳税人的钱去进行商业冒险，也不能代替企业做产业化、商业化决策。科技部制定政策固然听取过专家意见，但不同专家会有不同的意见，专家也不是先知，专家意见也不能取代市场对资源配置的决定性作用。如果专家相信他的想法一定成功，他可以自己去办企业，而不能游说政府通过政策或资金去支持某种产品类型、某种技术路线，因为这可能限制对其他产品类型、技术路线、商业模式的探索，这样做对整个产业的发展是不利的。

市场经济的核心，不是在已知静态商品空间用价格机制优化资源配置的经济；市场经济的灵魂，是激励企业自由商业探索、自由市场试错，并承担成功的收益或失败损失的经济，价格机制不过是把资源配置给探索成功的企业。企业家也没有先知先觉，成功的企业家通常也有碰得头破血流的经历。由于有大量的企业在探索、试错，总会不断有创新涌现。

科技部却反其道而行之，不仅制定发展新能源汽车的技术路线，而且通过研究项目资金投入，主导电动车要使用哪种类型的电池。2009年科技部设立国家高技术研究发展计划（863 计划）新材料技术领域“磷酸铁锂正极材料规模化生产和应用关键技术研究”重点项目，该项目国拨经费 2000 万元，要求配套经费与国拨经费的比例不低于 2∶1。该项目目标是“通过磷酸铁锂正极材料高性能化关键技术与规模化生产关键技术研究，建立万吨级磷酸铁锂正极材料规模生产线，形成功率型和容量型磷酸铁锂正极材料产品，并在此基础上进行磷酸铁锂正极材料应用关键技术研究，开发出满足大型电动汽车的动力电池，实现在电动汽车中的示范应用”。

在中国电动汽车锂电池正极材料选择上，存在磷酸铁锂和三元材料、锰酸锂等多种技术路线的争论。科技部 863 计划中实现磷酸铁锂规模化生产的目标，表明政府将支持磷酸铁锂电池成为中国电动汽车采用的主要电池类型。在科技部的技术路线指引下，数百家磷酸铁锂生产企业涌现而出，产能严重过剩。但由于磷酸铁锂材料本身及工艺上的问题，该产品类型已几乎走进死胡同。

根据国务院颁布的《节能与新能源汽车产业发展规划（2012—2020年）》中提及的目标：2015年动力电池模块的能量密度达到150瓦时/千克以上。而磷酸铁锂的能量密度无法满足此要求，业界将目光转向三元材料。数百家磷酸铁锂生产企业陷入困境。更重要的，科技部主导的磷酸铁锂规模化生产，使中国企业在三元材料上远远落后于韩国，电动轿车的“弯道超车”成为“弯道落后”，由此造成的损失难以估计。

四部委能否用财政补贴政策主导资源配置

在电动公交车领域，一直存在发展超级电容还是锂电池的技术路线之争。2009年1月《财政部科技部关于开展节能与新能源汽车示范推广试点工作的通知》对这两类纯电动公交车统一采用补助50万元的标准。但2013年9月13日，四部委下发《关于继续开展新能源汽车推广应用工作的通知》，改变了补助标准，中央财政对电池电动客车推广应用补助标准为50万元，超级电容纯电动客车仅补贴15万元，地方进行等额配套补贴。四部委通过财政补贴政策造成超级电容公交车和锂电池公交车之间70万元的价格差异，制造不公平竞争。四部委巨额财政补贴主导的资源配置，使中国在国际上有优势的超级电容客车企业陷入困境。

早在2006年8月，上海奥威科技的超级电容公交车在上海实现了商业化运营。2010年上海世博会上，61辆超级电容纯电动客车经受住了高温、高湿等严苛环境的考验，创下了安全运营120万公里的纪录。2012年数十辆“技改升级版”超级电容车开始在上海11路、26路公交线路上运营。奥威科技已申请超级电容器相关的国家专利63项，其中发明专利占一半以上，2014年向保加利亚交付了第一辆高能量超级电容车，这也是中国拥有自主知识产权的超级电容公交车第一次驶出国门。但四部委2013年新的财政补贴政策出台，其失去了哈尔滨市公交公司的订单。

长沙中上汽车公司面临同样的问题。其超级电容纯电动车于2011年11月获批列入工信部新能源汽车示范推广车型目录，2012年10台超级电容公交车在长沙101公交线路商业运营，日运营里程200多公里，能耗为锂电车的80%。长沙市公交公司打报告要求全线30台车全部换成超级电容车，其他地市也来洽商推广；但2013年补贴政策的突然改变，导致其失去订单，企业受到沉重打击。

超级电容和锂电池车各有优势。锂电池公交车虽有纯电续驶里程较长的优点，但一次充电需要8小时，3台当2台用，利用率低，且需要集中充电场，需要占用大量土地。相对锂电池，超级电容以活性炭为基本原材料，无水土二次污染；使用寿命长，终身无需更换；配套充电设施投入低；自重大大低于配载锂电池；安全性高，无碰撞爆炸危险。对于固定路线行驶的城市公交来说，综合考虑全寿命周期及配套设施建设费用，超级电容公交车更有优势。

四部委通过财政补贴政策主导资源配置，打击的不仅是掌握核心技术的中国超级电容车企业，而且是整个超级电容产业。美国《探索》杂志2007年1月号，将超级电容器列为2006年世界七大技术发现之一，认为超级电容器是能量储存领域的一项革命性发展。超级电容属于第三代绿色物理储能装置，在消费电子、工业电气、汽车动力、电力系统、轨道交通、航空航天等领域有广泛应用前景，还是大容量高功率激光武器的核心部件。

中国的超级电容研发起步较晚，大容量、高功率超级电容市场的90%以上长期被美国MAXWELL集团垄断，并对中国进行技术封锁。近两年来，中国一些企业通过自主创新，在超级电容研发与应用上取得进展。长沙中上汽车自主研发的牵引级超级电容达15万法拉，是美国MAXWELL超级电容的10倍，达到国际领先水平。当前超级电容领域存在激烈的市场竞争，最近日本川崎公司研发的超级电容已从数千法拉迅速增加到5万法拉。中国刚取得的超级电容技术世界领先优势可能迅速丧失，迫切需要提高性能扩大应用领域，拓展创新空间。然而，四部委通过财政补贴政策主导资源配置，正在压缩可能出现的超级电容产业创新空间。

发展新能源汽车需要什么样的补贴政策

发展新能源汽车需要政府的政策支持和财政补贴，但如何补贴，中国与美日德等汽车强国存在很大差异。相对于中国用巨额财政资金补贴新能源汽车产业链下游的生产和购买环节，美日德等国更重视补贴电动汽车产业链上游的研发环节。美日德等国发展电动汽车的战略是，重点支持研发环节，生产出性价比高的新能源汽车，主要通过税收优惠促进市场发育。

美国在《2007 能源独立与安全法案》《2008 紧急经济稳定法案》中规定了支持发展新能源汽车的相关条款。2009 年 8 月，美国能源部宣布将向车用电池、电动驱动装置等 48 个项目提供总额 24 亿美元的政府补贴，发展新能源汽车，其中 15 亿美元用于发展电池技术，5 亿美元用在电动机及其他方面，4 亿美元的刺激计划用来建设与测试电动汽车相配套的基础设施，包括充电站的建设以及技术人员的培训项目。为鼓励消费者购买新能源汽车，规定新能源汽车购买者将获得 2500 ~ 7500 美元的税收抵扣额度（抵扣额度根据电池系统的能量大小计算）。美国的新能源汽车政策补贴主要面向技术研发环节，购买者只能获得税收抵扣，而不是额外的政府补贴。

美国加州根据碳排放交易市场原理的交叉补贴政策更值得关注。加州规定各汽车厂商在加州汽车销售总量中“零排放”车必须达到一定比例，达不到可向其他公司购买指标，新能源汽车公司特斯拉每年得到几亿美元补贴就来自这种交易。这种交叉补贴是销售产生碳排放汽车和“零排放”汽车企业之间的交易，不影响政府税收。政府的职能是通过制度安排建立降低碳排放的交易平台，并进行监管。

这种通过企业间碳排放交易的交叉补贴制度安排，更有效也更公平。首先，可以给市场一个长期预期，投资研发、制造新能源汽车是有市场的；各类企业可以根据自己的比较优势选择生产燃油车或新能源汽车；该制度安排使企业，而不是政府，成为推动新能源汽车产业发展的主体，因而是有效的。其次，生产有碳排放汽车的企业要向生产“零排放”汽车的企业购买碳排放指标，提高了制造有碳排放汽车企业的生产成本，成本则由该企业和购买该种汽车的消费者共同承担，而不是由一般纳税人共同承担，因而是公平的。

加州的这种发展新能源汽车的补贴制度安排在中国更有应用价值。首先，它可以更好地界定政府和市场的关系，把选择新能源汽车的技术路线、产品类型、补贴方式等问题交给市场，政府的职能就是制度安排和进行监管；其次，中国新能源汽车的发展领域更为宽广，不仅有轿车还有大量的公交车，减排交易时，一台纯电动公交车相当于10～20辆纯电动小汽车，企业可以有更多的选择空间。

这种促进发展新能源汽车的交叉补贴制度非常简单、有效、公平，但在中国却难以实施。因为中国政府行政管理体制上存在问题，这种推动新能源汽车发展的方式会使某些政府部门失去存在的理由。

发展新能源汽车需要深化大部门体制改革

2013年中共中央关于全面深化改革的“决定”中提出，“经济体制改革是全面深化改革的重点，核心问题是处理好政府和市场的关系，使市场在资源配置中起决定性作用和更好发挥政府作用”，提出“优化政府组织结构，转变政府职能必须深化机构改革，优化政府机构设置、职能配置…… 理顺部门职责关系，积极稳妥实施大部门制”，但中国的政府行政管理体制还不能适应“使市场在资源配置中起决定作用”的要求。最近出版的《中国行政体制改革报告（2014—2015）》，提出部门利益成为地方政府改革最大阻力，地方行政体制改革需要深化大部制改革。实际上，中央政府更需要进一步深化大部门体制改革。

国务院和组成部门之间的关系是一种委托—代理关系，国务院是委托人，其组成部门是代理人，在二者之间存在信息不对称，而且每个部门都有自己的部门利益，并倾向于巩固本部门的权力和利益，扩大本部门控制的资源。设置一个国务院组成部门，就内生地设定了这个部门的绩效评价指向，它就会找事做、争权力、要资源、出政绩，就会出现政府越位、错位，政府职能就难以转变，不能实现国务院简政放权的要求。

像设置了科技部，它就会试图主导新能源汽车产业化的工作，就要组织批准新能源汽车的重大研发项目、制定各类专项规划、规定技术路线，甚至选择电池类型。2013 年后由四部委共同主导新能源汽车产业化的重大政策，不过是延续科技部的管理模式，继续用政府财政补贴主导资源配置，主导新能源车的技术路线、产品类型。

2013 年四部委按纯电动客车的 3 种不同长度规定了不同的财政补贴标准，并把超级电容客车与电池客车区分开来，大幅度降低补贴标准。2015 年初，超级电容企业对四部委用财政补贴造成不公平竞争问题的意见，引起 2 位主管副总理的重视。但在 4 月 29 日四部委正式公布的补贴标准中，虽然不再区分超级电容客车和电池客车，但又新设立了纯电续驶里程补贴标准，根据纯电续驶里程标准，超级电容客车的补贴由 15 万提到最高 22 万，与其他纯电动客车仍相差 28 万元。

把纯电续驶里程长短作为补贴标准是四部委确定的标准，而不是市场选择的标准。为什么不把有无水土二次污染、能源转换效率作为补贴标准？纯电续驶里程是家庭小汽车的重要指标，但超级电容公交车是在固定线路上行驶，且充电速度快，纯电续驶里程不应成为公交车的主要指标。四部委把评价电动轿车的标准作为补贴电动公交车的标准，不过是继续制造不公平竞争。

事实说明：处理好政府和市场的关系，减少审批事项、制定权力清单固然重要，但不能解决某些政府部门通过政策制定，来进一步增加并强化自己权力的问题。要简政才能真正放权。

在市场经济中，市场在资源配置中起决定作用，特别是在市场化程度高、竞争激烈的领域，没有必要设置专门的政府行政管理部门。美国、日本、德国都没有单独设置科技部、工信部类似的部门，但它们是世界上的科技、工业强国。美国能源部、日本的通产省承担了新能源汽车产业化的相关职能，德国是经济与能源部、交通建设与城市发展部、教育与科技部、环境保护与核安全部等四部委制定新能源汽车发展规划。为促进新能源汽车产业的发展，政府管理应更简单、更有效、更公平。为此需要进一步深化大部门体制改革，减少对具体产业发展的行政干预。

第三部分

铁路改革与高铁问题研究

重塑市场主体　推进铁路股份制改革*

［摘要］《交通强国建设纲要》提出了不断深化铁路管理体制改革，“推动国家铁路企业股份制改造”的改革方向，而这要以构建出能够独立面向市场经营的铁路运输市场主体为基础。国铁集团现行统一调度指挥的合理性是以铁路局管辖范围过小为前提，以铁路局不能成为独立面对市场的经营主体失去活力为代价。现行18个铁路局负责各自局管内和国铁集团负责全路的两层次统一调度指挥体系，导致统一调度指挥的碎片化。这种碎片化的统一调度指挥是造成铁路货物运输效率低下，不能适应货运市场需求的主要原因。国铁集团应明确区域铁路公司的改革方向，目前可试点组建东北铁路局和西北铁路局，通过扩大铁路局管辖范围，降低发挥铁路货物运输比较优势的产业组织障碍。

［关键词］市场主体；股份制改革；碎片化的统一调度指挥；货运效率

2019年9月中共中央、国务院印发的《交通强国建设纲要》提出了不断深化铁路管理体制改革，“推动国家铁路企业股份制改造”的改革方向。而国家铁路企业进行股份制改造，首先要构建出能够独立面向市场经营的铁路运输市场主体。该问题在证监会对京沪高铁股份有限公司上市申请的反馈意见中已被明确提出。证监会对京沪高铁公司的规范性提出了23条反馈意见，其中最重要的是，“鉴于公司并不直接从事高铁运输服务，而是委托北京局、济南局、上海局等进行从事高铁运输服

---

* 本文为作者给北京交通大学学报（社科版）的稿件。

务”。因此需要说明“公司是否有完整的业务体系，是否符合首发办法要求的具有完整的面向市场独立经营的能力”。虽然京沪高铁由于多方面的特殊原因能够上市，但对国家铁路企业股份制改造并不具普遍意义。

具有完整的面向市场独立经营的能力是铁路运输企业成为上市公司的必要条件。在现行铁路运输管理体制下，18 个铁路局集团公司都要接受国铁集团的统一调度指挥和统一清算，所有的高铁公司都采用委托运营的模式，这些公司都不具备完整的面向市场独立经营的能力。因此，本文认为首先要深化铁路运输管理体制改革，构建出能独立面向市场经营的市场主体，铁路运输企业才能进行股份制改造。

一、18 个铁路局不能成为市场主体

要构建出能独立面向市场经营的市场主体，首先就要打破铁路运营必须由国铁集团“统一调度指挥、统一清算”的障碍。1990 年代和 2000 年初的铁路改革探索，都是因为在该问题上的争议而陷入僵局。

实际上，在该问题上的争议混淆了两种不同含义的统一调度指挥[1]。铁路运输有两种不同含义、不同层次的“统一调度指挥”：

一是铁路行车的统一调度指挥，这是列车调度员在其负责区段调度台实施的统一调度指挥，是保证行车安全和正点运行的基本手段，不论哪国铁路，铁路行车都是由各区段调度员统一指挥的，这是由铁路运输生产的基本属性决定的。铁路管理体制改革不涉及铁路行车的统一调度指挥。

二是车流调整车流组织的统一调度指挥，主要是通过制定列车运行图、运输计划和调度日（班）计划来实现。现行车流调整的调度指挥在铁路局和国铁集团两个层次进行，主要通过统筹安排路网性运力资源配置，来从整体上提高铁路运输效率。国铁集团的统一调度指挥主要集中在组织列车运行图编制和各铁路局分界口的车流调整上。因为铁路局的管辖范围过小，各铁路局发出的重车数量与到达局管内的重车数量不

可能完全相等，那些接收重车较多的卸车路局就要向发出重车较多的装车路局排空车，才能满足后者的装车需求。国铁集团的统一调度指挥有利于使车流分布在路网上保持均衡。车流调整车流组织统一调度指挥的方式是由铁路运输行业产业组织结构和产权安排决定的。

理解铁路运输行业的产权制度安排，需要正确理解科斯的产权概念。科斯作为产权理论的主要创始人，在其最著名论文“社会成本问题”中并没有出现产权（Property Rights）的概念，而是一直使用权利（Rights）的概念。在国内翻译时则把权利等同于产权。科斯在该文中指出了人们对生产要素的一种错误理解，“人们通常认为，商人得到和使用的是实物（一亩土地或一吨化肥），而不是行使一定（实在）行为的权利。我们可以说某人拥有土地并把它作为生产要素，但土地所有者实际上拥有的是实施一系列被限制的行为权利”[2]（Coase，1960）。

基于对科斯的产权概念的理解，现有 18 个铁路局（公司）所有的铁路线路、机车、车站等资产虽然可以在铁路局资产负债表的资产科目下，但只要国铁集团负责铁路运输的统一调度指挥，负责路网性运力资源配置，铁路运输企业的产权就属于国铁集团。18 个铁路局（公司）不过是国铁集团这个超巨型企业的分支机构。

铁路运输企业的产权不在于拥有铁路线路、机车、车辆、车站等铁路资产，而在于拥有自主组合和使用这些资产的权利。这些资产设备放在那里并不能构成现实的生产要素，只有当货物装车组成重车流，货物卸车后组成空车流，并且确定列车流的运行径路和运行时点以后，才能开始铁路运输生产的货物位移过程。重车流的运行径路和运行时点决定了铁路运输企业能否获得运输收入、能否按时完成对货主送达时间的承诺。空车流的运行径路和运行时点决定了铁路运输企业能否及时得到为客户服务的基本生产资源。在铁路运输生产过程中，装车、卸车、重车流的运行径路和运行时点安排，空车流的运行径路和运行时点安排等运输生产环节，都属于车流组织和车流调整的内容。

铁路货物运输过程实际上是重车流和空车流不断形成又不断消失的

过程，而车流调整就是对该过程的调度指挥。车流组织和车流调整的调度指挥本质上是铁路运输生产的指挥权，因而是铁路运输企业产权最核心的组成要素。铁路局的调度指挥要受到国铁集团统一调度指挥的制约，不能成为市场主体。

二、统一调度指挥维系的铁路运输市场行业垄断排斥社会资本

在铁路运输实行政企合一体制条件下，铁道部同时拥有政府的行政权力和企业产权（负责全路统一调度指挥），由此形成铁路运输市场的行政垄断和行业垄断。在铁路实行政企分开后，至少在名义上国铁集团已经没有政府的行政权力，但可以用统一调度指挥来维系行业垄断。社会资本进入铁路要以服从国铁集团的统一调度指挥统一清算，放弃市场主体地位为前提，由此形成对社会资本的排斥。

国务院要求进行铁路投融资体制改革，放开社会资本进入铁路的障碍。但铁路是网络型企业，社会资本（包括国有的地方铁路、合资铁路）即使拥有自己的铁路线路和机车车辆，但能否适时得到排空车辆、能否与国铁路网联网运营、什么时候能上国铁路网运营，都要听命于国铁集团和铁路局的统一调度指挥；在铁路运输活动中能得到多少收入，要由国铁集团的清算规则决定。社会资本进入铁路，直接面对的是要服从铁路局的统一调度指挥，社会资本在空车排放、路网进入、清算价格等方面通常受到不公平待遇，不能成为平等的市场交易主体。因此即使不考虑经济回报，社会资本也缺乏进入铁路的动因。

有观点认为国铁集团的统一调度指挥使中国铁路具有世界最高的运输效率，行业垄断有利于提高效率，其根据是，中国铁路营业里程不及美国的60%，但货运发送量是美国近2倍，货运周转量与美国相当。

美国铁路有7个区域性一级铁路公司，有550多家支线铁路公司，没有全路统一调度指挥，但其效率和效益远高于中国铁路。从劳动生产率考察，国铁集团的员工人数高达210万，美国铁路员工只有24万人。

2014 年美国铁路的劳动生产率为 1145 万吨公里/人。考虑旅客运输工作量后，2016 年中国铁路的劳动生产率为 173 万换算吨公里/人。美国铁路的劳动生产率是中国铁路的 6.6 倍[3]。

中国铁路的货运发送量是美国的近 2 倍，而货运周转量与美国铁路相当，这说明美国铁路的平均运距是中国铁路的 2 倍左右，说明国铁集团的统一调度指挥没有实现铁路运输的规模经济，没有发挥铁路运输的比较优势，是运营效率低的表现。

中国铁路以比美国少的营业里程完成了与美国铁路相当的货运周转量，只能说明国铁集团线路资产的利用效率高于美国铁路。但这正是铁路运输市场的行业垄断，造成铁路建设高度依赖国铁集团，社会资本难以进入，中国铁路运营里程过少的结果。对于现有铁路运输企业来说，这可能是件好事，但对国民经济整体却是一件坏事。这意味着铁路货物运输供给不能满足货运需求，大量适合铁路运输的货物不得不转向公路运输，由此抬高了全社会的物流成本。

《交通强国建设纲要》把交通运输高质量发展的重要性提到空前高度，明确提出了“优化运输结构”的要求。中国交通运输结构不合理最突出表现为铁路货运市场份额的急速下降。美国是世界上公路运输最发达的国家，但其铁路货运周转量的市场份额一直在 40% 左右。而中国铁路货运周转量的市场份额（不包括远洋运输）从 2005 年的 50%，以每年 3 个百分点的速度快速下降，到 2016 年只占有 17% 的市场份额。而公路货运周转量的市场份额由 2005 年的 21% 快速上升到 2016 年的 49%。一个重要原因是，10 多年来，经济快速增长引发货物运输需求的增长，但铁路投资主要用于高速铁路建设，造成铁路货运能力不能满足运输需求，导致大量用汽车运输煤炭等基础原材料，用稀缺的石油资源换廉价的煤炭资源，严重降低了国民经济整体的资源配置效率[4]。

2017 年政府开始采用行政手段实行“公转铁”，2018 年铁路货运周转量份额提高到 19.5%，但公路的份额仍保持在 48.3%。大宗货物实行“公转铁”不仅包括煤炭等基础原材料，更重要的是集装箱汽车等高附加值大宗商品，后者对提高铁路运输的经济效益具有重要意义。但高附加值货物运输有很强的运到时限要求，这就要求铁路路网有一定的富余通过能力，需要建设更多普通铁路，需要引入社会资本，需要把铁路网延伸到重要港口、大型物流园区。实行“公转铁”不仅要解决铁路货运能力不足的问题，更重要的是解决铁路货物运输效率和运到时限短板来适应市场需求，需要与物流企业建立更紧密的合作关系，需要铁路更面向市场，而靠统一调度指挥维系的行业垄断因自我封闭、缺乏活力，在这些方面难有作为。这就涉及铁路运输管理体制问题，需要通过深化铁路运输管理体制改革、打破铁路运输市场的行业垄断、焕发企业活力来解决。

三、统一调度指挥碎片化降低了货运效率

现行的统一调度指挥是 18 个铁路局各自负责局管内的统一调度指挥，国铁集团负责全路主要是各路局分界口的，两层次的统一调度指挥体系。各铁路局负责局管内的统一调度指挥，在运力资源安排上首先要考虑完成国铁集团下达的货运任务指标，都要维护本局自身的利益；同时，各铁路局的利益与国铁集团的整体利益总会存在矛盾，由此造成统一调度指挥的碎片化。这种碎片化的统一调度指挥是造成铁路运输企业缺乏活力、运输效率低下，不能适应货运市场需求的主要原因。

第一，在现行铁路运输组织架构下，由于路局数量过多各铁路局的管辖范围过小，各铁路局承运的货物大部分都要发往外局，由于每票货运服务都是多个铁路局共同完成的，货运收入就要在各铁路局之间进行分配，由国铁集团进行统一调度指挥、统一清算可以降低交易成本。

但这又造成铁路局不是直接从市场获得收入，而只能获得国铁集团的清算收入；铁路局不能自主决定支出，运输成本支出不过是国铁集团下达的允许支出，铁路局没有节约运输成本的激励；铁路局不能自主决定运价，没有投资和财产处置的权利；铁路局也没有超额完成货运任务的激励，今年多完成运输任务，明年的任务指标就要提高，鞭打快牛的

棘轮效应扼杀了企业的积极性、主动性。由此造成铁路运力资源浪费严重、管理效率低下。

国铁集团现行统一调度指挥的合理性是以铁路局管辖范围过小为基础，以铁路局不能成为独立面对市场的经营主体、失去活力为代价。

第二，铁路局无法对货物的运到时限做出承诺。现代生产体系已经形成了跨越省界甚至国界的复杂产业链，各生产环节紧密相连、环环相扣，需要对各种货物的运到时限做出承诺，以保证产业链中各环节的顺畅运行。铁路局可以对始发终到在局管内的货物运到时限做出承诺，但无法对跨局货物的运到时限做出承诺。中国铁路货物的平均运距在 700 公里以上，而铁路局的管辖范围过小，因此对大部分货物的运到时限无法做出承诺，无法适应快速变化的市场需求。目前大量的货源信息在物流公司手里，不能对运到时限做出承诺再低的运价也不能融入现代物流体系，况且铁路货运价格经多次上调已经缺乏竞争力，由此导致大量货源流向公路，特别是时限要求严格的高附加值货物。由此导致铁路货运的市场份额急剧下降。

2017 年中国铁路货运的平均运距是 731 公里，假定每个铁路局的指挥中心在其管辖区域的中心，且运输的货物都是从该中心发货，那么铁路局管辖的区域范围至少为 168 万平方公里，铁路局才能对货物运到时限做出承诺。这就是说在平均意义上中国区域铁路公司的数量最多不能超过 6 个。

第三，碎片化的统一调度指挥导致各铁路局之间争夺货源的内耗式竞争。各铁路局在运输生产的第一线，直接负责货源组织制订运输计划。为完成本局的运输任务，铁路局可利用本局的资源优势，例如沿海港口在局管内的区位优势，要求邻局管内的货主把货物用汽车运到本局管内装车。由于铁路局的管辖范围小，对货主来说由此增加的汽车运输成本可以承受，又能在运到时限或装车上得到保障。这种铁路局之间争夺货源的竞争，有利于一些铁路局完成货物发送量任务，却降低了货物平均运距，降低了铁路的整体运输效率。

另外，铁路局可以为本局方便而降低货物列车编组质量，把混杂众多发往不同方向货车的列车推向外局编组站，这就加大了其他编组站的工作量。这不仅加大了铁路整体的货运成本，而且使货物运到时限更无法保证，进一步降低了铁路货运效率。

铁路的比较优势是承担长距离大宗货物运输，铁路货物平均运距是衡量铁路运输效率的一个重要指标，也是衡量铁路是否充分发挥自身比较优势的重要标志。1960 年美国有 106 家一级铁路公司，通过兼并重组到 2002 年基本稳定在 7 家一级铁路公司。美国西部两大铁路公司的营业里程均在 5 万公里以上，东部两大区域铁路公司的营业里程均在 3 万公里以上。美国前 4 大一级铁路公司的平均管辖范围在 400 万平方公里以上。铁路公司管辖范围不断扩大是美国铁路货物运输平均运距不断增长的一个重要原因。美国一级铁路公司的平均运距从 1960 年的 741 公里增加到 2014 年的 1619 公里[5]。铁路货物运输总要进行装卸专业，并且是按运输距离收费。如果把装卸作业成本看作固定成本，增加货物运距就可以分摊固定成本，因此增加平均运距是铁路货物运输实现规模经济的一种方式，而这种规模经济的实现以铁路产业组织变革为基础。

中国铁路的货物平均运距 1950 年代在 500 公里左右，随着长距离货物运输需求的不断增长，1990 年铁路平均运距达到 705 公里，这以后一直保持在 700 多公里的水平，近期还出现下降趋势，从 2005 年的 770 公里下降到 2018 的 715 公里。造成这种状况的一个可能原因是，2005 年铁道部在撤销 41 个铁路分局的同时，把北京铁路局一分为二，郑州铁路局一分为三，铁路局由原来的 15 个增至 18 个，由此导致的铁路局管辖范围缩小和货物平均运距的下降。

四、扩大铁路局管辖范围，组建三大区域铁路公司

笔者曾在 2012 年发表的“我国铁路重组为三大区域铁路公司的设想”[6]一文中建议：我国铁路以北京、上海、广州为区域铁路公司总部，把 18 个铁路局重组为北方、中部、南方三大区域铁路。根据 2011

年的铁路货运统计，按三大区域铁路公司实行重组后，北、中、南三大区域铁路公司在其管内实现“门到门”的货物发送量分别为 88.2%、65.8%、85.8%。在区域公司分界口需要交换的运量只占各自运量的 30%左右，大部分运量可以在区域铁路公司管内完成。且 18 个铁路局之间的分界口由 67 个，减少到重组为三大区域铁路公司之后的 22 个。大部分车流组织的统一调度指挥就可以在三大区域铁路内部进行，由国铁集团进行运输统一调度指挥的必要性将不复存在。

这样，三大区域铁路公司各自负责区域铁路公司管内的统一调度指挥，能够对货主做出运到时限承诺，可以自主定价，能够直接从市场获得收入；可以对外融资进行一定规模的项目建设，自主处置管内支线资产，区域铁路公司可以成为真正的市场主体，在三大区域铁路公司之间可以形成比较竞争。

该问题的经济学解释是：在铁路局的管辖区域过小的条件下，由于大部分货物要发往外局，统一指挥统一清算可以降低路局之间的交易成本，但要以剥夺路局的市场主体地位为代价。如果区域铁路公司的管辖区域足够大，大部分货物运输就能够在管内完成，国铁集团的统一指挥统一清算职能就失去存在的必要性，区域铁路公司就可以成为市场主体。

日本国铁股份制改革可以为中国铁路深化改革提供有益借鉴。1950 年日本国铁客货运输周转量占全社会市场份额分别为 58.9%与 49.4%，但由于其他交通运输方式的竞争和行业垄断经营导致的竞争力丧失，连续多年出现严重亏损，到 1985 年日本国铁客货周转量份额已下降至 38.5%与 4.9%。1986 年日本国铁的总负债已高达 37.1 万亿日元，超过了财政承担能力。1987 年日本政府被迫进行铁路的市场化改革，日本政府承担了 25.5 万亿日元的债务，并把日本国铁拆分成 6 个区域铁路客运公司和 1 个铁路货运公司。改革使铁路运输企业成为真正的市场主体，激发了活力并逐渐扭亏为盈，2002—2006 年位于本岛的 JR 东日本、JR 中日本、JR 西日本三家原日本国铁企业成功上市[7]，完成了股份制改造。中国铁路也应当首先按区域铁路公司的模式进行重组[8]，从而为股份制改造创造条件。

现代信息通讯技术的快速发展使铁路运输企业至少能够直接管理营业里程5万公里左右的路网规模，但目前的铁路运输管理体制把铁路局管辖的路网限制在平均7000公里左右，由此产生国铁集团“统一调度指挥”的合理性，以及铁路运输企业不能成为市场主体、缺乏活力的各种弊端。美国一级铁路公司通过半个世纪的兼并重组形成的合理路网规模，中国铁路应该能够通过把18个铁路局重组为三大区域铁路公司来实现。

深化铁路运输管理体制改革的第一步可以是：把国铁集团转变为控股公司，主要负责资本管理。三大区域铁路公司负责各自管内的统一调度指挥，自主决定运价，直接从市场获得收入，具有投资决策财产处置的权利，成为真正的市场主体。

目前可进行扩大铁路局管辖范围的试点，可以把哈尔滨铁路局和沈阳铁路局重组为东北铁路局，把乌鲁木齐铁路局、兰州铁路局和西安铁路局重组为西北铁路局，通过扩大铁路局管辖范围，降低发挥铁路货物运输比较优势的产业组织障碍。

参考文献

[1] 赵坚. 统一调度与铁路产权及运输效率的关系[J]. 综合运输，2007（11）：13－17.

[2] Coase R. H. The Problem of Social Cost[J]. Journal of Law and Economics, 1960－10(3)：1－44.

[3] 赵坚. 深化铁路改革：为何改？如何改？[EB/OL]. 财新网，2017－10－09.

[4] 赵坚. 对高铁“外部经济”问题的思考[EB/OL]. 财新网，2018－04－16.

[5] U.S. Department of Transportation Bureau of Transportation Statis-

tics. National Transportation Statistics 2017, Table 1 –38. https://www.rita.dot.gov/bts/sites/rita.dot.gov.btsfiles/publications/national_transportation_statistics/ index.html.

[6] 赵坚，汤浒，崔莎娜. 我国铁路重组为三大区域铁路公司的设想[J]. 综合运输，2012 (7):28 ~32.

[7] 萧西之水. 日本如何解决铁路灰犀牛[EB /OL]. 财新网，2019 – 04 – 17.

[8] 赵坚. 中国铁路重组的企业边界问题分析[J]. 中国工业经济，2005(1):63 ~70.

18个铁路局210万员工的大锅饭：深化铁路改革不容拖延

原载财新网，2019年3月25日

深化铁路改革要打破高度垄断的铁路运输管理体制，就要破除整个路网必须由中铁总“统一调度指挥”的思维定式

李克强总理的政府工作报告把深化重点领域改革作为2019年政府工作任务之一，其中特别提到要“深化电力、油气、铁路等领域改革”，这或是中央政府启动深化铁路改革的明确信号。

深化铁路改革的紧迫性

中国铁路货运周转量的市场份额（不包括远洋运输）从2005年的50%，以每年2.7个百分点的速度急速下降，到2017年只占17.5%的市场份额，原来的铁老大变成市场份额排在公路和水运之后的“铁小三”。中铁总的年度报告披露，2017年中铁总客货运输收入合计6942.54亿元，还本付息5405.07亿元。如果考虑中铁总210万员工的工资成本至少需要2100亿元，铁路线路、车站、机车车辆、高铁动车组的折旧及日常维修费用等至少需要2000亿元，中铁总铁路运输业务的年度亏损应在2000亿元以上，只能靠中央财政补贴和借新还旧来勉强支撑，这导致中铁总陷入债务恶性增长的深渊。

中铁总（原铁道部）的负债从2005年的4768亿元猛增到2017年底的5万亿元，相当于当年国内生产总值的6%。到2018年9月，中铁

总的债务余额已增至5.28万亿元，资产负债率升至65.21%。在铁路进行大规模建设时期，负债率升高并不是问题，问题是铁路运输企业缺乏活力，中铁总的资产缺乏创造收入的能力。如果这种状况不发生根本性改变，即使中央财政承担中铁总的大部分债务，中铁总也无法摆脱困境。

1987年日本国铁改革就是因为国铁的客货运市场份额快速下降，国铁积累的债务达3000亿美元，相当于国内生产总值的7%，财政无力继续进行高额补贴。最后，日本政府被迫承担近40%的债务，并把日本国铁分割成6家客网一体的区域铁路公司（其中日本本岛有3家）和一家铁路货运公司，来激发铁路企业活力。中国铁路的状况比当年的日本国铁更为严峻。考虑地方政府累积的铁路债务总额应近3万亿元，目前中铁总和地方政府的铁路债务总额估计已经接近国内生产总值的10%（见荣朝和财新网专栏文章）。通过深化改革来解决铁路的困境已经不容拖延。

造成中国铁路目前困境的一个重要原因是，铁路运输管理体制没有深化改革，仍然固守高度垄断的僵化体制，占用庞大资产的铁路运输企业缺乏活力，不能适应市场经济和中国经济结构变化的要求。因而，必须通过深化改革来焕发活力。

铁路改革重组是世界上最复杂、最具挑战性的企业重组，日本和欧洲的国有铁路改革也是拖到1980年代后期才启动，正因为如此，各国铁路的改革重组都是由中央政府直接组织和推动。深化铁路改革对国企改革具有标志性意义，是中国国企改革必须啃的硬骨头，也是党的十六大提出到2020年建成完善的社会主义市场经济体制所必须完成的改革任务。中铁总是有210万员工的世界第一大超巨型企业，其改革重组更具挑战性，也必须由中央政府直接操刀，陷于僵化思维定式的铁路系统已经不可能自己改自己。

打破深化铁路的观念障碍

深化铁路改革必须打破铁路运营须由中铁总“统一调度指挥”的观念障碍。1990 年代和 2000 年初的铁路改革探索都是因为在该问题上的争议而陷入僵局。中铁总（原铁道部）一直把铁路统一调度指挥作为拒绝深化改革的挡箭牌。这实际上是混淆了两种不同含义的统一调度指挥。

铁路运输有两种含义、两个不同层次的统一调度指挥：一是铁路行车的统一调度指挥，二是车流调整车流组织的统一调度指挥。铁路行车的调度指挥是列车调度员在其负责区段调度台实施的统一调度指挥，是保证行车安全和正点运行的基本手段，不论哪个国家，铁路行车都是由各区段调度员统一指挥的，这是由铁路运输生产的基本属性决定的。深化铁路改革不涉及铁路行车的统一调度指挥。

车流调整车流组织的统一调度指挥则主要是通过制定列车运行图、运输计划和调度日（班）计划来实现，主要是从整体上提高铁路的运输效率。车流调整的调度指挥与铁路运输管理体制和运输组织方式有关，车流调整是更高层次的统一调度指挥，需要在更高的管理层次上进行。深化铁路改革打破高度垄断的铁路运输管理体制，就要破除整个路网必须由中铁总“统一调度指挥”的思维定式。

铁路必须实行全路统一调度指挥才有效率的说法是没有根据的。国家能源集团（神华集团）2155 公里的铁路网不由中铁总统一调度指挥，仍然有很高的运营效率。2017 年神华集团铁路完成的货运周转量相当中铁总的 1/10 强，经营利润 176 亿元。美国铁路有 7 个区域性一级铁路公司、500 多家支线铁路公司，没有全路统一调度指挥。中美两国的货运周转量基本相当，但美国铁路的劳动生产率是中国铁路的 6.6 倍。

整个路网是否需要一个中心进行统一调度指挥与铁路运输企业的组织架构有关。如果铁路局数量过多、管辖范围过小，每个铁路局承运的货物大部分都要发往外局，中铁总的统一调度指挥就具有一定的合理性。由中铁总进行统一调度指挥和统一清算，可能提高运营效率。因为每票货运服务都是由多个铁路局共同完成的，货运收入要在各铁路局之间进行分配，而由中铁总在各铁路局之间进行清算和分配，可以降低交易成本。

但这要以各铁路局丧失市场主体地位、失去活力为代价。因为铁路局不是直接从市场获得收入，而只能获得中铁总（原铁道部）的清算收入。18 个铁路局自己不能决定运价、不能对货主承诺运到时限，没有投资和财产处置的权利。铁路局的工作绩效与收入不挂钩，18 个铁路局 210 万员工只能一起吃铁路的大锅饭。这是中国铁路运输企业缺乏活力的最根本原因。这也是铁路货运改革的成效甚微，国务院关于引入社会资本、土地综合开发等促进铁路发展的政策无法落实的根本原因所在。

2017 年中国铁路货运的平均运距是 731 公里，假定每个铁路局的指挥中心在其管辖区域的中心，且运输的货物都是从该中心发货，那么铁路局管辖的区域范围至少为 168 万平方公里，铁路局才具有对车流进行统一指挥的前提条件。这就是说在平均意义上中国区域铁路公司的数量最多不能超过 6 个。

现代信息通信技术的快速发展使铁路运输企业至少能够管理 5 万公里左右的路网规模，但目前的铁路运输管理体制把铁路局管辖的路网限制在平均 7000 公里左右，由此造成中铁总“统一调度指挥”的合理性，以及铁路运输企业不能成为市场主体缺乏活力的各种弊端。

对于如何深化改革、打破高度垄断的铁路运输管理体制，一直存在“区域铁路公司”和“网运分离”两种不同的重组方案。而“网运分离”方案的指导思想之一是要继续保持路网公司对整个路网的“统一调度指挥”，要继续保持路网的高度垄断经营。

铁路网运分离不是中国铁路的改革方向

世界上只有欧盟采用“网运分离”的模式，对欧盟来说，这或是解决各国铁路网互联互通，实现欧洲一体化的重要举措。欧盟在 1991 年颁布了欧盟 91/440 号指令，推行“网运分离”的铁路重组模式。

1993 年英国从法律上确定了铁路进行“网运分离”和民营化改革，1994 年英国将铁路拆分成 1 个全国性的路网公司、25 个客运公司、6 个货运公司，同时路网公司上市。在英国铁路实行网运分离的重组后，路网公司降低了对铁路线路维护的投入，出现多起重大事故，2001 年路网公司宣告破产，英国政府重新接管路网公司。英国的铁路网运分离以失败告终。

德国铁路一直由德铁控股公司管理，下设路网和运输 2 个集团公司。2008 年的德铁年报称“负责路网的 DBAG 和负责运输的 DBMLAG 两个公司的紧密合作关系是由一个统一的董事会，以及两个公司的首席执行官和首席财务官是同样两个人来保证的。这有助于两个公司实现持续的协同”。德国铁路实施的是企业内部的网运分离。德国铁路的“网运分离”不过是德铁内部的“网运分离”。铁路运输企业内部的网运分离与重组为相互独立的路网和运输企业是完全不同的。目前中国高铁采用的就是中铁总内部的“网运分离”模式，高铁路网公司是由中铁总控股与各地方政府合资的高铁线路公司，运营和维护则由各铁路局承担。本文对这种“网运分离”不持异议。

法国铁路曾实行“网运分离”，设立独立的路网公司和运输公司。法国铁路公司（SNCF）负责经营客货运输和铁路网的维护，但法铁向路网公司（RFF）支付的路网使用费低于路网公司向法铁支付的路网维护费用，路网公司的亏损则由政府补贴。2015 年法国铁路公司和路网公司实行合并，重新实行网运合一。新组建的法铁路网子公司 CEO 的解释是“当路网公司（RFF）和法国铁路公司（SNCF）是独立的公司，我们有不同的利益。在实行了 17 年的网运分离体制下，路网质量已经严重降低，我们需要通过纵向一体化来实现路网的现代化”。

有些人认为在其他行业，例如，电力可以实行厂网分离，电信可以实行电信网络和运营的分开，管道燃气可以实行网运分离，因此铁路也能实行网运分离。但他们没有考虑不同网络基础设施的特殊性。电网中的电流、通信光纤网络中的光波、燃气管道中的燃气，都不需要人直接去移动，而铁路路网上的货物、旅客的每公里位移都要由人来完成，需要网、运各工种之间的紧密协作。如果把网运各工种之间的企业内协作关系变为网运分离后的市场交易关系，就会大幅度增加交易成本。

英国实行铁路网运分离的理论基础是“可竞争市场理论”，认为路网具有自然垄断性，客货运输可以竞争。因此通过网运分离可以把竞争性业务和非竞争性业务分开，从而引入竞争。但是主流经济学的这种理论是构建在想象世界的基础上，铁路运输资产具有很强的资产专用性，存在巨大的进入和退出障碍，可竞争市场理论的基本前提都不存在，无法为铁路重组提供理论支持。英国在进行网运分离改革时，拟定了3万多份合约来界定路网及铁路运输企业之间的利益关系。在法律体系完备、法律环境健全的英国，路网和运输企业的责权关系都纠缠不清，造成律师发财、企业亏损。“网运分离”的铁路重组模式在法律环境不健全、涉及复杂的铁路专业技术及业务问题，且面临“执行难”的中国，更没有实施的可行性。

经济理论研究已经说明，在企业重组时，企业边界要划在交易成本最小的界面。区域分割是把交易界面划在2个铁路运输企业的分界口，而网运分离是把交易界面划在铁路运输企业和路网之间，由于存在信息不对称和行为动因上的冲突，轮轨之间的交易成本要远高于分界口之间的交易成本。这可以解释为什么欧盟的铁路“网运分离”模式乏善可陈。而美国铁路7个货网一体的区域性一级铁路公司模式、日本本岛的3个客网一体的区域性铁路公司模式，都取得了比欧盟铁路更好的经济效益。

重组为三大区域铁路公司

笔者在2012年发表的“中国铁路重组为三大区域铁路公司的设想”一文中建议：中国铁路以北京、上海、广州为区域铁路公司总部重组为北、中、南三大区域铁路公司后，大部分运量可以在区域铁路公司管内完成，大部分车流组织的统一指挥就可以在三大区域铁路内部进行，在区域公司分界口需要交换的运量只占各自运量的30%左右，且18个铁路局之间的分界口由67个减少到重组为三大区域铁路公司之后的22个。由中铁总进行运输统一指挥的必要性将不复存在，区域铁路公司可以成为真正的市场主体。

该问题的经济学解释是：在铁路局的管辖区域过小的条件下，由于大部分货物要发往外局，统一指挥统一清算可以降低路局之间的交易成本，但要以剥夺路局的市场主体地位为代价。而如果区域铁路公司的管辖区域足够大，大部分货物运输就能够在管内完成，统一指挥统一清算的中心就失去其存在的必要性，区域铁路公司就可以成为市场主体。

铁路的比较优势在于长距离大运量运输，铁路货物平均运距是衡量铁路运输效率和融入现代物流体系的一个重要指标，也是衡量铁路是否充分发挥自身比较优势的重要标志。1960年美国有106家一级铁路公司，通过兼并重组到2002年基本稳定在7家一级铁路公司。美国西部两大铁路公司的营业里程均在5万公里以上，东部两大区域铁路公司的营业里程均在3万公里以上。美国前4大一级铁路公司的平均管辖范围在400万平方公里以上，东西部各有两大区域铁路公司形成平行线竞争。美国一级铁路公司的平均运距从1960年的741公里增加到2014年的1619公里，货运平均运距的这种不断增长是伴随着一级铁路公司不断扩大路网规模实现的。

中国铁路的货物平均运距从1950年代的500公里左右，随着铁路装备从蒸汽、内燃到电力机车以及各地经济联系的不断增强，长距离运输的需求不断增长，到1990年铁路平均运距达到705公里，这之后一直保持在700多公里的水平，近期还出现下降趋势，从2005年的770公里下降到2017年的731公里。这与中国铁路运输企业的组织架构不合理，铁路局管理的营业里程过少、管辖范围过小有关。美国一级铁路公司通过半个世纪的兼并重组形成的合理路网规模，中国铁路应该能够通过重组为三大铁路公司来实现。

深化改革的主要目的是增强铁路运输企业的活力。在中国铁路货运平均运距完全可能超过 1000 公里，铁路运输生产的技术经济属性决定了铁路运输企业要成为市场主体的基本条件就是要能对货主做出运到时限的承诺，能够自主决定运价，这是铁路运输成为现代供应链体系（现代物流体系）重要环节的基本要求。三大区域铁路公司能够把铁路运输企业的管辖范围扩大到 300 万平方公里左右，管辖线路里程 4 万公里左右。铁路运输企业管理的路网规模扩大后，中铁总的统一调度指挥统一清算不仅没有存在的基础，而且成为扼杀企业活力的绞索。

深化铁路改革的第一步可以是：把中国铁路总公司转变为控股公司，主要负责资本管理。应设立中铁总债务清算机构承担中铁总的部分负债，减轻其债务负担。可将现有的 18 个铁路局（公司）重组为三大区域铁路公司，负责各自管内的统一调度指挥，自主决定运价，具有投资决策财产处置的权利，成为真正的市场主体。三大区域铁路公司可分别设立高铁运营事业部负责高铁客运和基础设施维护业务。在三大区域铁路公司之上不设统一调度指挥机构，中铁总只在区域铁路公司不能相互协调的情况下进行干预。三大区域铁路公司之间是市场交易关系，跨区域过轨运输由区域铁路公司之间相互清算、协商解决。三大区域铁路公司成为真正的市场主体之后，就会形成三者之间的比较竞争。三大区域铁路公司不能简单复制中铁总的管理模式，需要进行内部管理模式的改革，激发出铁路运输企业的活力，就能进行各方面的改革创新，铁路就能在经济社会发展和新型城镇化中发挥更重要作用。

实施重组为三大区域铁路公司的改革是否会造成安全稳定的风险，或许是人们担心的问题，然而，2005 年原铁道部撤销铁路分局的改革已经表明，深化改革的安全稳定风险完全可控。中国铁路曾长期实行四级管理（铁道部—铁路局—铁路分局—站段）的管理体制，管理层次多，铁路局和铁路分局都是法人，经营同一资产，职能交叉，相互掣肘，影响效率。应当撤销路局还是撤销分局曾是一个长期争论不休的问题。2005 年 3 月 18 日原铁道部在各铁路分局事先毫不知情的情况下宣布，从当日 18 时起撤销 41 个铁路分局，四级管理体制转变为铁路局直接管理站段的三级管理体制；同时宣布把北京铁路局一分为二，郑州铁路局一分为三，铁路局由原来的 15 个增至 18 个。这次改革重组在减少管理层级的同时，进一步增加了铁道部统一指挥的必要性。一个管理层级整体上突然被撤销，涉及 2 万多名分局干部和工作人员重新安排，特别是铁路分局位于直接指挥铁路运输生产的第一线，势必存在影响安全稳定的巨大风险。如果这种突然袭击式的分拆重组都没有影响铁路的安全稳定，三大区域铁路公司的重组就几乎是零风险。

深化铁路改革：为何改？如何改？

原载财新网，2017 年 10 月 9 日

不断扭曲的交通运输结构如何调整？还在继续增长的巨额债务如何化解？这些问题只能主要通过深化铁路改革、焕发铁路运输企业的活力来解决

中央第六巡视组在最近对中国铁路总公司的巡视中指出：中铁总“推进中央深化铁路改革等决策部署不够有力”，要求中铁总“推进铁路系统深化改革，加快政企分开步伐，完善企业化、市场化运行机制，持续推进铁路建设发展”。

近日，有媒体以整版篇幅发表文章《深化铁路改革是攻坚战和持久战》，作者自称为“铁路系统人士”。该文说要“回答三个问题：一是为什么要深化改革？二是怎样深化改革？三是改革责任谁来担？”

在该文第一部分，作者全盘否定了主张深化铁路改革的 4 个理由。第二部分，作者认为“深化铁路改革是做大做强，而不是拆分”，“铁路真正可市场化发展的企业类型是非运输企业，而不是运输企业”。第三部分，作者则称“如果改革导致铁路效率效益下降、安全稳定风险增加，那么责任谁来担当？恐怕谁也担负不起”。

该文的标题是“深化铁路改革是攻坚战和持久战”，但通篇未谈如何改革，而是对主张深化铁路改革的理由进行反驳，赞美原铁道部政企合一的体制，声称“现实发展却证明，在这种政企不分的体制下，中国铁路却取得了巨大发展成就，铁路行业整体性走到世界前列，中国高

铁已是中国为数不多领先世界的发展成果”。该文标题与内容南辕北辙，其主要观点是反对深化铁路改革。该文的观点在社会上有一定代表性，有必要对其提出的三个问题做出回应。

为什么要深化铁路改革？

该文首先归纳出四个应深化铁路改革的理由：“一是巨额负债；二是垄断经营；三是效率效益低；四是体制僵化”，然后逐一加以反驳。

（1）其否认巨额负债的理由是：目前中铁总的资产约 7.35 万亿元，负债 4.77 万亿元，负债率 64.9%，负债率高是因为“铁路长期以来采用历史成本法入账”导致资产严重缩水。如果按重置价格计算，中铁总的资产至少有 20 万亿元，“资产负债率仅为 23.9%”。

实际上，问题不在于以何种会计准则记账，也不在于中铁总资产负债率的高低，问题在于中铁总的资产创造收入的能力，市场是按资产创造利润的能力来评价其价值的。2016 年中铁总核算出的利润为 10.76 亿元，资产收益率为 0.000148；如果按 20 万亿元资产计算，中铁总的资产收益率仅为 0.0000538。而拥有 5.2 万公里铁路的美国 BNSF 铁路公司 2013 年的资产收益率高达 0.058，是美国银行业平均资产收益率的 4～5 倍，这是巴菲特持有该公司股票的主要原因。同样是交通基础设施，同样是铁路运输业，美国 BNSF 铁路公司的资产收益率是中铁总的近 400 倍。1989 年原铁道部按固定资产净值计算的资产收益率为 0.058，2004 年还能保持在 0.0077，然后急剧下降，这说明中铁总的资产结构和资产利用效率在不断恶化，严重降低了中铁总资产的价值。

中铁总对高铁的收支状况严格保密，但从其公布的负债和客运收入数据，可得出如下判断：即使不考虑高铁的运营成本，高铁的全部运输收入尚不够支付建设高铁的贷款利息。2016 年底中铁总的负债为 4.72 万亿元，其中至少 3.3 万亿元是建设 2.2 万公里高铁和购置动车组的投入，按 4.75% 的利息计算，每年应支付的贷款利息为 1568 亿元。而中铁总 2016 年的客运收入为 2817 亿元，如果其中 50% 是既有线列车的客运收入，高铁的客运收入仅为1409亿元，还不够支付贷款利息。中铁总已经要靠财政补贴和不断借新债还旧债来维持，已经陷入债务负担恶性增长的境地。按照目前的发展态势，2020年中铁总的负债将高达8万亿元，势必导致铁路债务危机，引发严重的金融风险。

而该文不进行基本的数据分析，不正视上述基本事实，想象“以现有新建铁路运营效率效益超预期回报的情况，中国铁路具有良好的循环再造能力，具有为国为民发展倍增优良资产的能力，铁路不存在资不抵债等危言耸听的债务风险”。1986年日本前国铁积累的债务达3000亿美元，超过了财政承受能力，日本政府被迫承担大部分债务并进行国铁的分拆重组。我国铁路的深化改革不应等债务积累到8万亿元时再启动。

（2）其否认垄断经营的理由是：铁路与公路、航空、水运等交通运输方式存在竞争，应称为“相对垄断”，“即便是垄断，也未必不利国利民”。

实际上，深化铁路改革要解决的正是中铁总对铁路行业的垄断经营。2016年按货运周转量或换算周转量计算的国内运输市场份额，铁路都排在公路和水运之后，目前几乎不存在中铁总在国内运输市场的垄断问题。但同时，中铁总（原铁道部）在铁路行业长期垄断经营，排斥社会资本，已经阻碍了铁路行业的健康发展，影响资源配置效率，导致铁路运输市场份额的严重萎缩。

（3）其否认效率效益低的理由是：“2015年中国铁路货物发送量是美国的1.96倍”。“中国铁路以占世界9%的铁路，完成世界近30%客货换算运输周转量。如果以美国铁路运输效率衡量，等于中国少修10万公里铁路。按照每公里平均1亿元的造价计算，相当为国家节省10万亿元投资”。

首先，货物发送量只是铁路运输服务的装车工作量，铁路运输企业的货运工作量是按货物周转量（吨公里）计量的，而不是按发送量计量的，与美国铁路比货物发送量不能说明中国铁路的效率高。如果按周转量进行比较，2015 年我国铁路货运总周转量为 23754 亿吨公里，低于 2014 年美国铁路的 27027 亿吨公里。美国铁路的货物发送量少于中国铁路，而货物周转量多于中国铁路，正说明了美国铁路的效率和效益远高于中国铁路。

其次，中国铁路以比美国少的营业里程完成了与美国铁路相当的货运周转量，只能说明中国铁路线路资产的利用效率高于美国铁路，但更重要的效率指标是劳动生产率。中美两国的货运周转量基本相当，但中铁总的员工人数高达 210 万，美国铁路员工只有 24 万人。2014 年美国铁路的劳动生产率为 1145 万吨公里/人，考虑旅客运输工作量 2016 年中国铁路的劳动生产率为 173 万换算吨公里/人，美国铁路的劳动生产率是中国铁路的 6.6 倍。

中铁总普通铁路固定资产的利用率高是因为“少修 10 万公里铁路”，这是中铁总垄断经营、社会资本难以进入铁路运输市场的结果。对于现有铁路运输企业来说，这可能是件好事，但对国民经济整体却是一件坏事。这意味着铁路货物运输供给不能满足货运需求，大量适合铁路运输的货物不得不转向公路运输，由此抬高了全社会的物流成本，降低了国民经济整体的运行效率和效益。

（4）其赞美原铁道部政企合一体制的理由是：“在这种政企不分的体制下，中国铁路却取得了巨大发展成就，铁路行业整体性走到世界前列，中国高铁已是中国为数不多领先世界的发展成果。相反，一些深化改革行进较早的行业和领域，却业绩平平，甚至发展成效甚微”。

对高铁的评价要客观冷静，高铁确实提供了更快捷的出行方式，为人们出行提供了更多的选择。我国 10 年间建设的高速铁路是世界其他国家和地区半个世纪建设的高速铁路总和的 2 倍左右。但高铁只是速度比较快的铁路，且只能运人不能运货，不能用于运输货物的生产性需求。世界各国的高铁几乎没有一条能够依靠客运收入支付建设和运营成本，大多处于亏损状态或靠政府补贴运营。只有日本的东海道新干线是唯一例外，因为在该 500 公里的通道上集聚了 7000 万人口，还有 4000

多公里的城市轨道交通和通勤铁路为东海道新干线集散客流。因此，只有在人口规模大、密度高的通道，才可能有足够大的客流，客运收入才可能覆盖高铁的建设和运营成本。我国适宜建设高铁的通道在 5000 公里左右。目前除京沪、京广通道上的高铁运能得到较高利用外，其他高铁项目的运能大量闲置，存在严重亏损。例如，兰新高铁每天只开行 4 对高铁列车，而兰新高铁有每天开行 160 对以上高铁列车的能力，兰新高铁运能的大量闲置导致其运输收入甚至不足以支付电费。而兰新通道上铁路货运能力不足，导致大量货物依靠公路进行数千公里的长途运输。实际上，在人烟稀少的兰新通道上建设高标准普通客货混跑铁路，比建设兰新高铁更有利于新疆地方经济的发展，也有利于减少中铁总的亏损。

高铁每公里的建设成本是普通铁路的 2～3 倍，到 2016 年底我国已修建了 2.2 万公里高铁，至少相当少建了 4 万公里普通铁路。中铁总（原铁道部）的负债也从 2005 年的 4768 亿元猛增到 2016 年的 4.72 万亿元；同时，我国铁路货运周转量的市场份额（不包括远洋运输）从 2005 年的 50%，以每年 3 个百分点的速度快速下降，到 2016 年只占有 17% 的市场份额。而公路货运周转量的市场份额快速上升到 2016 年 49% 的市场份额。美国是世界上公路运输最发达的国家，但其铁路货运周转量的市场份额一直在 40% 左右。大规模高铁建设严重扭曲了我国的交通运输结构。由于铁路货运能力不能满足需求，我国大量用汽车运输煤炭等基础原材料，用稀缺的石油资源换廉价的煤炭资源，大幅度提高了物流成本，严重降低了国民经济整体的资源配置效率。

俄罗斯媒体最近报道了俄“巴尔古津”铁路导弹作战系统，核导弹列车重新成为俄罗斯的“国之重器”。由于列车轴重和技术速度的原因，核导弹列车不能在高速铁路上运行。因此，我国大规模的高速铁路建设至少不利于军民融合增加国家战略安全。

大规模高铁建设导致的上述问题与原铁道部政企不分的体制有关。正如该“铁路系统人士”在文章中所说，“铁总（原铁道部）长期以来代表中央政府投资铁路基础建设”，“铁路建设不是按照企业效益最大化投入的，而是为了国家和人民群众利益最大化建设投入的”。

原铁道部（中铁总）站在部门的角度考虑国家利益。从部门的视角出发，高速铁路网络在世界上规模最大、速度最快就是“国家和人民群众利益最大化”。在主要依靠银行贷款进行大规模高铁建设时，原铁道部不需要考虑还要偿还贷款，因为是“代表中央政府投资铁路基础建设”，当然应当由中央政府还款付息。

政企不分的体制使原铁道部（中铁总）具有政府的强大资源动员能力，来实现部门意图：

首先，作为政府的铁路行业专业管理部门，便于与政府综合部门和金融部门沟通，部门之间又存在信息不对称；通过作为“代表中央政府投资铁路基础建设”的主体，便于与各地方政府沟通。对地方政府来说，在省内建高铁主要是原铁道部（中铁总）或国家投资，能增加本地区的 GDP，带来政绩，而本省的少量投资是在项目建成后由下届政府偿还，由此激发起各地方政府空前高涨的建设高速铁路的热情。

其次，利用政府行政权力进行信息垄断和信息隐瞒。2009 年以前国家统计局发布的《中国统计年鉴》每年都有“国家铁路运输固定资产”（表 15 ~ 表 19）和“国家铁路运输主要财务指标”（表 15 ~ 表 24）的统计数据，自 2009 年的统计年鉴披露 2008 年国家铁路亏损 104 亿元后，上述两类指标就永远地从《中国统计年鉴》中消失。高速铁路的建设成本、运营成本、高铁运营收入、铁路局的委托运营收入等数据更成为原铁道部（中铁总）的高度机密，不仅社会公众无法了解，大多数“铁路系统人士”也无从知晓。

政企不分的铁路运输管理体制在加速大规模高速铁路建设的同时，也付出了巨大代价。目前的问题是：不断扭曲的交通运输结构如何调整？还在继续增长的巨额债务如何化解？这些问题只能主要通过深化铁路改革、焕发铁路运输企业的活力来解决。

怎样深化铁路改革？

该文提出深化铁路改革的底线必须坚持“三个有利于”：“有利于保持路网完整性、有利于运输集中统一指挥、有利于提高运输效率”；认为区域铁路公司的分拆重组和网运分离的重组方案都不利于“做大做强”国有企业。

实际上，早在 2001 年原铁道部向国务院汇报的铁路改革重组方案中就包括了把铁路分拆为网运一体的南、北两大铁路集团和 3 种不同分拆方式的网运分离方案。由于多方面的原因，铁路运输管理体制的改革被搁置。该“铁路系统人士”所谓的深化改革则是要从 2001 年原铁道部提出的重组方案上进一步倒退。

10 多年来，公路、水运、航空等交通运输方式通过政企分开、打破垄断的改革取得了快速发展，而不进行改革、坚持所谓路网完整性统一调度指挥的铁路，不仅没有“做大做强”，反而不断“做小做弱”。铁路运输的市场份额不断“做小”，2005 年还能维持“铁老大”的份额，2016 年已沦落到“铁小三”的地步；中铁总创造利润的能力也不断“做弱”。不深化改革，中铁总将陷入更大的困境，拖国民经济发展的后腿。

中铁总是有 210 万员工的世界第一大超巨型企业，中国铁路改革是世界上最复杂、最具挑战性的企业重组。深化铁路改革首先要思想解放，而该“铁路系统人士”为深化铁路改革设置的底线，正是深化铁路改革必须破除的思想障碍。

首先，对路网完整性可以有不同理解，按一般的理解，路网在物理上只要是连通的，线路都采用同样的技术标准，那么路网就是完整而不是分离的。但按该“铁路系统人士”的理解，整个路网由中铁总一家来管理，路网才是完整的。按照这样的理解，美国、日本等国的铁路网都是不完整的。保持路网完整性不过是保持路网垄断经营的一种表述方式，而整个铁路网由中铁总一家管理是为了便于进行统一调度指挥。

其次，对统一调度指挥也有不同的理解，按一般的理解，铁路行车调度必须实行统一指挥，列车调度员在其负责区段调度台实施的统一指挥是保证行车安全和正点的基本保障，不论哪国铁路，铁路行车都是由行车调度统一指挥的。但该“铁路系统人士”所说的统一调度指挥则是车流组织、车流调整的统一指挥。

而是否需要中铁总对车流组织进行统一指挥则与铁路运输企业的组织架构有关。如果铁路局数量过多、管辖范围过小，每个铁路局承运的货物大部分都要发往外局，中铁总的统一指挥就是必不可少的。中铁总不仅要统一指挥，还要负责统一清算，因为每票货运服务都是由多个铁路局共同完成的，货运收入由中铁总在各铁路局之间进行清算和分配，可以降低交易成本。在这种体制下，铁路局不是直接从市场获得收入，而只能获得中铁总（原铁道部）的清算收入。18 个铁路局自己不能决定运价，不能对货主承诺运到时限，没有投资和财产处置的权利。铁路局的工作绩效与收入不挂钩，18 个铁路局 210 万员工只能一起吃铁路的大锅饭，铁路局不能成为真正的市场主体。这是中国铁路运输企业缺乏活力的最根本原因。这也是铁路货运改革的成效甚微，国务院关于引入社会资本、土地综合开发等促进铁路发展的政策无法落实的根本原因所在。

在现有组织架构下，即使 18 个铁路局更名为公司，也仍需要由中铁总进行运输统一指挥、统一清算，不能成为真正的市场主体。18 个铁路局不能成为市场主体的客观原因，或者说内在的组织架构原因是：每个铁路局的管辖范围过小，其所承运的货物大部分要发往其他铁路局。因此，由中铁总进行统一指挥、统一清算仍然是不可缺少的。

2016 年我国铁路货运的平均运距是 714 公里，假定每个铁路局的指挥中心在其管辖区域的中心，且运输货物都是从该中心发货，那么铁路局管辖的区域范围至少为 160 万平方公里，铁路局才具有对车流进行统一指挥的前提条件。这就是说在平均意义上我国区域铁路公司的数量最多不能超过 6 个。笔者在 2012 年发表的“我国铁路重组为三大区域铁路公司的设想”一文中指出：我国铁路按北、中、南三大区域铁路公司进行重组后，大部分运量可以在区域铁路公司管内完成，大部分车流组织的统一指挥可以在三大区域铁路内部进行，在区域公司分界口需要交换的运量只占各自运量的30%左右，且18个铁路局之间的分界口由67个减少到重组为三大区域铁路公司之后的22个。铁道部进行运输统一指挥的必要性将不复存在。

该问题的经济学解释是：在铁路局的管辖区域过小的条件下，由于大部分货物要发往外局，统一指挥统一清算可以降低路局之间的交易成本，但要以剥夺路局的市场主体地位、扼杀其活力为代价。重组后区域铁路公司的管辖区域如果足够大，大部分货物运输就能够在管区内完成，统一指挥统一清算的中心就失去其存在的必要性，区域铁路公司就可以成为市场主体。

该“铁路系统人士”设置的所谓深化铁路改革的底线，有意或无意的逻辑错误会给深化改革带来障碍。铁路运输由中铁总统一指挥的合理性，是在铁路局管辖路网过小条件下，统一指挥统一清算可以降低交易成本产生的，但要以铁路局失去自主经营权利为代价。深化改革的主要目的是增强铁路运输企业的活力。在我国铁路货运平均运距可能超过1000公里的条件下，铁路运输生产的技术经济属性决定，铁路运输企业要成为市场主体的基本条件就是要能对货主做出运到时限的承诺，能够自主决定运价，这是铁路运输成为现代供应链体系（现代物流体系）重要环节的基本要求，这就需要把铁路运输企业的管辖范围扩大到300万平方公里左右。

美国前四大一级铁路公司的平均管辖范围在400万平方公里以上，东西部各有两大区域铁路公司形成平行线竞争。美国一级铁路公司的平均运距从1960年的741公里增加到2014年的1619公里。铁路公司货运平均运距的不断增长是伴随着一级铁路公司不断扩大路网规模实现的，1960年美国有106家一级铁路公司，通过兼并重组到2002年基本稳定在7家一级铁路公司。美国西部两大铁路公司的营业里程均在5万公里以上，东部两大区域铁路公司的营业里程均在3万公里以上。铁路货物平均运距是衡量铁路运输企业效率和融入现代物流体系的一个重要指标。我国铁路的货物平均运距从1950年代的500公里左右，基本保持了增长态势，到1990年后一直保持在700多公里的水平，近期还出现下降趋势，从2005年的768公里下降到2016年的714公里。这与我国铁路运输企业的组织架构不合理，铁路局的管辖范围过小、管理的营业里程过少有关。美国一级铁路公司通过半个世纪的兼并重组形成的合理路网规模，我国铁路应该能够通过重组为三大铁路公司来实现。

铁路运输企业管理的路网规模扩大后，统一调度指挥统一清算不仅没有存在的基础，而且成为扼杀企业活力的绞索。该“铁路系统人士”设置的底线，是反对铁路运输企业通过扩大路网规模来成为真正的市场主体，实质上是反对深化铁路改革。该文所谓保持路网完整性统一指挥才能保证效率的说法，在维持18个铁路局管理架构不变的前提下有一定的合理性。但深化铁路改革正是要通过重组，改变18个铁路局的组织架构，从而打破垄断经营（即只能由一个中心“统一指挥”），来激发企业活力。

深化铁路改革的第一步可以是：把中国铁路总公司转变为控股公司，主要管资本；把18个铁路局重组为三大区域铁路公司，负责各自管内的调度指挥，自主决定运价，具有投资决策财产处置的权利，成为真正的市场主体。

该“铁路系统人士”设置的深化铁路改革底线，在理论上不成立，在实践上也没有根据。美国铁路有7个区域性一级铁路公司，有550多家支线铁路公司，没有全路统一调度指挥，但其效率和效益远高于我国铁路。美国铁路员工完成的人均换算周转量是我国铁路的6.6倍。

深化铁路改革谁担责?

该“铁路系统人士”在陈述铁路不应深化改革的理由后，发出了深化铁路改革由谁来承担责任的疑问：“如果改革导致铁路效率效益下降、安全稳定风险增加、客货价格不够稳定、铁路发展迟缓，那么责任谁来担当？恐怕谁也担负不起。”

该“铁路系统人士”首先应当回答的是：10 多年来铁路不进行深化改革，导致铁路的效率效益、市场份额已经降低到历史最低点；债务水平积累到历史最高点；由于铁路发展滞后，铁路运输的市场份额严重萎缩，交通运输结构已经扭曲到历史最差状况……这些责任应当由谁来承担？

至于客货价格不稳定，或者说除政府管制的少数运价外，铁路运价随供需变化而波动，正是深化铁路改革的应有成果，而不是深化铁路改革需要担心的问题。

说到“安全稳定风险”，作为“在铁路行业各主要层面从业超过 20 年”的铁路系统人士，应当经历过 2005 年原铁道部撤销铁路分局的改革。我国铁路曾长期实行四级管理（铁道部—铁路局—铁路分局—站段）的管理体制，管理层次多，铁路局和铁路分局都是法人，经营同一资产，职能交叉，相互掣肘，影响效率。如何深化改革曾是长期争论不休的问题。2005 年 3 月 18 日，原铁道部在各铁路分局事先毫不知情的情况下宣布，从当日 18 时起撤销 41 个铁路分局，四级管理体制转变为铁路局直接管理站段的三级管理体制；同时宣布把北京铁路局一分为二，郑州铁路局一分为三，铁路局由原来的 15 个增至 18 个。这次改革重组在减少管理层级的同时，进一步增加了铁道部统一指挥的必要性。一个管理层级整体上突然被撤销，涉及 2 万多名分局干部和工作人员重新安排，特别是铁路分局位于直接指挥铁路运输生产的第一线，势必存在影响安全稳定的巨大风险。如果这种突然袭击式的分拆重组都没有影响铁路的安全稳定，三大区域铁路公司的重组就几乎是零风险。

在深化铁路改革中即使出现安全稳定风险，也应是谁的责任，就由谁来承担，而不能向深化铁路改革问责。正如 2011 年的“7・23”特别重大交通事故不能让原铁道部统一调度指挥来承担责任，只应追究发生事故区段列车调度及相关管理者的责任。

铁路供给侧改革改什么

原载财新网，2016 年 12 月 21 日

铁路供给侧结构性改革，应着力解决大量高铁运能闲置和大都市区轨道交通运能及货运能力短缺并存的问题，使铁路的空间结构、功能结构与需求结构相适应

刚闭幕的中央经济工作会议对 2017 年的工作做出部署，并发出了一些不同以往的政策信号，需要深入正确理解，准确坚决地加以贯彻执行。中央工作会议提出“要把防控金融风险放到更加重要的位置，下决心处置一批风险点”。那么首先就要识别主要的金融风险点在哪里？本文认为三四线城市房地产库存和大量高铁项目运能闲置是两个最主要的风险点，还要大规模建设的所谓“八纵八横”高铁网是最大的金融风险点所在。

源于“资源空间错配”的金融风险

“三四线城市房地产库存过多”和大量高铁项目运能闲置的共同问题，是“资源的空间错配”；在没有住房需求的地方盖了过多商品房，在客运需求不多的地方修建了只能运人不能运货的高铁。“资源的空间错配”不能通过价格机制实现市场出清，而难以通过市场机制出清的“资源的空间错配”构成了金融风险的源头。

人口的流动方向是从农村和三四线城市流向大城市、大都市区，降低价格也无法出清房地产库存，况且三四线城市的房地产价格本来就

低，几乎没有降价空间。除京沪、京广通道上高铁的运能得到较高利用外，其他高铁项目的运能大量闲置。兰新高铁每天只开行 5 对高铁列车，而兰新高铁有每天开行 160 对以上高铁列车的运能，运能的大量闲置导致其运输收入甚至不足以支付电费。要增加兰新高铁的客流，至少要把 2 亿人口迁移到兰新通道，而这是百年以后都不可能实现的。过多难以消化的房地产库存和运能大量闲置的高铁项目主要是用银行贷款建起来的，由此将导致大量的银行坏账，并导致严重的金融风险。

高铁的金融风险与三、四线的房地产相当

按照《中国住房发展报告 2015—2016》的数据，截至 2015 年底，我国商品住房总库存约 40 亿平方米。由于这些库存主要分布在三、四线城市，房价较低，按每平方米 3000 元计算，这些难以消化的商品房库存的总市值为 12 万亿元。假设随着城镇化进程，其中的一半可逐步消化，那么三、四线城市不能消化的房地产库存为 6 万亿元。

高铁的金融风险与三、四线城市房地产的金融风险或在同一水平。中铁总对高铁的收支状况严格保密，但从其公布的负债和客运收入数据，可得出如下判断：即使不考虑高铁的运营成本，高铁的全部运输收入尚不够支付建设高铁的贷款利息。该判断的根据是，2015 年底中铁总的负债为 4.09 万亿元，其中至少 3 万亿元是建设 2 万公里高铁和购置动车组的投入，按 5% 的利息计算，每年应支付的贷款和债务利息为 1500 亿元。而中铁总 2015 年的客运收入为 2506 亿元，如果其中 50% 是既有线列车的客运收入，高铁的客运收入仅为 1253 亿元，不够支付贷款利息。如果中铁总的货运和普通铁路客运能够盈亏平衡的话，中铁总 2015 年的亏损要高达上千亿元。中铁总要靠财政补贴和不断借新债还旧债来维持，已经陷入债务负担恶性增长的深渊。

即使在这种情况下，高铁的建设规模还要继续扩大。根据 2016 年 7 月国家发改委公布的《中长期铁路网规划》，到 2020 年，高速铁路要达到 3 万公里，形成“八纵八横”的高铁网，2025 年要达到 3.8 万公

里，远期高铁要达到4.5万公里。为拉动地方经济，地方政府表现出建设高铁空前大的积极性，郑州、西安、武汉、长沙等多个省市政府提出要在“四纵四横”高铁网络的基础上，建设“米”字形高铁。按照目前每年8000亿元的投资规模，2020年中铁总的负债要达到7万亿~8万亿元。

飞速运行的高铁确是一道亮丽的风景，为人们出行提供了更多的选择。但高铁只能用于满足旅客的出行需求，不能用于运输货物的生产性需求，因此只有在人口规模大、密度高、收入水平高的地区才可能有足够大的客流，才可能实现盈亏平衡。2011年7月投入运营的京沪高铁在年旅客发送量超过1亿、每天高铁列车开行对数超过100对以后，才有报道说在2015年实现了66亿元的盈利。但该消息还没有得到中铁总的证实，因为京沪高铁公司只拥有高铁线路，没有高铁动车组、没有高铁的运营和维修人员，只有京沪高铁公司向相关铁路局支付的委托运营费能够覆盖后者成本的情况下，才能说京沪高铁真正实现了赢利，这需要中铁总提供高铁的运营和维修成本数据。

高铁项目是否存在金融风险，从其每天开多少对车、每年运多少人，就可以做出粗略判断。一条高铁至少有每天开行160对高铁列车的能力。如果能力利用率达到60%可以实现盈亏平衡或略有赢利，每天要开100对车，年发送旅客要近1亿人次。如果能力利用率仅为50%，客运收入或能覆盖可变成本，该高铁项目能够支付银行利息，但无力偿还本金。如果能力利用率仅为10%，每天只开16对车，该高铁项目的客运收入都不足以支付运营成本，但形成90%闲置能力的投资是有成本的，需要支付银行的贷款本息。这就需要不断新增贷款，靠借新还旧来维持运营，由此造成负债规模恶性膨胀，产生极为严重的金融风险。

在人口规模和人口密度远低于京沪通道的地方建设高铁，只会长期处于亏损状态，政府财政最后要为高铁节约旅行时间的价值买单。至于说建高铁应主要考虑社会效益，高铁带动了房地产和地方经济的发展。那么建既可运人又可运货的普通铁路所产生的社会效益和对地方经济的带动作用远大于高铁。1908 年通车的沪宁铁路催生出长三角城市群，1907 年通车的石太铁路把石家庄从不足 600 人的小村庄变成目前人口超 400 万的大城市；其中起主要作用的是铁路的货运功能，铁路货运会在当地产生机车车辆维修、物流、仓储需求，会引发制造业和服务业的集聚，从而推动当地经济发展；这是只能运人的高铁所无法比拟的。实际上在中西部地区建设只能运送旅客的高速铁路，会造成货运能力不足和高铁运输能力大量闲置，而建设速度目标值每小时 160 公里左右既能运货又能运人的高等级普通铁路更有利于中西部地区的经济社会发展。

国家发改委 2016 年 11 月批复的京津冀地区城际铁路网规划方案提出，到 2020 年前实施北京至唐山、北京至天津滨海新区、北京至石家庄等 9 个城际铁路项目，总里程约 1100 公里，初步估算投资约 2470 亿元，基本实现京津石中心城区与周边城镇 0.5 ~1 小时通勤圈。目前京津冀的铁路网密度已经是长三角的 1.7 倍、珠三角的 2.36 倍，但人口密度远低于长三角、珠三角。在北京—天津—唐山通道、北京—石家庄通道上已经有高铁和时速 160 公里的普通铁路，且高铁开行对数还不到运能的 50%。这些重复建设的高铁项目的长度都在数百公里，根本不能作为通勤铁路。通勤一般只发生在大都市区之内，通勤距离不会超过 70 公里。通勤时间的计算是从住所到工作地点的时间，而不是在城际高铁上的旅行时间，高铁票价昂贵也不适合通勤需求。北京直线连接唐山的城际高铁项目，北京到石家庄等城际高铁项目只会增加闲置运能，造成更严重的亏损和更大的金融风险。

以“高铁走出去”为口号，某些国有铁路企业全然不顾金融风险，在国外一些根本不具高铁建设条件的地方，以低价竞标的方式拿项目。中资企业在委内瑞拉承建的高铁项目已成为烂尾工程，垫付的巨额资金已无法收回。由中铁总牵头建设的印尼雅万高铁，已经注定是一个血本无归的项目。如果不按商业原则办事，国外高铁项目不仅存在严重的金融风险，而且存在法律、外交、政治等多方面的风险。如果我国承建运营的国外高铁项目长期严重亏损，高铁项目还会成为“一带一路”建设上的隐患，严重影响国家间关系。

铁路供给侧结构性改革的思路

中央工作会议指出，供给侧结构性改革“就是要减少无效供给、扩大有效供给，着力提升整个供给体系质量，提高供给结构对需求结构的适应性”。我国铁路的供给侧结构性改革，应着力解决大量高铁运能闲置和大都市区轨道交通运能及货运能力短缺并存的问题，使铁路的空间结构、功能结构与需求结构相适应。

高铁是资本高度密集的大运量交通方式，每公里高铁的建设成本是普通铁路的 2 ~ 3 倍，且只能运人不能运货，高铁的这种技术经济属性决定只有在人口规模大、密度高的通道，才可能有大量客流，才可能覆盖高铁的建设和运营成本。因此，我国的高速铁路总里程不宜超过 5000 公里。

我国已经修建了 2 万公里的高铁，相当少建了 4 万公里普通铁路，这一方面导致了高铁运能的大量闲置，另一方面造成我国交通运输结构的严重恶化。由于铁路货运能力不能满足需求，我国铁路货运周转量的市场份额（不包括远洋运输）从 2005 年的 49. 7% 下降到 2014 年的 21. 1%，而公路货运周转量的市场份额从 2005 年的 20. 8% 上升到 2014 年的 47%。由于铁路货运发展严重滞后，我国大量用汽车运输煤炭等基础原材料，用稀缺的石油资源换廉价的煤炭资源，大幅度提高了物流成本，严重降低了国民经济整体的资源配置效率。美国是世界上公路运输最发达的国家，但其铁路货运周转量的市场份额在 40% 左右，一直高于公路货运的市场份额。以此为参照，我国本应多建一些客货混跑铁路或货运铁路专线，但不是高铁。

当前我国铁路的建设重点应当是大都市区内的轨道交通。我国的特大城市和一些大城市出现了严重的交通拥堵，这是轨道交通不适应大都市区发展的市场信号。我国的城镇化已经进入大都市区化的发展阶段，按未来可能出现 20 个左右人口在 2000 万以上的大都市区、每个大都市区需要建设2000公里左右轨道交通推算，我国大都市区的通勤铁路和城市轨道交通的建设规模可达4万公里，存在巨大的投资空间。大都市区中一条通勤铁路的长度在30～50公里，一般不超过70公里。大都市区的通勤铁路不仅能够缓解特大城市在人口、交通、环境、就业、住房等方面的压力，还能够在通勤铁路沿线形成多个中小城市，容纳更多的外来人口，能够在更大空间范围实现更高水平的集聚经济。在通勤铁路车站周边进行高强度房地产开发，可以使建设通勤铁路带来的土地升值收益回归建设运营主体，可以吸引社会资本采用PPP方式进行建设和运营，降低金融风险。

本次中央工作会议要求，“房价上涨压力大的城市要合理增加土地供应，提高住宅用地比例，盘活城市闲置和低效用地。特大城市要加快疏解部分城市功能，带动周边中小城市发展”。这或是支持大都市区发展的政策信号。

铁路进行供给侧结构性改革，就应停止新开工的所有高铁项目建设，在建的高铁项目要尽可能改建为时速160公里左右的客货混跑铁路，要把铁路建设的重点转向大都市区轨道交通。为此，铁路必须进行打破垄断实施重组的改革。本次中央工作会议已经要求铁路等领域的改革要“迈出实质性步伐”，深化铁路改革已经不容拖延了。

铁路“网运分离”无法打破路网垄断

原载财新网，2016 年 3 月 28 日

深化铁路改革的关键是打破路网垄断。继续维持路网垄断的“网运分离”思路，不仅缺乏经济理论根据，世界上也没有成功的先例

最近看到国务院发展研究中心一研究员“新时期深化铁路体制改革思路”的文章（以下简称《思路》）和西南交通大学一副教授“铁路深化改革必须打破网运合一”的访谈（以下简称《打破网运合一》），对于有新的研究人员发出要深化铁路改革的声音，笔者感到欣慰，基本同意他们关于深化铁路改革必要性和目标的表述，但不能同意他们的改革方案。《思路》和《打破网运合一》提出的铁路重组方案要点，是实行“网运分开”“客货分开”，分别成立一个路网公司，货运和客运公司由路网公司统一调度指挥。需要指出的是，这种“网运分离”的改革思路，不仅与两位作者提出的改革目标相矛盾，而且是在改革的名义下继续维持路网垄断，并且把中铁总的巨额债务全部甩给国家，这种改革方案没有任何新意。

保留一张路网的网运分离方案曾在 2000 年被国务院否定

2000 年前后铁道部曾准备采用欧盟的“网运分离”模式进行中国铁路的改革重组，并开始在各路局成立客运公司。铁路实现政企分开容易，但如何打破垄断进行重组是改革的关键。在铁道部向国务院汇报“网运分离”的重组思路后，得到 4 点指示，大意是：（1）铁路体制改

革要引入竞争；（2）电力厂网分开，一张网不同意；（3）世界上所有的网都是可以分的，电力、电信都可以分，一个路网公司会导致腐败，不能把路网的包袱甩给国家；（4）铁道部对铁路改革还没有研究透，还要听取各方面意见。根据指示精神，铁道部准备了4个备选重组方案。2001年5月我参加了铁道部主管改革的王兆成副部长主持的准备6月向国务院汇报的4个备选方案的讨论。这4个重组方案的要点是：

方案1：构建1个国家铁路网集团公司、3个客运集团公司、2个货运集团公司，各集团公司内按地区或专业组建若干子公司。

方案2：组建南北2家网货一体的铁路集团公司，5家客运集团公司，实现客运与路网的分离，南北铁路集团实现路网与货运的内部分离。

方案3：组建东北、华北、中部和西部4个“网货合一”的区域性铁路集团公司，组建5个可经营跨区业务的客运公司，最终导向完全的“网运分离”。

方案4：组建南、北两大铁路集团，在两大集团内部实行“网运分离”。

这四个重组方案中的3个都在不同程度上提出了打破路网垄断的改革方案，而《思路》和《打破网运合一》提出的铁路重组方案是要保留一张网，继续实行路网垄断，这是对原铁道部2001改革方案的倒退。

我在那次会议上发言表示不同意网运分离的重组模式。2002年政策法规司还给我一个铁道部课题做相关研究，该课题的主要研究成果发表在2005年1月的《中国工业经济》上，题为“中国铁路重组的企业边界问题分析”。该文基于对交易成本理论的理解提出了中国铁路应采取区域铁路公司的重组模式。

有媒体报道国家发改委原副主任、国家能源局原局长张国宝曾回忆说：“朱镕基总理在退休以前也曾把铁路体制改革提上了日程，那个时候是傅志寰当铁道部部长，已经在国务院汇报了一次，我也参加了这次汇报，铁道部拿出来的方案跟电力体制改革一样，叫作网运分离。实际上电力体制改革，铁路是想借鉴的。当时碰到的问题和电力体制改革时一样，朱镕基总理是想把铁路网进一步拆分。他认为分成若干个网也是可以的，也提出过若干个设想，比如长江以北算一个，长江以南算一个，或者是按照铁路局来划分。但铁路部门强烈主张铁路网不能再拆分，要全国一个铁路网。那个时候那届政府任期将满，所以朱镕基总理说，不能所有的事情都在我这里做完，做不完的事留给下一届去做。就把铁路改革搁置了。”①

铁路改革自此被搁置13年，产生了多方面的后遗症。突破阻碍铁路深化改革的关键问题是：铁路网是否能够拆分，是否只能全国一张网，是否必须统一调度指挥，这个问题不解决，铁路改革重组就难以推进。2003年以后，由国家发改委负责铁路改革方案研究。2007年我承担了国家发改委交通运输司（现基础产业司）的一个研究课题，对铁路是否要统一调度指挥和所谓保持路网完整性进行研究，这是阻碍铁路改革的最大的思想观念障碍。

在该项目研究中，我区分了铁路运输调度指挥的两种含义：行车的调度指挥和车流调整车流组织的调度指挥。

铁路行车的调度指挥是列车调度员在其负责区段调度台实施的统一指挥，是保证行车安全和正点运行的基本手段，不论哪国铁路，铁路行车都是由各区段调度员统一指挥的，与铁路管理运输体制无关。

车流调整车流组织的调度指挥则主要是通过制定列车运行图、运输计划和调度日（班）计划来实现，主要是从整体上提高铁路的运输效率。车流调整的调度指挥与管理体制和运输组织方式有关，车流调整是更高层次的调度指挥，需要在更大范围和更高的管理层次上进行。

铁路必须统一调度指挥才有效率的说法是没有根据的。美国铁路有7个区域性一级铁路公司，500多家支线铁路公司，没有全路统一调度指挥，但美国铁路员工完成的人均换算周转量是我国铁路的10倍。继

① 铁路体制为什么没改？[EB/OL]. http//jingji. cntv. cn2013/01/22/ARTI1358833313221575. shtml.

续保持车流调整全国统一调度指挥的目的是保持垄断。

路网的完整性也有两重含义：路网物理上的完整性和路网经营管理上的完整性。路网在物理上只要是连通的，所有的线路都采用同样的技术标准，那么路网就是完整的，全国路网在物理上应当是完整的，否则连通不畅。但路网在经营上的完整性如果是指只能由一个主体来经营，则是保持垄断的另一种表述方式，这正是建立市场经济体制需要进行改革的对象。在同一路网上形成多个经营主体，还要允许社会资本甚至外资建设并经营支线铁路，我国铁路才能增加活力健康发展。

该课题研究否定了路网在经营上不能拆分、必须统一调度指挥的流行观念，提出了我国铁路重组为三大区域铁路公司的改革方案，并在国家发改委交通口组织的杭州年会上做汇报。该课题的主要理论研究成果是发表在《综合运输》2007 年第 11 期上的两篇文章——“关于路网完整性与统一调度指挥的经济学分析”和“统一调度与铁路产权及运输效率的关系”。在进一步研究的基础上，2012 年我在《综合运输》第 7 期发表“我国铁路重组为三大区域铁路公司的设想”，提出了形成三大区域铁路公司之间的比较竞争和区域公司内相邻子公司之间的平行线竞争的重组思路。

铁路“网运分离”缺乏经济学理论根据

英国实行铁路网运分离的理论基础是“可竞争市场理论”，认为路网具有自然垄断性的，客货运输可以竞争。因此通过网运分离可以把竞争性业务和非竞争性业务分开，从而引入竞争。但是主流经济学的这种理论是构建在想象世界的基础上，铁路运输资产具有很强的资产专用性，存在巨大的进入和退出障碍，可竞争市场理论的基本前提都不存在，无法为铁路重组提供理论支持。在企业重组问题上，新制度经济学有更强的解释能力。

从降低交易成本的视角出发，企业边界要划在交易成本最小的界面。区域分割是把交易界面划在 2 个铁路运输企业的分界口，而网运分离是把交易界面划在铁路运输企业和路网之间，由于存在信息不对称，轮轨之间的交易成本要远高于分界口之间的交易成本。

从产权的视角考虑，科斯认为产权是行使一定行为的权力。对于铁路运输企业来说，产权不在于拥有路网、机车、车辆，更在于决定何时和怎样在路网上运用机车车辆的权力，这些权力是调度指挥的核心要素，不能自主进行调度指挥就不能成为真正的市场主体。在网运分离模式中，调度指挥归路网公司，铁路货运和客运公司不能成为真正的市场主体，因而是不可持续的。

从委托—代理理论的视角，考虑组织结构的委托代理模型能够从代理人行为动因上对该问题提供另一角度的解释。具体分析可见笔者2015 年 5 月在《中国工业经济》上发表的文章“考虑组织结构的委托—代理模型研究——以中国铁路运输业为例”。该文指出，路网公司成为独立的企业后，路网公司必然要关注自己的财务指标和盈亏状况。路网公司一般采用边际成本定价，尽可能减少亏损是其重要行为动因，这会降低其在路网上的投入，导致路网质量下降甚至影响运输安全。设立独立的路网和铁路运输企业导致的目标指向差异，最终会损害铁路运输行业的整体绩效。国外的网运分离实践已经证明了这一研究结论。

铁路“网运分离”没有成功的实践案例

铁路“网运分离”模式不仅没有经济理论依据，在实践上也没有成功的案例。世界上只有欧盟试图采用“网运分离”的模式，这是因为欧盟为实现欧洲一体化，要解决各国铁路网互联互通问题。欧盟在1991 年颁布了欧盟 91/440 号指令，推行“网运分离”的铁路重组模式。

1993 年英国从法律上确定了铁路进行“网运分离”和民营化改革，1994 年英国将铁路拆分成 1 个全国性的路网公司、25 个客运公司、6 个货运公司，同时路网公司上市。但英国铁路实行网运分离的重组后，路网公司降低了对铁路线路维护的投入，出现多起重大事故，2001 年路网公司宣告破产，英国政府重新接管路网公司。英国的铁路网运分离以失败告终。

德国铁路一直由德铁控股公司管理，下设路网和运输 2 个集团公司。2008 年的德铁年报称："负责路网的 DBAG 和负责运输的 DB ML AG 两个公司的紧密合作关系是由一个统一的董事会，以及两个公司的首席执行官和首席财务官是同样两个人来保证的。这有助于两个公司实现持续的协同。"德国铁路实施的是企业内部的网运分离。

法国铁路曾实行"网运分离"，设立独立的路网公司和运输公司。法国铁路公司（SNCF）负责经营客货运输和铁路网的维护，但法铁向路网公司（RFF）支付的路网使用费低于路网公司向法铁支付的路网维护费用，路网公司的亏损则由政府补贴。2015 年法国铁路公司和路网公司实行合并，重新实行网运合一。新组建的法铁路网子公司 CEO 的解释是"当路网公司（RFF）和法国铁路公司（SNCF）是独立的公司，我们有不同的利益。在实行了 17 年的网运分离体制下，路网质量已经严重降低，我们需要通过纵向一体化来实现路网的现代化"。

欧盟实行的铁路"网运分离"重组模式不可持续。美国铁路有 7 个货网一体的区域性一级铁路公司，日本本岛有 3 个客网一体的区域性铁路公司，实践已经证明这种区域铁路公司模式是可运行的，并取得了比欧盟铁路更好的经济效益。

有些人认为在其他行业，例如，电力可以实行厂网分离，电信可以实行电信网络和运营的分开，管道燃气可以实行网运分离，因此铁路也能实行网运分离。但他们没有考虑不同网络基础设施的特殊性，电网中的电流、通信光纤网络中的光波、燃气管道中燃气，都不需要人直接去移动，而铁路路网上的货物、旅客的每公里位移都要人来完成，需要网运各工种之间的紧密协作。如果把网运各工种之间的企业内协作关系变为网运分离后的市场交易关系，就会大幅度增加交易成本。英国在进行网运分离改革时，拟定了 3 万多份合约来界定路网及铁路运输企业之间的利益关系。在法律体系完备、法律环境健全的英国，路网和运输企业的责权关系都纠缠不清，造成律师发财企业亏损。“网运分离”的铁路重组模式在法律环境不健全面临“执行难”问题的中国，更没有实施的可行性。

深化铁路改革需要中央决策

深化铁路改革需要中央政府的决心和推动，不能靠中铁总自己改自己。找准铁路改革的突破口，铁路改革重组既不如《思路》和《打破网运合一》所提方案那样复杂，也不存在法律障碍。

目前就可以实施的改革是，把中国铁路总公司转变为控股公司，主要负责资产管理。将现有的 18 个铁路局（公司）重组为北、中、南三大区域铁路公司，负责各自管内的调度指挥，具有投资决策财产处置的权利，成为真正的市场主体。在三大区域铁路公司之上不设统一调度指挥机构，三大区域铁路公司之间是市场交易关系，跨区域过轨运输由区域铁路公司协商解决。中铁总只在区域铁路公司不能相互协调的情况下进行干预。

三大区域铁路公司还要对其所属的铁路局进行重组，改变目前铁路局之间分界口过多，对主要铁路干线切割过碎，对货流、车流进行人为分割管理的问题。要以主通道为基础组建子公司，每个子公司管理一条主干线及与其有紧密联系的支线。由此构建出市场主体，形成三大区域铁路公司之间的比较竞争和区域公司内相邻子公司之间的平行线竞争，形成两层面竞争的铁路运输市场结构，就能激发出企业活力，铁路运输企业就能进行各方面的改革创新，铁路就能在经济发展和新型城镇化中发挥更重要作用。

考虑组织结构的委托—代理模型研究

——以中国铁路运输业为例

原载《中国工业经济》，2015 年第 4 期

[摘要] 传统的委托—代理理论考察的是不存在职能分工和多层结构的简单组织。而在复杂组织中，代理人个人总是在组织内的不同部门中，组织内的职能分工和部门设置在很大程度上已经内生地决定了代理人的行为指向，使代理人的行为信号难以评判。本文将组织结构引入委托—代理模型，在分析现有文献存在问题的基础上，构建了一个把组织结构作为内生变量的双代理人模型，说明了组织结构、代理人努力和组织产出三个变量之间的关系。模型结论表明，在激励强度不变的情况下，通过改变组织结构来协调不同代理人的努力，能够增加组织产出；特别是当代理人努力的计量成本很高时，通过组织结构变革，用一种组织结构代替另一种组织结构，从而用一种计量考核方式代替另一种计量考核方式，可以降低组织内的计量考核成本，提高投入效率。该理论模型能够从国务院对铁路运输管理部门的设置、铁路运输行业组织结构和铁路运输企业组织结构三个层次为中国铁路运输组织结构设计问题提供新的分析视角，做出理论解释。最后，基于该模型视角下对中国铁路运输组织结构分析的结论，提出相应的政策启示。

[关键词] 组织结构；委托—代理模型；组织产出；复杂组织；铁路运输

一、问题的提出

目前委托—代理理论考察的是不存在职能分工和多层结构的简单组织。在简单组织中，进行决策的专门知识和信息都可以由委托人掌握，代理人只是决策的执行者；委托人可以直接观察到代理人行为的某些信号，通过激励合约或激励机制设计，使得代理人在追求自身利益的同时就可以实现委托人的目标，从而增加组织产出。但现代经济社会中的政府部门、大中型企业、学校、医院等通常是复杂组织。在复杂组织内存在多个职能部门和管理层级，代理人个人总是在组织内的不同部门中，进行决策的专门知识和信息不可能由一个人或少数人掌握，而是分散在不同职能部门的代理人手中。更重要的是，组织内的职能分工和部门设置在很大程度上已经内生地决定了代理人的行为指向，使得代理人的行为信号难以评判。特别是在外部环境发生变化的情况下，部门设置内生决定的激励机制与委托人的目标之间会发生冲突，这时需要在重新进行组织结构设计的基础上进行激励机制设计。

现有委托—代理理论的一个隐含假设是组织内的部门设置与激励合约无关，激励合约激励的对象是个人，而不考虑组织内职能分工和部门设置对代理人行为指向的影响。但实际上，部门设置已经内生地规定了代理人的行为指向，部门设置的行为指向可能与激励合约存在偏差。这一问题已经引起一些经济学家的注意。Williamson[1]指出：“大部分研究公司的理论都不太注意研究公司的构架，而把注意力集中到激励机制上面。”Hart[2]特别强调：“委托—代理理论说明了最优激励机制，但并没有（至少是直接地）与组织结构相关。”Eisenhardt[3]也指出，代理理论只是考虑到了在一个选定的组织机构中经理的激励问题。Itoh[4]考虑了两个代理人从事两种业绩不相关的工作时，以团队形式工作最优的充分条件以及最优工作结构（代理人之间关系是分工还是协作）；但 Itoh 并未考虑到组织结构以及代理人在完成组织目标时所承担的组织功能。同时，也有实证研究表明，现有的委托—代理理论并不能很好地解释实证结果。Jensen 和 Murphy[5] 指出：“证据显示的报酬—绩效激励敏感性很小是令人困惑的。”另外，一些文献研究了特定组织内的激励问题[1,6]，但主要是在完全信息条件下进行的分析，没有考虑到委托人与代理人之间的信息不对称。因而，将组织结构作为内生变量引入委托—代理理论的分析会在一定程度对现有委托—代理文献进行补充。

二、考虑组织结构作为内生变量的委托—代理模型

（一）模型假设

复杂组织内存在职能分工，具有执行不同组织功能的职能部门[7]，组织结构内生地决定了不同职能部门相互分工协作的方式。当外部环境变化要求组织内部职能之间的关系发生相应改变时，仅仅依靠激励合约并无法解决委托—代理问题，只能通过组织结构的变革实现。但现实中由于组织结构变革几乎都涉及代理人利益的重新调整，因而往往滞后于环境变化。因此，解决委托—代理问题，不仅要考虑激励合约的设计，还应该考虑组织结构。通过组织结构的调整，改变组织内委托人与代理人之间的关系，进而理顺在新的环境中组织内部各个职能部门之间的分工与配合关系。

在已有委托—代理文献[4,8—11]的基础上，考虑组织结构的委托—代理模型提出以下四个基本假设：（1）为简化模型推导，假定只有两个代理人，分别代表执行不同组织功能的部门，实现委托人目标需要两个代理人的共同努力；代理人在完成各自功能时对另一位代理人所完成的功能也有影响。（2）委托人为风险中性，代理人为风险规避，委托人对代理人的行为不具有完全信息。（3）代理人的行为方式在相当程度上是组织结构内生的职能定位决定的，激励合约对这种内生决定性难以进行约束。（4）委托人所委托的任务需要两个代理人的相互协作，委托人考核代理人相互协作程度的成本很高。

（二）模型变量说明

基于上述假定，本文引入“向量”来构造考虑组织结构的委托—

代理模型。向量是既有大小又有方向的量。组织中代理人的努力，不仅有大小，还有方向。因此，代理人努力程度相关的变量用向量的模表示，由组织结构内生决定的代理人努力方向由向量的方向表示。

向量$\overrightarrow{x_i}$（$i=1，2$）分别表示两个代理人各自对组织产出的贡献。两个代理人的努力分别用t_i（$i=1，2$）表示。与 Holmstrom 和 Milgrom[8] 模型类似，每一个代理人所做出的一次性努力选择的向量表示为$t_i=(t_{i1}，\cdots，t_{in})$（$i=1，2$）。两个代理人对组织产出的贡献除了与各自的努力程度和方向相关，还与随机变量ε_i（$i=1，2$）相关，其中ε_i（$i=1，2$）服从正态分布，且均值为0。向量$\overrightarrow{x_i}$（$i=1，2$）的模$|x_i|$（$i=1，2$），即为信号变量，在不影响分析结果的前提下，设向量的模为$|x_i|=t_i+\varepsilon_i$（$i=1，2$）。向量$\vec{O}$表示组织产出，它是两个代理人的产出贡献之和，由向量$\overrightarrow{x_i}$（$i=1，2$）通过平行四边形法则加总而来，即$\vec{O}=\overrightarrow{x_1}+\overrightarrow{x_2}$。模型如图1所示。模型中，X 轴和 Y 轴分别表示组织的两

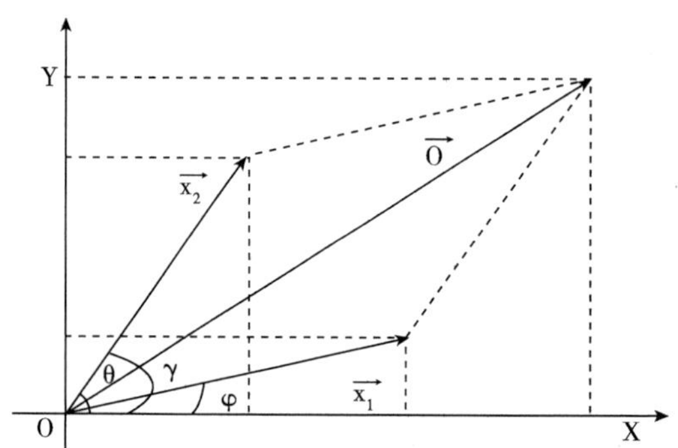

图1　考虑组织结构作为内生变量的委托—代理模型

资料来源：作者绘制。

项功能，向量$\overrightarrow{x_i}$（$i=1，2$）在两个轴的投影表示两个代理人在完成组织产出时对于这两项组织功能的贡献。向量$\overrightarrow{x_1}$、$\overrightarrow{x_2}$与 X 轴的夹角表示为φ和γ。φ和γ分别表示两个代理人在完成组织产出时向 X 这项组织功能进行努力的方向。φ和γ的值越小，说明代理人承担 X 轴的功能越多，

会越朝着组织的 X 功能努力，对组织的 X 功能贡献越大而对组织的 Y 功能贡献越小。θ 表示两个代理人努力方向之间的夹角，该变量反映了组织结构内生决定的代理人行动的协同程度。θ 越大，代理人与委托人之间的目标差异越大。很明显，$\theta = \gamma - \varphi$。

此时，向量 $\overrightarrow{x_1}$、$\overrightarrow{x_2}$ 及 $\vec{O}$ 在 X 轴的投影可分别表示为：

$$| x_{1X} | = |x_1|\cos\varphi = |t_1 + \varepsilon_1|\cos\varphi$$

$$| x_{2X} | = |x_2|\cos\gamma = |t_2 + \varepsilon_2|\cos\gamma$$

$$| O_X | = | x_{1X} | + | x_{2X} | = |x_1|\cos\varphi + |x_2|\cos\gamma = |t_1 + \varepsilon_1|\cos\varphi + |t_2 + \varepsilon_2|\cos\gamma$$

类似地，向量 $\overrightarrow{x_1}$、$\overrightarrow{x_2}$ 及 $\vec{O}$ 在 Y 轴的投影可分别表示为：

$$| x_{1Y} | = |x_1|\cos(\pi - \varphi) = |t_1 + \varepsilon_1|\cos(\pi - \varphi)$$

$$| x_{2Y} | = |x_2|\cos(\pi - \gamma) = |t_2 + \varepsilon_2|\cos(\pi - \gamma)$$

$$| O_Y | = | x_{1Y} | + | x_{2Y} | = |x_1|\cos(\pi - \varphi) + |x_2|\cos(\pi - \gamma)$$

$$= |t_1 + \varepsilon_1|\cos(\pi - \varphi) + |t_2 + \varepsilon_2|\cos(\pi - \gamma)$$

因此，该任务的总产出为：

$$| \vec{O} | = | \overrightarrow{x_1} + \overrightarrow{x_2} | = ((|t_1 + \varepsilon_1|\cos\varphi + |t_2 + \varepsilon_2|\cos\gamma)^2 + (|t_1 + \varepsilon_1|\cos(\pi - \varphi) + |t_2 + \varepsilon_2|\cos(\pi - \gamma))^2)^{\frac{1}{2}}$$

即委托人的期望收益函数为：

$$B(t_i,\varphi,\gamma) = ((|t_1 + \varepsilon_1|\cos\varphi + |t_2 + \varepsilon_2|\cos\gamma)^2 + (|t_1 + \varepsilon_1|\cos(\pi - \varphi) + |t_2 + \varepsilon_2|\cos(\pi - \gamma))^2)^{\frac{1}{2}}$$

（三）模型推导及结论

尽管 Holmstrom 和 Milgrom[8]讨论了两个代理人共同工作的问题，并假设两个代理人在工作中是“完全可替代的”，但该模型认为 $B\ (t\ (k))$ 是两个“相似”代理人 1 和 2 在完成一项工作 k 时的收益函数，其中 $t\ (k)$ 表示代理人的努力程度，且 $t(k) = t_1(k) + t_2(k)$，即两个代理人的努力直接相加就是对该工作总努力。该两代理人模型并不是有意识地考虑组织结构问题，因为如果两个代理人表示复杂组织中的两个不同部门，二者关系不是简单相加，部门间缺乏协调或资源争夺可能降低各自努力的结果，各部门努力方向并不一致，因此 $t(k) > t_1(k) + t_2(k)$，两个代理人可能降低工作效率。

引入反映组织结构决定的代理人协同程度变量 φ、γ、θ 后，Holmstrom 和 Milgrom 的模型[8]可以进行以下修改。每个代理人的努力程度由 t_i（$i=1$，2）表示，努力的私人成本为 $C(t_i)$（$i=1$，2）。委托人的期望收益 $B(t_1, t_2, \gamma, \varphi)$ 由代理人的努力程度 t_i（$i=1$，2）和组织结构变量 γ、φ 共同决定。代理人的努力同时产生了信号向量 $|x_i| = t_i + \varepsilon_i$（$i=1$，2），其中 ε_i（$i=1$，2）服从正态分布，且均值为 0。用 $w_i(|x_i|)$ 表示代理人的报酬，且是线性的，$w_i(|x_i|) = \alpha_i^T |x_i| + \beta_i$（$i=1$，2）。那么，总确定性等价收入的目标函数变为：

$$\max B(t_1, t_2, \varphi, \gamma) - C_1(t_1) - C_2(t_2) - \frac{1}{2} r\alpha_1^T \Sigma_1 \alpha_1 - \frac{1}{2} r\alpha_2^T \Sigma_2 \alpha_2$$

其中，r 表示风险规避程度，Σ_i（$i=1$，2）是协方差矩阵。

同时，依照 Holmstrom 和 Milgrom[8]的方法，激励约束简化为 $\alpha_i = C_i'(t_i)$，$i=1$，2。

由此，该问题的 Lagrange 函数为：

$$L = [B(t_1, t_2, \varphi, \gamma) - C_1'(t_1) - C_2'(t_2) - \frac{1}{2} r\alpha_1^T \Sigma_1 \alpha_1 - \frac{1}{2} r\alpha_2^T \Sigma_2 \alpha_2] - \lambda_1(\alpha_1 - C'_1(t_1)) - \lambda_2(\alpha_2 - C_2'(t_2))$$

Lagrange 函数的一阶条件为：

$$\frac{\partial L}{\partial t_1} = [B_1' - C_1'(t_1) - \frac{1}{2}(r\alpha_1^T \Sigma_1 \alpha_1)^{-1}] - \lambda_1(\alpha_1 - C_1'(t_1))^{-1} = 0$$

$$\frac{\partial L}{\partial t_2} = [B_2' - C_2'(t_2) - \frac{1}{2}(r\alpha_2^T \Sigma_2 \alpha_2)^{-1}] - \lambda_2(\alpha_2 - C_2'(t_2))^{-1} = 0$$

$$\frac{\partial L}{\partial \varphi} = B_\varphi' = 0$$

$$\frac{\partial L}{\partial \gamma} = B_\gamma' = 0$$

其中，B_1'和 B_2'分别表示委托人期望收益函数B（t_1，t_2，φ，γ）分别对 t_1 和 t_2 的偏导数。[①] B_φ'和 B_γ'分别表示委托人期望收益函数 B（t_1，t_2,φ，γ）分别对 φ 和 γ 的偏导数，结果如下：

$$B_\varphi' = \frac{\partial B(t_1,t_2,\varphi,\gamma)}{\partial \varphi} = ((|t_1+\varepsilon_1|\cos\varphi + |t_2+\varepsilon_2|\cos\gamma)^2 + (|t_1+\varepsilon_1|\cos(\pi-\varphi) + |t_2+\varepsilon_2|\cos(\pi-\gamma))^2)^{-\frac{1}{2}}((|t_1+\varepsilon_1|\cos\varphi + |t_2+\varepsilon_2|\cos\gamma)|t_1+\varepsilon_1|\sin\varphi - (|t_1+\varepsilon_1|\cos(\pi-\varphi) + |t_2+\varepsilon_2|\cos(\pi-\gamma))|t_1+\varepsilon_1|\sin(\pi-\varphi))$$

$$B_\gamma' = \frac{\partial B(t_1,t_2,\varphi,\gamma)}{\partial \gamma} = ((|t_1+\varepsilon_1|\cos\varphi + |t_2+\varepsilon_2|\cos\gamma)^2 + (|t_1+\varepsilon_1|\cos(\pi-\varphi) + |t_2+\varepsilon_2|\cos(\pi-\gamma))^2)^{-\frac{1}{2}}((|t_1+\varepsilon_1|\cos\varphi + |t_2+\varepsilon_2|\cos\gamma)|t_2+\varepsilon_2|\sin\gamma - (|t_1+\varepsilon_1|\cos(\pi-\varphi) + |t_2+\varepsilon_2|\cos(\pi-\gamma))|t_2+\varepsilon_2|\sin(\pi-\gamma))$$

由此可得最优化问题的一阶条件为：

$$\alpha_1 = (I + r_1 C_1' \sum\nolimits_1)^{-1} B_1' \tag{1}$$

$$\alpha_2 = (I + r_2 C_2' \sum\nolimits_2)^{-1} B_2' \tag{2}$$

其中，I 为单位矩阵。

如果 $t_1 = t_2$，且 $\varepsilon_1 = \varepsilon_2$，则：

$$\varphi = \gamma \tag{3}$$

一阶条件的（1）式和（2）式有关 α_1 和 α_2 表达式实质是在已有的委托—代理文献中最优激励合同所表述的核心内容，即在既定的组织结构下，通过激励机制设计实现委托人和代理人之间的帕累托最优。一阶条件的（3）式 $\varphi=\gamma$ 可以表示为 $\theta = 0$，因为 $\theta = \gamma - \varphi$。夹角 θ 表示两个代理人努力方向的差异，而且是由组织结构决定的。为了组织产出最大化，夹角 θ 应该越小越好。

① B_1'和 B_2'的表达式与本文核心结论的关系并不密切，不再列出。

（四）组织结构设置原则

导致组织内部门协同程度低的一个重要原因是部门设置过多，其原因是政府或企业往往通过设置新的部门来应对新问题和新任务，由此导致部门管理职责交叉重叠，或部门之间存在直接的替代竞争关系，或部门之间存在紧密的互补关系。这三种情况都会导致部门业绩的考核计量陷入困境，难以进行业绩评价，由此导致激励机制失灵；另外，设置了一个部门就内生地设定了这个部门的绩效评价指向，而该评价指向与委托人的意愿不可避免地存在偏差，因为局部和全局总有差异。基于以上分析，组织内的部门设置原则应当是：（1）不设置与其他部门职责交叉重叠的部门；（2）当部门考核计量成本过高时，存在替代关系的活动应尽可能在同一部门内管理；（3）当部门考核计量成本过高时，存在相互依存关系的活动尽可能在同一部门内管理。

这一组织结构设计原则与 Coase 的交易成本理论[12]一致，Coase 在讨论企业的存在问题时提出“利用价格机制是有成本的，在价格机制中组织生产最明显的成本就是发现相关价格”。当“发现相关价格”的成本过高时，一种组织形式（企业）就会代替另一种组织形式（市场），以降低交易成本。与此类似，在组织内部当计量考核成本过高时，一种解决的方法就是，用另一种内部组织结构代替另一种组织结构，从而避免过高的组织内计量成本。

（五）对模型结论的进一步讨论

Alchian 和 Demsetz[13]认为企业是一种专门收集、整理和出售投入要素信息的专业市场，企业获得利润的原因不是拥有高效率的生产要素，而是因为能够准确计量投入要素的贡献。但 Alchian 和 Demsetz 考察的队生产是一种简单组织，不存在复杂的层级结构，而复杂组织中不合理的部门设置可能导致职能交叉和职能冲突，这会减少可能达到的总产出，并使准确计量各投入要素的贡献变得更为困难。当现行组织结构中考核代理人的计量成本很高，或很难进行考核时，就应考虑对现行组织结构进行变革，从而改变对代理人的计量考核方式。组织结构改变后，组织的各项功能、专业化分工的优势仍然存在，只是将这些功能按照另一种方式重新进行组合，同时并不对具有紧密关联的专业化代理人进行各自的绩效考评和单独激励，而是对其合作达成的某项组织任务进行考评和激励，专业化分工带来的效率优势仍然存在且因为相互之间的协同性加强而使得专业化优势更加强化，同时代理人的努力与组织目标会趋于一致。

从以上的分析可以看出，在委托—代理问题的研究中，仅仅分析最优激励合同是不够的。事实上，某些委托—代理问题是由组织结构设计本身引起的，组织结构不是委托—代理问题的外生变量，而应是委托—代理关系中的内生变量。委托—代理问题可能由于组织结构本身的不合理而更难以解决。合理的组织结构应更容易考核绩效，降低企业内部的计量成本，减少委托—代理问题。一般认为，只要按照现代企业制度建立起完善的法人治理结构就可以提高企业经营效率，但从现实来看，问题并非如此简单。企业内部组织结构和生产模式的构建会直接影响企业的监督、考核和激励机制，进而影响企业的绩效。不恰当的组织结构的设计，不仅可能会导致代理人业绩的考核计量陷入困境，难以进行业绩评价。

任何组织内部一旦设立了一个部门，就内生地设定了这个部门的绩效评价指向，而该评价指向与委托人的意愿不可避免地存在偏差，因为全局和局部存在差异，且难以通过激励机制设计来进行调整。特别是多部门多层级的组织，各个部门为了追求各自的利益，对委托人目标的偏离程度会更大；而不同代理人对组织内资源、权力和利益的争夺，通常会造成各部门间相互掣肘推诿，严重降低组织的整体运行效率和资源浪费。因此任何组织都要高度重视组织结构的设计与优化。

在复杂组织内进行部门设置要考虑对该部门绩效考核的成本和专业化分工带来的优势之间平衡，即分工和协调的权衡。不可否认，专业化分工在一定情况下可以给组织带来效率优势和组织收益贡献，但当组织对于各个专业协调配合程度的要求比较高时，按照专业设置职能部门，此时部门之间职能存在的交叉或重复设置会造成协调的困难以及组织对这些专业化部门监督、考核成本的上升。当专业化职能部门的协调、考核成本超过专业化分工优势获益时，需要对专业化职能部门进行调整，即进行组织结构调整。

三、考虑组织结构的中国铁路运输业委托—代理关系分析

铁路运输是在复杂组织中管理和运营的，其管理和运营的组织结构对代理人努力和组织产出会产生影响。在交通运输大部制改革前，分交通方式分别设置政府行政管理部门会内在决定交通运输部和铁道部的绩效评价导向，结果造成运输结构和资源配置的扭曲，使得物流成本较高。同时，中国铁路改革要“打破垄断、引入竞争”，目前已成为共识，但对于铁路如何重组，却一直存在争论。国家“十五”计划纲要中曾提出铁路“网运分离”，但这种铁路行业组织结构设计是否合理值得讨论。该部分根据所建立的理论模型，对国务院对铁路运输管理部门分行业管理和大部制的两种方式、行业层面的网运分离和区域公司两种方式，以及企业层面的分站段和分公司两种方式给予经济学解释。

（一）国务院对铁路运输管理部门的设置：分行业设置管理部门还是大部门体制

国务院和组成部门之间的关系实质是一种委托—代理关系，国务院是委托人，其组成部门是代理人，各个部门都有各自的利益。委托人和代理人之间存在信息不对称，因而各部门都倾向于巩固自己的权力和利益，扩大本部门控制的资源。铁路运输管理从国务院的部门设置来看，可以采用铁路、公路、民航、水运等不同运输方式由不同部门进行管理的分部门管理组织结构，也可以采用将铁路运输与其他运输方式放入一个部门管理的大部门管理体制。两种不同的部门管理组织结构决定了对代理人不同的绩效考核方式和激励，进而使代理人的行为和努力方向不同，也最终决定了组织产出结构和产出数量的差异。

（1）分行业设置管理部门、代理人努力及组织产出分析。分交通方式分别设置行政管理部门就内生地决定了交通运输部和铁道部的绩效

评价导向以及各自的行为和努力。交通运输部、铁道部分别负责本行业规划、政策、标准的制定，必然以各自主管的交通方式为中心。各行业行政主管部门必然要对本行业的发展负责，必然难以超越本交通方式的利益。交通运输部制定的政策和规划，不可能有利于增加铁路的投资规模而降低高速公路投资规模，这是交通运输部的职责所在，它的政策指向是分交通方式设置国家行政主管部门本身决定的。各交通行政主管部门都存在为本行业争资源，努力使本行业得到更快发展的倾向，结果哪些行业更先进行改革，更能动员地方政府的积极性，哪些行业就得到更快的发展。这样的组织结构造成的结果是中国交通运输市场出现严重扭曲，公路发展速度快，而铁路的投资规模相比较低，而且铁路的货运周转量逐年下降，同时出现用高级能源（汽、柴油）运输低级能源（煤炭）的现象，大幅度提高了物流成本，严重降低了国民经济整体的资源配置效率。这并不符合委托人的目标。上述情况可以用图 2 表示。

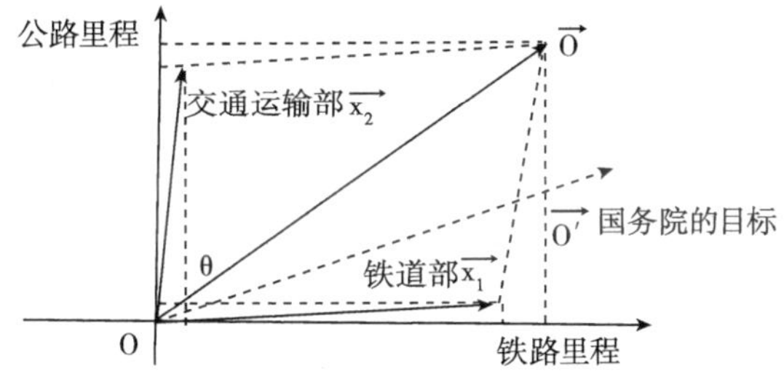

图 2　交通运输部和铁道部的目标导向

资料来源：作者绘制。

图 2 中向量 $\overrightarrow{x_1}$、$\overrightarrow{x_2}$ 分别表示铁道部、交通运输部的努力程度和方向，二者总产出规模和结构为向量 $\vec{O}$。在分部门管理的组织结构下，由于国务院对铁道部和交通运输部的努力程度分别进行考核，即按照公路发展里程和铁路发展里程作为绩效考核的一项指标。在这样的考评激励机制下，交通运输部和铁道部必然以自身管理的运输方式的发展作为首要任务，而并不太关心公路和铁路的协调和匹配问题。因此两个代理人的努力方向更分别接近 X 轴和 Y 轴，二者努力加总后得到的组织产

出和结构为向量 $\vec{O}$ 。但从中国人口、资源、环境的基本状况和可持续发展的要求出发，铁路运输应当占有相当大的市场份额，至少其市场份额下降的幅度不能过大。委托人期望的产出规模和结构为向量 $\overrightarrow{O'}$ ，即要扭转铁路发展严重滞后的交通运输结构，降低全社会物流成本，实现公路和铁路协调发展。可以看到，这样的发展目标难以通过激励机制设计来实现，因为分交通方式设置交通运输部和铁道部就已经内生地确定了他们的努力方向，最终造成二者的努力加总与委托人目标存在较大的差异。

（2）大部门体制、代理人努力及组织产出分析。交通运输的大部制改革是改变分交通方式设置政府主管部门的组织结构设计，即减小图 2 中夹角 θ 的值，通过改变分交通方式的绩效评价指向，使统管所有交通方式的新交通运输部与委托人的发展目标相接近。在理想的状态下，作为代理人的原交通运输部和原铁道部在大部门组织结构中，交通运输管理部门更看重的是各类交通运输方式的协调发展和相互匹配，而不仅仅以单独的交通方式的发展情况作为代理人绩效的考核标准。在这样的考核激励下，具有公路管理职能的部门和具有铁路管理职能的部门二者的努力方向应该与国务院的目标尽可能一致。在大部门结构中，即使双方努力的程度与分部门结构中相同或类似，由于方向差异较小，最终组织产出的总量会比分部门时更大。目前中国铁路与公路相比处于滞后发展，大部制改革的一个目的是要改变铁路运输和公路运输在运输市场扭曲的状态，促进资源整体配置的效率。要达到这个目的，在运输管理部门层面，需在统筹铁路和公路发展的同时，更加偏重铁路发展，保证周转量大、成本低的运输方式占优势地位，以降低国民经济整体的物流成本。理想情况的国务院目标如图 2 中向量 $\overrightarrow{O'}$ 所示，铁路主管部门和公路主管部门的努力经过加总后，应该与向量 $\overrightarrow{O'}$ 差距很小。从铁路运输部门管理体制层面，对分部门结构和大部门机构对代理人努力和组织产出的影响如表 1 所示。

表 1　国务院对铁路运输管理部门设置分行业管理和大部门体制比较

组织结构（θ）		代理人努力（$\overrightarrow{x_i}$，$i=1$，2）		组织产出（$\vec{O}$）	
类型	θ 值	程度	方向	数量	结构
分行业管理	较大	相同	与组织目标较远，目的是 $\lvert x_{1X}\rvert$、$\lvert x_{2Y}\rvert$ 分别最大	$\lvert O_X\rvert<\lvert O_Y\rvert$，铁路里程小于公路里程	偏重公路发展
大部门体制	较小	相同	与组织目标较近，目的是 $\lvert\overrightarrow{O'}\rvert$ 最大	$\lvert O'_X\rvert>\lvert O'_Y\rvert$，铁路里程大于公路里程	铁路、公路统筹发展，更注重铁路

注：$\lvert x_{1X}\rvert$ 表示图 2 中代理人 1 铁道部的努力程度在 X 轴的投影，即铁路里程数量；$\lvert x_{2Y}\rvert$ 表示图 2 中代理人 2 交通运输部的努力程度在 Y 轴的投影，即公路里程数量；$\lvert\overrightarrow{O'}\rvert$ 表示图 2 中实行大部门结构后委托人国务院目标向量的模，即大小；$\lvert O_X\rvert$、$\lvert O_Y\rvert$、$\lvert O'_X\rvert$、$\lvert O'_Y\rvert$ 分别指图 2 中分部门结构的组织产出和大部门结构的组织产出在 X 轴和 Y 轴的投影。

资料来源：作者整理。

（3）交通运输管理大部门组织结构边界问题探讨。按照组织结构优化设计原则进行铁路运输管理部门大部制结构设置需要进一步讨论的一个问题是交通运输管理的大部门组织结构边界在什么地方。铁路运输与公路运输以及其他运输方式关系密切，存在替代关系，因此应该将其放入同一个部门进行管理。从更广的范围讨论这个问题，铁路以及其他各类运输方式的建设、运营是否还与国务院其他管理部门的职责存在交叉重叠或存在相互依存关系？如果有，是否应该将这些部门也纳入一个大部门？如果是，哪些部门应该纳入？前文分析得到的组织机构设置原则可以为回答这个问题提供讨论框架。交通基础设施建设，包括城市交通发展，与土地利用、城市规划之间存在密切的联系，相互依存。交通基础设施的建设是城市发展实现集聚经济的前提。城市交通设施建设在占用土地的同时，由于可达性的改善提高了交通设施周边的土地价值，而土地进行高密度开发需要对城市控制性详细规划进行相应调整。这几项职能在我国目前分别由不同的政府部门管理，不可避免地造成相关政策、法规、标准或规范上相互掣肘。另外，从国外实践来看，日本和欧洲一些人多地少的国家把主管交通运输的政府部门和主管国土规划利用、主管城市建设的政府部门合并起来组建更加综合的政府主管部门以便统筹协调这几项相互关联的职能。因而，交通运输管理大部门组织结构的边界在于，将与交通运输建设密切相关的国土利用和城市规划的职能包含在一个更大的部门之内，能够避免职责的交叉和政策法规上的相互掣肘，更有利于集约高效地利用土地资源，使包括铁路在内的交通基础设施的规划建设自觉承担起国土开发和引导城市发展的功能。

（二）铁路运输行业组织结构：网运分离还是区域公司

铁路实现政企分开设立中国铁路总公司后的一个关键问题是如何进行打破垄断、激发活力的深化改革。对中国铁路运输企业重组应采用区域铁路公司还是网运分离的模式，一直存在不同意见，采用网运分离的方式进行重组曾经是中国铁路改革的目标模式。赵坚等[14，15]认为，铁路重组问题实际上是一个企业边界问题。考虑组织结构的委托—代理模型能够从代理人行为动因上对该问题提供另一角度的解释。

（1）网运分离的铁路运输行业组织结构对代理人努力和行业总产出的影响分析。网运分离的模式，即将铁路运输企业按照路网、客运和货运等不同业务种类组建单独的路网公司和若干客运公司及货运公司；路网公司拥有线路基础设施，负责铁路网的规划、建设和维护；客运和货运公司付费使用路网公司的线路，从而在运输公司之间引入行业内部竞争。在路网公司成为独立的企业后，路网公司必然要关注自己的财务指标和盈亏状况。路网公司一般采用边际成本定价，尽可能减少亏损是其重要行为动因。但追求财务指标会使路网公司降低路网维护的努力，对运输公司的运营造成风险。组织结构设置导致的二者之间行为指向差异，路网公司一方面要考虑铁路安全监管者对其提出的路网维护目标，另一方面要考虑短期财务目标以满足股东的要求。路网公司面临双重目标，增加维护投入会增加亏损，减少投入会增加出现行车事故的概率，难以保证铁路行车安全，最终会损害铁路运输行业的整体绩效。英国铁路从“网运分离”和私有化改革，到路网公司破产，同时出现一系列安全事故的实例也证明了这一点。而路网公司和运输公司之间存在的目标导向选择困境难以通过激励机制设计来解决。这种情况可用图 3 表示。

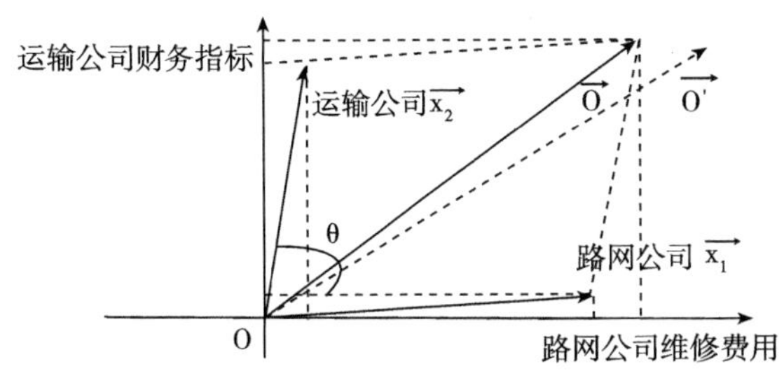

图 3　网运分离模式下的路网公司和运输公司的目标导向

资料来源：作者绘制。

图3 中，X 轴和 Y 轴分别表示路网公司的维修费用和运输公司的财务指标，向量$\overrightarrow{x_1}$、$\overrightarrow{x_2}$分别表示路网公司和铁路运输公司的努力程度和方向。铁路运输公司要开更多的列车，路网公司的维护成本要相应增加，如果路网公司不增加维护成本，行车事故概率就会增加，这种情况由向量$\vec{O}$表示。在这种情况下，网运分离的组织结构使得路网公司和运输公司之间存在较大夹角 θ，即二者之间存在较大的目标差异。路网公司和运输公司的努力主要为了达到各自的财务目标，忽略了相互之间的协同配合。在不增加行车事故概率的同时增加铁路行业的收入，即$\overrightarrow{O'}$的一种方式是，不改变组织结构的情况下增加路网公司和运输公司的投入，也就是不改变模型中的 θ 值，而$|\overrightarrow{O'}| < |\overrightarrow{x_1}| + |\overrightarrow{x_2}|$。可以看到，如果不改变组织结构，即使代理人努力程度增加，行业产出的值可能会增加，但所付出的成本和行业产出的方向或许并不是理想的。

（2）设立区域公司对代理人努力和行业总产出的影响。在不增加行车事故概率的同时增加铁路行业的收入，即$\overrightarrow{O'}$的另一种方式是，改变组织结构以提高路网公司和运输公司投入的协同效应，即使 θ 值为零，使$|\overrightarrow{O'}| = |\overrightarrow{x_1}| + |\overrightarrow{x_2}|$。也就是说，设立网运合一的区域公司后，区域公司按照自身发展目标，能够更有效地找到线路维护投入与增加运输收益之间最佳联系，公司自身把路网维修费用和运输财务指标二者内

部化了，使向量$\overrightarrow{x_1}$和$\overrightarrow{x_2}$之间的夹角θ实现了最小化。在改变行业组织结构的情况下，即使区域公司内路网维修和客货运输的努力不变，也能增加行业的总收入，同时实现路网维修和运输周转量之间的最优配置。在铁路运输行业层面，进行网运分离和设置区域公司两种组织结构对代理人的努力和组织产出的影响比较如表2所示。

表2 铁路运输行业网运分离和区域公司两种组织结构比较

组织结构（θ）	代理人努力（$\overrightarrow{x_i}$，$i=1，2$）		组织目标产出（$\overrightarrow{O}$）	
	程度	方向	数量	结构
网运分离	路网公司和运输公司分别按照最大化各自财务指标进行努力	与组织目标较远，目的是$\lvert x_{1X}\rvert$、$\lvert x_{2Y}\rvert$分别最大	$\lvert\overrightarrow{O}\rvert<\lvert\overrightarrow{x_1}\rvert+\lvert\overrightarrow{x_2}\rvert$	路网公司维修投入过低造成运输公司绩效受损
区域公司	区域公司按照协调路网维护投入和运输收入，达到二者最佳平衡进行努力	与组织目标较近，目的是$\lvert\overrightarrow{O}\rvert$最大	$\lvert\overrightarrow{O}\rvert=\lvert\overrightarrow{x_1}\rvert+\lvert\overrightarrow{x_2}\rvert$	不增加行车事故概率的同时增加组织产出

注：$\lvert x_{1X}\rvert$表示图3中代理人1路网公司的努力程度在X轴的投影，即路网公司在路网维修投入方面的费用；$\lvert x_{2Y}\rvert$表示图3中代理人2运输公司的努力程度在Y轴的投影，即运输公司的财务指标；$\lvert\overrightarrow{O}\rvert$在图3中表示“在不增加行车事故概率的同时增加铁路行业的收入”这一目标；$\lvert\overrightarrow{x_1}\rvert$和$\lvert\overrightarrow{x_2}\rvert$分别表示路网公司和运输公司的努力程度。

资料来源：作者整理。

（三）铁路运输企业组织结构：专业站段还是分公司

考虑组织结构的委托—代理模型同样能够为企业内部组织结构设计提供新视角。以铁路企业组织结构为例，铁路运输企业的一种组织结构是强调专业化管理，按照不同的专业分工设置站段，以站段为绩效考核对象。另一种组织结构是强调相互之间的协作和配合，在不同线路区段设置分公司，将其作为生产任务计量和考核对象，在分公司下设立工务、电务等专业工队，但各专业工队不是单独的绩效考核对象，各专业工队的绩效与分公司的绩效紧密相关。

（1）两种铁路运输企业组织结构对比分析。中国铁路（以下简称“国铁”）采用专业化管理的组织结构，目前在中国铁路总公司下按区域划分设18个铁路局、铁路局下按专业设不同站段。铁路站段和车站是基本的运输生产单元，每个站段通常有上千员工。铁路局担负全面完成运输生产和财务指标的责任，并对各个站段下达运输生产任务、进行监督和考核。这种组织结构的问题是，在中国铁路总公司以下没有对企业盈亏承担责任的主体，铁路局不是直接从市场获得收入，而是获得总公司的清算收入，铁路站段和车站的绩效则难以计量和考核。

具有创新精神的朔黄铁路公司则采用强调协作的生产组织结构，设置“公司—分公司”两层管理机构，不设专业站段，分公司内部的各专业工队仅是基础作业单元，而不是独立核算单位。不设专业站段并非不要专业化分工，各专业工队作为分公司的下属组织发挥专业站段的功能，但没有独立的经济利益，这可以有效地减少以往专业站段间的相互推诿扯皮现象，提高作业效率，降低运输生产中的故障率和检修时间。

（2）两种组织结构下代理人努力方向对比分析。铁路运输生产中有许多不同专业团队共同作业的结合部，如道岔、接触网维修，是各工种分工协作进行工作的典型区域，由多个不同专业站段负责维护，出现事故也不易分清责任。在结合部出现故障时，各专业站段首先考虑的是如何撇清自己的责任，往往相互推诿扯皮。朔黄铁路公司设分公司而不设专业站段，仅对各个专业工队所在的分公司进行考核，各专业工队没有独立于分公司的单位利益。例如，当道岔出现故障时，工务和电务专业工队会积极配合联合排查，而非找出有利于自己的证据推卸责任，联合作业水平和效率得到极大提高。分公司替代专业站段成为绩效考核的对象，这是以新的组织结构替代旧的组织结构以便减少计量和考核成本。

（3）两种组织结构下组织产出对比分析。铁路运输企业内部两种不同的组织结构会对组织产出，即企业运营效率产生重大影响。这是因为不同组织结构构建了不同的委托—代理关系，形成了不同的考核、激励机制和不同的行为指向。国铁的专业站段设有各自的人事、财务等科室，有独立的经济利益取向。在结合部维护作业中，贡献和责任难以计量，无法通过激励机制设计来解决委托—代理问题。这时通过重新进行组织结构设计，变更绩效计量和考核的主体，可以显著降低计量成本，特别重要的是能够改变代理人的行为指向。朔黄铁路不设站段、设立分公司的组织结构使不同的专业工队成为利益共同体，有效解决了委托—代理问题，提高了运输生产效率。

表 3 铁路运输企业设立专业站段和分公司两种组织结构比较

组织结构	代理人努力		组织产出
	方向	程度	
内部专业站段	完成专业站段考核指标，忽略专业协作	对于铁路结合部任务，几乎无法对专业站段努力进行单独衡量	监督、考核成本大；组织内耗较大；机构臃肿，组织产出低
分公司	专业工种密切协作，完成分公司任务	按任务整体衡量	监督、考核成本小；组织内耗很少；机构精简，组织产出高

资料来源：作者整理。

铁路运输企业内部设立专业站段和分公司两种组织结构对代理人努力方向和程度以及组织产出的影响比较如表 3 所示。组织结构重构是具有普遍性的问题。在市场和技术快速变化的环境中，所有的企业都要不断重新进行组织结构设计，以便在市场竞争中取得主动。这与生物进化过程中，那些机体功能结构能够适应环境变化的物种，才能在自然选择中获得生存空间一样。企业的基本功能是由研发、市场、销售、采购、制造、售后服务等不同专业团队承担的，如何提高投入要素发挥这些功能的效率，如何在不同区域整合各种专业活动，不仅涉及对专业团队的激励机制设计问题，而且涉及如何整合各专业团队，使他们发挥合力而不是相互掣肘，这需要组织结构设计。把组织结构作为内生变量的委托—代理模型，对此能够提供有益的启示。

四、结论与政策启示

传统的委托—代理理论考察简单组织结构中的委托—代理关系，但现代经济中更为常见的是具有职能分工和多层结构的复杂组织。在这些复杂组织中，由于代理人处于组织内的不同部门，代理人努力的程度和行为指向实质在很大程度上是由组织内的职能分工和部门设置内生决定的。组织结构对代理人努力的影响的外在表现是，由部门设置内生决定的激励机制和委托人的目标之间会发生冲突。同时组织结构设置决定的部门设置和职能分工也可能会造成代理人的行为信号难以评判。本文在 Holmstrom 和 Milgrom[8]模型的基础上，构建了考虑组织结构的委托—代理模型，该模型引入向量说明复杂组织中代理人的努力方向实质在相当大程度上已经由组织结构和部门设置本身决定。该模型假设有两个代理人，代表两个不同的部门设置，进而说明不考虑组织结构的激励机制设计难以实现委托人的目标。根据该模型的理论分析，本文提出了组织结构设计和部门设置的原则。结合该模型结论、组织结构设计原则和在该模型视角下对中国铁路运输组织结构的分析，本文提出以下政策启示：

（1）设立交通、国土、建设综合管理部门统筹协调交通运输、国土开发利用和城市建设的三项职能。在目前国家推进新型城镇化的形势下，交通项目建设运营与城镇化存在极为紧密的联系，而政府行政管理却是碎片化的。按目前的各部门职责分工，交通运输部的运输司负责指导城乡客运及有关设施的规划、运营管理工作，负责指导公共汽车、城市地铁和轨道交通运营等工作；但公共交通运营管理中存在的问题往往是前期规划不合理造成的，特别是城市轨道交通涉及规划、建设、运营、土地利用等多个方面。目前城市轨道交通规划由住房和城乡建设部主管，城市土地利用由国土资源部主管，城市轨道交通运营由交通运输部主管。政府行政管理碎片化导致干一件事要设法协调多个政府部门的政策规定，政出多门，相互干扰牵制，不利于推进集约型城镇化建设。简政放权虽然能够减少审批事项，但不能解决政策法规上相互掣肘、发展规划上不能相互协调的问题，因而需要继续深化大部门体制改革。考虑组织结构的委托—代理模型能够为日本和欧洲一些国家政府设立交通、国土、城市规划综合管理部门这种现象提供解释，同时也能为解决与交通运输相关的行政管理碎片化的问题提供思路[16,17]。目前国务院的组成部门仍有27个，与大多数市场经济国家的政府组成部门一般不超过18个相比，中国的大部门管理体制仍有继续深化改革的空间。设立综合管理交通、国土、建设的国务院管理部门，可以统筹交通运输、国土规划利用和城市发展建设的职能，实现不同交通运输方式之间的协调配合，同时也能协调交通发展与国土开发利用、城市建设发展之间的关系。

（2）在国土交通建设部下设立综合交通运输规划部门，统筹协调铁路、公路、民航和水运等交通运输方式的发展战略和规划。从铁路运输部门管理和协调层面看，国家管理部门设立大部制，统筹发展各种交通运输方式的综合发展，符合组织最优设置的原则。2013年中国实行交通运输的大部制改革，一个重要目标应当是从组织结构和部门设置上协调不同交通方式的关系，推动综合交通运输的发展。但这次交通运输的大部制改革与实现上述目标存在一定距离。虽然在名义上成立了统管各种交通方式的交通运输部，但原有的规划机构和人员都没有进行相应调整。从规划职能设定上看，国家发展和改革委员会综合各部门交通规划的传统模式并没有发生变化，而国家发改委能够协调的交通基础设施建设资金远低于交通运输部支配的车辆购置附加费。本次交通运输的大部制改革没有触动过去的规划模式和政策法规制订模式，没有实现应有的改革目标。中国交通运输管理大部制，不仅要从形式上进行组织结构设计，更要从内部职能分工和部门设置上进行实质的组织结构设计。大部制需要在职能设定、规划模式和人员组织上进行组织结构的整合。在执行综合职能的国土交通建设部下，应设立专门的综合交通运输规划部门，从国家发展战略和国民经济发展的高度，综合协调考虑铁路、公路、民航、水运等交通方式的综合交通运输发展战略、中长期规划以及专项规划建议，改变不同运输方式各自进行需求预测、编制规划、忽略综合交通发展战略的现状。

（3）从铁路运输行业层面看，网运分离不利于协同代理人的努力。

网运分离会造成路网公司和运输公司具有较大的目标差异，而按照货流和车流的运行规律，设立区域公司，可以避免网运分离造成的效率损失，有利于建立公司之间的市场交易关系。实际上，世界各国铁路都不存在完全的网运分离模式，至少要通过国家财政补贴或其他方式降低路网公司对自身财务指标的关注，例如法国[18]，即路网公司不是真正意义上独立运营的企业。即使实施“网运分离”组织结构，会在组织内部通过职务和人员安排，保证路网公司和运输公司能够协同发展。德国铁路尽管也实施了“网运分离”，但实际上是德铁内部的“网运分离”，路网公司与运输公司有着紧密的联系。德铁负责路网和负责运输的两个公司的紧密合作关系是由一个统一的董事会，以及两个公司的董事会主席和首席财务官是同样两个人来保证的。[19]这有助于两个公司实现持续的协同。这种安排保证了路网和运输两个公司的目标在组织内部得到协调，在两个公司相对独立运作的基础上，提高负责路网业务的公司和负责运输业务的公司之间的协同程度，使组织结构变量，即夹角 θ 尽可能地小，从而保证路网公司不因追求自己的财务指标而降低对路网的维护水平。

（4）铁路运输企业组织适宜采用按铁路运输线路及周转量设立分公司的方式，在分公司下组建非单独核算的专业工队。目前按专业站段进行铁路公司内部组织结构的设置，不可避免地产生组织臃肿、职能交叉等问题，进而在需要不同专业站段合作的任务中，例如铁路结合部维修任务，出现监督考核成本高、难以确定代理人努力的情况，造成效率低下或效率损失。按照“公司—分公司—专业工队”的组织结构进行铁路运输企业的内部组织，可以避免上述问题。公司对分公司的生产、维修任务整体进行考核，而并非对单个专业工队进行监督、考核；各个专业工队合作对一项任务整体负责，而并非仅注重各自工种所承担的分项任务。这种组织结构决定的考核目标和激励机制使得代理人努力方向与组织目标方向相一致，同时保证在代理人努力程度确定的情况下，最大化组织产出。

参考文献

[1] Williamson O. E. The Economic Institutions of Capitalism: Firms, Markets, Relational Contracting [M]. New York: Free Press, 1985.

[2] Hart, Oliver. An Economist's Perspective on the Theory of the Firm [J]. Columbia Law Review, 1989, 89(7): 1757 – 74.

[3] Eisenhardt, Kathleen M. Agency Theory: An Assessment and Review [J]. The Academy of Management Review, 1989, 14(1): 57 – 74.

[4] Itoh, Hideshi. Incentives to Help in Multi – Agent Situations. Econometrica, 1991, 59(3): 611 – 36.

[5] Jensen, Michael C. and Kevin J. Murphy. Performance Pay and Top – Management Incentives [J]. Journal of Political Economy, 1990, 98 (2): 225 – 64.

[6] Barcena – Rui, Juan C. and Maria Paz Espinosa. Should Multiproduct Firms Provide Divisional or Corporate Incentives? [J]. International Journal of Industrial Organization, 1999, 17 (5): 751 – 764.

[7] Stigler, George J. The Division of Labor is Limited by the Extent of the Market [J]. The Journal of Political Economy, 1951, 59(3): 185 – 193.

[8] Holmstrom, Bengt and Paul Milgrom. Multitask Principal – Agent Analyses: Incentive Contracts, Asset Ownership, and Job Design [J]. Journal of Law, Economics, and Organization, 1991, 7(Special Issue): 24 – 52.

[9] Holmstrom, Bengt. Moral Hazard and Observability [J]. The Bell Journal of Economics, 1979, 10(1): 74 – 91.

[10] Holmstrom, Bengt. Moral Hazard in Teams [J]. The Bell Journal of Economics, 1982, 13(2): 324 – 340.

[11] Eisenhardt, Kathleen M. Agency Theory: An Assessment and Review [J]. The Academy of Management Review, 1989, 14(1): 57 – 74.

[12] Coase, Ronald H. The Nature of the Firm [J]. Economica. 1937, 4 (16): 386 – 405.

[13] Alchian, Armen A. and Harold Demsetz. Production, Information Costs, and Economic Organization [J]. The American Economic Review, 1972,65(5): 777 -795.

[14] 赵坚. 中国铁路重组的企业边界问题分析[J]. 中国工业经济, 2005(1):63 -70.

[15] 赵坚,汤浒,崔莎娜. 我国铁路重组为三大区域铁路公司的设想[J]. 综合运输,2012(7):28 -32.

[16] 赵坚. 交通大部制构想[J]. 中国改革,2012(5):65 -66.

[17] 赵坚,陈和. 设立国土、交通、建设综合管理体制的思考[J]. 综合运输,2006(1):22 -26.

[18] SNCF. SNCF Financial Report 2012 [EB/OL]. http://www. sncf. com/ressources/reports/sncf _ group. fy2012 _ financial _ report _ 02. 18. 2013. pdf / 2013 -02 -18.

[19] Deutsche Bahn. Deutsche Bahn 2008 Annual Report[EB/OL]. http://www1. deutschebahn. com/ecm2 - db - en/ir/financial_reports/archive_function/1502952/ar2008. html / 2011 -07 -21.

中铁总公司进行土地综合开发的体制障碍分析

原载《中国铁路》，2014 年第 5 期，题为“铁路土地综合开发的相关问题分析及建议”，发表时有删节

2013 年 8 月发布的《国务院关于改革铁路投融资体制加快推进铁路建设的意见》提出，“加大力度盘活铁路用地资源，鼓励土地综合开发利用。支持铁路车站及线路用地综合开发”。“按照土地利用总体规划和城市规划统筹安排铁路车站及线路周边用地，适度提高开发建设强度。创新节地技术，鼓励对现有铁路建设用地的地上、地下空间进行综合开发”。国务院的这些要求为中国铁路总公司进行土地综合开发，参与新型城镇化建设提供了政策支持。

在继续进行铁路货运改革的同时，2014 年中国铁路总公司开始把土地综合开发作为铁路投融资体制改革的关键，力争在土地综合经营开发方面取得突破性进展。这无疑是中国铁路进行市场化改革的重大步骤，并将对我国的新型城镇化建设产生深远影响，但同时也面临着多方面的体制障碍和诸多挑战。国铁进行土地综合开发势必触及多方面的利益调整，需要中央政府推动在城市规划体制、国土管理、行政区划、城市轨道交通补贴方式等多个领域的改革，同时需要国铁自身的深化改革，才能把轨道交通导向的土地综合开发落到实处。

一、进行土地综合开发利用、主动参与城镇化进程是铁路走向市场的必然选择

铁路具有显著的外部经济，这在城市土地开发利用上表现得尤为明

显。城市的存在和城市规模的扩大是因为城市具有集聚经济的功能，可以提高资源配置效率，但集聚必然导致交通拥堵，高水平的集聚经济必须由强大的轨道交通网络来支撑。轨道交通具有运量大、速度快、相对自成体系的特点，能够节约出行时间，提高城市不同地点的可达性，因而能够显著提高轨道交通车站周边及沿线的土地价值。经常看到的现象是，轨道交通修到哪里，轨道交通车站周边的土地价格就大幅上涨。房地产开发企业事先获得轨道交通发展规划的有关信息，并在轨道交通车站周边获得土地开发权就能获得巨大的经济利益。

在铁路实行政企合一的管理体制情况下，中国铁路在客运市场的职能定位是负责跨省长途旅客运输，较少关注能否获得轨道交通带来的土地升值利益。最突出的表现是，在大规模高铁建设中，高铁车站只有单一的通过功能，商业开发的面积极为有限，车站周边的土地没有进行高密度综合开发，造成了大量利益流失。在最近 10 多年我国城镇化高速发展过程中，中国铁路由于管理体制改革的滞后没能抓住进行土地综合开发的机遇。实行政企分开的市场化改革后，中国铁路必然要高度关注经济效益，必然要在轨道交通车站周边进行土地综合开发，尽可能地获取轨道交通带来的土地升值利益，使外部经济内部化。

铁路企业进行土地综合开发利用，使轨道交通产生的外部经济内部化，不仅可以获得铁路发展资金，缓解融资困难，缓解自身运营资金紧张的问题，更重要的是，在轨道交通车站周边和在轨道交通沿线进行高密度土地综合开发，可以引导人口和经济活动围绕轨道交通实现高度集聚，实现城市土地的高效集约利用，有助于使轨道交通成为城市交通的骨干，从而降低城市私人小汽车的保有和出行比重，降低石油资源的对外依存度，因而对城市可持续发展推进我国新型城镇化建设具有重大战略意义。

铁路企业进行土地综合开发有两种类型。一种是依托铁路客运网络在铁路车站进行综合开发，比较典型的是香港地铁公司按照 TOD 理念采用“轨道 + 物业”模式，在东涌、九龙、康城、青衣等车站周边进行的高强度开发；日本国铁在民营化以后，更加以经济效益为经营导向，高度重视在铁路车站周边进行的大规模物业开发，东日本、中日本、西日本铁路公司分别在其各自管理的东京车站、名古屋车站、大阪车站进行“车站城市”建设。最前沿的开发理念是东日本铁路公司提出的“车站改变城市，车站成为城市”的土地综合开发理念。东日本铁路公司在山手线的东京站进行大规模的“车站城市”综合体建设，这一开发建设目前仍在继续。

另一种类型是在大城市附近开发建设新的城镇，同时建设连接主城区的通勤铁路，创新出大城市群内“房地产开发 + 通勤铁路 + 车站城市”的发展模式，这一模式在用通勤铁路疏解城市功能的同时，在轨道交通车站周边提供大量工作岗位，使大城市群获得更多的集聚经济利益。比较典型的是东急电铁公司规划设计并开发建设的多摩田园都市。多摩田园都市位于东京都东南部神奈川县约 50 平方公里的区域，该处原来是丘陵带，1950 年代初该地区的农户和居民只有 2 万多人。东急电铁公司同时也是房地产开发公司，该公司提出了建设花园城市和通勤铁路的设想，并修建了 31.5 公里的田园都市通勤铁路，连接到东京山手线上的涩谷车站，1977 年多摩田园都市线开通运营。多摩田园都市是沿田园都市线两侧开发建设的，与涩谷车站的平均距离约 20 公里。经过 50 多年的开发建设，多摩田园都市的人口已经达 60 万，很多居民每天乘东急铁路公司的田园都市线到东京上班，该地区的人均纳税额是日本平均水平的 1.5 倍。涩谷车站也由此成为东京都的一个副都心。目前东急电铁公司正联合其他企业在涩谷车站做进一步高强度综合开发，进一步扩大涩谷“车站城市”的规模。1998 年，多摩田园都市项目获得日本建筑学会颁发的新城建设优秀奖。与此同时，东急也成为日本最成功的财团之一。2011 年度东急集团的营业总收入为 10942 亿日元，其中来自交通运输、房地产、商业及其他的利润分别为 183 亿、224 亿、157 亿日元。

但我国铁路企业采用这两种土地综合开发模式则在不同程度上要面

临城市规划、土地出让规则、行政区划、轨道交通票价补贴方式等多方面的障碍。

二、铁路企业进行土地综合开发面临的体制障碍

铁路企业参与城镇化进程，实现轨道交通导向型土地综合开发，对促进土地集约利用，重塑城市空间结构，推进新型城镇化建设具有不可替代的作用，但也面临着城市规划、国土资源管理、行政区划、轨道交通票价补贴方式等多方面的障碍。

（一）铁路企业进行土地综合开发首先会遇到城市规划方面的障碍

城市总体规划和控制性详细规划已经规定了哪里的土地可以进行综合开发，可以开发的强度是多少，规定了铁路车站和沿线的土地是否可以进行高强度开发。我国城市总体规划的规划期限为 20 年，控制性详细规划要求做到全覆盖。现行城市规划不可能事先对铁路企业进行土地综合开发做出安排，因此需要对城市规划进行修编，这需要进行多方面的协调，并涉及多种利益关系的调整。

现行城市规划通常以行政区划为规划范围，假设道路交通为城市的主要交通方式，首先进行城市的整体规划和分区规划，然后才进行交通规划，交通规划服从于城市规划。对于以道路交通为骨干的城市来说，这种规划方法和规划流程或许有一定的可行性。但现行规划方法和规划流程不适应以轨道交通为导向的土地综合开发。这是由轨道交通自身特性以及轨道交通与土地利用的相互关系决定的。轨道交通与城市道路交通对线位和站点位置以及周边土地利用的要求有显著差别。城市道路交通的功能主要是保证城市各部分的可达性，对沿线的土地利用没有特殊的要求。而轨道交通具有大运量的特点，在轨道交通站点周边必须进行土地高强度开发，才能为轨道交通集聚足够的客流，才能分摊轨道交通建设的高额费用，实现轨道交通的可持续发展。而现行的城市规划对容积率的基本规范不容许在轨道交通车站进行高强度开发。例如，现行城市规划中规定的轨道交通车站及周边建筑的容积率一般为 2 左右甚至更

低，但容积率在10以上，进行土地综合开发才有较大的利润空间。因此城市规划的容积率规定可能成为铁路企业进行土地综合开发不可逾越的障碍。

（二）铁路进行土地综合开发目前还不能突破现行土地出让规则，存在获取开发用土地的障碍

为防止土地出让中的腐败行为和土地增值利益的流失，国土管理部门规定土地商业开发必须采用招标拍卖挂牌方式。铁路现有用地属于交通用地，改变用地性质进行商业开发必须进行招拍挂。铁路车站上盖物业，上盖部分属于商业开发，也必须进行招拍挂。铁路企业获得路外土地进行综合开发更必须走招拍挂程序。按照招拍挂程序，商业开发用土地是出价高者得，铁路企业要与资金实力雄厚的房地产商竞价。土地出让金是地方财政的重要收入来源，对于国铁进行土地综合开发可能获得的土地增值收入，地方政府不存在低价赠予的动因。因此，即使铁路企业想获取铁路的外部经济产生的土地增值收益，在现行土地管理制度以及地方政府自身利益的驱动下，铁路企业能够获得多少土地综合开发利益，是需要进行审慎评估的。

（三）铁路企业进行土地综合开发在行政区划及与地方政府分享开发利益方面的障碍

铁路企业的土地综合开发总是在地方政府管理的区域内进行的，如何与地方政府分享土地开发增值利益面临多方面的困难。地方政府很早就认识到，轨道交通建设能够大幅提高铁路车站周边的土地价值，并已经先期进行轨道车站周边土地的综合开发利用。例如，广东省政府在2012年就下发了《关于第一批珠三角城际轨道站场TOD综合开发规划的批复》，批准鼎湖站、三水站、珠海北站、银盏站、虎门商贸城站、新塘站6个轨道站场试点TOD开发模式，建设城轨车站“城市综合体”。这意味着实行“公共交通导向”的开发模式，推进城轨站场周边土地的综合开发利用，已经从规划进入实操阶段。城市轨道交通的建设与运营主要由当地政府负责，当地政府掌握着开发利用最有价值的城市轨道交通车站周边土地的主动权，国铁几乎没有进入这些车站周边土地综合开发的机会。

在国铁与城市公共交通衔接的铁路车站周边，国铁有进行土地综合开发的机会。国铁与城市轨道交通衔接车站周边的土地具有巨大开发价值，国铁（包括高铁）如何与城市轨道交通、公共交通实现更紧密的互联互通，共同对车站周边的土地进行高强度综合开发，如何实现开发利益共享是铁路企业面临的挑战，同时也是机遇。

留给中国铁路总公司进行土地综合开发的最大机遇，是利用国铁和地方企业的铁路专用线改造成通勤铁路，或新建通勤铁路，在离中心城区 1 小时通勤圈内进行土地综合开发。“房地产开发 + 通勤铁路 + 车站城市”的市场机会主要在特大城市和一些大城市。铁路开发这一市场可以盘活铁路专用线资产，通过运营通勤铁路可以分流一部分铁路员工，通过参与房地产开发可以获得经济收益；对所在城市来说，在通勤铁路沿线车站周边进行房地产开发可以降低中心城区房价，改变人口空间分布，缓解城市交通拥堵。但这种土地综合开发模式面临的主要问题是，城市政府的行政管辖区域一般比较小，营业里程 30 公里左右的通勤铁路就会跨越城市行政管辖区域，这涉及协调两个地方政府利益关系的复杂问题。例如，中国铁路要在河北燕郊、廊坊、固安修建与北京地铁 10 号线相连接的通勤铁路，在轨道交通车站周边进行土地综合开发，在通勤铁路与 10 号线衔接处进行车站城市建设，将遇到难以逾越的障碍。

（四）城市轨道交通的财政补贴方式也会成为中国铁路进行土地综合开发的障碍

由于国铁进行土地综合开发的市场机会大都在距离中心城区较远的地区，提供通勤铁路服务，才能使开发的房地产项目具有较高的商业价值。由此产生两方面的问题：首先，当地政府在城市规划和土地利用上是否允许在距主城区较远地块进行新的开发项目，是否允许建设通勤铁路，是否能够在通勤铁路车站周边安排高密度开发的房地产项目，这决定了通勤铁路是否有足够的客流来实现盈亏平衡。其次，通勤铁路运营是否能得到政府财政补贴，这不仅影响通勤铁路服务能否实现盈亏平衡，而且决定了通勤铁路沿线的房地产项目是否具有开发价值，如果通勤成本过高将大幅降低沿线房地产项目本身的价值。

我国城市轨道交通普遍采用由当地政府财政补贴市属轨道交通企业的方式，即补贴生产者而不是补贴消费者的模式。由此构成了对国铁和社会资本进入城市轨道交通市场的行政壁垒，这是行政垄断的一种特殊表现形式，即只有那些能获得当地政府财政补贴的企业才能存活，而没能获得财政补贴的外来者不能进入城市轨道的建设和运营。

这方面的一个典型案例是北京的市郊 S2 线。市郊铁路 S2 线是原铁道部和北京市政府共同投资、改造京包线北京段和原地方铁路康延支线并新建康延联络线后形成的由北京北站到延庆的快速客运通道，全长 77 公里。2008 年 8 月由北京铁路局开通运营，开行“和谐长城号”内燃动车组，7 节车厢编组，全程约需 1 小时 36 分钟，票价 23 元。因为票价高，客座利用率很低，列车几乎成了来回“搬运空椅子”，有时一趟列车也就 10 多名乘客。2011 年 7 月北京市政府为方便市民出行和到八达岭旅游，采用政府购买服务方式进行补贴，全程最高票价由 23 元下调为 6 元，乘客人数有较大增长。由于市郊 S2 线的车站周边和沿线没有进行土地综合开发，乘客主要是到八达岭的游客，目前平日每天开行 7 对列车，周末有加开列车。市郊 S2 线运营实践说明：第一，如果不进行沿线房地产开发使市郊铁路成为通勤铁路，就不可能创造出足够大的客流；第二，按照目前城市轨道交通的补贴方式，没有地方政府的财政补贴，通勤铁路将严重亏损。

三、铁路企业开展土地综合开发需要进行组织架构调整和能力建设

铁路企业进行土地综合开发不仅面临许多外部体制上的障碍，在中国铁路总公司内部体制上也存在诸多不适应。进行轨道交通车站周边及

沿线土地的综合开发不是简单的圈地卖楼花，捞到钱就走路，而是一个长期的持续开发经营过程。那么，谁是对土地进行长期持续综合开发的市场主体？中国铁路总公司管理着 18 个铁路局，面向全国，不可能成为对某一城市群内土地综合开发负责的市场主体。每个铁路局虽然运营几千公里甚至上万公里的铁路，但不是真正的市场主体，也不可能成为运营几十公里的通勤铁路，并对通勤铁路车站周边土地进行持续综合开发的市场主体。因此，中国铁路必须在铁路局内组建新的负责对土地进行持续综合开发经营的不动产公司。这些土地综合开发子公司要成为真正的市场主体，直接与地方政府的规划、国土管理、财政税收、交通管理等多个部门打交道，直接与房地产开发商竞争及协商合作方式，直接与银行等各类企业开展相关业务。那么，如何界定这些土地综合开发子公司的责权利，如何界定其资产，如何界定这些土地综合开发子公司与铁路局、中国铁路总公司的关系，就是必须解决的问题，因此中国铁路总公司内部需要进行组织架构的调整和责权利的界定。

从宏观经济走势看，对目前房地产行业的市场风险需要保持警惕，中国铁路总公司选择进入哪些城市的土地综合开发市场需持谨慎态度。过去 10 多年，我国走的是平均粗放的城镇化道路，土地的城镇化快于人口的城镇化，很多三、四线城市包括一些二线城市出现了大量空置楼盘，房价已经出现下跌趋势，房地产的市场风险、金融风险已经凸显。在这种形势下铁路企业进行综合土地开发，更要注意风险防控。目前铁路企业进行土地综合开发的市场机会主要在北京、上海、广州、深圳等房价高的一线城市周边地区。

中国铁路总公司进入土地综合开发市场面临的另一严峻挑战是缺乏土地综合开发利用的知识和经验。进行房地产和商业地产开发，存在市场风险和金融风险，需要有专业知识。铁路企业需要善于学习、吸引人才、不断积累知识，需要善于与房地产开发企业进行合作，在土地综合开发实践中不断进行能力建设。

另外，进行土地综合开发要进行大资金投入，在招拍挂阶段要通过竞价获得土地开发权。2013 年中铁总的资产负债率已经达到 63%，还本付息压力大，运营资金极为紧张，国家如果不承担中铁总公司的大部分债务，由铁路企业自己筹集进行土地综合开发的资金无疑面临很大困难。

综合以上分析，中国铁路总公司进入土地综合开发市场不仅面临外部障碍，还面临内部的诸多障碍，需要在深化内部改革的同时推动外部改革，才能把轨道交通导向的土地综合开发落到实处。

青藏铁路在维护国家统一和地缘政治中的作用

原载《中国铁路》，2016 年第 6 期

［**摘要**］青藏铁路在维护国家统一，加强西藏与祖国内地经济文化联系、各民族相互交往上发挥了重大作用，并对南亚的地缘政治格局产生深远影响，对捍卫国家主权、巩固国家安全已经并将继续发挥极其重要的作用。本文从历史和国际比较的视角进行论证。

［**关键词**］青藏铁路；国家统一；钢铁纽带；地域政治

举世瞩目世界上海拔最高的高原铁路——青藏铁路至今已连续安全运营 10 年。这条铁路改变了西藏不通铁路的历史，从此一条钢铁纽带把西藏与祖国内地紧紧联系在一起。这条铁路对促进西藏经济社会发展和维护国家统一发挥了重大作用，并影响着南亚乃至整个亚洲的地缘政治格局。

一、铁路在国家统一中的作用

交通网络的连通是国家统一的重要基石，历史上依靠畜力的道路交通构成最早的交通网络。早在 2000 多年前，秦始皇统一六国，结束了 500 年诸国林立群雄纷争战乱不断的春秋战国时代，建立了中国历史上第一个真正意义上统一的中央集权国家。秦始皇统一全国后的第二年（前 220 年），就下令修筑以咸阳为中心通往全国各地的驰道和直道。秦始皇修驰道距今已有 2000 多年，是人类历史上最早的“高速公路”。比世界最早的现代意义上的高速公路——德国波恩至科隆的高速公路

（建于 1932 年）早 2144 年，比著名的罗马大道更宽更长，古罗马大道建于公元前 100 年至公元后 400 年之间，有“条条大路通罗马”之说，但是罗马大道是由许多条道路连接起来的，每条道路最长也不过 100 多公里，最宽不过 30 米，而且前后修建四五百年之久。据司马迁《史记》记载，秦直道全长“千八百里”。《汉书 · 贾山传》说：“（秦）为驰道于天下，东穷燕齐，南极吴楚，江湖之上，濒海之观毕至。道广五十步，三丈而树，厚筑其外，隐以金椎，树以青松。”秦 1 步为 6 尺，秦 1 尺约 23 厘米，50 步大约为 69 米左右。驰道的修建大大加强了秦始皇对统一后中国的有效控制，同时又为发展经济，加强不同地区间人民的交流发挥了十分重要的作用。秦始皇实行的“书同文，车同轨”，为 2000 多年中华民族始终是一个统一国家奠定了重要基础。

中国曾经在依靠畜力的道路网建设上走在世界前列，但随着科学和交通技术的进步，特别是以蒸汽机为代表的第一次工业革命，铁路成为交通运输的骨干，欧美各国开始了大规模的铁路网建设，中国则远远地落在后面。19 世纪是铁路时代，铁路网的建设在国家统一中发挥了重大作用。如果说 19 世纪建设的太平洋铁路和西伯利亚大铁路把美国和俄罗斯的东西两部分用钢铁纽带紧密联系起来，那么 19 世纪形成的铁路网则促成了德国国家的统一。德国的历史学家们普遍认为铁路最先标志了国家迈向统一的步伐。德国作家维廉 · 拉贝写道：“德意志帝国是伴随着第一条铁路建成诞生的。”

19 世纪中欧散布着众多说德语的 300 多个邦国，受神圣罗马帝国统治，该帝国灭亡后又形成了奥地利为首的松散的德意志邦联（1806—1866 年），该松散的邦联是德意志各邦国王公贵族不断争夺德意志领导权的政治舞台。这个舞台上的两大主角是奥地利和普鲁士。近代的民族主义思想的出现，对欧洲社会政治生态中的王朝和专制体制发起了挑战，为统一德意志提供了思想基础。普鲁士和奥地利都有着统一德意志的雄心，普鲁士提出了将奥地利排除在外的小德意志统一方案，奥地利提出了包含奥地利的大德意志统一方案。

对德意志统一起到关键作用的是铁路和关税同盟，德国经济学家弗里德里希·李斯特形象地将铁路和关税同盟比作一对双胞胎，借此强调两者紧密的关联，二者相互促进对实现德国统一发挥了重要作用。1818年普鲁士发起的德意志关税同盟，逐步扩展至德意志邦联中的其他各邦国，关税同盟有助于消除各邦国之间的贸易保护壁垒，不断扩展的铁路网络大幅度降低了运输成本，使各邦国间的商贸往来和旅行变得便捷，加强了中欧说德语民众之间的沟通和交流。

当铁路使出行变得方便、快速和廉价，各地的德国人发觉，他们不仅语言相同，而且在其他许多方面也都是统一的。人们发现在不同地方的德国人都在讲述着白雪公主、灰姑娘等相同的民间故事，格林兄弟把从德国各地乡间巷里收集的这些民间故事编成享誉全球的《格林童话》。德国诗人法勒斯雷本的诗词中不仅表明了德国人语言上的统一，更表达了德国在国土也应统一的观点，他的诗句成为德国国歌《德意志之歌》，诗词呼唤德国国家统一和对德国人民统一民族性的认知。

1841 年德国经济学家李斯特曾这样阐释铁路在国家统一中的作用："铁路提升国家之魂，因为铁路可以消除由相互隔绝、地方偏狭自负产生的隔阂。铁路是把国民结合在一起的纽带，铁路促进食物和商品交换，使他们感觉同为一体。铁路同时成为神经系统，一方面它加强了公众的声音，另一方面它增强了实现政府目标和治理的能力"。下面的 3 张不同年代的德国铁路路网图表明，铁路网的扩展构建起统一数百个邦国成为一个德国的基石。

1840 年运送 1 吨物资每公里要价 18 芬尼，而到了 1870 年就只需要 5 芬尼了。铁路带来的效应可谓立竿见影，原材料可以由铁路直接往返鲁尔河谷上下游，铁路带动了商品的需求，激发途经地区的经济活力。1840 年的内陆货运量方面，水路是铁路的三倍多；而在 1870 年情况彻底逆转，铁路承担了水路四倍多的货运量。与此同时，铁路也改变了城市风貌、人们的旅行方式，甚至影响到了社会秩序。到 1865 年，绝大多数的人口聚居地、制造业和生产中心都已连入铁路网络。德国铁路在

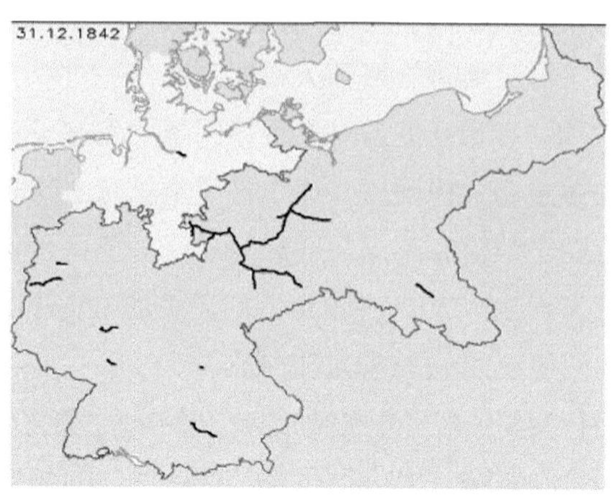

图 1　1842 年德国铁路里程约为 1000 公里

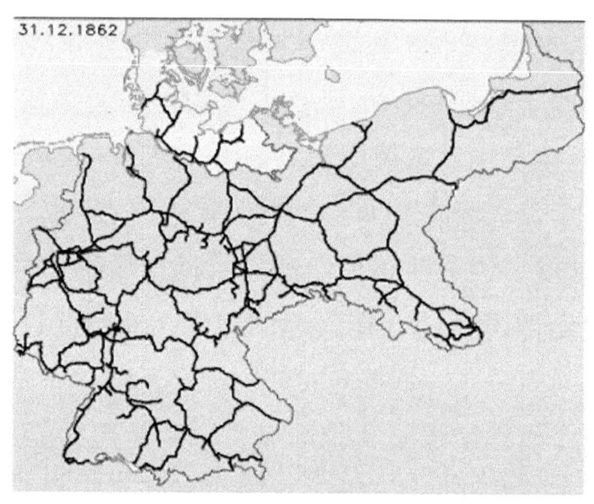

图 2　1862 年德国铁路里程约为 1.2 万公里

1840—1870 年间的快速发展，奠定了德国在 1870 年实现国家统一的一个重要基石。

发达的铁路网还在 1866 年的普奥战争中发挥了重要的作用。普鲁士军队总参谋长毛奇认识到铁路运送军队的速度比 50 多年前拿破仑率领的军队的行进速度快 10 倍，1 列火车的运输能力则等于 1000 辆马拉货车。当时普鲁士王国有 5 条铁路通往奥地利帝国在波希米亚（今属捷

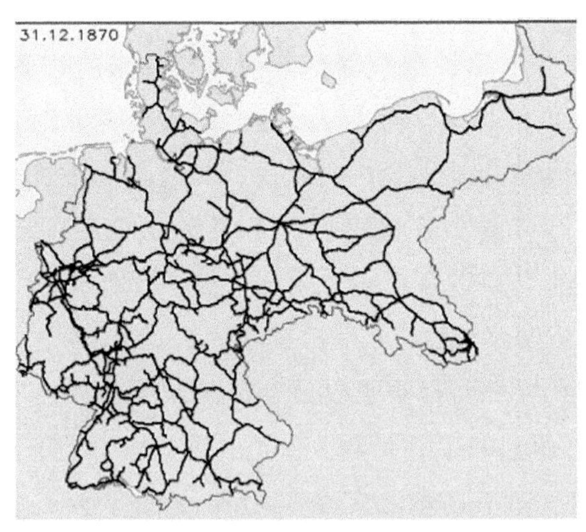

图3　1870 年德国铁路里程约为 2.2 万公里

资料来源：德国铁路网（Animated map of railway lines in Germany 1835—1885）。

克）的国境线，而奥地利只有一条铁路从首都维也纳通往波希米亚。普鲁士军队利用铁路进行快速战略机动，仅用 7 周时间就取得了战争胜利，奥地利被迫放弃在德意志的领导权，由普鲁士王国主导的北德意志邦联成立。普鲁士又在 1870 年的普法战争中打败法国，1871 年 1 月在法国的凡尔赛宫，德意志各邦国的皇室聚集一堂宣布德意志帝国成立，德国在政治和行政层面上实现了国家统一。

中国的铁路网建设比欧美落后了一个世纪，而把铁路延伸到西藏的梦想则到 2006 年才实现。民国初年，孙中山先生认识到铁路在维护国家统一中的重要作用。面对英国数次策动西藏“独立”，孙中山认识到西藏边患危机的重要原因是交通不畅之故，他提出若中国“坐失时机……致英国握西藏、四川路权，日、法、德、奥随之，倡利益均沾之说，中国将何辞以拒，故中国能自营铁路，中国可以保存；中国不能自营铁路，中国必至瓜分”。孙中山在 1917—1919 年撰写的《实业计划》中，提出中国应建设一套包含“高原铁路系统”的完整路网体系，其中的“高原铁路系统”就包括青藏铁路、川藏铁路、滇藏铁路等三条入藏铁路。

1927 年川康边防总指挥刘文辉在经略川康时发现，“边地人民与内地人民，虽不像从前那种深蔽固拒老死不相往来的样子，但因语言不通、习惯不同，彼此接触多感不便。接触的机会既少，边地人民对于内地情形，自不免隔朦起来；而内地人民，对之亦至有如秦越，不能取得互助之益。”因此，刘文辉感叹“这不但是边地不幸，也是内地的不幸”。1928 年刘文辉以进藏交通“艰涩十倍于内地”为由向蒋介石建议“筹设成康、康藏两路铁道”。

1940 年时任国民政府蒙藏委员会委员长吴忠信前往履行公务时，发现“英人经营西藏的工具”时，叹道：“吾国入藏交通，仍持羊肠古道，顾商旅绝迹。现有西藏之交通与经济，既握于英人之手，藏人自不愿疏远英人。”所以，吴忠信希望中央加强与西藏的关系，恢复“故有感情”，“一面需积极发展交通，或可挽回颓势也”。吴忠信的担忧绝非偶然，如果英印与西藏的交通联系比内地更为便捷，西藏与印度的人员往来多于内地，西藏就会与内地日渐疏远，势必侵蚀国家统一的基础。

从孙中山提出高原铁路系统，再到刘文辉、吴忠信提出修建进藏铁路，期望依靠进藏铁路加强西藏与内地的经济文化联系，增加西藏与内地的交往，增强民族团结与融合，维护国家统一，就成为先驱者们的世纪梦想。但青藏高原严酷脆弱、高寒缺氧的自然环境，使得这条世界上海拔最高的铁路被视为不可能完成的工程。1950 年代和 1970 年代铁道部曾两次开始青藏铁路建设工程，但由于国家的经济实力不足，以及冻土、缺氧、生态环境保护的“三大难题”没有解决，只完成了西宁到格尔木的铁路建设，直到 21 世纪初向世界铁路史上最具挑战性的、翻越青藏高原的宏伟铁路工程才动工建设。2006 年 7 月青藏铁路铸造的钢铁纽带把西藏与祖国内地紧密地联系在一起，那些破坏祖国统一、妄图西藏独立的幻想从此失去了最重要的基石。

二、铁路是把国家凝聚起来的纽带

铁路是把国家凝聚起来的纽带，对于大国更是如此。在这个意义上，青藏铁路对于中国，与横贯北美的太平洋铁路对于美国、横贯欧亚的西伯利亚大铁路对于俄罗斯，具有同样重要的意义。

第一条横贯北美大陆的太平洋铁路 1863 年动工，1869 年建成，费时 6 年，全长 3069 公里。太平洋铁路被英国 BBC 评为自工业革命以来世界七大工业奇迹之一。19 世纪 30 年代，美国就有人提议修建横贯大陆铁路，但直到 1845 年阿萨·惠特尼提出了修建横贯大陆铁路计划，并把它提交国会讨论时，横贯大陆铁路的建设才逐渐成为一个引起全国重视的问题。惠特尼是纽约的一位商人，1842—1844 年在中国经商。惠特尼意识到人口众多、幅员广大的中国是美国的理想市场和原料来源地，同中国开展贸易的好处显而易见。当时美国的经济中心在纽约等东部地区，到中国的货物需要绕行巴拿马运河，不利于美国与中国的贸易往来。这促使惠特尼提出了建设横贯北美的铁路经太平洋连接中国和东亚的通道，由于联邦政府没有资金进行铁路建设，他建议国会用铁路两侧约 360 万平方公里的土地来筹集建设资金。但美国国会在对应否把大量土地赠予私人资本来修建横贯大陆铁路的问题上存在争论，国会没有批准该计划。

1846—1848 年美国通过墨西哥战争获得了加利福尼亚等大片墨西哥领土，1849 年加利福尼亚出现了淘金热潮，移民蜂拥而至，太平洋沿岸人口增加，经济繁荣，加之政治和军事的需要，国会和民众都意识到建设横贯大陆铁路的重要性。林肯当选美国总统后，南部 11 个州退出联邦，加利福尼亚议会也曾召开会议，讨论是否要脱离联邦，1861 年美国爆发南北战争。加利福尼亚地处美国的西海岸，由于交通不便，联邦政府无法与它保持畅通无阻的联系，联邦政府一直担心它会发展成为一个独立的政治实体从联邦中脱离出去。如果美国西海岸的领土主权受到威胁，从美国东海岸到加利福尼亚经海路需要一个月的时间，而修建了横贯大陆的太平洋铁路，美国的军事力量不到一个星期就可以投送到加利福尼亚。

美国南北战争的爆发使长期争论的横贯大陆铁路计划在国会获得了大多数议员的支持。为了联邦的统一，为把从大西洋到太平洋的领土紧密联系在一起，1862 年国会通过了《太平洋铁路法案》，决定通过赠予土地和直接贷款给私人资本来建设这一浩大工程，并于当年开工建设。横贯北美大陆的太平洋铁路成为把美国西部各州与东部连接起来的钢铁纽带，这条铁路为美国的经济发展做出了巨大的贡献，成就了现代美国。

能够与美国太平洋铁路媲美的是横贯俄罗斯的西伯利亚大铁路，该铁路起自车里雅宾斯克，经新西伯利亚、赤塔至太平洋沿岸的港口城市符拉迪沃斯托克（海参崴），全长 7400 公里。西伯利亚大铁路对俄罗斯有着无可比拟的战略意义，使俄罗斯真正成为横跨欧亚的世界大国。从 16 世纪开始，沙皇俄国就在亚洲扩张领土，攫取了整个西伯利亚地区。在第二次鸦片战争的 1860 年，俄国又与清政府签订了不平等的《中俄北京条约》，清政府割让了乌苏里江以东包括库页岛在内的约 40 万平方公里的领土，其中包括海参崴。为了牢固占有这片远离欧洲的土地，也为了实施沙俄蚕食亚洲的“远东政策”，沙皇决定修建一条贯通整个西伯利亚的大铁路。1890 年，沙皇亚历山大三世正式颁布命令，决定首先从最东端的海参崴动工。1891 年 5 月，皇储沙皇尼古拉二世亲临海参崴主持铁路奠基仪式。1891—1901 年，俄国就为西伯利亚大铁路花费了 14.6 亿卢布，远远超过了同期的军费开支。经过 13 年的艰辛努力，1904 年 7 月 13 日，这条世界最长的铁路干线通车。

西伯利亚大铁路竣工后，给俄国带来了巨大的经济效益。原本荒无人烟的西伯利亚迅速繁荣起来，人口迅速增长。1863 年，西伯利亚人口仅为 286 万，到 1914 年已达 962 万。在铁路沿线两侧，众多的城市也如雨后春笋般涌现出来，这种发展步伐被当时国际舆论誉为“美国速度”。第二次世界大战期间，正是这条铁路在诺门罕战役、莫斯科保卫战期间完成了欧洲—远东之间的大规模军事力量调动，才使得苏联能够在这些生死攸关的战役中赢得对德、日法西斯的胜利，并在二战后期的远东对日作战中，发挥重大作用。

2000 公里的青藏铁路虽然短于横跨欧亚的西伯利亚大铁路和横贯北美大陆的太平洋铁路，但其修建难度则远高于这两条铁路，高寒缺氧，低纬度冻土曾被认为是不可征服的技术难题。青藏铁路的平均海拔高度在4000米以上，是美国太平洋铁路中地理条件最险恶的内达华山脉海拔高度的2倍；青藏铁路的低纬度冻土比西伯利亚铁路的永久冻土更难以处理。美国著名旅行家保罗·泰鲁曾在《游历中国》一书中写道：“有昆仑山脉在，铁路就永远到不了拉萨。”但这项世界铁路建设史上的伟大工程在2006年7月通车了。

三、青藏铁路的地缘政治意义

地缘政治是国家权益在一定地域空间的角逐，涉及政治、经济、军事、文化等多方面，国家权益的核心是领土主权。地缘政治角逐的基础是军事实力和经济实力，而铁路是国家地域军事力量投送和形成紧密经济联系的基础。

近代史上，西方列强首先是英国在大规模武装侵略中国东南沿海的同时，也把西藏作为侵略中国的突破口。为了把西藏纳入英国的势力范围，1888年、1903年，英国侵略者发动了两次侵略中国西藏的战争。西藏军民奋起抵抗但遭失败。在第二次侵藏战争中，英军一度攻占了拉萨，十三世达赖喇嘛被迫出走，侵略者迫使西藏地方政府官员签订了《拉萨条约》。但由于清朝政府外务部认为《拉萨条约》有损主权，清朝驻藏大臣不予签字，条约无效。1911年辛亥革命爆发，清朝灭亡，中华民国成立。英国乘中国政局混乱、中央政权变更之机，加紧了侵华阴谋活动，其中重要的一项就是密谋策动西藏“独立”，妄图分裂中国。

1912年8月17日，英国驻华公使向中国外交部提出了干涉中国内政的五个条件：（1）不许中国干涉西藏内政。（2）中国官吏不得在西藏行使行政权，不得改西藏为行省。（3）中国不得无限制派军队驻藏。（4）英国承认中国对西藏有宗主权。要求根据以上各点订立协议，并以此作为（英国）承认中华民国条件。（5）在订立新协议前，封闭一切经印度通西藏的道路。随后，又向中国施加压力说，如不接受，英国当以实力帮助西藏“独立”。这是历史上第一次由一个外国政府公然向中国政府正式提出的分裂中国西藏的“外交”文件。民国政府外交部于当年12月严词驳复，严正指出：“承认中华民国是另一个问题，不能与西藏问题并为一谈。”

1913年10月至1914年7月，英国、中国和中国西藏地方三方代表在英属印度西姆拉开会，讨论西藏的地位问题。会议期间，英印政府外交大臣麦克马洪利诱中国西藏地方噶厦的代表，背着中国中央政府北洋政府代表，搞了一份划界换文，将边界从阿萨姆平原边缘向中国西藏方向推移150公里，新边界以喜马拉雅山脊分水岭的连接线作为界线，西起中国不丹边界，东至独龙江流域的伊索拉希山口，长约1700公里，将原属于中国西藏地方的9万平方公里国土划入英属印度。英印政府对划界一事秘而不宣，当时对西藏拥有主权的中国中央政府并不知道，达赖喇嘛和噶厦政权也未给其参加西姆拉会议的代表有划界的授权，后来了解了情况的噶厦政权对麦克马洪线不予承认。20多年后，英国政府正式把麦克马洪线标入地图和政府文书后，立即遭到南京国民政府的反对。

1947年获得独立的印度在南京建立大使馆时，国民政府也对印度代办明确表示不承认麦克马洪线的态度。在英国统治印度期间，虽然公布了麦克马洪线为边界，但是英国人也仅仅在极个别地区，试探性地侵入门隅和察隅地区，不敢放胆占领。但摆脱英国殖民统治的印度不仅全盘继承了英国对我国西藏的政策，而且有过之而无不及。

1951年，印度趁我国进行抗美援朝战争，印度军队越过西山江、达旺河，侵占门隅首府达旺，强迫一直在那里行使管辖权力的中国西藏地方政府搬迁；印度在侵占达旺前后，还侵占了“麦克马洪线”以南门隅的马果等地。10月，印度军队又在直升机的配合下，侵占了上珞瑜的巴恰西仁，在梅楚卡等地强行建立兵营。到1953年印军基本上侵占了门隅、珞瑜、下察隅各地。在此基础上，印度政府于1954年将侵占的“麦克马洪线”以南、传统习惯线以北9万平方公里的中国领土，建立起“东北边境特区”，并修正官方地图，并将“麦克马洪线”一直标明的“未经标定边界”第一次改标为“已定界”，使侵占的中国领土固定化。1986 年印度在被侵占的我国 9 万平方公里领土上设立“阿鲁纳恰尔邦”。这块被侵占的土地面积相当于三个台湾、六个北京或者十个引发英阿战争的马尔维纳斯群岛，是中国最大的一块存在争议的领土。这里地势平坦，气候良好，是六世达赖仓央嘉措的故乡。中国官方媒体曾经引用专家的话称这块区域“森林和水利资源很丰富，森林资源占到了西藏的 40%”。

这块目前由印度实际控制的区域一直都是中印边界纠纷中的矛盾焦点。1962 年双方因边界问题引发的战争主要便是因为印度政府在这一地区不断采取“前进策略”。该年 10 月 20 日，中国人民解放军反击部队仅用 5 天即歼敌千余，收复了克节朗河以南、达旺河以北、不丹以东、达旺以西的全部领土，在事实上否认了所谓“麦克马洪线”。10 月 24 日，中国政府发表停火声明，提出双方各自后撤 20 公里，脱离接触。与印度高层私交深厚的西方记者马克斯韦尔在其著名的《印度对华战争》一书中提到中国方面突然停火并撤军的举动时写道：“这与其说让全世界都松了一口气，不如说是让全世界都目瞪口呆。世界战争史上还从没有过这种事情，胜利的一方在失败者还没有任何承诺的情况下，就单方面无条件撤军。”在中国军队主动停火北撤后，印度并没有听从中国政府的建议，反而迅速重新占领了中国军队撤出后的地区。我军在 1962 年自卫反击战取得胜利后主动后撤的一个重要原因是，西藏没有铁路导致我军后勤保障能力严重不足，而现代战争是打钢铁打后勤，西藏没有铁路成为我国领土收而复失之痛。

到 2011 年印度已经向该地区移民 138 万（2011 年印度人口统计），而且印度蚕食我国领土的挑衅活动从未间断。印度“政治强人”总理莫迪 2014 年 5 月上台以来对中印边境争议地区的举措更为激进，在其主导下，印度当局放宽了对在边境有争议地区进行建设的限制。习近平总书记 2014 年 9 月到印度进行访问，对印中合作寄予厚望，访问期间签署了许多重要的商业协议，决定在 2015 年将贸易额增加到 1000 亿美元。尽管我国对印度一直采取忍让宽容友好的政策，但印度在不到一个月后就宣布将投资 65 亿美元在“阿鲁纳恰尔邦”修筑一条长达 2000 公里的公路，使该争议地区的局势进一步复杂化。

在毗邻“阿鲁纳恰尔邦”的阿萨姆邦，印度有两条平行的宽轨铁路，距离我国传统边界最近的铁路只有 40 公里，形成了以铁路、公路、空中运输相结合的立体运输体系。青藏铁路通车缩小了我国与印度在机动能力、后勤保障能力上存在的差距，有利于提高我军快速机动部署能力和后勤保障能力，形成战略威慑，是未来解决中印边界问题的重要筹码。印度的主流媒体《今日印度》曾发文表示，青藏铁路的建设运营将极大地提高中国军事机动及后勤供给能力，其可以使中国政府每年向西藏运送 500 万吨物资，也可以在一个月内运送多达 12 个陆军步兵师。此外，还有印度媒体称青藏铁路将极大地增强中国对印度的军事进攻能力，以便于中方运输中程导弹等。青藏铁路的建设运营重构了中国与南亚国家的地缘政治关系，对捍卫国家主权、巩固国家安全已经并将继续发挥极其重要的作用。

参考文献

[1]卢秀璋. 清末民初藏事资料选编(1877—1919)(上册)[M]. 北京:中国藏学出版社,2005.

[2]陈旭麓,郝盛潮. 王耿雄,等. 孙中山集外集[M]. 上海:上海人民出版社,1990.

[3]孙中山,著. 牧之,等,选注. 建国方略[M]. 沈阳:辽宁人民出版社,1994.

[4]马克斯布特. 战争改变历史:1500 年以来的军事技术、战争及历史进程[M]. 上海:上海科学技术文献出版社,2011.

谨防高铁灰犀牛

原载财新网，2019 年 1 月 28 日

世界最大规模的中国高铁网络和过低的高铁运输密度（运输收入）预示着重大金融风险。继续进行的大规模高铁建设将给中铁总和地方政府造成更加巨大的债务负担，进而成为撞击中国经济的灰犀牛

在坚持底线思维、着力防范化解重大风险专题研讨班上，习近平总书记提出，既要高度警惕“黑天鹅”事件，也要防范“灰犀牛”事件。截至 2018 年底，中国高速铁路营业里程已达 2.9 万公里。人们通常只看到中国高铁运营里程的世界第一和高铁的快捷，却对事件的另一面——高铁债务和运营亏损的世界第一，及中国交通运输结构的严重恶化视而不见。

高速铁路不过是比较快的铁路，正因为要快，所以对高铁线路的稳定性、平顺性要求非常高，由此导致高速铁路的造价是普通铁路的 2～3 倍。因为要快，就要尽可能减轻高铁列车的重量，中国高铁的轴重为 17 吨，而普通铁路的轴重为 23 吨，高铁只能运人而不能运货，更不能运送坦克导弹。因此，只有在人口规模大、密度高的通道，才可能有足够大的高铁客运需求，客运收入才可能覆盖高铁的建设和运营成本。

目前，除京沪、京广通道上的高铁运输能力得到较高利用外，其他高铁项目的运能大量闲置，存在严重亏损。例如，兰新高铁每天只开行 4 对高铁列车，其运输收入甚至不足以支付电费，而兰新高铁有每天开行 160 对以上高铁列车的能力。最能反映铁路运输能力利用效率的指标

是运输密度，即平均每公里铁路一年完成的运输周转量（每公里铁路创造年运输收入的能力）。

2015 年中国高铁中运输密度最高的京沪高铁的运输密度为 4800 万人公里/公里左右，最低的兰新高铁仅为 230 万人公里/公里左右，全国高铁的平均运输密度在 1700 万人公里/公里左右。即使运输密度最高的京沪高铁，与日本东海道新干线 9000 万人公里/公里的世界最高密度仍有很大差距，这是因为在该 500 公里的通道上集聚了日本全国约 55%的人口，还有 4000 多公里的城市轨道交通为东海道新干线集散客流。日本高铁的平均运输密度为 3400 万人公里/公里，是中国高铁平均运输密度的 2 倍。中国 10 多年间建设的高速铁路已经是世界其他国家和地区半个世纪建设的高速铁路总和的 2 倍以上。世界各国的高铁几乎没有一条能够依靠客运收入支付建设和运营成本，大多处于亏损状态或靠政府补贴运营。世界最大规模的中国高铁网络和过低的高铁运输密度（运输收入）预示着重大金融风险。

继续进行的大规模高铁建设将给中铁总（原铁道部）和地方政府造成更大的债务负担，进而成为撞击中国经济的灰犀牛。

巨额负债或引发金融风险

中国高铁主要靠债务融资，大规模高铁建设导致中铁总的负债也从 2005 年的 4768 亿元猛增到 2016 年的 4.72 万亿元。中铁总对高铁的收支状况严格保密，但从其公布的负债和客运收入数据，可得出如下判断：即使不考虑高铁的运营成本，高铁的全部运输收入尚不够支付建设高铁的贷款利息，该判断的依据如下：

2016 年底中铁总的负债为 4.72 万亿元，其中至少 3.3 万亿元是建设 2.2 万公里高铁和购置动车组的投入，按 4.75%的利息计算，每年应支付的贷款利息为 1568 亿元。而中铁总 2016 年的客运收入为 2817 亿元，铁路客车保有量 7.1 万辆，高速动车保有量 20688 辆，普通铁路客车的数量是动车数量的 3 倍以上。假设普通铁路客车的客座利用率与高速动车相同，由于高铁票价是普通铁路票价的3倍左右，可以认为铁路客运收入的50%是既有线列车的客运收入，高铁的客运收入仅为1409亿元，还不够支付贷款利息。中铁总已经靠财政补贴和不断借新债还旧债来维持。

虽然中铁总的客运收入在2018年上半年达到1693亿元，全年或达3400亿元，但截至2018年9月，中铁总的负债已高达5.28万亿元，再考虑地方政府投资建设高铁的债务（目前缺乏这方面的统计数据），已经形成巨额高铁债务或引发国家的金融风险。

中国交通运输结构严重恶化

大规模高铁建设导致中国铁路货运周转量的市场份额（不包括远洋运输）从2005年的50%，以每年3个百分点的速度快速下降，到2016年只占有17.1%。而其他交通运输方式的货运量都在增加，公路货运周转量的市场份额快速上升到2016年49%的市场份额。资源总是有限的，大量投资用于高铁建设势必减少普通铁路的建设，这已经导致中国交通运输结构的严重恶化。“铁老大”在2016年变成“铁小三”，其市场份额已经排在公路和水运之后。大规模高铁建设严重扭曲了中国的交通运输结构。由于铁路货运能力不能满足需求，中国大量用汽车运输煤炭等基础原材料，用稀缺的石油资源运输廉价的煤炭资源，大幅度提高了物流成本，严重降低了国民经济整体的资源配置效率。

中国铁路货运市场份额的急速下降是两方面原因造成的：

一是铁路投资大部分用于建设只能运人不能运货的高速铁路，铁路货运能力不能满足经济发展的要求。东部地区的高铁建成后，客运量在增长，但既有线上的铁路客流也在增长，既有线上货运能力根本没有释放出来。大部分高铁的运输能力没有得到充分利用。例如，兰新高铁每天只开行4对动车组，而新疆大量2000公里以上的跨省运输货物要靠公路。

二是中铁总靠铁路货运不断涨价来弥补高铁严重亏损，从而把货主赶向公路运输。由于高铁的运输收入不够支付贷款利息，只能靠铁路货运业务来补偿高铁的运营费用。为了增加铁路货运收入弥补高铁的运营亏损，最直接的办法就是提高货运价格。因为货运需求比客运需求缺乏弹性，且高铁票价已接近飞机票价，涨价空间不大。从 2004 年以来经 11 次调整，中国铁路货运价格水平已由 2004 年的 0.08 元/吨公里逐步调整到 2012 年的 0.1151 元/吨公里、2013 年的 0.1301 元/吨公里、2014 年的 0.1451 元/吨公里和 2015 年的 0.1551 元/吨公里。2004—2012 年的 8 年间，每吨公里运价上涨了 0.0351 元，而 2012—2015 年的 3 年内每吨公里运价就上涨了 0.04 元。

某些货物的铁路运输实际价格还高于 0.1551 元/吨公里的水平。有媒体披露的一份环保部调研报告显示，“以从黄骅港到邯钢运输矿石为例，铁路运输全部费用约 108 元/吨（约 0.25 元/吨公里），公路运输与铁路运输距离大体相当，而其全包费用仅为 50 元/吨（约 0.11 元/吨公里）。国际上铁路运价一般为 0.1 元/吨公里，公路运价为 0.3 ~ 0.5 元/吨公里，中国与国际货运价格体系正好相反”。

世界银行按照购买力平价基于 2009—2013 年数据，测算出中国铁路货运价格水平是美国的 1.3 倍。2016 年美国铁路的货物平均运价为人民币 0.1816 元/吨公里。大宗货物运输存在规模经济，大宗煤炭货物运输的运价一般低于平均货物运价。2014 年美国铁路煤炭运输的名义价格换算成人民币仅为 0.1248 元/吨公里，低于同年中国铁路货运价格的 0.1451 元/吨公里。而美国自 1980 年实施 Staggers 铁路法案改革后，美国铁路公司通过组织变革和技术进步，运营效率获得大幅提高，铁路货运价格不断降低，扣除通货膨胀的影响后，2016 年的美国铁路运价水平比 1981 年低 45%。美国铁路的货物运输价格不断下降，降低了全社会的物流成本，产生了巨大的社会效益。

铁路货运市场份额的快速下降导致大量的基础原材料要依靠公路运输，加重了空气污染。这一问题在京津冀、长三角等人口密集地区更为突出。柴油货车是 PM2.5 的排放大户，天然气卡车氮氧化物排放甚至高于柴油卡车。虽然政府采用行政手段实行“公转铁”，2017 年铁路货运周转量的市场份额仍为 17.5%，比 2016 年仅提高了 0.4 个百分点。

铁路货运线路和设施建设投资的严重不足制约着铁路货运市场份额的提高。当然还有另一个重要的原因是铁路运输管理体制没有深化改革，仍然固守高度垄断的僵化体制，不能适应现代物流发展的要求，不能满足高附加值货物的运输需求。这使得货主不得不转向能提供运到时限保证且价格更低的公路运输。

为什么对灰犀牛视而不见

灰犀牛不同于黑天鹅，灰犀牛是大概率高风险事件，而黑天鹅是小概率高风险事件，后者难以预测，而前者往往被视而不见。

长期以来，中国大量用柴油重型卡车运输煤炭、钢铁等基础原材料，超载现象屡禁不止，几千公里的汽车运输中时常造成严重交通事故。对这些现象人们已经司空见惯，而对这些警示中国交通运输结构已经严重恶化、铁路货物运输能力严重不足的明确信号视而不见。

对于中铁总高速增长的巨额债务，人们认为中央政府有钱买单，而不予关注。地方政府建设高铁的债务则是黑箱，与地方政府的各类负债混在一起，据统计已高达 18.29 万亿元。2018 年中国高铁的收入或能覆盖按基准利率计算的建设高铁的贷款利息，但仍要由货运收入和财政补贴来分担高铁运营的亏损。即使目前经济效益最好的京沪高铁，是用 2200 亿元的资产创造 100 亿元左右的年利润，资产利润率也不到 5%，与银行的基准利率相差无几。债务对应的资产如果不能创造收益，政府就只能靠发行货币来冲销债务。而这将引发严重的通货膨胀，带来巨大的金融风险。一些人乐于夸耀中国高铁运营里程世界第一，而对高铁债务世界第一的金融风险视而不见。

更为严重的是，各行为主体的短期利益驱动和现行制度安排使他们对大规模高铁建设的金融风险视而不顾。

从建设主体来说，中铁总在高铁运营上的严重亏损和巨额债务使其继续扩大高铁建设的意愿大打折扣，而地方政府则表现出空前高涨的积极性。各地方政府都试图通过建设高铁来拉动地方经济，多个省市政府提出要在“四纵四横”高铁网络的基础上，建设“米”字形高铁。因为建设高铁的投资主要或部分来自中铁总，地方可配套建设高铁新城来拉动房地产投资，由此增加地方 GDP 和自身的政绩，而债务的偿还则由下届政府承担。高铁建设是列入政府规划的项目，不能还本付息各地方政府也不用担责，他们有理由对建设高铁产生的债务视而不顾。

一些研究人员和咨询机构热衷发表文章论证高铁如何带动地方经济发展来获得研究和规划项目。政府主管部门则希望通过高铁投资来拉动经济，抵消经济下行风险。中国是需要通过投资特别是通过投资铁路来拉动经济，但问题是建设什么铁路、在哪里建铁路能够更好推动经济社会发展。应当按照中央供给侧结构性改革的要求来把握投资方向和投资规模，这就需要按照习近平总书记的要求，提高“底线思维能力”。

交通运输（高铁）发展的底线思维

交通运输业发展的底线思维就是要按照市场经济规律，提高交通运输结构对需求结构的适应性；就要按照两年前中央工作会议的要求，进行交通运输的供给侧结构性改革，“要减少无效供给、扩大有效供给，着力提升整个供给体系质量，提高供给结构对需求结构的适应性”。

第一，要有交通运输结构调整的底线思维。2017 年中国铁路货运周转量的市场份额（不含远洋运输）仅为 17.5%，美国是世界上公路运输最发达的国家，但其铁路货运周转量的市场份额一直在 40% 左右。中国交通运输结构的供给侧结构性改革应使铁路货运周转量的市场份额接近或达到美国的水平。

2018 年中国铁路的营业里程只有 13 万公里，其中的 2.9 万公里是只能运人不能运货的高速铁路，中国高铁运营里程已相当世界其他地区半个多世纪建设的高速铁路的 2 倍，美国铁路营业里程则为 22.5 万公里。中国高标准普通铁路还有巨大发展空间，但不是高铁。中国铁路的供给侧结构性改革，应着力解决大量高铁运能闲置和铁路货运能力短缺并存的问题，使铁路的空间结构、功能结构与需求结构相适应。

铁路要实现高质量发展，不仅需要增加货运能力，把大量由公路运输的煤炭、钢铁等基础原材料拉回铁路，而且特别要大幅度增加集装箱、汽车等高附加值货物的运输。但高附加值货物运输有很强的运到时限要求，这就要求铁路路网有一定的富余通过能力，需要建设更多的货运专线或客货混跑铁路，中国铁路的营业里程应达到26万公里左右。

中国港口集装箱吞吐量居世界第一，占全球港口集装箱吞吐总量的40%以上，但84%的港口集装箱集疏运由公路运输承担。2017年全国规模以上港口的集装箱吞吐量为23800万标准箱，而海铁联运量为348万标准箱，占规模以上港口集装箱吞吐量的比重仅为1.47%，铁路在长途运输方面的优势不能发挥，严重降低了货物运输效率。而美国集装箱海铁联运比率高达40%，我国海铁联运比率低的主要原因，是公路水运和铁路长期由不同专业部门分别管理的政府行政管理体制造成的，各种交通运输方式各自规划、建设和运营，铁路大多不能通到港口，难以形成各种交通运输方式间的协调配合。这种状况至今也很少改变。因此要大量建设连接铁路路网与港口、物流园区、公路货运枢纽的铁路和相应设施，需要进行大量的投资。

第二，要建立发展高速铁路的底线思维。高铁只能运人不能运货，只有在人口规模大、密度高的通道，客运收入才可能覆盖高铁的建设和运营成本。即使在人口密度高的京沪通道，京沪高铁的本线到发高铁动车组和客流只占1/3，跨线高铁动车组和客流占2/3。发展高铁的底线思维就要设立新建高速铁路的运输密度底线，新建高铁项目的运输密度应高于3600万人公里/公里，而不是以高铁要连接多少城市、建设“米”字形高铁形成所谓几小时经济圈为依据。

高铁主要满足消费需求，不能用于运输货物的生产性需求。中西部地区人口规模小、密度低，在中西部地区建设只能运送旅客的高速铁路，会造成货运能力不足和高铁运输能力大量闲置，不利于中西部地区的经济社会发展。目前兰新高铁的运输能力大量闲置，兰新通道上铁路货运能力却严重不足，大量货物要靠公路进行数千公里的长途运输。实际上，在人烟稀少的兰新通道上建设高标准普通客货混跑铁路，比建设兰新高铁更有利于新疆的地方经济发展，而且高标准普通铁路同样可以运行时速 200 公里的高铁动车组。

实际上，中西部地区的快速出行需求完全可以用低成本航空来解决。目前中国低成本航空的市场份额只有6.4%，而2015 年美国低成本航空占航空客运的市场份额为 31.5%，欧盟为 41.2%，东南亚地区则高达 56.4%。中国低成本航空市场有巨大的发展空间，但由于体制上的原因，低成本航空发展缓慢。首先，地方政府对建设高铁比低成本航空有更大的积极性。低成本航空的投资规模小，带来的 GDP 增长远小于高铁，而且高铁主要由中铁总投资建设和运营，不要白不要。其次，民营资本进入低成本航空存在多方面障碍。这些问题需要通过深化改革来解决。

第三，要建立铁路服务新型城镇化的底线思维，中国的城镇化已经进入大都市区化的发展阶段，而大都市区是经济增长的发动机。当前中国铁路建设的另一个重点领域应当是大都市区的轨道交通。中国的特大城市和一些大城市出现了严重的交通拥堵，这是轨道交通不适应大都市区发展的市场信号。按未来可能出现 20 个左右人口在 2000 万以上的大都市区、每个大都市区需要建设 2000 公里左右轨道交通推算，中国大都市区的通勤铁路和城市轨道交通的建设规模可达 4 万公里，存在巨大的投资空间。大都市区中一条通勤铁路的长度在 30 ~ 50 公里，一般不超过 70 公里。大都市区的通勤铁路不仅能够缓解特大城市中心城区在人口、交通、环境、就业、住房等方面的压力，还能够在通勤铁路沿线形成多个中小城市，容纳更多的外来人口，能够在更大空间范围实现更高水平的集聚经济。在通勤铁路车站周边和轨道交通枢纽进行高强度房地产开发，可以使建设通勤铁路带来的土地升值收益回归建设运营主体，可以吸引社会资本采用 PPP 方式进行建设和运营，降低金融风险。

基于底线思维进行上述三方面交通运输供给侧结构性改革，需要破解多方面的体制障碍，其中打破铁路高度垄断的运输管理体制、实施改革重组尤为迫切。深化改革，重塑市场主体，才能激发市场活力，才能让市场在资源配置中发挥决定性作用。

附录：高铁会是灰犀牛吗？

原载财新网，2019 年 1 月 30 日

中铁总长期盈利能力的关键在于国家能否持续提供优惠借款政策，这实质是国家给予的巨额补贴，但此类补贴要从宏观上综合考量社会经济效率

文 | 陈欣

上海交大上海高级金融学院教授、博士生导师

截至 2018 年底，我国高速铁路营业里程已达 2.9 万公里，超过全世界高铁总里程的 2/3，累计运输旅客突破 90 亿人次，取得了举世瞩目的成就。然而，自我国高铁建设以来，其盈利和债务问题一直饱受社会质疑。

近期《谨防高铁灰犀牛》一文引发社会公众的强烈关注，其主要有以下几方面的观点：

一、除京沪、京广高铁等运输密度较高的项目外，其他运输密度较低的高铁项目由于运能大量闲置，存在严重亏损。

二、大量客运高铁建设的投资挤压了普通铁路的建设，导致中国交通运输结构的严重恶化。中国铁路货运周转量的市场份额从 2005 年的 50% 下降至 2017 年的 17.5%。

三、高铁的运输收入难以覆盖其贷款利息，已形成的巨额高铁债务或引发国家的金融风险。

该文观点不乏珠玑，有可取之处，但其中论证逻辑和财务数据的引用存在一定问题，值得商榷。

一、该文认为，“即使目前经济效益最好的京沪高铁，是用2200亿元的资产创造100亿元左右的年利润，资产利润率也不到5%，与银行的基准利率相差无几”。

对京沪高铁的资产回报率进行如此判断并不科学。对应于净利润的投入是股东权益，较理想的方法是计算其净资产回报率。由于京沪高铁并不向公众披露报表，难以从公开渠道获取其净资产数据。公开报道一直显示京沪高铁总投资是2200亿元，但京沪高铁公司可查的初始注册资本为1150亿元，公司自2014年扭亏后持续盈利，2016年公司变更注册资本为1306亿元，因此京沪高铁的股东权益投入远低于总投资额。据披露2017年京沪高铁运输收入为296亿元，净利润达到127亿元，当年股东权益投入的回报率接近10%，远超银行基准利率。如果高铁达到一定运输密度后能够达到这一盈利水平，效益是可观的。

二、《谨防高铁灰犀牛》一文判断“即使不考虑高铁的运营成本，高铁的全部运输收入尚不够支付建设高铁的贷款利息”。其逻辑是：截至2016年底已建成的2.2万公里高铁和购置动车组至少投入3.3万亿元，按4.75%的利息计算，每年应支付的贷款利息为1568亿元，已超出其测算的高铁客运收入1409亿元。

从财务的角度来看，该测算所利用的数据过于片面。首先，高铁项目的融资并非仅以债务的形式存在，同时国家还以股东权益的形式大量投入。以京沪高铁公司为例，中国铁路总公司（中铁总）通过直属全资企业中国铁路建设投资公司（中铁投）投入资本金占总股本46.21%。据历史数据，中铁投的负债总额约为500亿元，对应资产负债率不足30%。因此，其需要支付利息的贷款本金并不高。其次，尽管中铁总发行铁路建设债券的融资成本约为5%，但其他国内银行贷款和国际贷款的利率远低于银行基准利率。从2017年中铁总的审计报告可以看出，公司支付的利息为760亿元，以4万亿元左右的付息负债来计算，平均利率才1.9%。按以上逻辑测算，假设高铁承担借款2万亿元，每年仅需支付利息380亿元，高铁的客运收入或可覆盖利息支出。

三、《谨防高铁灰犀牛》文中提出，“中铁总的负债已高达5.28万亿元，再考虑地方政府投资建设高铁的债务（目前缺乏这方面的统计数据），已经形成巨额高铁债务或引发国家的金融风险”。

负债总量并不是衡量财务风险的合适指标。2018年9月末中铁总的资产负债率为65.24%，该杠杆水平在基础建设类大型央企中并不突出，且近4年中铁总的资产负债率均稳定在65%的水平附近。说明尽管其负债在迅速增加，但公司的资产也在按固定比例变化，并不会带来财务风险的急剧恶化。

此外，我们可以看看中铁总的经营性现金流情况。首先，公司近年来基本维持在微利状况。以2017年为例，中铁总实现了18亿元税后利润。当年铁路建设基金的投入为498亿元，计提为483亿元。扣除该差额后利润仅剩3亿元。从会计的角度，绝大多数铁路建设借款的利息均被资本化，完工转固后开始逐年费用化。2017年中铁总的固定资产净值为48476亿元，折旧费用为1361亿元，折旧率低至2.8%。因此，公司主要经营性现金流的来源是1361亿元折旧，而设备更新支出为776亿元，利息支出为760亿元，对应资金缺口约175亿元，比2016年190亿元的资金缺口有所下降。说明中铁总的经营性现金流覆盖设备更新和利息支出的能力也未恶化。

对于新增项目投资和本金归还，中铁总则需要通过借新还旧才能平衡。2017年中铁总进行了4916亿元的基建投资，归还借款本金4645亿元，除能利用498亿元铁路建设基金外，主要的资金来源是6975亿元贷款和1661亿元铁路建设债券。

综上，中铁总整体上杠杆水平稳定，可产生较为稳定的经营性现金流入，且覆盖设备更新与利息支出的缺口不大。近几年中铁总在基建的投资已呈下降趋势，只要政策性优惠贷款可持续，公司的风险处于可控状态。

总体而言，中铁总当前的整体盈利能力较低，大量高铁的建设逐步完成后，将会带来较大的折旧费用压力。那么长期来看，大规模高铁建设是否会给中铁总带来大概率、高风险的“灰犀牛”事件呢？

一方面，这取决于高铁运能的长期利用效率。尽管目前中西部地区高铁运输能力存在一定的闲置问题，但该情况在全国高铁组网完成后会得到一定改善。另一方面，未来的长期货币通胀将给予中铁总提价的能力，改善其长期盈利能力。

从根本上看，中铁总长期盈利能力的关键在于——国家能否提供综合成本在2%以下的优惠借款政策。这实质是国家给予中铁总的巨额补贴，以3%的基准利率息差和高铁承担2万亿元的附息负债来测算，对应的是600亿元的年度补贴。

此类补贴在宏观上看能否增加经济效率？这取决于我们对高铁项目溢出效益的评估。高铁建设带动的相关高端制造产业溢出效益几何？高铁通车后带动人员流动效率提升、地方产业发展、土地升值等方面的溢出效应价值多少？

高铁建设涉及广泛公众利益，社会关注度极高。社会公众长期以来对中铁总的盈利和债务问题存在疑虑，担心大规模的高铁建设会带来风险。部分原因是：中铁总关于高铁的信息披露不充分，与公众沟通不顺畅，未能有效引导社会舆论。

中铁总目前对市场公布定期审计报告和年度报告，并向公众披露统计公报。但这些披露信息的深度不足，且未针对公众关注的问题进行说明。年度报告中财务信息仅包括三张主要会计报表和简要说明，对于社会关注的高铁盈利和运营的数据、公益性补贴等问题并未进行披露。以京沪高铁公司为例，社会公众只能依赖其股东单位的定期财务报告或跟踪评级报告才能对其销售和盈利情况窥见一斑。在缺乏来自权威渠道的充分信息披露时，公众只能根据碎片化的信息自行进行判断。

对公众加强关于高铁投资情况的沟通和信息披露，可正面引导社会预期，有利于化解防范金融风险的“灰犀牛”。

一、建议国家有关部门就高铁的运营、盈利和债务情况，在2019年全国两会期间对公众进行说明，尤其注重对未来全国高铁组网完成后的动态投资收益分析的说明。

二、建议中铁总强化对公众的信息披露内容，在改善年度报告等定期报告披露深度的同时，还可公布对高铁项目社会效益的分析预测。

三、建议就媒体关注的铁路货运周转量市场份额快速下降、中西部地区高铁运输能力大量闲置、铁路货运能力不足等问题开展专项调研，对社会舆论监督形成有效回应。

四、建议将专项调研成果判断对未来全国高铁组网影响不大，经济效益和社会效益都不突出的高铁项目缓投缓建。

再论“高铁灰犀牛”

原载财新网，2019 年 1 月 31 日

要从国民经济全局考虑资产是否得到有效率的运用；财务风险不仅来自中铁总，还来自地方政府的高铁建设债务

针对笔者《谨防高铁灰犀牛》，昨天财新网刊发了上海交通大学上海高级金融学院一教授题为《高铁会是灰犀牛吗》的文章。对该文最后提出的有关要求披露高铁运营收益、债务数据等 4 项建议，笔者完全赞成，类似建议笔者也提出过。然而，不深化改革、打破高度垄断的铁路运输管理体制，这些建议是无法实现的。

《谨防高铁灰犀牛》是从国民经济整体出发，提出通过交通运输供给侧结构性改革、优化资源配置；《高铁会是灰犀牛吗》一文更多是从公司金融的角度谈资源配置。该文认为《谨防高铁灰犀牛》的“论证逻辑和财务数据的引用存在一定问题”，并提出了三条商榷意见，现做回应如下：

第一，针对《谨防高铁灰犀牛》一文所说“经济效益最好的京沪高铁，是用 2200 亿元的资产创造 100 亿元左右的年利润，资产利润率也不到 5%，与银行的基准利率相差无几”。《高铁会是灰犀牛吗》一文质疑说：“据披露 2017 年京沪高铁运输收入为 296 亿元，净利润达到 127 亿元，当年股东权益投入的回报率接近 10%，远超银行基准利率。”

笔者所说的资产利润率（或资产收益率）与股东权益回报率是完全不同的两个概念。在公司资产负债表上，总资产等于总负债与股东权

益之和，资产利润率等于营业利润除以总资产（而不是股东权益）。资产利润率是从国民经济全局考虑资产是否得到有效率的运用，可以衡量是否比银行基准利率创造更多的收益，是否优化了资源配置。《高铁会是灰犀牛吗》一文是从股东回报的视角考虑问题，并不构成与笔者商榷的问题。关键在于，是否应该仅从这种股东回报的狭隘视角分析问题，而不从优化社会资源配置效率的视角考虑问题？

第二，针对《谨防高铁灰犀牛》一文关于 2016 年“即使不考虑高铁的运营成本，高铁的全部运输收入尚不够支付建设高铁的贷款利息”的判断，《高铁会是灰犀牛吗》一文指出，“从 2017 年中铁总的审计报告可以看出，公司支付的利息为 760 亿元，以 4 万亿元左右的付息负债来计算，平均利率才 1.9%”。因此高铁的客运收入或可覆盖利息支出。

笔者文章中是按 4.75%，即基准利率下浮 10% 来估算中铁总应付利息，而不是中铁总在得到政府政策补贴后实际支付的利息，那么 4 万亿元的付息负债应付利息为 1900 亿元，而不是 760 亿元。在考虑资源优化配置问题时，要用大体相同的折现率（或利率）来分析问题。否则，如果通过政策安排把中铁总的 4 万亿付息负债转为优先股，中铁总的应付利息为零。

此外，《高铁会是灰犀牛吗》一文提出：“从根本上看，中铁总长期盈利能力的关键在于——国家能否提供综合成本在 2% 以下的优惠借款政策。这实质是国家给予中铁总的巨额补贴，以 3% 的基准利率息差和高铁承担 2 万亿元的附息负债来测算，对应的是 600 亿元的年度补贴。”以《高铁会是灰犀牛吗》一文开始所说的 4 万亿元付息负债和 3% 的基准利息差测算，国家财政要每年给高铁（或中铁总）1200 亿元的“巨额补贴”来维持，而没有进行高铁建设之前，原铁道部曾经是国家的利税大户。

问题在于，高铁只能运人不能运货，是主要满足消费性需求而不是生产性需求的交通基础设施。高铁票价是普通铁路客票价格的 3 倍左右，主要是满足公务出行、旅游出行等中高收入群体的快捷出行需求。

那么，每年1200亿元的“巨额补贴”为什么不用来补贴农村特别是贫困地区的基础教育、医疗保障，而去补贴高铁？即使是补贴铁路客运也只能补贴普通硬座出行而不能补贴普通客车的卧铺出行。高铁提供的是节约旅行时间的商业服务，而不是政府应当提供的基本公共服务。补贴高铁实际上是要让穷人补贴富人。或者这些“巨额补贴”为何不用于建设更多的普通铁路?《谨防高铁灰犀牛》一文提出我国铁路的营业里程应达到26万公里左右，仍有巨大的投资空间。

德国的ICE系列高铁动车组是原铁道部最看好的高铁动车组，但德国大部分ICE高铁动车组都是在既有线上运营，德国只在法兰克福到科隆之间200公里的距离建了时速300公里的高铁客运专线，其他所有的铁路都是客货混跑铁路，白天主要跑高铁动车组，夜间主要跑货运列车，即使在法兰克福到首都柏林的通道上都是如此。德国发展出世界最高水平的ICE高速动车组技术而没有建设高铁网络，不是因为德国没有钱，而是要考虑资源配置效率，考虑人口规模和人口密度是否适合建设高铁客运专线。

2013年美国参议院预算委员会资深委员和众议院预算委员会主席曾致信美国交通运输部部长，要求拒绝对拉斯维加斯赌城巨头与中铁总合作的西部快线项目贷款，信中写道：“我们极为担心资助另一条昂贵、浪费、高风险的高速铁路项目的前景，特别是我们国家正经历的债务危机已经威胁了当前和未来美国人的福祉。我们要求交通运输部拒绝西部快线的贷款申请，并指导联邦铁路复兴与改善资助计划的资金用于能够给纳税人提供合理回报的、更值得的交通基础设施项目。”

第三，针对《谨防高铁灰犀牛》一文中提出“中铁总的负债已高达5.28万亿元，再考虑地方政府投资建设高铁的债务（目前缺乏这方面的统计数据），已经形成巨额高铁债务或引发国家的金融风险”，《高铁会是灰犀牛吗》一文认为：“2018年9月末中铁总的资产负债率为65.24%，该杠杆水平在基础建设类大型央企中并不突出，且近4年中铁总的资产负债率均稳定在65%的水平附近。说明尽管其负债在迅速增加，但公司的资产也在按固定比例变化，并不会带来财务风险的急剧恶化。”

资产负债率并不是财务风险的决定因素，决定财务风险的关键是负债对应的资产创造收入的能力。笔者在《谨防高铁灰犀牛》一文预计中铁总 2018 年的客运收入在 3400 亿元左右，如果 70% 的收入来自高铁，那么高铁的客运收入为 2300 亿元。如果 5. 28 万亿元负债中的 75% 形成的是高铁资产，那么约 4 万亿元高铁资产只创造了 2300 亿元的客运收入，而按 4. 75% 的利率，中铁总应支付 1900 亿元的利息，而高铁的运营成本要在 2000 亿元以上，高铁的这种巨额亏损难道没有财务风险？

更为重要的是，财务风险不仅来自中铁总，还来自地方政府的高铁建设债务。早期高铁建设大多在人口密度高的东部发达地区，原铁道部的债务水平还比较低，大多是原铁道部出大头，沿线地方政府出小头。近些年随着高铁网络的不断扩大，特别是高铁不断延伸到人口规模小密度低的中西部地区，高铁运营收入边际递减，中铁总在高铁运营上的严重亏损和巨额债务使其继续扩大高铁建设的意愿大打折扣。而各地方政府进行高铁建设的积极性则出现空前高涨，目前的高速铁路建设已经成为各地方政府出大头，中铁总出小头。因此，中铁总债务增长的幅度开始降低，2016 年中国铁路总公司债务增长超过 6200 亿元，但 2017 年只增长了 2725 亿元。结果是东部地区人口密集经济发达适合建高铁的通道，中铁总出资比例高；而中西部地区人口规模小、密度低、经济欠发达，不适合建高铁的通道，中铁总出资比例低，地方政府出资比例高。其结果是，欠发达地区的地方政府高铁债务面临比中铁总更高的财务风险。

例如，京沪高铁投资原铁道部出资 46. 2%，原铁道部、平安资产管理有限责任公司、全国社会保障基金理事会的出资占比约 70%，沿线各地方政府出资仅占约 30%。而目前重庆至黔江的时速 350 公里高铁，是所谓“八纵八横”高铁网的一部分，该项目由中国铁路总公司和重庆市人民政府共建，其中，地方出资比例为76.04%，中铁总只有23.96%。该通道的客流远低于京沪通道。中西部地区交通基础设施不足，本来建设普通铁路更能有效带动当地经济发展，而且高标准普通铁路同样可以运行时速200公里左右的高铁动车组，但非要建设只能运人不能运货的高标准且没有多少客流的时速350公里高铁，只能触发比中铁总更大的财务风险。《高铁会是灰犀牛吗》一文更多从中铁总的财务状况出发考虑金融风险，对已经成为高铁投资主体的地方政府债务风险的“灰犀牛”有些忽视。

“灰犀牛”是指大概率而且被人们习以为常、视而不见的高风险，《谨防高铁灰犀牛》涉及两方面的高风险：一是中铁总和地方政府的巨额高铁债务和过低高铁运输密度（运输收入）导致的金融风险；二是交通运输结构严重恶化，抬高物流成本，大量依靠柴油汽车公路运输污染环境，严重降低国民经济整体的资源配置效率的风险。

《高铁会是灰犀牛吗》一文提出，应评估“高铁通车后带动人员流动效率提升、地方产业发展、土地升值等方面的溢出效应价值多少”，但没有进一步展开论述。笔者在财新网发表的“对高铁外部经济问题的思考”对该问题已有回答，可供大家参考。

高铁负债这事，应该怎么看

本文2019年5月5日首发于财新网，原载2019年5月9日《界面》

对于高铁负债，需要的是直面中铁总的财务数据，进行有逻辑的客观分析，不能不假思索地做出与自己提供的事实本身相矛盾的“高铁债务风险总体安全、合理、可控”“稳赚不赔”的结论

4月27日，《瞭望》新闻周刊发表了一篇题为“高铁负债这事怎么看?”的文章（以下简称“怎么看”）。该文一方面说，目前高铁债务风险总体“安全、合理、可控”，“从各个方面看都是稳赚不赔”，但另一方面，该文披露的一些高铁负债数据，比笔者“谨防高铁灰犀牛”一文估计的还要严重。

“怎么看”一文披露，“2013年至2017年，中铁总债务还本付息分别为2157.39亿元、3301.84亿元、3385.12亿元、6203.35亿元和5405.07亿元，个别年份如2016年，还本付息金额还超过了客货运输收入”。这就是说2016年即使不考虑运输成本，中铁总的运输收入也不够还本付息，只能通过借新还旧来支撑。2016年中铁总基本建设投资近6000亿元，还本付息金额6203亿元，中铁总当年的贷款和发债规模达到11000亿元才能维持。但借新还旧非但不会减少，而且在不断增加中铁总的债务负担。该文披露的事实说明，中铁总已经陷入债务负担恶性增长的深渊，丧失了还款能力，只能依靠中央财政兜底。

中铁总4月30日公开发布的2018年度财务报告，验证了其债务负担进一步恶性增长的情况。中铁总2018年的总收入10955亿元，总成

本 10352 亿元，税后利润 20 亿元；总负债从 2016 年的 47143 亿元增加到 2018 年的 52133 亿元。2018 年的还本付息金额为 4901 亿元，但能够用于还本付息的资金只有税后利润 20 亿元，建设基金 543 亿元，折旧（扣除设备更新费用）773 亿元，共 1336 亿元，剩余的 3565 亿元还本付息金额只能靠贷款和发行债券来融资。

按通行会计规则，中铁总 2018 年还本付息金额 4901 亿元中的 806 亿元利息可以计入成本，而偿还本金部分不能计入成本。中铁负债 52133 亿元的利率仅为 1.547%；如果利率为 2%，应付利息为 1042 亿元，中铁总 2018 年则亏损 236 亿元；如果利率为 4.75%，应付利息为 2382 亿元，中铁总 2018 年则亏损 1576 亿元。

高铁票价是普通铁路票价的 3 倍左右，且长途运输存在与航空运输的竞争，短途运输存在与公路的竞争。高铁票价在 0.45 元/人公里左右，而 2017 年中国国航的平均客公里收益为 0.54 元/人公里，东方航空为 0.51 元/人公里，南方航空为 0.48 元/人公里，高铁靠涨价增收的空间极为有限。

从发展趋势看，一些高铁已运营 10 年以上，随着更多的高铁进入大修期，大修和维护费用还要大幅度增长，现有折旧或不够支付设备更新费用，靠债务融资来还本付息的压力会进一步增大。

中铁总 2018 年贷款 5714 亿元，基本建设投资 4964 亿元，剩余的 750 亿元贷款可用于还本付息，但还差 2815 亿元。这就是说，即使中铁总不进行新的基本建设投资，也必须通过贷款或发行债券，即通过借新还旧才能还本付息。中铁总的财务报告显示，2018 年通过发行债券（可能有财政补贴）筹集 2500 亿元，其余的 300 多亿元是通过减少手持现金筹集，由此导致中铁总手中的资金周转紧张。这可以解释“怎么看”一文所披露的中铁总债务在全产业链传导的问题：《瞭望》新闻周刊记者调研了解到“铁路施工企业应收账款不能及时兑现”，“铁路从路网运营一线企业（路局集团公司），到车辆制造、线路施工等领域企业，全产业链都不同程度背负着债务负担，有的环节情况还比较严峻”。

“怎么看”一文披露的地方政府高铁负债情况，比“谨防高铁灰犀牛”估计的也要严重。该文指出，各地“争路”的“大招”之一，就是提高出资比例，有的推高到八成左右。而地方政府出资小头是自有资金，大头靠银行贷款，一些地方因修建铁路形成规模较大的地方债。2018 年铁路固定资产投资 8028 亿元，中铁总投资不到 5000 亿元，其余 3000 多亿元大多是地方政府投资。考虑一些地方政府要靠财政转移支付维持运行，主要靠银行贷款进行高铁建设势必加大地方政府的债务风险。该文特别举例说，“某条高铁总投资 500 亿元，该省本级投了 400 亿元，其中省里资本金占 25%、银行贷款占 75%”。300 亿元银行贷款对该省无疑是一笔巨大的财政负担。不仅如此，在该高铁投入运营后，由于是省政府通过融资平台控股的高铁，运营亏损该省还要继续进行补贴，债务风险将进一步加大。

“怎么看”一文最后提出了一些政策建议：“一是抓紧摸底大排查。对铁路各类存量债务进行一次大摸底大排查”；“二是债务处置顶层设计要跟上，尽快通盘考虑拿出铁路债务风险防范重点范畴处置方案”；“三是加快推动改革减负，国家通过债务免除、转增资本金处置部分债务”。这些建议与该文关于高铁债务风险总体“安全、合理、可控”“从各个方面看都是稳赚不赔”的判断相矛盾，反而是“谨防高铁灰犀牛”一文的逻辑结论。

更为遗憾的是，“怎么看”一文只考虑了高铁的债务风险，而对“谨防高铁灰犀牛”一文提出的另一种外部效应——我国交通运输结构严重恶化的外部效应避而不谈，或根本没有看到。而交通运输结构恶化抬高物流成本、加重柴油汽车运输污染环境、严重降低国民经济整体资源配置效率的外部效应，比中铁总的债务问题更为严重。

对于高铁负债，需要的是直面中铁总的财务数据，进行有逻辑的客观分析，不能感情用事地瞎忽悠，更不能不假思索地做出与自己提供的事实本身相矛盾的“高铁债务风险总体安全、合理、可控”“稳赚不赔”的结论。有关部门应当按照习近平总书记进行“底线思维”的要求，按照两年前中央工作会议的要求，进行交通运输的供给侧结构性改革。笔者在“谨防高铁灰犀牛”一文中提出，要基于底线思维进行三个方面的交通运输供给侧结构性改革，破解多方面的体制障碍，要打破铁路高度垄断的运输管理体制实施改革重组。并在“18 个铁路局 210 万员工的大锅饭：深化铁路改革不容拖延”一文中提出了改革思路，在此不再赘述。

对高铁“外部经济”问题的思考

原载财新网，2018 年 4 月 16 日

到 2016 年底我国已修建了 2.2 万公里高铁，至少相当少建了 4 万公里普通铁路。大规模高铁建设已经导致了多方面的内部和外部“不经济”

一、从两年前的一场争论谈起

2015 年 1 月 20 日东方早报的上海经济评论专版发表了西南交通大学高铁战略研究中心主任、美国杜克大学社会学系教授高柏的文章《与赵坚教授探讨高铁外部性问题》。该报共整版发表了 4 篇有关该问题的争论文章，分别是赵坚 2014 年 11 月 25 日的《高铁“走出去”：热烈中的冷思考》、高柏 2014 年 12 月 16 日的《高铁海外投资不能单纯考虑利润》和赵坚 2015 年 1 月 6 日的《评“高铁海外投资不能单纯考虑利润”一文的错误》。

高柏认为，不能单纯地从投资盈利的会计角度评价高铁，而忽视了高铁作为重要的公共交通基础设施具有很大的外部性这一基本特征。高铁的正外部性主要包括以下 4 个方面：（1）加强国家建设。历史上铁路是各国进行国家建设的重要手段。美国通过建设跨越整个北美大陆的铁路网，才实现了一个真正意义上的统一的全国市场。（2）改善环境。（3）带动地区经济发展。（4）加强区域之间公共服务的平等化。

赵坚则指出，这是用普通铁路的正外部性来论证高铁的正外部性，

高铁只能运人几乎不能运货，且建设及运营成本远高于普通铁路，因此对地方经济的带动作用远低于普通铁路。高铁只是速度更快的铁路，其正外部性只能从高铁带来的节约旅行时间的价值是否高于其建设运营成本来论证。赵坚认为应把高铁“能否实现盈亏平衡，能否提高交通资源的配置效率优化我国交通运输结构”作为评价高铁的标准。

本文所讨论的高铁，是指速度目标值在时速250公里以上的高速铁路，而不包括高铁动车组，发展高铁动车组技术不一定要进行大规模高速铁路建设，因为高铁动车组可以在客运专线上运行也可以在既有线上运行。德国的ICE系列高铁动车组是原铁道部最看好的高铁动车组，但德国大部分ICE高铁动车组都是在既有线上运营，德国只在法兰克福到科隆之间200公里的距离建了时速300公里的客运专线，其他所有的铁路都是客货混跑铁路，白天主要跑高铁动车组，夜间主要跑货运列车。德国发展高铁动车组技术并没有建高铁网，但发展出世界最高水平的ICE高速动车组技术。德国不建高铁网络，不是因为德国没有钱，而是因为德国的人口规模和人口密度不适于进行大规模高铁建设。

高速铁路不过是速度更快，但只能运人不能运货的铁路。讨论高铁的“外部经济”问题，首先要说明铁路与国民经济的关系或者说铁路有哪些“外部经济”。

二、铁路与国民经济关系或“外部性”问题

外部性（Externality）是指某项经济活动产生的效益或损害，由于交易成本过高或产权难以界定，不由该经济活动的主体承担，而使其他人获得了收益或遭受损害。例如，我国城市轨道交通建设提高了轨道交通车站周边的房地产价值，房地产商和房产业主获得了土地升值的收益，而城市政府为这种外部性买单。化工厂污染了河流，下游居民因水源污染受到健康和财产损失，这种外部性由下游居民买单。但不论何种外部性总要有人为其买单。“外部性”一般是讨论经济主体之间的关系，而不是产业部门与其他部门的关系，铁路（交通运输）对国民经

济的作用超过了“外部性”能涵盖的范畴。

经济学围绕交通运输特别是铁路，在经济发展中的作用进行过多方面的研究，最著名的可能是1960年代和1970年代关于铁路是否是美国经济增长必要条件的争论，美国经济学家福格尔采用“反事实假设”及计量历史学的方法进行研究，并获得1993年的诺贝尔经济学奖。福格尔认为，铁路是美国经济增长的必要条件的命题，是基于铁路在降低运输成本上的重大作用。福格尔试图通过具体计算铁路降低运输成本所创造的价值，来检验铁路是美国经济增长必要条件的假说。为此，福格尔提出了“社会节约量”的概念。他的逻辑是，如果铁路的社会节约量很少，就可以否定铁路是美国经济增长的必要条件的假说。

福格尔推算出铁路运输产生的“社会节约量”不到该年GDP的5%。因此福格尔认为铁路只是工业革命的一个组成部分而不是一个前提条件，但福格尔研究并不否认铁路的重要性，他说：“这一研究最重要的意义是，19世纪中没有哪个单独的创新是经济增长必不可少的，如果有任何创新具有这样独特地位的话，那一定是铁路。”

福格尔社会节约量理论模型的根本问题在于，他认为降低运输成本对经济增长的作用与其他产品降低成本没有本质的不同，铁路不过是降低运输成本的一种交通方式，因而不能把铁路看作美国经济增长的必要条件。福格尔没有认识到铁路在扩大市场范围、促进专业化分工实现规模经济上的重要作用，没有把交通运输看作市场经济运行的硬件平台，偏离了斯密“分工受市场范围限制”的理论框架。在福格尔的理论模型中没有考虑运输成本对市场范围和规模经济的影响，他是依据不考虑空间维度的新古典经济学理论，研究铁路对经济增长的作用，因而交通运输对国民经济的作用不可能得到正确的解释。

现代主流经济学是以新古典经济学为核心的，该理论假设了一个没有空间、没有时间、没有交易成本的理想世界，并在此基础上构建起表面严谨的理论体系①。对于新古典经济学设想的没有空间维度的理想世界，有经济地理学者讽刺说，所有的人类活动——专业化分工、生产、交换、消费——都发生在一个针尖上（Dicken，1990）。新古典经济学一般均衡理论的主要代表人物德布鲁认识到空间和时间问题的重要性，但他试图通过对商品重新定义的方式，抽象掉空间和时间维度。德布鲁说，商品是由其全部具体的物质属性、获得的时间和地点来定义的，一旦这三个因素中的一个发生变化，就必将产生一个不同的商品。某一地点的物品和位于其他地点的同样的物品是两种不同的商品。德布鲁以这种方式看待空间问题，使经济学便于数学化，但忽略了人类经济活动的空间维度。这样，所有的需求和供给都是在同一时间、同一地点发生的，由主观价值的效用最大化就可以导出需求函数，由利润最大化就可以导出供给函数，以及与此相联系的均衡概念，由此可构造不考虑空间维度（运输成本）的市场供需曲线：

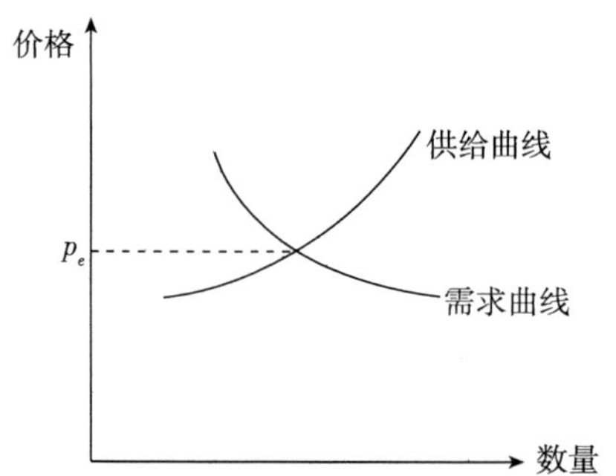

图1　不考虑空间维度的供给需求曲线

这里的基本假设是，所有的消费者都集聚在地理空间的同一地点，所有的厂商也集聚在地理空间的同一地点生产，而且所有的购买和供给都在地理空间的同一地点进行，因此可以不考虑空间维度，运输成本可以忽略不计，这样个人需求和供给曲线的简单相加就可以得出市场的需求和供给曲线。但在现实世界中，消费者分布在不同地点，生产者也分

① 见笔者“引人空间维度的经济学分析”（《中国工业经济》2009 年第 7 期）。

布在不同的地点，他们要进行交易就必须克服空间障碍，必然存在运输成本，而运输成本的大小会改变消费者的购买行为和生产者的生产行为，或者说，运输成本要进入消费者的需求函数和生产者的供给函数。

2008 年诺贝尔经济学奖获得者克鲁格曼认识到经济学忽略空间维度的错误，他指出在国际经济学模型中，国家通常是一个没有空间维度的点，在表示国家之间的贸易时，通常也采用一种没有空间的方法：对于所有可贸易的商品，运输成本是零（克鲁格曼，2000）。克鲁格曼引入空间维度研究国际经济学和产业集聚问题，提出了更有说服力的理论。

把运输成本引入需求函数和供给函数可以更好地解释现实世界中人们的经济行为，运输成本是机会成本，如果运输成本过高，消费者会不去购买或由自己生产，意愿的需求就不能变成现实的需求；生产者会选择小规模生产或不生产，那些运输成本过高的地区不是他的市场范围。

运输成本对消费者和生产者都是一种为克服空间障碍必须承受的负担，它必然造成实际需求和实际供给的减少。如果用需求曲线和供给曲线来表示，相对于不考虑空间维度的需求曲线和供给曲线（下图中的虚线）会发生向下和向上的移动。较高的运输成本使这种物品只能以较小的规模进行生产，这种物品的生产不可能存在规模经济，市场需求限制了企业实现规模经济的可能性，因为这种物品只能在邻近的运输成本较低的范围内销售。如果运输成本非常高，该物品可以存在意愿的需求曲线和供给曲线，但实际的需求曲线和供给曲线根本就不会相交，该物品的生产处于自给自足状态，或者该物品根本就没有被生产出来。考虑空间维度的供需曲线如图 2。

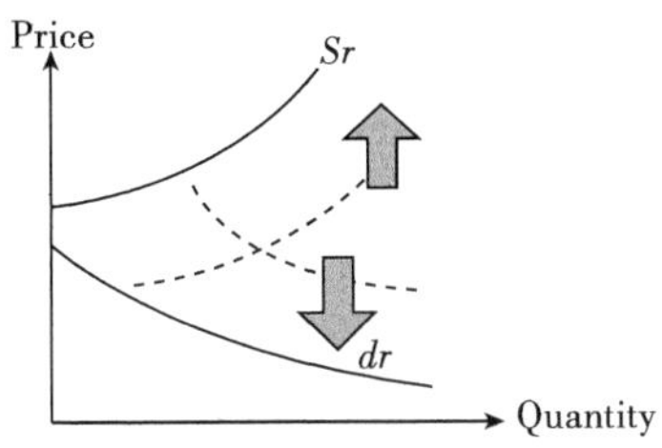

图 2　考虑空间维度的供给需求曲线

需要进一步说明的是，运输成本反映的不是物理的空间维度，而是空间维度对交易行为的影响程度。运输成本不是外生变量，而是经济过程的内生变量。运输成本主要是由交通运输技术和运量决定的，一般地说，交通运输业的技术进步可以降低运输成本，大批量运输可以降低运输成本。这里所说的交通运输技术是物质化的，具体体现在交通基础设施和交通运输工具上的技术。在历史上，铁路交通方式的出现曾极大地降低了陆地运输的成本。人类通过投资建设交通基础设施和制造相应的交通运输工具能够不断降低运输成本，提高运输活动的效率。

这里要特别强调交通基础设施对运输成本的决定作用，各经济主体总是分布在一定的地理空间范围上，没有良好的交通基础设施，运输活动的成本是极为高昂的。交通基础设施发展水平在很大程度上决定了运输费用，而交通运输的可达性和运输费用又在很大程度上决定了不同区域自给自足的程度和参与国内（包括国际）大市场专业化分工的可能性，并同时决定了规模经济可能达到的水平。在铁路、公路等现代交通运输方式没有出现以前，或在交通基础设施不发达的地区，运输成本极高，从而减少了人们的运输需求和交易需求，高昂的运输费用会阻断市场供需联系，人们的经济活动只能局限于极为狭小的地理空间之内，只能采用自给自足的生产方式。

在美国历史上，缺乏可以支撑形成国内统一市场的交通基础设施曾经严重阻碍了美国经济的发展。在杰斐逊（1801—1808 年）时代，国内 1 吨货物运送 30 英里的费用，大致等于同样重量的货物运过大西洋的费用，当时四轮马车是最重要的运输工具。公共马车上的乘客经常担心在泥泞的车道上翻车；马车夫时常需要重新固定桥上松动的木板，以使马车能顺利过桥。交通的不发达以及高昂的运费曾严重阻碍了美国专业化分工的发展和国内统一市场的形成，严重制约了经济增长。正是美国从 1850 年代开始的大规模铁路建设和从 1920 年代开始的大规模公路建设，使美国建成了世界上最大规模的铁路网和公路网，促进了国内统一大市场的形成和专业化分工的发展，使大规模生产、实现规模经济成为可能。对于国土辽阔的大国来说，铁路是形成国内统一大市场和现代市场经济运行的基础。

交通运输技术进步对市场范围扩展的影响，不仅在于把各个局部的地方市场扩展为统一的国内市场，还为建立更大的世界市场奠定了基础。1990 年代 6000TEU 的大型集装箱班轮运输使中国制造的玩具、鞋、服装等产品在美国变得非常便宜，一架次波音 747 可以运送 2. 5 万台大中华地区生产的笔记本电脑到美国。交通运输的技术进步使生产可以进行全球化布局，为生产要素的全球化流动建立了物质基础，导致生产规模的进一步扩大，专业化分工的进一步深化。那些更善于利用交通运输技术进步对扩大市场范围的作用的企业会有更大的生存空间，沃尔玛和戴尔就是如此。

交通基础设施建设和交通运输技术进步是一个不断演化的过程，这个过程也是运输成本不断降低的过程，这导致了实际需求曲线和实际供给曲线不断向右移动，这同时是市场范围扩大的过程。如图 3 所示。

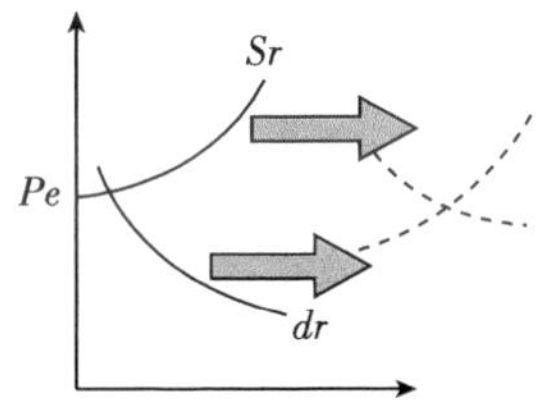

图 3　交通运输技术进步导致供需曲线向右移动即市场容量扩大

图 3 中用箭头表示的需求曲线和供给曲线不断向右方移动的过程，就是市场范围扩大的过程。这一过程的发生机制是：交通运输业的技术进步降低了人们克服空间障碍的成本，即降低了运输成本，这使市场范围扩大，需求曲线发生向右的移动。市场范围的扩大导致了专业化分工的深化，因为“为制造一个铁钉而制造一把铁锤是浪费的，还不如使用手边任何拙笨的工具。为制造一百辆汽车而装备专门制造的夹具、量具、机床、钻床、锻压机和传送带等复杂设备的工厂是不经济的，不如主要使用标准的工具和机器”（Young，1928）。市场范围的扩大导致了

杨格所说的产业间分工，实现了生产资本化或迂回生产方式的经济，或者说产业间的分工导致了规模报酬递增，使供给曲线发生了向右的移动。产业间分工或生产资本化的一种重要表现形式是交通运输业作为独立产业的发展，各种新的交通运输方式不断出现，这进一步降低了运输成本并导致市场范围的进一步扩大。

交通运输技术进步、市场范围的扩大、分工的深化是一个相互作用、相互促进的过程，该过程就是经济发展过程本身。在这一过程中，交通运输业技术进步和运输成本下降的作用是不能忽略的。著名的“分工受市场范围限制”的斯密定理，实际上主要是讲交通运输对市场范围的影响。斯密指出：“因为交换能力提供了进行分工的理由，所以分工的范围总是受到交换能力的范围，或者说市场范围的限制。……水运开拓了比陆运所开拓的广大得多的市场，所以从来各种产业的分工改良，自然而然地开始于沿海沿河一带。这种改良往往经过许久以后才慢慢普及到内地。有什么货物负担得起由伦敦至加尔各答的陆上运费呢?”斯密在这里讲的“交换能力”主要是由运输成本决定的，斯密已经认识到运输成本是限制市场范围的决定因素。斯密的市场范围的概念有双重含义，市场范围的第一层含义是指交易的数量，斯密说“在苏格兰高地那样偏远的内地，无论如何维持不了一个专门制造针的工人，因为即使他一日只能制造一千枚针，在那里一年也销不了他一日的制造额”。这里斯密是讨论交易数量对市场范围的影响。市场范围的第二层含义是指交易的地理空间范围，斯密说：“最早的工艺和产业的改良都发生在有水运便利，因而能把各种劳动产品售给全世界的地方。”这里斯密是讨论地理空间范围对市场范围的影响。斯密的市场范围的概念已经考虑了空间维度，但这一研究思路在新古典经济学那里完全中断了。

新古典经济学的主要代表人物马歇尔认识到市场的空间维度的重要性，他说：“拥有广大市场的商品，必须是经得起长途运输的商品：它们必须有相当的耐久性，同时它们的价值和体积相比要大得多，有些商品是如此笨重，以致在离产地很远的地方销售时它的价格势必有所提高，这样的商品照例只有很狭隘的市场。”马歇尔认识到交通运输技术进步和降低运输成本在经济中的重要性，他说：“英国从十九世纪制造业进步所获得的全部利益的四分之三以上是来自降低旅客和货物的运输成本，降低水和照明、电力和新闻成本的间接影响。因为我们时代的基本经济事实是交通运输业的发展而不是制造业的发展。”但运输成本并没有进入马歇尔的需求函数和供给函数，最大化可以不受空间障碍的约束，马歇尔理论上存在的自相矛盾导致他的追随者们认为空间维度是可以忽略的。从此，新古典经济学偏离了斯密“分工受市场范围限制”的分析框架，陷入了一个没有空间维度的世界。

新古典经济学的这种思维模式的影响是广泛的，2005 年最畅销的财经类科普著作《世界是平的》提出了碾平世界的 10 大动力，其中包括政治制度、商业模式、通信和计算机技术等多方面的因素，但这 10 大动力中居然没有提到交通运输技术进步的作用。作者提到了沃尔玛和戴尔的商业模式及其对现代通信和计算机技术的运用，但作者没有意识到如果没有大型集装箱班轮和深水泊位，没有波音 747 和完善的机场设施，没有发达的公路网络，沃尔玛和戴尔的商业模式根本就不可能存在。交通运输业的技术进步和完善的交通基础设施是降低空间障碍、碾平世界的最主要动力之一。“世界是平的”不过是斯密的市场范围扩展到全世界的一种形象说法。人们普遍认为进入 WTO 促进了中国出口的快速增长，但没有意识到 6000TEU、10000TEU 的大型集装箱班轮运输，降低了运输成本，使玩具、鞋、服装等产品在美国甚至比在中国还便宜，从而奠定了中国制造进入美国的基础。

一个生物学比喻有助于说明交通运输与国民经济的关系。日本把交通系统比作国土的骨骼，这是一种很好的比喻。交通基础设施与工业、商业服务业和其他人类活动的关系类似于人体的骨骼与人体不同脏器的关系，人体的骨骼支撑起所有的脏器和肉体。但这种比喻说明了静态的结构关系，不足以说明交通运输在经济中的动态作用。交通运输系统更类似于人体的血液循环系统，交通相当于人体的动脉血管、静脉血管和毛细血管组成的管道系统，即血液循环的交通基础设施；运输则相当于血管中的血液流动，即在人体的各部分间实现养分、能量和代谢废物的位移。交通运输与国民经济的关系也类似于血液循环系统与人体不同组织的关系，血液循环系统维持着人体所有的脏器和组织的生存和活力，没有良好的血液循环系统，那部分人体组织就会坏死；同样的，某个地区没有良好的交通基础设施，该地区的经济就无法进入统一的大市场，资源就不可能得到有效的利用，人民就会长期陷于贫困中。

交通运输对于国民经济的重要性，就如同血液循环系统对人体的重要性一样。人们一般不讨论血液循环系统对人体的外部性，同样，交通运输及铁路对大陆型大国经济的重要性不是“外部性”概念所能涵盖的。

三、大规模高铁建设是“外部经济”还是“外部不经济”

上面讨论铁路在经济发展中的作用，主要是铁路的货运功能也包括其客运功能的作用，但上述分析不适用于高铁。高铁只是速度比较快的铁路，只能运人不能运货，不能用于运输货物的生产性需求。高铁确实提供了更快捷的出行方式，为人们出行提供了更多的选择。但由于高铁只能运人，且高铁每公里的建设成本是普通铁路的 2 ~ 3 倍，因此只有在人口规模大、密度高的通道，才可能有足够大的客流，客运收入才可能覆盖高铁的建设和运营成本。我国适宜建设高铁的通道在 5000 公里左右。

目前除京沪、京广通道上的高铁运能得到较高利用外，其他高铁项目的运能大量闲置，存在严重亏损。例如，兰新高铁每天只开行 4 对高铁列车，而兰新高铁有每天开行 160 对以上高铁列车的能力，兰新高铁运能的大量闲置导致其运输收入甚至不足以支付电费。最能反映铁路运输能力利用效率的指标是运输密度，即平均每公里铁路完成了多少运输周转量，创造出多少运输收入。

2015 年我国高铁中运输密度最高的京沪高铁的运输密度为 4800 万

人公里/公里左右，最低的兰新客运专线仅为 230 万人公里/公里左右，全国高铁的平均运输密度在 1700 万人公里/公里左右。即使运输密度最高的京沪高铁，与日本东海道新干线 9000 万人公里/公里的世界最高密度仍有很大差距；日本高铁新干线的平均运输密度为 3400 万人公里/公里，则是我国高铁平均运输密度的 2 倍。我国 10 年间建设的高速铁路已经是世界其他国家和地区半个世纪建设的高速铁路总和的 2 倍左右。世界各国的高铁几乎没有一条能够依靠客运收入支付建设和运营成本，大多处于亏损状态或靠政府补贴运营。只有日本东海道新干线是唯一例外，因为在该 500 公里的通道上集聚了 7000 万人口，还有 4000 多公里的城市轨道交通和通勤铁路为东海道新干线集散客流。

到 2016 年底我国已修建了 2.2 万公里高铁，至少相当少建了 4 万公里普通铁路。大规模高铁建设已经导致了多方面的内部和外部“不经济”。

（一）巨额负债或引发金融风险

我国的高铁主要靠债务融资，大规模高铁建设导致中铁总（原铁道部）的负债也从 2005 年的 4768 亿元，猛增到 2016 年的 4.72 万亿元。中铁总对高铁的收支状况严格保密，但从其公布的负债和客运收入数据，可得出如下判断：即使不考虑高铁的运营成本，高铁的全部运输收入尚不够支付建设高铁的贷款利息，该判断的依据如下：

2016 年底中铁总的负债为 4.72 万亿元，其中至少 3.3 万亿元是建设 2.2 万公里高铁和购置动车组的投入，按 4.75% 的利息计算，每年应支付的贷款利息为 1568 亿元。而中铁总 2016 年的客运收入为 2817 亿元，铁路客车保有量 7.1 万辆，高速动车保有量 20688 辆，普通铁路客车的数量是动车数量的 3 倍以上。假设普通铁路客车的客座利用率与高速动车相同，由于高铁票价是普通铁路票价的 3 倍左右，可以认为铁路客运收入的 50% 是既有线列车的客运收入，高铁的客运收入仅为 1409 亿元，还不够支付贷款利息。中铁总已经要靠财政补贴和不断借新债还旧债来维持，已经陷入债务负担恶性增长的深渊。按照目前的发展态势，继续进行大规模高铁建设，2020 年中铁总的负债将高达 8 万亿元，势必导致铁路债务危机，或引发国家的金融风险。

（二）严重扭曲我国的交通运输结构

大规模高铁建设导致我国铁路货运周转量的市场份额（不包括远洋运输）从 2005 年的 50%，以每年 3 个百分点的速度快速下降，到 2016 年只占有 17% 的市场份额。而其他交通运输方式的货运量都在增加，公路货运周转量的市场份额快速上升到 2016 年 49% 的市场份额。"铁老大"在 2016 年变成"铁小三"，市场份额已经排在公路和水运之后。而美国是世界上公路运输最发达的国家，但其铁路货运周转量的市场份额一直在 40% 左右。大规模高铁建设严重扭曲了我国的交通运输结构。由于铁路货运能力不能满足需求，我国大量用汽车运输煤炭等基础原材料，用稀缺的石油资源运输廉价的煤炭资源，大幅度提高了物流成本，严重降低了国民经济整体的资源配置效率。

我国铁路货运的市场份额的急速下降是两方面原因造成的：

一是铁路投资大部分用于建设只能运人不能运货的高速铁路，铁路货运能力不能满足经济发展的要求。东部地区的高铁建成后客运量在增长，但既有线上的铁路客流也在增长，既有线上货运能力根本没有释放出来，而大部分高铁的运输能力没有得到充分利用。日本的东海道新干线每天开行 161 对高铁列车，我们现在最繁忙的京沪高铁也没有达到这个水平，兰新高铁每天只开行 4 对动车组，高铁运输能力大量闲置，而新疆大量的资源外运要靠公路。

二是靠铁路货运不断涨价来弥补高铁严重亏损，从而把货主赶向公路运输。

由于高铁的运输收入不够支付贷款利息，更无法负担高铁的运营费用，因此只能靠货运业务来负担高铁的运营费用。为了增加铁路货运收入弥补高铁的运营亏损，最直接的办法就是提高货运价格。从 2004 年以来经 11 次调整，我国铁路货运价格水平已由 2004 年的 0.08 元/吨公里逐步调整到 2012 年的 0.1151 元/吨公里、2013 年的 0.1301 元/吨公里、2014 年的 0. 1451 元/吨公里和 2015 年的 0. 1551 元/吨公里。2004—2012 年的 8 年间每吨公里运价上涨了 0. 0351 元，而 2012—2015 年的 3 年内每吨公里运价就上涨了 0. 04 元。显然，铁路货运价格加速上涨，是为弥补高铁运营日益严重的亏损。

某些货物的铁路运输实际价格还高于 0. 1551 元/吨公里的水平。有媒体披露的一份环保部调研报告显示，“以从黄骅港到邯钢运输矿石为例，铁路运输全部费用约 108 元/吨（约 0. 25 元/吨公里），公路运输与铁路运输距离大体相当，而其全包费用仅为 50 元/吨（约 0. 11 元/吨公里）。国际上铁路运价一般为 0. 1 元/吨公里，公路运价为 0. 3 ~ 0. 5 元/吨公里，中国与国际货运价格体系正好相反”。

世界银行按照购买力平价基于 2009—2013 年数据，测算出我国铁路货运价格水平是美国的 1. 3 倍。2016 年美国铁路的货物平均运价为人民币 0. 1816 元/吨公里。大宗货物运输存在规模经济，大宗煤炭货物运输的运价一般低于平均货物运价。2014 年美国铁路煤炭运输的名义价格换算成人民币仅为 0. 1248 元/吨公里，低于同年我国铁路货运价格的 0. 1451 元/吨公里。而美国自 1980 年实施 Staggers 铁路法案改革后，美国铁路公司通过组织变革和技术进步，运营效率获得大幅度提高，铁路货运价格不断降低，扣除通货膨胀的影响后，2016 年的美国铁路运价水平比 1981 年低 45%。美国铁路的货物运输价格不断下降，降低了全社会的物流成本，产生了巨大的社会效益。

当然还有另一个重要的原因是铁路运输管理体制没有深化改革，仍然固守高度垄断的僵化体制，不能适应现代物流发展的要求，不能满足高附加值白货的运输需求，造成铁路货运市场份额大幅度减少。

我国只有 12 万公里铁路，其中的 2. 2 万公里是只能运人不能运货的高速铁路，我国高铁运营里程已相当世界其他地区半个多世纪建设的高速铁路的 2 倍，美国铁路营业里程则为 22. 5 万公里。我国高标准普通铁路还有巨大发展空间，但不是高铁。2013 年美国参议院预算委员会资深委员和众议院预算委员会主席曾致信美国交通运输部部长，要求拒绝对拉斯维加斯赌城巨头与中铁总合作的西部快线项目贷款，信中写道："我们极为担心资助另一条昂贵、浪费、高风险的高速铁路项目的前景，特别是我国正经历的债务危机已经威胁了当前和未来美国人的福祉。我们要求交通运输部拒绝西部快线的贷款申请，并指导联邦铁路复兴与改善资助计划的资金用于能够给纳税人提供合理回报的、更值得的交通基础设施项目。"资源总是有限的，大量投资用于高铁建设势必减少客货混跑铁路的建设，这已经导致我国的交通运输结构的严重恶化。

（三）铁路货运份额下降，主要依靠公路运输加重了空气污染

铁路货运市场份额的快速下降导致大量的基础原材料要依靠公路运输，加重了空气污染。这一问题在京津冀、长三角等人口密集地区更为突出。环保部在2017年《中国机动车环境管理年报》中指出："当前，我国移动源污染问题日益突出，已成为空气污染的重要来源。特别是在北京和上海等特大型城市以及东部人口密集区，移动源对细颗粒物（PM2.5）浓度的贡献高达20%至40%。在极端不利条件下，贡献率甚至会达到50%以上。"根据环保部数据，京津冀地区货物运输主要依赖公路，柴油货车是PM2.5的排放大户，天然气卡车氮氧化物排放甚至高于柴油卡车，公路货运成为京津冀地区大气污染的重要来源。

按照环保部的数据，京津冀地区27亿吨的货运量中只有10.2%货物依靠铁路运输，84.4%依靠公路运输。2016年我国铁路货运周转量的市场份额（不包括远洋运输）为17%，公路货运周转量的市场份额为49%。这说明京津冀地区比全国平均水平更加依靠公路运输，铁路货运能力更加严重不足，京津冀地区交通运输结构的扭曲程度更为严重。

最典型的，2016年天津港煤炭集港运量完成1.04亿吨，其中铁路运输集港4852万吨，汽运集港5600万吨，约53.85%煤炭靠公路运输集港。公路运输煤炭主要经北京东部和南部运往天津港，其中东线离北京市区最近。这也是造成北京东南部地区PM2.5通常高于北京其他地区的一个原因。如果在北京南部建设一条从"三西"到天津港的铁路货运专线或普通客货混跑铁路，就可以从根本上解决柴油货车经北京地区运煤的大气污染问题，且每年近6000万吨煤炭运量，早已满足铁路货运专线的建设条件，但这条铁路不仅迟迟没有建设，甚至现在也没有列入规划。

在京津冀地区产业结构和能源结构调整取得明显进展后，调整京津冀地区的交通运输结构已成为环保部的工作重点。针对京津冀地区铁路货运能力不足问题，环保部建议出台铁路货运规划，要求大型企业与周边企业对接建设铁路支线，新建大型企业必须配套规划建设铁路专线。针对铁路运输价格高于公路运输的反常状况，环保部建议由中国铁路总公司牵头建立铁路运费全包价格制度，并研究采用铁路集港运输和疏港运输差异化运价模式。

（四）大规模高铁建设不利于国家战略安全

高速铁路客运专线对列车轴重和技术速度有严格要求，铁路货运列车不能上高速铁路运行，重型军事装备更不能用高速铁路运输。因此我国大规模的高速铁路建设至少不利于军民融合增加国家战略安全。

俄罗斯媒体最近报道了俄“巴尔古津”铁路导弹作战系统。俄罗斯导弹列车是美国最害怕的，被西方媒体称为幽灵导弹列车，核导弹装到货车上在铁路上跑，很难被卫星分辨出来。如果发动核战争，美国首先要确定对手的核导弹都在什么地方，有一颗的位置确定不了都不敢动手。而固定发射井、核潜艇都会被卫星追踪到，但混在几十万辆、上百万辆货车中的核导弹列车则很难被卫星分辨出来。1993年美俄签署《第二阶段削减战略武器条约》，美国特别要求俄罗斯销毁所有的核导弹列车。目前俄罗斯重新研发的新一代“巴尔古津”导弹列车系统的车厢可以采用与常规车厢相等的尺寸，核导弹列车重新成为俄罗斯的“国之重器”。由于列车轴重和技术速度的原因，核导弹列车不能在高速铁路上运行。我国大规模的高速铁路建设至少不利于军民融合增加国家战略安全。

图4 俄罗斯的核导弹列车

四、高铁对地方经济的影响

高速铁路如何影响地方经济是一个需要深入研究的问题。2014 年世界银行中国与蒙古国可持续发展局发布了一个《中国高铁区域经济影响分析主报告》，其中一章专门进行中国高铁区域经济影响分析方法的研究，该研究在传统费用效益分析方法的基础上，增加了集聚经济效应分析。但问题是怎样进行集聚效应分析，在一个城市产生的集聚效应可能意味着在其他城市产生虹吸效应。2017 年美国交通运输部发布的项目评价手册则明确指出，“进行效益费用分析的一个常见错误是混同经济效益分析和经济影响评价。效益费用分析是测算一个项目的收益和成本对社会的价值，而经济影响评价是测算增加的经济活动对一个地区的影响。”一个没有经济效益的项目可能给某个地区带来经济利益，例如增加在该特定地区的支出和就业，但从国家的全局考虑，该项目的总影响可能是负的。

目前有很多文章认为高铁促进了地方经济增长，这类文章大都没有分析高速铁路促进地方经济增长的内在机制，而是用经济计量模型测算高铁对区域经济增长的贡献，并得出全然不同的结论。王垚等在“高速铁路带动了区域经济发展吗?”一文中，使用 2006—2010 年中国 287

个地级及以上城市的数据，采用 DID（Difference In Difference）估计方法，实证检验高速铁路的开通是否对区域经济的发展带来显著的影响。其研究结果表明：在当前中国经济整体进入放缓通道的背景下，从短期来看，高速铁路并没有起到引领地区经济增长的作用。

郑思齐和 Matthew Kahn 在 PNAS 上的文章“*China's bullet trains facilitate market integration and mitigate the cost of megacity growth*”，认为中国高铁促进了市场一体化同时减轻了巨型城市增长的成本。其逻辑是：越来越多的大城市遭受严重的交通拥堵和污染，降低了当地的生活质量。交通运输技术提供了潜在的巨大社会效益，它允许人们不在巨型城市居住而方便地到达该城市，人们可以获得城市聚集经济的利益，而不支付巨型城市的房地产租金和承受社会成本。高铁的影响范围在 100～750 公里，如果一个大城市的生活质量或当地劳动力市场机会下降，家庭可以用脚投票迁移到另一个城市。高铁通过扩大中国城市人选择范围来促进迁移，这促进了高铁影响地区的二、三线城市的发展。该文认为高铁在中国多个城市一体化为开放的城市体系中将发挥重要作用。如果这种一体化减缓巨型城市的郊区化，那么它将鼓励更可持续的城市发展。

按照郑思齐等的说法，高铁的影响范围最大可达 750 公里，在平均意义上为 375 公里，那么高铁可以支撑的“一体化开放城市体系”面积在平均意义上为 44 万平方公里，超过德国的国土面积，最大可达 176 万平方公里。实际上，郑思齐等所说的高铁影响范围是高铁比飞机更有竞争优势的范围，而不是人们日常生活的通勤范围，高铁的票价远高于普通铁路，除非有补贴，否则很难成为通勤的交通工具。

人们的通勤范围一般不超过 70 公里，美国的大都市区是根据通勤范围确定的。按照美国在 1950 年代界定的大都市区概念，大都市区由至少一个 5 万以上人口的核心城市及与核心城市有较高经济社会一体化程度的邻近县（County）组成，邻近县及城镇成为大都市区组成部分的最低标准是，有 15% 的工作人口通勤到核心城市上班。根据美国 2010

年的人口统计，把美国366个大都市区按人口规模排序，排名前20位大都市区的平均面积为1.94万平方公里，366个大都市区的平均面积仅为0.69万平方公里。日本在二战后仿照美国的方式规定了大都市区的概念，东京大都市区面积1.35万平方公里，人口3500万。人们每天单程通勤时间的极限在2小时，这就决定了通勤距离一般不会超过100公里，大都市区的面积一般不超过2万平方公里。通勤超过100公里的所谓“一体化开放城市体系”只是一个幻想。因此高铁不可能“减缓巨型城市的郊区化”即大都市区化的进程。

令人不解的是，同样使用2006—2010年统计数据，郑思齐等得出了与王垚等完全不同的结论，根据郑思齐的计算，高铁联通城市的平均市场潜力增长的59%是高铁的贡献。

建既可运人又可运货的普通铁路所产生的社会效益和对地方经济的带动作用远大于高铁。1908年通车的沪宁铁路催生出长三角城市群，1907年通车的石太铁路把石家庄从不足600人的小村庄变成目前人口超400万的大城市。其中起主要作用的是铁路的货运功能，铁路货运会在当地产生机车车辆维修、物流、仓储需求，会引发制造业和服务业的集聚，从而推动当地经济发展。这是只能运人的高铁所无法比拟的。

高铁只能运人不能运货，中西部地区人口规模小、密度低，在中西部地区建设只能运送旅客的高速铁路，会造成货运能力不足和高铁运输能力大量闲置，不利于中西部地区的经济社会发展。目前兰新高铁每天开行的高铁动车组只有4对，其运输收入甚至不足以支付电费。高铁主要满足消费需求，不能用于运输货物的生产性需求。兰新通道上铁路货运能力不足，新疆大量的物资运不出来，大量货物依靠公路进行数千公里的长途运输。实际上，在人烟稀少的兰新通道上建设高标准普通客货混跑铁路，比建设兰新高铁更有利于新疆地方经济的发展。

对于中西部地区的快速出行需求完全可以用低成本航空来解决。目前我国低成本航空的市场份额只有6.4%，而2015年美国低成本航空占航空客运的市场份额为31.5%，欧盟为41.2%，东南亚地区则高达

56.4%。我国低成本航空市场有巨大的发展空间，但由于体制上的原因，低成本航空发展缓慢。首先，地方政府对建设高铁比低成本航空有更大的积极性。低成本航空的投资规模小，带来的GDP增长远小于高铁，而且高铁主要由中铁总投资建设，不要白不要。其次，民营资本进入低成本航空存在多方面障碍。这些问题需要通过深化改革来解决。

高铁的“正收益”在哪里

原载财新网，2014 年 8 月 5 日

高铁的巨额投入不仅没有缓解交通运输结构恶化的趋势，还给中铁总留下了根本无法偿还的 3 万多亿元债务

近日，某智库机构高级研究员撰写了一篇“高铁虽 3 万亿债务但仍是正收益”的文章，忍不住做几点评论。

第一，该文称“应该将中国的高铁系统视为准公益性资产，而不能视为完全市场化的经营性资产。”这存在基本概念问题。资产是提供客运服务的生产要素，客运服务可以有公益性或经营性之分，但高铁资产无所谓公益性的问题。

对旅客运输来说，满足基本出行需求的运输有一定公益性。因此普通客车的硬座可以认为有准公益性，但硬卧和软卧是经营性的，应市场化定价。例如，俄罗斯在铁路实行政企分开后，只对铁路客运硬座服务补贴。高铁满足更快捷更舒适的出行需求，其票价甚至高于打折机票的价格，超出了基本出行需求，只应进行市场化经营。

谈论公益性不过是给争取财政补贴寻找理由。高铁如果在春运期间以普通客车票价送农民工回家，可以说高铁提供了准公益性服务，这时政府应当给予补贴。但一般地补贴高铁而不补贴硬座客车，将没有公平正义可言。

第二，原铁道部在规划建设高铁时，其主要服务对象定位于商务和旅游客流，建设的是经营性铁路而不是提供公益性服务的铁路。高铁票

价是普通铁路客车票价的3倍，高于普通软卧票价。在批复高铁项目的可行性研究中，投资的内部收益率都大于6%，贷款偿还期均低于15年，原铁道部保证高铁是可以赢利的投资项目，因此获得国家发改委的批准。现在高铁出现了3万亿元不能偿还的债务，就要把高铁变成“准公益性资产”，然而，高铁项目建设的基本性质是不能随意改变的。

第三，该文没有说明高铁的“准公益性”到底表现在哪里，只是说“越来越多的普通人，拖着行李像串门一样登上高铁”，“从便利程度来看，乘坐高铁基本上能即到即走”。随着人们收入水平的提高，越来越多的人也乘飞机出行，这是不是飞机的“准公益性”？不过所谓“普通人”显然不包括近3亿农民工及其家属，在旅途上，他们想买的是硬座或硬卧车票，而不是高铁。

第四，该文称“中国铁路总公司也许运营高速铁路不赚钱，庞大的债务也难以还清，但将产生极大的正外部性”。不过，其并没有说明“正外部性”体现在哪里。高铁建设会有某些正外部性，至少可提升高铁车站周边的房地产价格。但高铁的负外部性远大于正外部性，其主要表现是交通运输结构的严重恶化，建设高铁提高了经济运行的系统成本。

高铁的建设成本是普通铁路的2倍以上，我国已修建了1万多公里的高铁，相当于少建了2万多公里的普通铁路，2008—2013年，铁路客运的市场份额下降了4个百分点，铁路货运的市场份额下降了10个百分点。而同期航空客运的市场份额上升了3个百分点，公路的客货市场份额分别上升了1个百分点和9个百分点。高铁的巨额投入不仅没有缓解我国交通运输结构恶化的趋势，还给中铁总留下了根本无法偿还的3万多亿元债务。

铁路是大运量、低成本、较绿色的交通方式，应当占有较高的市场份额。美国铁路货运周转量的市场份额在40%左右，一直高于公路货运的市场份额。但我国铁路货运周转量的市场份额（不包括远洋运输）从1998年的54%下降到2013年的22%，而公路货运周转量的市场份额从 1998 年的 24% 上升到 2013 年的 51%。由于铁路发展严重滞后，我国大量用汽车运输煤炭等基础原材料，用稀缺的石油资源换廉价的煤炭资源，大幅度提高了物流成本，严重降低了国民经济整体的资源配置效率。

第五，该文错误地认为国有资产就应当免费使用，文中称："中国的铁路系统基本上都是国有资产，这就像美国由联邦政府修建的很多高速公路，由政府修建，对公众免费，是真正的'freeway'！中国也可以把高铁轨道系统视为另一种形式的免费高速公路。"事实上，美国的高速公路采用向公众征收燃油税、轮胎税的融资方式建设，并不免费，天上不会掉下一条高速公路让人们免费使用。另外，国家的钱来自老百姓，为什么不花在教育、医保、养老、农民工市民化等民生项目上，而花在高铁上呢？

第六，该文针对高铁巨额债务无法偿还的问题提出"搞一次债转股，出售一小部分中国高铁资产，就能支撑起一部分债务负担"。现在的问题是除京沪高铁有望实现盈亏平衡外，其他高铁大都处于严重亏损状态。即使对可能盈利的京沪高铁，两大机构投资人——平安资产管理有限责任公司和全国社保基金理事会在 2012 年下半年都提出了退股的要求。如此，高铁债转股转得出去吗？

实际上，高铁的巨额负债本身并不是问题，关键在于大多数高铁项目的客流远低于预期，在于高铁与普通铁路不兼容，普通旅客列车不能上高铁线路运行，因此不能发挥客运专线的功能。2010 年 1 月投入运营的郑西高铁，2014 年 8 月每天开行不到 30 对高铁动车组。而按照郑西高铁的可行性研究报告，在繁忙区段 2010 年每天开行 59 对，2018 年每天 125 对，2028 年将每天开行 177 对高铁动车组。经营高铁对客流的要求与经营饭店类似，按郑西高铁每天至少有开行 160 对动车组的能力，类似于建设了一座 160 层的豪华饭店，但现在只有不到 30 层在营业，其余 130 层处于闲置状态，爆发债务危机对这类饭店不过是时间问题，高铁也是如此。

第七，该文称“如果今后中国对外输出高铁系统获得成功，中国高铁的正外部性就更强了”。实际上，在国外建设铁路有市场，但高铁没有市场。国外高铁能收回建设成本的，只有东京到大阪的500公里高铁，因为日本60%的人口、70%的GDP集聚在该区域。目前国外任何地区的人口规模和人口密度都不具备建设高铁的市场条件，除非政府进行高额补贴。那么对外输出高铁系统的正外部性在哪里呢？在投资国外没有回报的“准公益性资产”吗？

京津冀治霾，到底需要什么样的铁路

原载财新网，2017 年 10 月 25 日

环保部建议触及了交通供给侧结构性改革的深层次问题，需要对现行铁路中长期发展规划、京津冀城际铁路网规划和如何深化铁路改革进行反思，把“深化供给侧结构性改革”落实到交通运输领域

有媒体报道，最近环保部建议提高京津冀地区铁路货运比例，以助于解决京津冀地区的大气污染。

根据环保部数据，京津冀地区货物运输主要依赖公路，柴油货车是PM2.5 的排放大户，天然气卡车氮氧化物排放甚至高于柴油卡车，公路货运成为京津冀地区大气污染的重要来源。京津冀地区铁路货运能力不足和运价高于公路运输，是造成上述状况的根本原因。在京津冀地区产业结构和能源结构调整取得明显进展后，调整京津冀地区的交通运输结构成为环保部的工作重点。

针对京津冀地区铁路货运能力不足问题，环保部建议出台铁路货运规划，要求大型企业与周边企业对接建设铁路支线，新建大型企业必须配套规划建设铁路专线。针对铁路运输价格高于公路运输的反常状况，环保部建议由中国铁路总公司牵头建立铁路运费全包价格制度，并研究采用铁路集港运输和疏港运输差异化运价模式。

环保部的两项建议虽然是针对解决京津冀地区大气污染问题，不管其意识到与否，已经触及了交通供给侧结构性改革的深层次问题。需要以此为例，举一反三，对现行铁路中长期发展规划、京津冀城际铁路网

规划和如何深化铁路改革进行反思，把党的十九大报告关于“深化供给侧结构性改革”的要求真正落实到交通运输领域。

京津冀一体化应修高铁还是普通铁路？

按照环保部的数据，京津冀地区 27 亿吨的货运量中只有 10.2% 货物依靠铁路运输，84.4% 依靠公路运输。2016 年我国铁路货运周转量的市场份额（不包括远洋运输）为 17%，公路货运周转量的市场份额为 49%。这说明京津冀地区比全国平均水平更加依靠公路运输，铁路货运能力更加严重不足，京津冀地区交通运输结构的扭曲程度更为严重。

最典型的，2016 年天津港煤炭集港运量完成 1.04 亿吨，其中铁路运输集港 4852 万吨，汽运集港 5600 万吨，约 53.85% 煤炭靠公路运输集港。公路运输煤炭主要经北京东部和南部运往天津港，其中东线离北京市区最近。这也是造成北京东南部地区 PM2.5 通常高于北京其他地区的一个原因。如果在北京南部建设一条从“三西”到天津港的铁路货运专线或普通客货混跑铁路，就可以从根本上解决柴油货车经北京地区运煤的大气污染问题，且每年近 6000 万吨煤炭运量，早已满足铁路货运专线的建设条件，但这条铁路不仅迟迟没有建设，甚至现在也没有列入规划。

京津冀似乎更优先建设只能运人不能运货的高速铁路。根据已获得批复的京津冀地区城际铁路网规划，到 2020 年前实施北京至唐山铁路、北京至天津滨海新区铁路、北京至石家庄城际铁路等 9 个项目，总里程约 1100 公里，速度目标值大都在时速 300 公里以上，初步估算投资约 2470 亿元。2030 年京津冀还要形成“四纵四横一环”为骨架的城际客运铁路网络。

京津冀的铁路网密度已经是长三角的 1.7 倍、珠三角的 2.36 倍，但人口密度远低于长三角、珠三角。京津冀现有高速铁路已存在运能闲置问题。以京津冀人口最多的北京、天津之间的京津城际铁路为例，该城际高铁已经开通运营近 10 年，但旅客发送量日均尚不足 9 万，仍在亏损运营。京津城际的日均客流达到 18 万时，估计才有望实现盈亏平衡。北京、天津之间城际铁路状况尚且如此，在京津冀其他城市之间建设城际高速铁路只会比京津城际更差。况且，在北京—天津—唐山通道、北京—石家庄通道上已经有时速 350 公里的高铁和时速 160 公里的普通铁路，而且高铁的客座利用率远低于设计水平。但北京直线连接唐山的高铁项目已经开工建设，为缩短半小时运行时间就要投资 333 亿元。北京到石家庄另一条高速铁路也要建设。这些过度重复建设将造成严重的运能过剩和资源浪费。

资源总是有限的，在京津冀地区铁路货运能力严重不足的情况下，为什么不多建设一些货运铁路，或客货混跑的高标准普通铁路，而要大规模建设只能运人不能运货的高速铁路?

规划建设过多的高速铁路不仅是京津冀的问题，而且是全国性的问题。大规模建设“四纵四横”的 2.2 万公里高铁，已经造成了三方面的严重问题:

一、中铁总的负债从 2005 年的 4768 亿元猛增到 2016 年的 4.72 万亿元。高铁的全部运输收入尚不够偿还建设高铁的贷款利息，中铁总已失去还款付息能力。按照目前的发展态势，2020 年中铁总的负债将高达 8 万亿元，势必导致铁路债务危机，引发严重的金融风险。

二、我国铁路货运周转量的市场份额（不包括远洋运输）从 2005 年的 50%，以每年 3 个百分点的速度跌落，到 2016 年只占有 17% 的市场份额，导致大量用汽车运输煤炭等基础原材料，用稀缺的石油资源换廉价的煤炭资源，严重扭曲了我国的交通运输结构，严重降低了国民经济整体的资源配置效率。美国是世界上公路运输最发达的国家，但其铁路货运周转量的市场份额一直在 40% 左右。

三、大量依靠公路进行货物运输，特别是用柴油货车运输本应由铁路运输的煤炭等基础原材料，加重了大气污染。2016 年我国公路完成的货运周转量为 61080 亿吨公里。根据环保部的统计，2016 年全国货车的氮氧化物排放量365.7万吨、一氧化碳排放986.5万吨。环保部在2017年《中国机动车环境管理年报》中指出："当前，我国移动源污染问题日益突出，已成为空气污染的重要来源。特别是在北京和上海等特大型城市以及东部人口密集区，移动源对细颗粒物（PM2.5）浓度的贡献高达20%至40%。在极端不利条件下，贡献率甚至会达到50%以上。"如果把我国铁路货运周转量的市场份额提高到美国的水平，降低公路货运的市场份额，将对京津冀地区以及我国大气质量改善产生显著影响。

基于上述三方面的问题，继续进行大规模的"八纵八横"高铁建设将造成更为严重的损失，需要对2016年版的中长期铁路网规划进行调整。高速铁路只能运人不能运货，只有在人口规模大、密度高的京沪、京广通道，才具备建设高铁的基本条件，不能搞全覆盖。我国中西部人口规模小、密度低，不宜进行大规模高铁建设，建设既能运人又能运货的普通铁路比建设高速铁路更有利于当地经济社会发展。

对于中西部地区的快速出行需求完全可以用低成本航空来解决。目前我国低成本航空的市场份额只有6.4%，而2015年美国低成本航空占航空客运的市场份额为31.5%，欧盟为41.2%，东南亚地区则高达56.4%。我国低成本航空市场有巨大的发展空间，但由于体制上的原因，低成本航空发展缓慢。首先，地方政府对建设高铁比低成本航空有更大的积极性。低成本航空的投资规模小，带来的GDP增长远小于高铁，而且高铁主要由中铁总投资建设，不要白不要。其次，民营资本进入低成本航空存在多方面障碍。这些问题需要通过深化改革来解决。

就京津冀地区来说，铁路建设仍存在较大发展空间，但需要对京津冀城际铁路网规划进行调整。一是要多建设一些高标准普通铁路，增加铁路货运比例，优化京津冀的交通运输结构。二是要重点建设大都市区轨道交通和通勤铁路，解决特大城市交通拥堵等大城市病。北京应建设环形加多条放射线的轨道交通网，特别是建设通往燕郊、大厂、香河、廊坊、固安、涿州的通勤铁路，促进京津冀一体化，同时采用TOD模式进行高密度物业开发，抑制北京房价上涨。北京的轨道交通和通勤铁路规模至少要达到2000公里以上，才能支撑北京大都市区的运行。

铁路货运价格高于公路的原因何在？

环保部建议由中国铁路总公司研究采用铁路集港运输和疏港运输差异化运价模式来降低铁路货运价格，但这没有对症下药，环保部没有弄清中国铁路货物运输价格高于公路的真正原因。

中国铁路货物运输价格高于公路运输价格的首要原因，不是因为铁路货物运输的成本高于公路运输，而是要通过提高铁路货运价格来增加收入，弥补客运特别是大规模高铁建设运营导致的巨额亏损。中铁总（原铁道部）只公布各年度的货运收入、客运收入，但不公布货运成本和客运成本数据，但只要稍做较深入的分析，就能得出上述判断。

首先，各国的铁路旅客运输通常都是亏损业务，铁路货运是盈利业务。美国铁路公司只从事货运业务，铁路客运由美国国家铁路客运公司（Amtrak）承担，靠美国政府补贴运营。俄罗斯铁路股份公司的营业收入排名居国内前4位，是俄罗斯赢利最多的公司之一，但盈利来自货运，要通过内部交叉补贴弥补客运的亏损。俄罗斯铁路实行政企分开后，政府承诺负责补贴客运亏损。我国铁路长期以来都是通过内部交叉补贴，用货运特别是煤炭运输的盈利补贴铁路旅客运输的亏损。

我国铁路曾有“不倒（运）煤，就倒霉”的说法。长期以来大宗货物运输，特别是煤炭运输都是我国铁路的主要赢利业务，大秦铁路、朔黄铁路等煤运专线的税前利润可达到其营业收入的40%～50%。虽然物价上涨导致铁路运输成本不断提高，铁路货运价格也进行了多次调整，铁路货物运输大体能够保持盈亏平衡或略有盈余。

但我国铁路客运价格自1995年以来一直没有进行调整，2008年以来高速铁路的票价也没有进行调整。随着铁路运输成本的上涨，铁路旅客运输的亏损势必加大，特别是大规模高速铁路建设和运营使中铁总的亏损急剧扩大。中铁总对高铁的收支状况严格保密，但从其公布的负债和客运收入数据，可得出如下判断：即使不考虑高铁的运营成本，高铁的全部运输收入尚不够支付建设高铁的贷款利息，该判断的依据如下：

2016 年底中铁总的负债为 4.72 万亿元，其中至少 3.3 万亿元是建设 2.2 万公里高铁和购置动车组的投入，按 4.75% 的利息计算，每年应支付的贷款利息为 1568 亿元。而中铁总 2016 年的客运收入为 2817 亿元，铁路客车保有量 7.1 万辆，高速动车保有量 20688 辆，普通铁路客车的数量是动车数量的 3 倍以上。假设普通铁路客车的客座利用率与高速动车相同，由于高铁票价是普通铁路票价的 3 倍左右，可以认为铁路客运收入的 50% 是既有线列车的客运收入，高铁的客运收入仅为 1409 亿元。

由于高铁的运输收入不够支付贷款利息，更无法负担高铁的运营费用，因此只能靠货运业务来负担高铁的运营费用。为了增加铁路货运收入弥补高铁的运营亏损，最直接的办法就是提高货运价格。从 2004 年以来经 11 次调整，我国铁路货运价格水平已由 2004 年的 0.08 元/吨公里逐步调整到 2012 年的 0.1151 元/吨公里、2013 年的 0.1301 元/吨公里、2014 年的 0.1451 元/吨公里和 2015 年的 0.1551 元/吨公里。2004—2012 年的 8 年间每吨公里运价上涨了 0.0351 元，而 2012—2015 年的 3 年内每吨公里运价上涨了 0.04 元。显然，铁路货运价格加速上涨，是为弥补高铁运营日益严重的亏损。

某些货物的铁路运输实际价格还高于 0.1551 元/吨公里的水平。有媒体披露的一份环保部调研报告显示，“以从黄骅港到邯钢运输矿石为例，铁路运输全部费用约 108 元/吨（约 0.25 元/吨公里），公路运输与铁路运输距离大体相当，而其全包费用仅为 50 元/吨（约 0.11 元/吨公里）。国际上铁路运价一般为 0.1 元/吨公里，公路运价为 0.3 ~ 0.5 元/吨公里，中国与国际货运价格体系正好相反”。

世界银行按照购买力平价基于 2009—2013 年数据，测算出我国铁路货运价格水平是美国的 1.3 倍。2016 年美国铁路的货物平均运价为人民币 0.1816 元/吨公里。大宗货物运输存在规模经济，大宗煤炭货物运输的运价一般低于平均货物运价。2014 年美国铁路煤炭运输的名义价格换算成人民币仅为 0.1248 元/吨公里，低于同年我国铁路货运价格的 0.1451 元/吨公里。

自 1980 年美国实施 Staggers 铁路法案改革后，美国铁路公司通过组织变革和技术进步，运营效率获得大幅提高，铁路货运价格不断降低，铁路名义运价的上涨幅度始终低于铁路投入要素价格的上涨幅度，扣除通货膨胀的影响后，2016 年的铁路运价水平比 1981 年低 45%。美国铁路的货物运输价格不断下降，降低了全社会的物流成本，产生了巨大的社会效益，我国铁路货物运输价格则不断上涨。

这种靠提高铁路货运价格，特别是煤炭矿石等大宗基础原材料运价来对高铁的亏损进行交叉补贴，产生了两方面的后果：

一是提高铁路货运价格，把大量货主推向公路运输，又进一步降低了铁路运输的市场份额。铁路货运价格从 2004 年的 0.08 元/吨公里提高到 2015 年的 0.1551 元/吨公里，与此同时，铁路货运周转量的市场份额（不包括远洋运输）从 2005 年的 50% 下降到 2016 年的 17%；而公路货运周转量的市场份额相应地从 21% 上升到 49%。

二是大量的公路货运，尤其是柴油和天然气重型卡车，加大了氮氧化物、一氧化碳、碳氢化合物、颗粒物等有害气体排放。

铁路货运价格高于公路运价的另一重要原因是中铁总（原铁道部）坚持统一调度指挥、统一清算，铁路局不能自主定价。邯黄铁路在北京铁路局管内，连接黄骅港与邯钢的铁路（428 公里）于 2015 年开通运营，河北钢铁集团参与入股邯黄铁路建设，邯钢厂内的车皮经过编组后，可以直接发运至黄骅港。但北京铁路局没有自主定价的权利，而且邯黄铁路是合资铁路，是否有足够数量的货车用于邯钢的煤炭、矿石运输要服从中铁总的统一调度指挥。铁路货运价格、铁路运输的时效性和可靠性都受制于中铁总的统一调度指挥，而三要素又决定了邯钢采用铁路运输还是公路运输。

因此，铁路运价高于公路运价不是简单的定价模式问题，而是涉及了深层次的体制问题，需要通过深化铁路改革来解决。

环保部在京津冀地区的产业结构和能源结构调整取得进展后，开始把工作重点放在调整京津冀地区的交通运输结构上，但这不仅仅是京津冀的问题，也是全国性的问题。高速铁路被认为是一种节能环保的交通方式，但高铁列车主要是克服空气阻力，其能耗远高于普通铁路。更应引起重视的是，靠债务融资进行大规模高铁建设，不仅积累起中铁总无法偿还的巨额债务和日益严重的金融风险，而且铁路货运能力严重不足和要靠不断提高铁路货运价格来减少亏损，导致大量货物转向公路运输，又造成了东部人口密集地区严重的大气污染。继续扩大高铁建设规模，把“四纵四横”扩展到“八纵八横”将使上述问题更为严重。

我国只有 12 万公里铁路，其中的 2. 2 万公里是只能运人不能运货的高速铁路，我国高铁运营里程已相当世界其他地区半个多世纪建设的高速铁路的 2 倍，美国铁路营业里程则为 22. 5 万公里。我国高标准普通铁路还有巨大发展空间，但不是高铁。2013 年美国参议院预算委员会资深委员和众议院预算委员会主席曾致信美国交通运输部部长，要求拒绝对拉斯维加斯赌城巨头与中铁总合作的西部快线项目贷款，信中写道：“我们极为担心资助另一条昂贵、浪费、高风险的高速铁路项目的前景，特别是我们国家正经历的债务危机已经威胁了当前和未来美国人的福祉。我们要求交通运输部拒绝西部快线的贷款申请，并指导联邦铁路复兴与改善资助计划的资金用于能够给纳税人提供合理回报的、更值得的交通基础设施项目。”我国的大规模高铁建设已经严重恶化了我国的交通运输结构。

因此，交通运输领域同样需要落实党的十九大报告关于深化供给侧结构性改革的要求，而深化交通供给侧结构性改革的迫切性、复杂程度、严峻程度远远不是其他产业部门通过“关停并转”所能解决的，因为涉及铁路中长期规划的调整、深化铁路改革等深层次问题，更需要中央高层的决断和推动。

警惕大规模高铁建设形成更严重产能过剩

原载财新网，2016 年 7 月 5 日

中国铁路确实存在投资空间，但主要是大都市区的轨道交通，如果出现投资结构和投资地域错配，会造成严重的产能过剩

6 月 29 日，国务院常务会议原则通过《中长期铁路网规划》，高铁网规划由“四纵四横”扩大到“八纵八横”，并要实现铁路交通基本覆盖县级以上行政区。本文认为，大规模铁路交通建设也会造成严重的产能过剩。在中央推进供给侧结构性改革，要求落实“去产能”等五大重点任务的形势下，《中长期铁路网规划》是否会造成更为严重的铁路产能过剩和资源空间错配，是需要慎重拍板的。

“十三五”时期我国面临经济下行压力加大的挑战，投资高铁和中西部铁路被有关部门认为是拉动内需的重要选项，近年铁路的固定资产投资均在 8000 亿元以上。我国铁路确实存在投资空间，但主要是大都市区的轨道交通，如果出现投资结构和投资地域错配，会造成严重的产能过剩，其表现形式是铁路运输能力的大量闲置和国家难以承受的巨额债务负担。

不能把投资铁路作为拉动经济的工具

我国经济进入新常态，铁路货运需求必然下降。过去一段时期主要靠大规模固定资产投资（主要是盖楼、修路、造城）拉动经济，而盖楼造城需要钢筋水泥，生产钢筋水泥需要消耗大量煤炭电力，我国铁路

主要运输煤炭和冶炼物资等大宗货物，其占比高达铁路货运量的 80%，由此造成旺盛的铁路货运需求。一旦盖楼修路造城的热潮过去，铁路货运需求必然随之下降，中铁总因无货可运而封存的货已达 6 万辆。目前我国钢产量、煤炭产量分别占世界总产量的 50%，水泥产量占全球总产量的近 60%。这种依靠大量消耗资源的经济增长方式是不可持续的。我国煤炭产量将长期保持稳定甚至下降，加之能源结构变化、建设坑口电站长距离高压输电、节能减排及国际煤炭价格已经低于国内煤炭价格等因素的影响，对煤炭和冶炼物资的铁路货运需求也必然随之下降。

因此，铁路也不能为加密路网而盲目规划。我国铁路还有相当大的投资空间，但也不是铁路越多越好，路网越密越好。如果建了铁路，长时期过度低于实现盈亏平衡的运量，就会造成严重的资源浪费，导致中铁总更严重的亏损，并错失在其他地方建设铁路、促进经济社会发展的机遇。因此，不能把投资铁路作为拉动经济的工具，铁路也会出现产能过剩。由于铁路建设的投资规模巨大，铁路的产能过剩比其他行业的产能过剩会造成更严重的损失。

不宜进一步扩大高铁建设规模

我国建设的高速铁路已达 1.9 万公里，是世界其他国家和地区半个世纪建设的高速铁路总和的 2 倍以上。2008 年 10 月国家批准的《中长期铁路网规划（2008 年调整）》到 2020 年达到的高铁里程，已经提前 6 年完成。一条高速铁路的建设成本是普通铁路的 2～3 倍，且只能运人不能运货，因此只有在人口规模大密度高、收入水平高的地区才可能有足够大的客流，才可能实现盈亏平衡。人口规模、密度低于京沪通道的高铁项目将长期处于亏损状态。

例如，2011 年 7 月投入运营的京沪高铁在年旅客发送量超过 1 亿、每天高铁列车开行对数超过 100 对以后，开始实现赢利；但 2010 年 1 月就投入运营的郑西高铁目前每天仅开行 27 对高铁列车，而郑西高铁每天至少有开行 160 对列车的能力。这类似于建设了一座 160 层的豪华饭店，但只有27层在营业，其余133层处于闲置状态，这种饭店是不可持续的，高铁也是如此。

目前中铁总的负债已超过4万亿元，即使不考虑高铁的运营成本，高铁的全部运输收入尚不够支付建设高铁的贷款利息。中铁总要靠财政补贴和不断借新债还旧债来维持，已经陷入债务负担恶性增长的深渊。

为了拉动经济，很多省市政府提出要在“四纵四横”高铁网络的基础上，进一步扩大高铁建设规模。郑州、西安、武汉、长沙等多个城市都在计划建设“米”字形高铁，多条上千公里的高铁大干线都在力图纳入“十三五”规划。如果2020年高铁运营里程达到3万公里，将造成国家难以承受的高铁债务危机。

实际上在中西部地区建设只能运送旅客的高速铁路，会造成货运能力不足和高铁运输能力大量闲置。目前兰新高铁每天开行的高铁动车组只有5对，其运输收入甚至不足以支付电费。高铁主要满足消费需求，不能用于运输货物的生产性需求，而建设速度目标值每小时160公里左右既能运货又能运客的高等级普通铁路更有利于中西部地区的经济社会发展。

以推进京津冀一体化为旗号，京津冀要形成以“四纵四横一环”为骨架的城际铁路网络，新建城际线23条，总规模达3400公里。目前京津冀的铁路网密度已经是长三角的1.7倍、珠三角的2.36倍，但人口密度远低于长三角、珠三角。在北京—天津—唐山通道、北京—石家庄通道上已经有高铁和时速160公里的普通铁路，且高铁的利用率远低于设计水平。但北京直线连接唐山的高铁项目马上就要开工建设，为缩短半小时运行时间就要投资333亿元；北京到石家庄另一条高铁也要建设。这些过度重复建设将造成严重的资源浪费。

飞速运行的高铁的确是一道亮丽的风景，为人们出行提供了更多的选择。但天下没有免费午餐，国家财政最后要为高铁节约旅行时间的价值买单。至于说建高铁应主要考虑社会效益，高铁带动了房地产和地方经济的发展，那么建既可运客又可运货的普通铁路所产生的社会效益和对地方经济的带动作用远大于高铁。1908 年通车的沪宁铁路催生出长三角城市群，石家庄则是被铁路拉出来的城市。

投资中西部铁路要适度

“十三五”时期我国拟以中西部地区为重点加强铁路重大项目建设，中西部一些地方按所有地级以上城市都要通铁路的原则进行规划，而根本不考虑是否会有运量。西部地区的一些战略性、公益性铁路即使运量很小也必须建设。但这些铁路项目在开始建设之前就要明确界定其公益性的基本性质，明确运营亏损由谁补贴。青藏铁路就采取了这种方式，建设投资主要由中央财政承担，青藏铁路公司不必还本付息，运营亏损则由中央财政进行补贴。目前随着运营成本的不断上升，国家财政的补贴也在上涨。所有中西部的铁路都应采取这种方式，事先明确铁路建设项目的性质，采取不同的融资模式，如果是公益性铁路项目则要评估国家财政的承受能力。长期以来我国铁路是由东部地区运量大的铁路局补贴西部地区运量低的铁路局，货运收入补贴客运，如果事先不确定中西部新建铁路的性质就开始建设，未来的运营亏损就要完全由中铁总承担，最后还是要由国家财政兜底。

目前中西部很多省区正在规划大量的铁路建设项目，很多铁路建设项目的需求预测是基于规划的钢铁、煤炭项目。例如，青海省在建的塔尔丁至肯德可克地方铁路就是要用来运输铁矿石，准备在格尔木上 200 万吨的钢铁项目。青藏高原是长江黄河的发源地，高寒缺氧，生态环境极其脆弱，不宜发展采掘、冶炼工业。在该地区发展煤炭、钢铁工业能够得到的税收根本无法补偿修复生态破坏需要的巨额投资。青海木里煤田的露天开采已经对黄河支流大通河的发源地以及整个地区的水源涵养和生态功能造成严重破坏。在国家大力压缩钢铁煤炭产能的形势下，在生态环境脆弱的青藏高原地区更没有必要发展采掘冶炼工业，这就需要重新考虑该地区的铁路发展规划。但对于有重大战略意义的川藏铁路即使会长期亏损，也应由政府财政投资建设并在建成后长期补贴运营。

大都市区通勤铁路和轨道交通是发展重点

“十三五”时期，我国铁路的投资重点主要是大都市区的轨道交通。大都市区是指以大城市为中心，由多个与中心城市有较强通勤联系的周边县及城镇组成的区域，其面积在1.5万平方公里左右。大都市区是空间一体化的劳动力市场和住房市场，人口规模大、密度高的大都市区要由通勤铁路和城市轨道交通支撑其运行。

世界城市化的发展趋势是大都市区的人口在不断增长，而一些中小城市的人口则很少增长或下降。2010年美国366个大都市区人口比2000年增加10.8%，比1990年增加26.4%。2010年美国366个大都市区人口占全国人口比例为83.7%，产出占美国GDP的89%。

大都市区是经济增长的发动机，是发展城市群的支撑点。我国的城市群规划如果不以大都市区的发展为抓手，就是在下不做“眼”的围棋。我国的城镇化已经进入大都市区化的发展阶段，几乎所有的省会和副省级以上城市都出现了严重的交通拥堵，大城市病是交通基础设施不能支撑大都市区发展的市场信号。大都市区轨道交通建设是支撑集约型城镇化的基石。

东京大都市区有2500公里的轨道交通，纽约大都市区的轨道交通总里程为3342公里。东京和纽约在汽车社会来到之前就已经建成了相当规模的轨道交通网络，形成了建在轨道交通上的城市。按我国可能出现20个千万级以上人口的大都市区、每个大都市区需要建设2000公里左右轨道交通推算，我国大都市区的通勤铁路和城市轨道交通的建设规模可达4万公里，存在巨大的投资空间。

大都市区中一条通勤铁路的长度在30~50公里，一般不超过70公里，在其车站周边可以进行高强度的房地产开发，这不仅能够疏解中心城市人口，容纳更多的外来人口，改善人口的空间分布结构，为通勤铁路提供客流，而且可以使建设通勤铁路带来的土地升值收益回归建设运营主体。因而可以吸引社会资本采用PPP方式进行建设和运营，不增加政府财政负担。

铁路供给侧结构性改革应当注意的三个问题

我国铁路也需要进行供给侧结构性改革，使其适应国民经济发展的要求，避免出现更加严重的结构性和地域性运能过剩与短缺并存的局面，避免重复美国铁路运能严重过剩，又大规模拆铁路的过程。

美国曾建设了40多万公里的铁路，由于联邦资金资助的州际高速公路建设促进了公路和航空运输业的快速发展，大量分流了铁路运量，铁路运输能力出现严重过剩。美国拆掉了近20万公里的铁路，目前美国铁路的营业里程为22.5万公里。

（一）交通运输结构的合理化

铁路是交通运输体系的一个有机组成部分，要综合考虑铁路、公路、航空、水运、管道等多种交通运输方式承担的客货运输份额，提高国民经济的整体运行效率。

我国铁路货运周转量的市场份额仅为22%，而美国铁路货运周转量的市场份额在40%左右。由于铁路货运能力不足，我国大量用汽车运输煤炭等基础原材料，大幅度提高了物流成本，严重降低了国民经济整体的资源配置效率。

同时要避免在片面夸大某种交通方式运量预测的基础上，单独制定该交通方式的中长期规划。还要考虑我国经济进入新常态后，需求结构和产业结构变化对交通运输业的影响，如煤炭钢铁产量变化对运输需求的影响。

（二）铁路功能结构的合理化

要合理规划高速客运专线（含城际铁路）、客货混跑铁路、重载货运专线的结构比例。由于铁路建设投资巨大，大部分铁路应当是时速160公里左右的客货混跑铁路，高速铁路只能在客流巨大的通道上建设。

目前世界各国的高铁几乎没有一条能够依靠客运收入支付全部建设

和运营成本，只有日本的东海道新干线是唯一的例外，因为在该500公里的通道上集聚了7000万人口，还有几千公里的城市轨道交通和通勤铁路为东海道新干线集散客流。欧洲的高铁是作为节约国民旅行时间的福利由国家财政进行大量补贴来进行建设和维持运营。我国除位于人口规模大的少数高铁线路有望收回成本外，大多数高铁将长期处于运营严重亏损状态，更不可能收回建设成本。因此要合理确定高速铁路在铁路基础设施中的比例，慎重评估政府财政的支付能力。

（三）铁路空间结构的合理化

铁路是大运量运输方式，而中西部地区人口规模小密度低，如果新建铁路项目客货运量长期不足，会造成严重亏损。因此，不能以西部地区铁路密度低而盲目加大密度，更不能县县通铁路。对于客货运量不足但有重大战略价值或经济社会意义的铁路，要明确其性质，由政府财政投资建设并补贴运营。

我国铁路密度与国外的最大差距在大都市区轨道交通的密度，我国铁路的路网密度是美国的1/2强，但纽约大都市区轨道交通（通勤铁路与城市轨道交通）的路网密度是北京的6倍以上。铁路经济的基本规律决定了铁路的空间结构必然是不平衡的，铁路主要建设在人口规模大、密度高的地方。

“十三五”铁路要深化改革而不是大建高铁

原载财新网，2016 年 3 月 9 日

人口规模、密度低于京沪通道的高铁项目将长期处于亏损状态；我国铁路确实存在投资空间，但主要是大都市区的轨道交通，如果出现投资结构和投资地域错配，会造成严重的资源浪费

据报道，“十三五”规划纲要草案提出了 165 项重大工程和项目，在高铁领域，要拓展区域连接线，高速铁路营业里程达到 3 万公里，覆盖 80% 以上的大城市。本文认为，“十三五”铁路应深化改革而不是继续大建高铁。

“十三五”时期我国面临经济下行压力加大的挑战，投资高铁和中西部铁路被有关部门认为是拉动内需的重要选项，近 2 年铁路的固定资产投资均在 8000 亿元以上。我国铁路确实存在投资空间，但主要是大都市区的轨道交通，如果出现投资结构和投资地域错配，会造成严重的资源浪费。投资铁路也要按照党的十八届五中全会的指导思想：以提高发展质量和效益为中心，加快形成适应经济新常态的体制机制和发展方式。

不宜进一步扩大高铁建设规模

我国建设的高速铁路已达 1.9 万公里，是世界其他国家和地区半个世纪建设的高速铁路总和的 2 倍以上。2008 年 10 月国家批准的《中长期铁路网规划（2008 年调整）》到 2020 年达到的高铁里程，已经提前 6

年完成。一条高速铁路的建设成本是普通铁路的 2～3 倍，且只能运人不能运货，因此只有在人口规模大密度高、收入水平高的地区才可能有足够大的客流，才可能实现盈亏平衡。人口规模、密度低于京沪通道的高铁项目将长期处于亏损状态。

例如，2011 年 7 月投入运营的京沪高铁开始实现盈利，但 2010 年 1 月就投入运营的郑西高铁目前每天仅开行 27 对高铁列车，而郑西高铁每天至少有开行 160 对列车的能力。这类似于建设了一座 160 层的豪华饭店，但只有 27 层在营业，其余 133 层处于闲置状态，这种饭店是不可持续的，高铁也是如此。

目前中铁总的负债已达 4 万亿元，即使不考虑高铁的运营成本，高铁的全部运输收入尚不够支付建设高铁的贷款利息。中铁总要靠财政补贴和不断借新债还旧债来维持，已经陷入债务负担恶性增长的深渊。

为拉动经济，很多省市政府提出要在“四纵四横”高铁网络的基础上，进一步扩大高铁建设规模。郑州、西安、武汉、长沙等多个城市都在计划建设“米”字形高铁，多条上千公里的高铁大干线都在力图纳入“十三五”规划，如果 2020 年高铁运营里程达到 3 万公里，将造成国家难以承受的高铁债务危机。

实际上在中西部地区建设只能运送旅客的高速铁路，会造成货运能力不足和高铁运输能力大量闲置。目前兰新高铁每天开行的高铁动车组则不到 5 对。高铁主要是满足消费需求，不能用于运输货物的生产性需求，而建设速度目标值每小时 160 公里左右既能运货又能运客的高等级普通铁路更有利于中西部地区的经济社会发展。

以推进京津冀一体化为旗号，京津冀要形成以“四纵四横一环”为骨架的城际铁路网络，新建城际线 23 条，总规模达 3400 公里。目前京津冀的铁路网密度已经是长三角的 1.7 倍、珠三角的 2.36 倍，但人口密度远低于长三角、珠三角。在北京—天津—唐山通道、北京—石家庄通道上已经有高铁和时速 160 公里的普通铁路，且高铁的利用率远低于设计水平。但北京直线连接唐山的高铁项目马上就要开工建设，为缩短半小时运行时间就要投资333亿元；北京到石家庄另一条高铁也要建设。这些过度重复建设将造成严重的资源浪费。

飞速运行的高铁的确是一道亮丽的风景，为人们出行提供了更多的选择。但天下没有免费午餐，国家财政最后要为高铁节约旅行时间的价值买单。至于说建高铁应主要考虑社会效益，高铁带动了房地产和地方经济的发展，那么建既可运客又可运货的普通铁路所产生的社会效益和对地方经济的带动作用远大于高铁。1908年通车的沪宁铁路催生出长三角城市群，石家庄则是被铁路拉出来的城市。

投资中西部铁路要适度

我国经济进入新常态，铁路货运需求必然下降。过去一段时期主要靠大规模固定资产投资（主要是盖楼修路造城）拉动经济，而盖楼造城需要钢筋水泥，生产钢筋水泥需要消耗大量煤炭电力，我国铁路主要运输煤炭和冶炼物资等大宗货物，其占比高达铁路货运量的80%，由此造成旺盛的铁路货运需求。一旦盖楼修路造城的热潮过去，铁路货运需求必然随之下降，中铁总因无货可运而封存的货已达6万辆。目前我国钢产量、煤炭产量分别占世界总产量的50%，水泥产量占全球总产量的近60%。这种依靠大量消耗资源的经济增长方式是不可持续的。我国煤炭产量将长期保持稳定甚至下降，加之能源结构变化、建设坑口电站长距离高压输电、节能减排以及国际煤炭价格已经低于国内煤炭价格等因素的影响，对煤炭和冶炼物资的铁路货运需求也必然随之下降，铁路发展也必然进入新常态。因此中西铁路建设要适度，不能盲目加密中西部地区的路网密度。

目前中西部很多省区正在规划大量的铁路建设项目，很多铁路建设项目的需求预测是基于规划的钢铁、煤炭项目。例如，青海省在建的塔尔丁至肯德可克地方铁路就是要用来运输铁矿石，准备在格尔木上200万吨的钢铁项目。青藏高原是长江黄河的发源地，高寒缺氧生态环境极其脆弱，不宜发展采掘、冶炼工业。在该地区发展煤炭、钢铁工业能够得到的税收，根本无法补偿修复生态破坏需要的巨额投资。青海木里煤田的露天开采已经对黄河支流大通河的发源地以及整个地区的水源涵养和生态功能造成严重破坏。在国家大力压缩钢铁煤炭产能的形势下，在生态环境脆弱的青藏高原地区更没有必要发展采掘冶炼工业，这就需要重新考虑该地区的铁路发展规划。但对于有重大战略意义的川藏铁路即使会长期亏损，也应由国家财政投资建设并在建成后长期补贴运营。

铁路是大运量运输方式，而中西部地区人口规模小密度低，如果新建铁路项目客货运量长期不足，会造成严重亏损。因此，不能把投资中西部铁路作为拉动经济的工具，铁路也会出现地域性产能过剩。由于铁路建设的投资规模巨大，铁路产能过剩比其他行业的产能过剩会造成更严重的损失。

大都市区通勤铁路和轨道交通是发展重点

“十三五”时期，我国铁路的投资重点主要是大都市区的轨道交通。大都市区是指以大城市为中心，由多个与中心城市有较强通勤联系的周边县及城镇组成的区域，其面积在 1.5 万平方公里左右。大都市区是空间一体化的劳动力市场和住房市场，人口规模大、密度高的大都市区要由通勤铁路和城市轨道交通支撑其运行。

世界城市化的发展趋势是大都市区的人口在不断增长，而一些中小城市的人口则很少增长或下降。2010 年美国 366 个大都市区人口比 2000 年增加 10.8%，比 1990 年增加 26.4%。2010 年美国 366 个大都市区人口占全国人口比例为 83.7%，产出占美国 GDP 的 89%。大都市区是经济增长的发动机。我国的城镇化已经进入大都市区化的发展阶段，几乎所有的省会和副省级以上城市都出现了严重的交通拥堵，大城市病是交通基础设施不能支撑大都市区发展的市场信号。

东京大都市区有 2500 公里的轨道交通，纽约大都市区的轨道交通总里程为 3342 公里。东京和纽约在汽车社会来到之前就已经建成了相当规模的轨道交通网络，形成了建在轨道交通上的城市。按我国可能出现20个千万级以上人口的大都市区、每个大都市区需要建设2000公里左右轨道交通推算，我国大都市区的通勤铁路和城市轨道交通的建设规模可达4万公里，存在巨大的投资空间。

大都市区中一条通勤铁路的长度在30～50公里，一般不超过70公里，在其车站周边可以进行高强度的房地产开发，这不仅能够疏解中心城市人口，容纳更多的外来人口，改善人口的空间分布结构，为通勤铁路提供客流，而且可以使建设通勤铁路带来的土地升值收益回归建设运营主体。因而可以吸引社会资本采用PPP方式进行建设和运营，不增加国家财政负担。

深化铁路运输管理体制改革应列入“十三五”规划

深化铁路运输管理体制改革是铁路发展的内在要求。我国铁路货运周转量的市场份额（不包括远洋运输）从1998年的54%下降到2014年的22%，即使在国家加大对铁路投入以后，铁路货运市场份额下降的趋势也没有扭转，2008—2014年，铁路货运的市场份额就下降了10个百分点，而其他运输方式的市场份额在不断增长。与此相对照，美国是世界上公路运输和航空运输最发达的国家，但其铁路货运周转量的市场份额在40%左右，一直高于公路货运的市场份额。我国大量用汽车运输煤炭等基础原材料，大幅度提高了物流成本，严重降低了国民经济整体的资源配置效率。国务院关于引入社会资本、土地综合开发等促进铁路发展的政策无法落实，铁路货运改革的成效甚微。

所有上述问题都是铁路没有深化改革、不能产生创新活力、不能适应市场的必然结果。“十三五”时期铁路进行打破垄断、实施重组的改革已不应拖延。国家应承担中铁总建设高铁的部分债务，实施把中铁总拆分为三大区域铁路公司的改革，形成三大区域铁路公司之间的比较竞争，区域公司内相邻子公司间的平行线竞争，即两层面竞争的铁路运输企业组织结构。

铁路的发展还应与大都市区的通勤铁路发展相结合，与新型城镇化相结合。继续保留高度垄断的铁路运输管理体制不符合党的十八届三中全会全面深化改革的要求，无法适应2020年建成完善的社会主义市场经济体制的改革目标。实际上，对铁路进行“网运分离”的改革已经写入了“十五”计划纲要，后因存在网运分离和区域分割两种重组模式的争论，铁路的深化改革就此被搁置，并留下多方面的后遗症。“十三五”时期，铁路运输管理体制改革已经不能再拖延了。

未来铁路投资重点不在高铁

原载财新网，2015 年 7 月 2 日

中西部的高铁利用率显著不足，亏损严重，不应仅为拉动经济进一步扩大建设规模。中国铁路未来的发展重点是大都市区的通勤铁路和城市轨道交通

中国经济发展已经进入新常态，铁路的发展也相应要进入新常态。如果对这一趋势缺乏明确把握，认为中西部的铁路网密度还低于东部，重点投资中西部铁路就是定向精准投资，就可以继续靠维持固定资产投资规模来拉动经济，会造成严重后果。

不能把投资铁路作为拉动经济的工具

随着靠大规模固定资产投资（主要是盖楼修路造城）来拉动经济的势头开始衰减，铁路货运量随之下降。这是因为盖楼造城需要钢筋水泥，生产钢筋水泥需要大量煤炭，我国铁路以运煤为主，煤炭产量下降铁路运量就会下降。2011 年我国铁路货运发送量高达 39 亿吨，其中煤炭占比为 58%，煤炭和冶炼物资二者的占比高达 80%。2012 年在盖楼造城的热度下降后，我国煤炭、水泥、钢产量出现增速减缓或下降，铁路货运量随之持续下降，2015 年中铁总已封存了 6 万辆货车。目前我国钢产量、煤炭产量分别占世界总产量的 50%，水泥产量占全球总产量的近 60%。这种依靠大量消耗资源的经济增长方式是不可能长期持续的，随着二线、三线城市房地产市场供过于求的状况日趋严重，大规

模盖楼造城的热度降温。随着我国高速公路里程超过美国，同时中西部高速公路车流不足亏损日益严重，高速公路的债务负担沉重，建设规模逐步缩减。钢筋水泥以及煤炭的需求随之下降。在我国经济进入新常态后，煤炭产量会长期保持稳定或逐渐下降，铁路货运需求也必然随之下降，铁路的发展也要进入新常态。

因此铁路也不能为加密路网而盲目规划，要在科学的运量预测基础上适当建设。铁路是重要的交通基础设施，我国铁路还有相当大的投资空间，但也不是铁路越多越好，路网越密越好。如果建了铁路，长时期过度低于实现盈亏平衡的运量，就会造成严重的资源浪费，导致中铁总更严重的亏损，并错失在其他地方建设铁路、促进经济社会发展的机遇。因此，不能把投资铁路作为拉动经济的工具，铁路也会出现产能过剩。由于铁路建设的投资规模巨大，铁路的产能过剩比其他行业的产能过剩会造成更严重的损失。

“十三五”时期我国拟以中西部地区为重点加强铁路重大项目建设，中西部一些地方按所有地级以上城市都要通铁路的原则进行规划，而根本不考虑是否会有运量。中西部地区的一些战略性、公益性铁路即使运量很小也必须建设，例如川藏铁路。但这些铁路项目在开始建设之前就要明确界定其公益性的基本性质，明确运营亏损由谁补贴。青藏铁路就采取了这种方式，建设投资主要由中央财政承担，青藏铁路公司不必还本付息，运营亏损则由中央财政进行补贴。目前随着运营成本的不断上升，国家财政的补贴也在上涨。所有中西部的铁路都应采取这种方式，事先明确铁路建设项目的性质，采取不同的融资模式，如果是公益性铁路项目则要评估国家财政的承受能力。长期以来我国铁路是由东部地区运量大的铁路局补贴西部地区运量低的铁路局，货运收入补贴客运，如果事先不确定中西部新建铁路的性质就开始建设，未来的运营亏损就要完全由中铁总承担，最后还是要由国家财政兜底。

不宜进一步扩大高铁建设规模

在高速铁路发展方面，“十二五”期间我国铁路投资实现高速增长，原规划投资 2.8 万亿元，但实际投资累计将高达 3.48 万亿元，其中大部分投资用于高铁建设。2014 年我国高铁营业里程达到 1.6 万公里。我国十年间建设的高速铁路已经超过世界其他国家和地区半个世纪建设的高速铁路总和。我国高速铁路的发展也远远超出了自己的规划目标。2008 年 10 月国家批准的《中长期铁路网规划（2008 年调整）》规划在 2020 年达到的高铁里程已经提前 6 年完成。

目前国家正着手“十三五”规划的编制，在经济下行压力下，投资铁路特别是进行高铁建设被看作拉动经济的重要抓手。为带动地方经济发展，各地政府对建设高铁表现出极高热情。在“四纵四横”的高铁网络基本建成的情况下，很多省市政府提出要在“四纵四横”高铁网络的基础上，进一步扩大高铁建设规模，形成“米”字型高铁网络。

例如，京广通道上的 3 个高铁枢纽城市都要进一步建设直线连接周边省会城市的高铁，并已与周边省市达成了共识。河南省提出在京广和徐兰“十”字形高铁通道基础上，建设郑州—万州、郑州—济南、郑州—合肥、郑州—太原的高铁，形成以郑州为中心的“米”字形高铁网络。湖北省就武汉到贵阳的高铁项目，与贵州省开展项目规划研究，武汉要形成辐射八个方向的“米”字形高铁网。贵州还要建设贵阳到郑州的高铁。湖南、江西、福建、重庆都在争取重庆—长沙—厦门高铁纳入“十三五”国家铁路建设规划，湖南还提出建设长沙到西安的高铁，在长沙形成辐射多个方向的高铁网络。多条上千公里的高铁大干线都在力图纳入“十三五”规划，其规模可能达上万公里，其中以郑州为中心的郑万高铁、郑合高铁已经获批，近期就要开工建设。

值得注意的是，很多新的高铁建设项目是以实施长江经济带、“一带一路”倡议、推进京津冀一体化为依据，而不是以市场需求和科学的客流预测为基础。一条高速铁路的建设成本是普通铁路的 2 ~ 3 倍，因此只有在人口规模大、人口密度高、收入水平高的地区才可能有足够大的客流，才可能实现盈亏平衡。2011年7月投入运营的京沪高铁有可能在近期实现盈利，2014年京沪高铁每天开行113对动车组，年发送人数达1亿人。这是因为京沪高铁位于我国经济最发达、收入水平最高的地区，该通道上有3个直辖市、2个省会城市，有3亿人口。但2010年1月就投入运营的郑西高铁位于中西部地区，由于该通道的人口规模、收入水平远低于京沪通道，目前每天仅开行27对高铁动车组。而郑西高铁每天至少有开行160对动车组的能力，这意味着郑西高铁的运输能力在大量闲置。这类似于建设了一座160层的豪华饭店，但只有27层在营业，其余133层处于闲置状态，这种饭店是不可持续的，高铁也是如此。即使不考虑运营成本，郑西高铁的运输收入还不够偿还建设贷款利息。

然而，置郑西高铁严重亏损、客流远远低于预期的情况而不顾，河南和陕西都要进一步扩大高铁建设规模，要分别形成以郑州、西安为中心的“米”字形高铁网络。实际上在中西部地区建设只能运送旅客的高速铁路，会造成货运能力不足和高铁运输能力大量闲置，阻碍中西部的发展。高铁主要是满足消费需求，不能用于满足货物运输的生产性需求，而建设一些速度目标值每小时160公里左右、既能运货又能运客的高等级普通铁路，更有利于中西部的经济社会发展。

中西部地区要建设“米”字形高铁网络，东部地区则要建设更密集的高铁网络。目前在北京—天津—唐山通道、天津—北京—石家庄通道上有平行的高铁和时速160公里的普通铁路，但高铁利用率远低于设计水平。目前北京、唐山之间每天仅有5对高铁列车，11对既有线列车，说明两城市之间的客流极为有限。但在推进京津冀一体化的旗帜下，北京直线连接唐山的高铁项目马上就要开工建设，为缩短半小时运行时间就要投资数百亿元；天津直接连通石家庄的高铁也在规划中。这些过度重复建设将造成严重的资源浪费。

问题是，这些新规划的高铁项目由谁来投资、谁来运营，在国务院要求剥离融资平台公司政府融资职能，地方政府债务只能通过政府及其部门举借，并对地方政府债务规模实行限额管理后，地方政府已经失去了投资高铁的资金来源，同时由地方政府自己运营高铁则存在重大的安全风险。各地方政府寄希望于主要由国家投资，由中国铁路总公司运营。但目前中铁总的负债已高达 3.75 万亿元，即使不考虑高铁的运营成本，高铁的全部运输收入尚不够支付高铁的建设贷款利息。中铁总要不断借新债还旧债，已经陷入债务负担恶性增长的深渊。飞速运行的高铁的确是一道亮丽的风景，为人们出行提供了更多的选择，但天下没有免费的午餐，高铁的高速度是有代价的，总要有人为高铁节约旅行时间带来的价值付费，问题是由谁来付。中铁总的债务是国家债务，要由全国人民来支付。但真正的问题是：应当把钱花在补贴高铁运营上，还是花在医疗、教育等其他民生项目上才更有利于我国经济社会发展？

至于说高铁带动了高铁车站周边的房地产和地方经济发展，那么建设既可运客又可运货的普通铁路，对发展地方经济的带动作用远大于高铁。1908 年通车的沪宁铁路催生出长三角城市群，石家庄则是被铁路拉来的城市。况且，一条高铁的建设成本是普通铁路的 2～3 倍，建 2 条普通铁路对地方经济的带动作用不是更大吗？

我国的高铁里程已经超过 2008 年的国家规划目标，中西部的高铁利用率显著不足，亏损严重，不应仅为拉动经济进一步扩大建设规模，否则将造成难以治愈的后遗症。我国铁路未来的发展重点是大都市区的通勤铁路和城市轨道交通。铁路投资的主体应由中铁总转变为大都市区的中心城市，同时通过深化铁路运输体制改革来焕发铁路活力。

大都市区通勤铁路是发展重点

我国的城镇化已经进入大都市区化的发展阶段，几乎所有的省会以上城市都出现了严重的交通拥堵，这是轨道交通不能支持大都市区发展的市场信号，这指示着我国铁路的投资方向。大都市区是经济发展的发动机。2010 年美国人口数量排名前 20 位的大都市区聚集了 37.4% 的人口，生产了 46.6% 的 GDP，获得了 63% 的专利，大都市区是美国的创新中心。日本东京、大阪、名古屋三大都市区聚集了全国50.9%的人口，创造了70%的GDP。东京大都市区（1都3县）面积1.35万平方公里，人口3500万，有2500公里轨道交通支撑东京大都市区的运行。按我国可能发展20个千万级以上人口的大都市区推算，我国大都市区的通勤铁路和城市轨道交通的建设规模可达4万公里。

大都市区是指以大城市为中心，由多个与中心城市有较强通勤联系的周边县及城镇组成的区域，其面积在1.5万平方公里左右。美国按人口规模排名前20位大都市区的平均面积为1.94万平方公里。大都市区（面积一般不会超过2万平方公里）不同于京津冀、长三角、珠三角等大城市群（面积在10万平方公里左右，甚至更大），而多个大都市区是构成大城市群的基础。大都市区是空间一体化的劳动力市场和住房市场，人口密度高的大都市区劳动力市场要由通勤铁路和城市轨道交通支撑。通勤铁路也被称为市郊铁路，但市郊铁路的概念容易产生误导。市郊铁路往往指城市行政区划内的郊区铁路，而区别于中心城区的轨道交通。通勤铁路主要服务于通勤客流，并且通常是跨行政区划的。一条通勤铁路的长度在30~50公里，一般不超过70公里，在其车站周边应有高强度的房地产开发，这不仅能够为通勤铁路提供客流，而且可以使建设通勤铁路带来的土地升值收益回归建设主体。因而可以吸引社会资本采用PPP方式进行建设和运营。

我国大都市区通勤铁路和轨道交通建设主要应由各中心城市负责，应与城市发展、土地商业开发结合起来循序渐进，不增加中铁总债务负担，不留后遗症。城镇化是我国扩大内需的最大潜力所在，城镇化又存在不同的演化方向，集约型城镇化需要通勤铁路和城市轨道交通的支撑，通勤铁路具有塑造城市空间形态的功能。我国铁路的未来发展应当与集约型城镇化相结合，重点发展大都市区通勤铁路，走可持续发展之路。

追问济青高铁：投融资创新还是政绩工程

原载财新网，2014 年 6 月 17 日

为节约半小时时间而耗费至少 600 亿元人民币，去显示“创新投融资模式的示范作用”值得吗？需要在同一通道上修两条客运专线吗？

有报道称，国内第一条以地方资金为主建设的国家高速铁路干线济青高铁（济南至青岛）正式获得国家发改委批复立项。国家发改委还表示，济青高铁批复立项对国家铁路投融资体制改革和创新投融资模式具有重要的示范作用。

据称，修建济青线的理由是，胶济线客车（青岛至济南）已经趋于饱和，且胶济线在降速后目前行车时速仅为 200 公里，要想使济青间时速达到青太客运专线（编者注：青太客运专线是中国一条建设中的高速铁路，是中国中长期铁路规划的“四纵四横”客运专线的“一横”。铁路由胶济客运专线、石济客运专线和石太客运专线连接而成，沟通了华东和华北。目前仅剩石济客运专线未建成通车）要求的每小时 300 公里，必须再修建一条新线。新建的济青高铁正线全长 305.75 公里，总投资 540 亿元，沿线初步设计 9 个站点，速度目标值 350 公里/小时。项目建成后将实现济南至青岛 1 小时直达。

现在的问题是，胶济通道已经有 2 条铁路复线，一条客运专线，一条货运专线。客运专线时速可达 250 公里，目前每天仅运行 55 对客车。而该客运专线通过能力每天应达 160 对客车。在胶济客运专线的运输能力利用率仅为 30% 的情况下，就用济青高铁的新名进行创新投融资模式旗

号下的重复建设，不能不让人认为这不过是打着创新旗号的政绩工程。

首先，日本于1964年投入运营的东京到大阪新干线目前每天运行163对高铁列车，中国于2008年投入运营的胶济客运专线怎么每天跑55对车就已经能力“趋于饱和”呢？

第二，新建的济青高铁从济南到青岛的时间将为1小时，而目前的胶济客运专线提速后1个半小时可以到达，为节约半小时时间而耗费至少600亿元人民币，去显示“创新投融资模式的示范作用”值得吗？

第三，胶济客运专线速度目标值较低，普通客车能够上线运营，因而是目前国内唯一实现盈亏平衡的高铁。济青高铁建成后，在济南、青岛通道上将有2条铁路客运专线，这2条铁路客运专线如何分工定位？分别由谁来运营？将有多少客流？运营亏损由谁来补贴？是否会造成2条客运专线都严重亏损的结局？

第四，中国铁路总公司的负债已经超过3万亿元，到目前为止所有的高铁都在亏损，虽然京沪高铁有可能在1~2年内实现盈亏平衡，但总体上严重亏损，中铁总公司根本无法还本付息的局面已成定局。中国还需要在同一通道上修两条客运专线吗？

第五，“别人都有时速350公里高铁我也要有”的想法，可以理解，但把投向济青高铁无法收回的600亿元投资，花在民生和社会保障上，使山东农村的社会保障和医疗保障与城市实现一体化，解决外来打工人员市民化问题，率先在山东实践以人为核心的城镇化，难道不是更好的“政绩工程”吗？

第六，问题的核心是：在目前每天胶济通道上开行55对列车就可以基本满足客运需求的情况下，为什么要修建2条客运专线？至于胶济客运专线因不同等级列车混跑速度提不上去的问题，完全可以用优化行车组织方式、获新建货运专线的办法解决。

首先，目前胶济客运专线上每天开行20对普通列车，造成动车组列车的速度无法提高。在开通胶济客运专线，分流既有线部分客流后，胶济既有线有能力安排这20对普通客车，重新实行客货混跑。这样，在胶济客运专线上只保留动车组列车，速度就可以提起来，济南到青岛仅需 1 小时 30 分钟，实行平行运行图，每天可开行 160 对动车组。

其次，如果未来胶济既有线能力饱和，可以新建时速 80 公里的胶济货运专线，投资不到济青高铁的 50%，至少可以为山东老百姓节省 300 亿元。

另外，为与规划建设的石济客运专线和石太客运专线保持同一速度目标值而新建时速 350 公里的济青高铁，则是完全不能成立的理由。石济客运专线和石太客运专线没有多少客流，根本就不应当按时速 300 公里建设，应降低到时速 200 公里及以下。为什么要用新的错误决策去加重旧的错误决策呢？

从墨西哥遇阻看中国高铁走出去

原载财新网，2014 年 11 月 12 日

中国高铁要走出去，首先要深入研究最早发展高铁技术的发达国家开发海外市场的运作模式，它们基本是你有钱我就卖技术、出口装备，但绝不承担高铁运营的商业风险

墨西哥 210 公里高铁项目是政党轮替中重新执政的墨西哥革命制度党新任总统在 2012 年大选中的承诺，不过是一个要在新任总统任期内完成的“形象工程”。在多党政治环境中，以过快的速度建设高铁，不论成功与否都会使整体承包该工程的中国铁建成为墨西哥多党政治的牺牲品。在墨西哥官方宣布中国铁建中标 3 天后，就在反对党质疑中，出尔反尔地取消了该高铁投标结果就是明证。因此，本次中国铁建的高铁投标被撤销不一定是坏事。中国铁建倒可以庆幸，没有重蹈 2013 年沙特麦加朝觐铁路运营后中国铁建巨额亏损近 42 亿元的覆辙，没有给国家造成更大的损失。

11 月 4 日墨西哥官方宣布，中国铁建、中国南车等组成的国际联合体以 270 亿元中标了该国全长 210 公里的高速铁路项目。这笔真正意义上的中国高铁海外首单导致国内高铁基建板块股票大涨。但仅仅 3 天之后，墨西哥交通部部长表示墨西哥方面取消了这一高铁投标结果，并决定重启投标程序。国家发改委新闻发言人“对此感到意外”，该消息在媒体上成为热点新闻，国内资本市场反应更甚，高铁基建板块大跌。11 月 9 日中国铁建正式对墨西哥取消高铁项目中标结果做出回应，称“对此我公

司异常震惊”，“必要时将通过法律途径维护企业合法权益”。

然而，笔者以为，中国铁建的墨西哥高铁投标被墨西哥政府撤销并非坏事，理由有以下四点：

第一，“高铁走出去”的最大挑战在运营，而不在建设。高铁是要运营几十年甚至上百年的交通基础设施，能否实现盈亏平衡甚至赢利是最大挑战。

目前我国高铁存在严重亏损，而中铁总不公开高铁的亏损数据。但根据铁道统计公报可以推断，高铁运营存在极为严重的亏损。推断根据如下：

2012 年国家铁路完成运输总收入 5308.90 亿元，其中旅客运输收入 1771.31 亿元。中铁总没有公布 2013 年旅客运输收入，只公布国家铁路完成运输总收入 6050.35 亿元。按客运收入增加 13% 计算，2013 年的客运收入为 2000 亿元。2013 年全国铁路客车拥有量为 5.88 万辆，“和谐号”动车组 10464 辆。高铁票价是普通客车票价的 3 倍，因此可以假设 1/3 的客运收入是高铁的运营收入，约 666 亿元。2013 年底铁总的负债为 3.2 万亿元，其中至少 2 万亿元是建设高铁形成的债务，按 5% 的利率计算，每年至少要支付 1000 亿元的利息。这就是说，即使不考虑高铁的运营成本，目前高铁的全部运输收入尚不足以支付高铁的建设贷款利息。

国内高铁只有京沪高铁有望实现盈亏平衡。其原因在于，京沪高铁位于我国东部人口最密集的经济发达地区，2011 年 6 月 30 日开通，截至 2014 年 6 月 29 日，京沪高铁共发送旅客 2.2 亿人次，2014 年可能突破 1 亿人次。另外，京沪高铁的资产负债率仅为 30%，还本付息的压力远低于其他高铁。因此，京沪高铁只是我国高铁的一个特例。即便如此，京沪高铁能否在几年内实现盈亏平衡仍是未知数，因为承担运营的北京铁路局和上海铁路局在运营京沪高铁上存在亏损，在调整委托运营费后，京沪高铁的真实运营成本才能确定，但发现价格的交易成本过高。其解决途径是：中铁总承担京沪高铁运营和维护的站段应整建制由京沪高铁公司收购，这虽然会增加京沪高铁的资产负债率，但可以大幅度提高运营效率，使京沪高铁真正成为能独立运营的公司，成为高铁车站周边土地开发的主体，并为上市做好准备。

国内高铁普遍采用委托运营的方式，但是在委托运营费的确认上，高铁公司与铁路局之间普遍存在很大争议，目前靠中铁总的行政命令解决争议。在高铁已经基本成网的条件下，高铁运营应当成为中铁总下属独立的高铁总公司，负责高铁的运营和维护，实行独立核算。这样账才能算清楚，才能形成约束激励机制，亏损也要亏在明处，不应是一笔糊涂账。

另据媒体报道，中国铁建国际集团党委书记介绍，墨西哥高铁运营的前5年，中国铁建还将提供运营服务，同时也将培训当地员工使用和维护高铁。问题是，中国铁建只是一个铁路建筑施工企业，没有运营高铁的能力，如何提供运营服务？墨西哥高铁运营服务的亏损又由谁来承担？

第二，墨西哥城至该国克雷塔罗的高速铁路项目已注定是一个严重亏损项目。由于高铁的建设运营成本远高于普通铁路，高铁投入运营后实现盈亏平衡的关键是有巨大的客流量。而墨西哥政府要求，这条高速铁路每天运送2.7万名乘客，最高速度达到每小时300公里。按此计算，墨西哥这条高铁的年旅客发送量还不足1000万，尚达不到修建普通铁路的客流标准，更不用说修建高铁。这条高铁的旅客发送量达到每天27万人次才有可能实现盈亏平衡。但墨西哥城的人口不到2000万，克雷塔罗市的人口不到100万，大客流从哪里来？

墨西哥该高铁项目只有210公里，考虑全部旅行时间比汽车出行没有多少优势，高铁的竞争优势是在500公里左右的出行距离上。而墨西哥的人均汽车保有量远高于我国，2009年墨西哥每千人的汽车拥有量就达到276辆。在其他交通方式竞争激烈环境下，墨西哥该高铁项目有多少客流是一个巨大的未知数。

实际上，目前世界各国的铁路客运几乎都是亏损的。美国的铁路客运长期依靠政府补贴，铁路客运量可以忽略不计。俄罗斯铁路公司是国内第四大赢利企业，但其铁路客运是亏损的，要由国家补贴。我国铁路客运一直处于亏损状态，长期以来是靠货运补贴客运来维持运营。印度铁路曾经计算过铁路客运的盈亏平衡点，客运列车在12节编组时是亏损的，18节编组可以达到盈亏平衡，24节编组才有盈利，因此印度曾进行大规模的铁路站台加长改造，以适应24节编组的铁路旅客列车。欧洲的铁路公司普遍依靠政府财政补贴运营，例如，2008年法国铁路的收入为200亿欧元，但政府补贴达100亿欧元。

至于目前世界各国运营的高铁，更没有一条能够依靠运输收入支付全部建设和运营成本，欧洲的某些高铁只要能支付运营成本就算实现了赢利。只有日本的东海道新干线是唯一的例外，因为在该500公里的通道上集聚了7000万人口，三大都市区还有数千公里的城市轨道交通和通勤铁路为东海道新干线集散客流。2008年东海道新干线每天开行160对动车组，年旅客发送人数高达1.49亿人，巨大的旅客流量是实现高铁赢利的基本市场条件。而目前世界上几乎没有一个地方集聚如此大规模、高密度的人口，因此中国“高铁走出去”的最大障碍是国外没有市场。

更应注意的是，修建墨西哥城至克雷塔罗高铁，是在政党轮替中重新执政的墨西哥革命制度党新任总统培尼亚在2012年参加总统大选时的承诺。该项目于2014年8月15日正式发标，10月15日为递交招标书截止日，发标书要求，工程必须在2014年内开工建设，2017年投入运营。显然，这是一个要在新任总统任期内完成的“形象工程”。在多党政治环境中，以大跃进的速度建设高铁，不论成功与否都可能使整体承包该工程的中国铁建成为墨西哥多党政治牺牲品。在墨西哥官方宣布中国铁建中标3天后，就在反对党质疑中，被出尔反尔地取消了这一高铁投标结果就是明证。

对墨西哥的高铁项目，据说日本三菱、法国阿尔斯通、加拿大庞巴迪以及德国西门子等跨国企业均表现出浓厚兴趣。但只是表现兴趣而已，它们要审慎权衡政治风险和商业风险，不会匆忙跳进去让墨西哥的多党政治损害自己的商业利益。

因此，本次中国铁建的高铁投标被撤销谈不上是坏事。中国铁建倒可以庆幸，没有重蹈2013年沙特麦加朝觐铁路运营后中国铁建巨额亏损近42亿元的覆辙，没有给国家造成更大的损失。

第三，中国高铁要走出去，首先要深入研究最早发展高铁技术的发达国家和地区开发海外市场的运作模式。日本在1964年开始运营世界上第一条高铁。随后欧洲一些国家开始根据各自的国情，制定自己的高铁技术标准，研究自己的高铁技术。法国第一条从巴黎到里昂全长417公里的高铁于1981年投入运营。德国第一条汉诺威—维尔茨堡高铁线，全长327公里，1991年开始运营。由于高铁运营存在巨大的市场风险，日、法、德高铁走出去的主要方式是输出高铁技术、承包工程、出口高铁动车组等市场风险最小的方式。例如，莫斯科到彼得堡之间铁路就购置了德国的高铁动车组。韩国主要引进法国的高铁技术，中国台湾分别从日本、德国、法国引进高铁技术，德、日、法高铁走出去的最大市场在中国。它们走出去的基本模式是你有钱我就卖技术、出口装备，但绝不承担高铁运营的商业风险。因此，世界上还没有承担从设计、施工、装备制造、安装调试，到过渡运营服务的整体海外高铁项目的先例。这不是技术问题，也不是性价比问题，是商业风险和政治风险问题。

中国高铁无疑具有世界上最高的性价比，但国外高铁建设和运营存在巨大的市场风险和政治风险。中国高铁走出去，在国外客户能够按市场价格和国际商业规则购买的条件下，可以承担建设项目或出口动车组，可以承担运营技术支持，但不能承担运营的商业风险；如果参与运营，国外政府必须全额承担运营亏损。然而，墨西哥政府似乎并没有做出这样的承诺。中国进出口银行将为这个项目提供85%的融资，那么，墨西哥用什么偿还建设费用和运营亏损？有何约束性条款？这些条款是否会在墨西哥多党政治博弈和政党轮替中被废止？

第四，中国铁建在海外市场仍采用低价竞标的运作模式，以为低价中标就能起到示范作用，就可以打开市场，对复杂的市场风险、政治风险缺乏认识。

中国铁建承担墨西哥210公里高铁建设的合同额仅为178.53亿元人民币。可以参照的是，117公里京津城际高铁的建设费用是197亿元。墨西哥的人均GDP超过1万美元，在墨西哥建设高铁没有规模效益，每公里的建设成本必定大大高于国内。墨西哥高铁项目比京津城际多了近100公里，但中国铁建的投标价格居然低于京津城际高铁的建设费用。如此，中国铁建的亏损至少在百亿元以上。

但如此低廉的大便宜，墨西哥并不买账。有报道说，墨西哥前驻华大使发文称，“总统访华前取消中国合同传递出强烈的信号：我们不是向中国求恩惠”，“中国国企习惯于按照他们的意愿在非洲、委内瑞拉和其他发展中国家做他们想做的事儿，墨西哥是例外”。

中国铁建应当明白，高铁“走出去”，是要发挥中国高铁的性价比优势。高铁是商业项目，不是援助项目，国企走出去是要挣钱，而不是赔钱。

高铁“走出去”：热烈中的冷思考

原载东方早报上海经济评论，2014 年 11 月 25 日

在中国成为高铁运营里程最长的世界第一高铁大国后，高铁成为国家名片。从高层到学界再到民间，高铁“走出去”的呼声日益高涨，并且俨然成为所谓“中国版马歇尔计划”的重中之重。

11 月 4 日，墨西哥官方宣布中国铁建、中国南车等组成的国际联合体中标该国全长 210 公里的高速铁路项目，被称为“真正意义上的中国高铁海外首单”，国内舆论一片沸腾。但仅仅 3 天之后，墨西哥交通部部长表示墨西哥方面取消了这一高铁投标结果，并决定重启投标程序。笔者以为，墨西哥高铁投标被撤并非坏事。墨西哥高铁事件引起的广泛关注，可以促使国人对中国高铁的发展和高铁走出去进行更冷静、更理性的思考。

思考一：是否优化我国交通运输结构、提高资源配置效率是评价高铁的最主要标准

中国是当今世界高速铁路发展最快、运营里程最长、在建规模最大的国家，但同时也是高铁负债规模最大、高铁运营亏损最严重的国家。飞速运行的高铁确是一道亮丽的风景，但高铁建起来不是装饰品，而是要运营几十年甚至上百年的交通基础设施，能否实现盈亏平衡，能否提高交通资源的配置效率优化中国交通运输结构，才是评价高铁是否成功的标准，然而在这两方面高铁并不成功。

首先，虽然中铁总不公开高铁的亏损数据，但根据铁道统计公报可以推断，高铁运营存在极为严重的亏损，推断根据如下：

2012 年国家铁路完成运输总收入 5308.90 亿元，其中旅客运输收入 1771.31 亿元。2013 年中铁总没有公布旅客运输收入，只公布国家铁路完成运输总收入 6050.35 亿元。按客运收入增加 13% 计算，2013 年的客运收入为 2000 亿元。2013 年全国铁路客车拥有量为 5.88 万辆，“和谐号”动车组 10464 辆。高铁票价是普通客车票价的 3 倍，因此可以假设 1/3 的客运收入是高铁的运营收入，约 666 亿元。2013 年底中铁总的负债为 3.2 万亿元，其中至少 2 万亿元是建设高铁形成的债务，按 5% 的利率计算，每年至少要支付 1000 亿元的利息。这就是说，即使不考虑高铁的运营成本，目前高铁的全部运输收入尚不足以支付高铁的建设贷款利息。中铁总要不断借新债还旧债，已经陷入债务负担恶性增长的深渊，没有国家财政支持，中铁总的债务危机在近两年内就会爆发。

高铁是资本高度密集的大运量交通方式，每公里高铁的建设成本是普通铁路的 2～3 倍，而且高速铁路的技术标准与既有线不兼容，普通客运列车不能上高铁运营。高铁的这种技术经济属性决定了必须有大量客流，才可能覆盖高铁的建设和运营成本。因此，一条通道上的人口规模和人口密度决定了该通道是否具备建设高铁的市场条件。国内只有京沪高铁有望实现盈亏平衡。其原因是：京沪通道上的人口规模最大、人口密度和经济发展水平最高，这是国内其他地区无法比拟的，因此基本具备建设高铁的市场条件。京沪高铁 2011 年 6 月 30 日开通，截至 2014 年 6 月 29 日，京沪高铁共发送旅客 2.2 亿人次，2014 年可能突破 1 亿人次。另外，京沪高铁的资产负债率仅为 30%，还本付息的压力远低于其他高铁。因此，京沪高铁实现盈亏平衡只能是中国高铁的一个特例。即便如此，京沪高铁 2013 年亏损约 33 亿元，能否在几年内实现盈亏平衡仍是未知数。因为中国高铁普遍采用委托运营方式，承担运营的北京铁路局和上海铁路局在运营京沪高铁上存在亏损，在调整委托运营费后，京沪高铁的真实运营成本才能确定。

与此相对照，2010 年 1 月投入运营的郑西高铁，2014 年 11 月每天仅开行 20 对高铁动车组。而按照 2005 年可行性研究报告的客流预测，在繁忙区段2010年郑西高铁将每天开行59对，2018年每天125对，2028年将每天开行177对高铁动车组。经营高铁对客流的要求与经营饭店类似，按郑西高铁每天至少有开行160对动车组的能力，类似于建设了一座160层的豪华饭店，但只有20层在营业，其余140层处于闲置状态，爆发债务危机对这类饭店不过是时间问题，高铁也是如此。

其次，建设高铁扭曲了交通资源配置，使中国交通运输结构进一步恶化。中国铁路货运周转量的市场份额（不包括远洋运输）从1998年的54%下降到2013年的22%，而公路货运周转量的市场份额从1998年的24%上升到2013年的51%。由于铁路发展严重滞后，中国大量用汽车运输煤炭等基础原材料，用稀缺的石油资源换廉价的煤炭资源，大幅度提高了物流成本，严重降低了国民经济整体的资源配置效率。美国是世界上公路运输和航空运输最发达的国家，但其铁路货运周转量的市场份额在40%左右，一直高于公路货运的市场份额。以此为参照，中国应当多建一些客货混跑铁路或货运铁路专线，而不是高铁。但中国已经修建了1万多公里的高铁，高铁的建设成本是普通铁路的2倍以上，相当于少建了2万多公里普通铁路。2008—2013年，铁路客运的市场份额下降了4个百分点，铁路货运的市场份额下降了10个百分点。而同期航空客运的市场份额上升了3个百分点，公路客货运输的市场份额分别上升了1个百分点和9个百分点。高铁的巨额投入没有缓解中国交通运输结构恶化的趋势。

高铁确实为人们出行提供了更多的选择，但由于高铁的票价是普通客车票价的3倍，且高于软卧的票价，因而高铁主要方便了商务、旅游和高收入群体的出行。中国高铁票价是世界上最低的，但由于中国人均收入水平较低，2013年人均GDP仅排在世界第82位，高铁票价相对收入水平又是世界上最高的，其服务对象主要不是面向农民工等大多数中低收入群体，因此社会效益极为有限。欧洲高铁的票价只比普通铁路高30%，为大多数人提供了出行选择，可以说有一定的社会效益。至于说高铁带动了房地产和地方经济发展，那么普通铁路既可运客又可运货，对发展地方经济有更大的带动作用，例如，1908 年通车的沪宁铁路催生出长三角城市群，石家庄则是被铁路拉来的城市。

思考二：海外市场有限，除非政府高额补贴

铁路是资本密集型的大运量交通方式，大量客流是客运铁路生存的必要条件。半个多世纪以来汽车的广泛使用和航空运输的发展，使铁路客运市场急剧萎缩，造成世界各国的铁路客运普遍亏损。这在美国表现得最为突出，2012 年美国铁路和轨道交通客运周转量只占总客运周转量的 0. 77% 。俄罗斯铁路公司是国内第四大赢利企业，但其铁路客运是亏损的，要由国家补贴。中国铁路客运一直处于亏损状态，长期以来是靠货运补贴客运来维持运营。欧洲的铁路公司普遍依靠政府财政补贴运营，例如，法国高铁由法铁运营，法铁年报披露，2006 年法铁运营收入 219. 6 亿欧元，政府补贴 106 亿欧元。2012 年法铁运营收入 338 亿欧元，政府补贴 105 亿欧元，法铁运营成本的 30% ~50% 来自政府补贴。

目前世界各国的高铁几乎没有一条能够依靠客运收入支付全部建设和运营成本。欧洲的高铁由国家财政进行大量补贴来维持运营。目前世界上只有日本的东海道新干线是唯一的例外，因为在该 500 公里的通道上集聚了 7000 万人口，三大都市区还有数千公里的城市轨道交通和通勤铁路为东海道新干线集散客流。2008 年东海道新干线每天开行 160 对动车组，年旅客发送人数高达 1. 49 亿人，巨大的旅客流量是实现高铁赢利的基本市场条件。而目前世界上几乎没有一个地方集聚如此大规模、高密度的人口。如果没有政府财政的巨额补贴，美国、巴西、墨西哥、俄罗斯、泰国都是无法建设和运营高铁的，但只有西欧的一些国家认为应当由政府财政补贴高铁的建设和运营。因此中国高铁“走出去”的最大障碍是国外没有市场。

思考三：面临政治和经济风险

由于高铁的建设运营成本远高于普通铁路，高铁实现盈亏平衡的关

键是有巨大的客流量。据墨西哥方面的客流预测，墨西哥城至该国克雷塔罗的高速铁路每天运送2.7万名乘客，按此计算，这条高铁的年旅客发送量还不足1000万，尚达不到修建普通铁路的客流标准，更不用说修建高铁，其旅客发送量达到每天27万人次才有可能实现盈亏平衡。但墨西哥城的人口不到2000万，克雷塔罗市的人口不到100万，根本不存在修建高铁的客流基础。这条高铁项目从一开始就注定是一个严重亏损项目。

应当注意的是，修建墨西哥城至克雷塔罗高铁，是在政党轮替中重新执政的墨西哥革命制度党新任总统培尼亚在2012年参加总统大选时的承诺。该项目于2014年8月15日正式发标，10月15日为递交招标书截止日，发标书要求，工程必须在2014年内开工建设，2017年投入运营。显然，这是一个要在新任总统任期内完成的“政绩工程”。在多党政治环境中，以过快的速度建设高铁，不论结果如何都可能使整体承包该工程的中国铁建成为墨西哥多党政治牺牲品。在墨西哥官方宣布中国铁建中标3天后，就在反对党质疑中，出尔反尔地取消了这一高铁投标结果就是明证。如果该高铁项目建成后长期处于亏损状态，中国不仅不能收回投资，而且将造成多方面的纠纷，严重影响两国关系。

因此，本次中国铁建的高铁投标被撤销谈不上是坏事。中国铁建可以庆幸，没有重蹈2013年沙特麦加朝觐铁路运营后中国铁建巨额亏损近42亿元的覆辙，没有给国家造成更大的损失。

思考四：要深入研究发达国家和地区运作模式

日本在1964年开始运营世界上第一条高铁。随后法国和德国根据各自的国情，制定自己的高铁技术标准，研发了各自的高铁技术。日、法、德高铁走出去的主要方式是输出高铁技术、承包工程，出口高铁动车组等市场风险最小的方式。例如，莫斯科到彼得堡之间铁路就购置了德国的高铁动车组。韩国主要引进法国的高铁技术，中国台湾分别从日本、德国、法国引进高铁技术，德、日、法高铁走出去的最大市场在中国。它们走出去的基本模式是你有钱我就卖技术、出口装备，但不提供贷款、不参与运营，绝不承担高铁运营的商业风险。因此，世界上还没有承担从设计、施工、装备制造、安装调试，到过渡运营服务的整体海外高铁项目的先例。这不是技术问题，也不是性价比问题，是商业风险和政治风险问题，特别是铁路运营还涉及国家主权问题。

据媒体报道，中国铁建国际集团党委书记介绍，墨西哥高铁运营的头 5 年，中国铁建还将提供运营服务，同时也将培训当地员工使用和维护高铁。问题是，中国铁建只是一个铁路建筑施工企业，没有运营高铁的能力，如何提供运营服务？更重要的是，运营服务的亏损由谁来承担？

据报道，中国进出口银行还将为这个项目提供 85% 的融资。按照惯例，中方银行需墨政府提供主权担保或资产（主要是资源类资产）抵押，但这与墨西哥宪法相冲突；墨方可能主张以高铁项目的预期收入为基础进行融资安排，这说明墨西哥还存在该高铁项目可能赢利的幻想，根本没有准备对这条高铁的运营亏损进行补贴。但墨西哥的市场条件就决定了该高铁项目的运营收入根本不足以支付运营成本，中方的项目贷款将无法收回。

高铁建设需要远高于其他项目的巨额资金，回收期长达十几年甚至几十年，大多根本无法收回。即使墨西哥政府提供主权担保或资产抵押，又如何保证这些主权担保承诺在墨西哥多党政治博弈和政党轮替中不发生违约？

中国高铁无疑具有世界上最高的性价比，但要考虑国外是否有市场以及用何种方式走出去。由于国外高铁建设和运营存在巨大的市场风险和政治风险，中国高铁走出去只能采取以下模式：在国外客户能够按市场价格和国际商业规则购买的条件下，可以承担建设项目或出口动车组，可以承担运营技术支持，但不能参与高铁运营，不能提供大额长期贷款，不能承担高铁运营的商业风险。

思考五：利用性价比优势，不能采用低价竞标模式

中国一些国有企业在海外市场仍采用国内不惜代价盲目低价竞标的运作模式，错误地以为可以先低价拿到项目，再事后找出理由变更价格，错误地认为低价中标就可以起到示范作用，就可以打开市场，而对国外的法律条款、市场风险、政治风险缺乏清醒认识。

中国铁建承担墨西哥 210 公里高铁建设的合同额仅为 178.53 亿元人民币。可以参照的是，117 公里京津城际高铁的建设费用是 197 亿元。墨西哥的人均 GDP 超过 1 万美元，在墨西哥建高铁没有规模效益，再加上诸多预期外因素，诸如严苛的劳工、环保法规，海外高铁每公里的建设成本必定大大高于国内。墨西哥高铁项目比京津城际还多了近 100 公里，但中国铁建的投标价格居然低于京津城际高铁的建设费用。用如此离奇的低价竞标，中国铁建亏损在百亿元以上。

但如此低廉的大便宜，墨西哥并不买账。有报道说，墨西哥前驻华大使发文称“总统访华前取消中国合同传递出强烈的信号：我们不是向中国求恩惠”，“中国国企习惯于按照他们的意愿在非洲、委内瑞拉和其他发展中国家做他们想做的事儿，墨西哥是例外”。

高铁“走出去”，要发挥中国高铁的性价比优势参与国际市场竞争。高铁是商业项目，不是援助项目，国企“走出去”要挣钱，而不是“赔钱赚吆喝”。

评“高铁海外投资不能单纯考虑利润”一文的错误

原载东方早报上海经济评论，2015 年 1 月 6 日

2014 年 11 月 25 日，我们刊发了北京交通大学经济管理学院赵坚教授的一篇《高铁“走出去”：热烈中的冷思考》，作者认为高铁“走出去”难以获得利润，不能“赔钱赚吆喝”。12 月 16 日，西南交通大学高铁战略研究中心主任高柏教授在本报发表《高铁海外投资不能单纯考虑利润》一文，对赵坚教授的观点提出质疑。这里，赵坚教授进行了回应。

针对笔者把高铁“能否实现盈亏平衡，能否提高交通资源的配置效率优化我国交通运输结构”作为评价高铁是否成功的两条标准，出现了一篇把外部性作为评价标准、题为《高铁海外投资不能单纯考虑利润》的文章。该文有上万字，读起来不仅令人费解，而且在逻辑上自相矛盾，不值得多费笔墨评论，仅指出该文的几点逻辑错误和概念混乱之处，供该文作者及持类似观点者反思。

该文的大意是，高铁虽然在经济上严重亏损，但对当地经济社会发展有巨大的正外部性，因此“需要建立一个可以分析高铁复杂影响，基于社会科学基础之上的综合评价体系，而不是只计较投资赢利的简单计算法”。该文对笔者提出的能否优化我国交通运输结构的评价标准，采取视而不见的态度，只对笔者提出财务评价标准采取否定态度，认为应当考虑高铁的正外部性。

错误一：谁为“外部性”买单

如果该文作者考虑外部性的标准只限于评价国内高铁，还有探讨的余地，但用于评价我国高铁海外投资却令人费解。投资的外部性是指投资（或经济活动）产生的效益或损害，由于交易成本过高或产权难以界定，不由该投资（或经济活动）主体承担，而使其他人获得了收益或遭受损害。例如，我国城市轨道交通建设提高了轨道交通车站周边的房地产价值，房地产商和房产业主获得了土地升值的收益，而城市政府为这种外部性买单。化工厂污染了河流，下游居民因水源污染受到健康和财产损失，这种外部性由下游居民买单。但不论何种外部性总要有人为其买单。

该文作者在结语中说：“从各国的经验来看，即使高铁线路本身可能赔钱，但是它带来的综合的正面外部性远远超过其投资价值本身，这是许多国家努力建设高铁的根本原因。”在该文作者看来，中国高铁海外投资，帮助其他国家建高铁虽然赔钱，但可以给当地带来的“综合正面外部性远远超过”中国在海外赔钱的价值，中国要为海外高铁投资的正外部性买单。高铁建设项目投资不同于一般工商业项目，动辄达几百亿、几千亿元人民币。该文作者需要论证的是，中国高铁海外投资赔钱，在给外国带来正外部性的同时给中国带来了什么？中国还是一个发展中国家，人均收入还处于世界中下水平，为什么要赔掉中国老百姓的钱在国外创造正外部性，这是该文作者难以回答的问题。

错误二：逻辑分析上自相矛盾

在讨论高铁海外投资给中国带来的正外部性时，该文作者却假设：高铁海外投资是赢利的。这与该文作者认为高铁海外投资不能单纯考虑利润，不能在意亏损，而应考虑正外部性的逻辑自相矛盾。该文作者认为，高铁海外投资对我国的一种正外部性是“增加外汇储备投资的渠道”，因为“把所有的鸡蛋放在一个篮子里毕竟有较大的风险。通过为其他国家建设高铁融资来投资外汇储备是分散金融风险的一种形式”。这里，该文作者显然认为高铁海外投资风险较小，而且可以获得相当于投资美国国债的收益率。

但这不仅与该文作者关于高铁海外投资会赔钱但有综合正外部性的说法相矛盾，而且与该文作者对高铁海外投资面临的复杂风险的论述相矛盾。该文作者已经认识到“一国的政治、经济、法律、环境保护、族群关系、宗教、土地制度，乃至于与国内公路和航空业间的竞争等因素都会影响高铁的命运”。海外高铁投资的这些风险显然高于投资美国国债的风险。投资美国国债的风险主要是美国国家违约和美国大量印刷美元的风险，而这类风险在一定程度上可控。而该文作者列出的海外高铁投资的风险则完全不可控。那么，高铁海外投资怎么能成为“分散金融风险的一种形式”，又怎么能成为“增加外汇储备投资的渠道”呢?

错误三：概念混乱

在谈论高铁走出去形式时，该文作者把多个不同概念混同在一起讨论，如“高铁海外投资”“高铁出口”“出口高铁”“高铁融资”，这些是完全不同的高铁走出去形式，不能混在一起，要分别研究其风险和利弊。如果“高铁出口”指的是利用我国高铁装备制造和建筑施工的性价比优势参与国际竞争，则正是笔者所主张的。而高铁海外投资、高铁融资、出口高铁则是笔者坚决反对的，因为存在巨大的财务风险、外交风险和政治风险。

该文作者主张“出口高铁远远不只是出口车头与车厢代表的硬件和控制软件，它经常意味着出口产业标准、知识产权、人力资本，甚至是整个铁路管理体制”。这就离题更远了。我国铁路管理体制至今仍保持高度垄断缺乏活力、社会资本无法进入的状况，它本身正是深化改革的对象。在国家加大对铁路投资的情况下，2008—2013 年，铁路客运的市场份额下降了 4 个百分点，铁路货运的市场份额下降了 10 个百分点。而同期航空客运的市场份额上升了3个百分点，公路客货运输的市场份额分别上升了1个百分点和9个百分点。铁路运输市场份额的急剧下降在相当大程度上是其管理体制造成的，要出口这样缺乏竞争力的铁路管理体制简直是天方夜谭。

错误四：把普通铁路和高铁混为一谈

在论述高铁的正外部性时，该文作者用普通铁路的正外部性来论证高铁的正外部性，没有分清二者在技术经济属性上的差异。普通铁路和高铁都会带来不同程度的外部性，但高铁只能运人几乎不能运货，高铁的运行速度是普通铁路的2倍，其站间距要在50公里左右，在大部分地区高铁只通过而不停车。因此高铁对地方经济的带动作用远低于普通铁路。从节能减排的要求考虑，铁路并非速度越快越好。高速列车在行驶中所受到的阻力与速度的平方成正比，高速列车的能耗与速度的立方成正比。速度越高，能源消耗越大，成本越高，票价也越高。按照英国Lancaster大学Roger Kemp教授的研究，列车运行时速由220公里提高到350公里，能源消耗要增加近1倍，片面追求高速度不利于节能减排。用具有更高正外部性的普通铁路来论证高铁的正外部性是偷换概念。

要论证高铁的正外部性，该文作者需要论证的是，高铁具有更快的速度，虽然其票价是普通列车票价的3倍，且高于软卧的票价，但高铁带来的节约旅行时间的价值要高于高铁的建设运营成本。但该文作者似乎没有认识到应当按照这样的逻辑来进行论证。

该文作者认为“中国建设高铁，尤其是在人口密度相对小的西部建设高铁，其着眼点是增强各民族间的联系，增强边疆与内地的一体性”，“铁总会由于兰新高铁亏损就把它给停掉吗”？但真正的问题是兰州乌鲁木齐之间根本就不应建高铁，阻碍新疆发展的重大瓶颈是新疆大量资源性产品由于铁路运力不足运不出来，严重阻碍了新疆与内地的商品交流，阻碍了国内统一市场的形成，不能发挥新疆的比较优势。建设兰新高铁的投资至少可以建2条普通铁路，可以从根本上打破制约新疆发展的交通瓶颈。因此把建设兰新高铁的投资用于建设普通铁路更能“增强各民族间的联系，增强边疆与内地的一体性”。兰新高铁只能运客不能运货，而在几千公里的距离，飞机比高铁更有竞争优势。兰新高铁开通后，每天开行的高铁列车还不到10对，而其通过能力至少应达到每天160对，在兰新既有线路运力严重饱和不能满足新疆经济社会发展的需求的情况下，兰新高铁的运输能力大量闲置。由此造成投资效率低下和兰新高铁的严重亏损，不利于西北地区的经济社会发展。

错误五：对我国交通基础设施建设模式的无知

该文作者认为“铁总由于建设高铁产生了巨额的债务。但是这个债务的产生只不过是中国体制对高铁融资采取的中国式解决方案带来的后果”。“如果当初铁总没有以负债的形式独自负担高铁基础设施建设的全部费用，或者负担较小，中国高铁的日子根本不会过得如此艰难”。他建议“把建设高铁的全部债务一笔勾销，让中国高铁从明年开始可以轻装上阵”。

实际上，正是由于财政资金能够用于交通基础设施建设的部分极为有限，改革开放以来我国采取了用银行信贷即居民储蓄资金进行交通基础设施建设的“中国式解决方案”。高速公路采用了“贷款修路，收费还贷”的模式，高速铁路融资模式与此类似，不采用这种融资方式，我国不可能在短时间内建成世界最大超过10万公里的高速公路网和1万多公里高速铁路，而与此相对应的是目前8万亿元的高速公路债务和3.5万亿元的高速铁路债务。如果中央政府对建设高速公路和高铁的债务一笔勾销，地方政府和中铁总的债务风险可以大幅度缓解。而这只能通过发票子来解决，但严重的通货膨胀会造成更大的经济风险、政治风险。

当然，建设高铁的巨额债务最后只能由中央政府承担。但真正的问题是，原铁道部曾经在建设高铁的可行性研究中保证，用银行贷款建设高铁是完全可以赢利的，而国家发改委也是基于这样的可行性研究报告批准高铁建设项目。例如，2005 年原铁道部在“铁路建设项目推介资料”中称，“郑西高铁在设计年度（2010、2018、2028）的预测旅客发送量分别为 2. 27 亿人、3. 77 亿人、5. 38 亿人，相应年度郑西高铁每天开行的高铁列车对数为 59 对、125 对、177 对。郑西高铁的投资回收期 16. 94 年，贷款偿还期 12. 77 年，满足国内银行的还款年限要求”。但实际情况是，2010 年 1 月投入运营的郑西高铁，目前的实际旅客发送人数不到预测人数的 1/10，每天仅开行 27 对高铁动车组，还不到预计 2010 年开行高铁列车对数的一半，郑西高铁的运输收入还不够偿还建设贷款利息。原铁道部主要领导通过指使人为夸大高铁市场需求而建成的高铁，现在需要靠编造所谓“正外部性”来文过饰非了。

错误六：虚构高铁海外投资神话

按该文作者的说法，出口高铁具有神话般的作用。该文作者称“向国际市场出口高铁并为之提供融资意味着中国正在作为一个国际事务的领导者以自己希望的方式重新塑造世界经济的新版图”，可以“直接帮助中国建立一个陆权战略”，“以非军事手段来实现地缘政治的目的的陆权”，“可以对同样以军事力量为基础的海权进行有效的制约”。该文作者是否计算过中国要提供几万亿元还是几十万亿元的出口高铁融资才能“以自己希望的方式重新塑造世界经济的新版图”，中国是否有这样的经济实力“出口高铁并为之提供融资”，国内高铁的巨额负债尚难化解，我国根本无法承受由出口高铁造成的更为严重的亏损。

该文作者认为建设新丝绸之路经济带，中国就要去建设跨国高铁，高铁海外投资的另一重要作用是“通过建设交通基础设施推动欧亚大陆经济整合。最近中俄两国政府宣布修建莫斯科—北京高铁。如果这条高铁再从俄罗斯通往西欧，整个欧亚大陆就会被一条高速的交通大动脉相连”。“如果莫斯科—北京高铁全线通车，这条交通大干道上还要出现各种相关的产业和服务”。该文作者似乎没有考虑按现行票价计算，莫斯科—北京高铁如果开通，不仅开行时间比飞机更长，而且票价比飞机更贵。在近万公里的距离，高铁根本没有存在价值。

高铁的价值在于能够为旅客节省旅行时间，但只有在一定距离内高铁才可能比飞机更快。尽管飞机的飞行速度远快于高铁的运行速度，但由于旅客从出发地到达机场的时间通常要大于到达火车站的时间，还有安检登机花费的时间，因此在600公里左右距离高铁能够比飞机更快。但在数千公里甚至上万公里的距离，高铁根本没有竞争优势。这已被各国开行高铁的实践所证明。日本高铁和民航的市场份额比例为：在东京至名古屋（342公里）区段高铁的市场份额为100%；东京至大阪（515公里）区段高铁的市场份额为80%，民航为20%；东京到福冈（1069公里）区段高铁的市场份额为9%，民航为91%。欧洲的一项研究表明，旅客乘高铁出行的时间在3小时左右时，高铁的市场份额能达到60%左右；旅行时间超过3小时，高铁的市场份额明显下降，旅客将大多选择飞机。我国有关方面没有类似统计，但从每天开行高铁列车的对数可以看出，在上千公里距离高铁列车开行对数显著下降，例如广州到长沙（707公里）每天有91对高铁列车，广州到武昌（968公里）每天有56对，广州到北京（2197公里）每天只有5对。

在数千甚至上万公里的跨境出行，人们将主要选择飞机而不是高铁，不仅如此，跨境旅客的数量还要受到相邻国家发出签证的限制，即便相邻国家每年签发1000万个入境签证，即便其中有100万人愿意乘高铁出行，由于高铁只能运人几乎不能运货，跨境高铁只能摆在那里晒太阳，其亏损严重程度要远远高于国内高铁。高铁海外投资不仅不能“推动欧亚大陆经济整合”，反而会拖垮中国经济，何谈“陆权战略”？

然而，该文作者描绘的“出口高铁”前景已经超出了新丝绸之路，他想象“中国在出口高铁以及为建设交通基础设施成立国际金融机构的合作过程中已经并且将进一步与未来世界上的大国建立更为紧密的联系。届时中国与俄罗斯、中国与印度、中国与东南亚、中国与中东以及中国与欧洲甚至非洲将肯定由高铁组成交通网络。中国在墨西哥以及其他拉美国家的高铁项目也肯定完成通车”。这是一所大学进行的“战略研究”还是在幼儿园进行的高铁畅想？

2014 年 12 月的中央工作会议强调，要“切实提高经济发展质量和效益”，强调要“努力实现经济发展质量和效益得到提高又不会带来后遗症的速度”。铁路的发展也是如此，大规模的高铁建设已经使中国铁路总公司陷入债务负担恶性增长的深渊，使我国交通运输结构严重恶化，留下了难以摆脱的后遗症。高铁海外投资只会造成更为严重的后果。任何学术领域的学者在高铁走出去问题上都应认真理解中央强调提高经济发展质量和效益的要求，进行理性有逻辑的思考，而不能进行逻辑上自相矛盾、概念混乱的瞎忽悠。

高铁项目在美国遇阻的反思

原载财新网，2016年6月13日

中国高铁走出去，在国外客户能够按市场价格和国际商业规则购买的条件下，可以承担建设项目或出口动车组，可以承担运营技术支持，但不能参与高铁的运营，不能提供大额长期贷款，不能承担高铁运营的商业风险

美国西部快线公司（Xpress West）（下称西部快线）6月9日发布公告称，正式终止与中国铁路国际（美国）有限公司（下称中铁美国公司）为建造美国高速客运铁路而组建合资公司的一切活动。

有分析认为，终止合作可能是出于无法获得美国交通部对“购买美国货法案”条款的免除。但这种说法难以令人信服，早在2015年该高铁合作项目签订之前，美国国会在1933年就制定了“购买美国货法案（*Buy American Act*）”，那么为什么在没有获得“购买美国货法案”条款免除的承诺前，就签订可能违法的高铁合作项目？为什么2014年中国北车可以获得美国波士顿284辆地铁客车采购合同，2016年中国中车联合体可以获得美国芝加哥846辆城轨车辆采购合同？为什么这些采购合同可以得到“购买美国货法案”条款相当大程度的免除？

美国西部快线高铁合作项目搁浅的真正原因是其本身的问题。中国不参与该注定血本无归的高铁项目是一件好事，更重要的是，应从该事件中反思“高铁走出去”战略和我国高铁的“十三五”规划，还应反思我国在信息公开，公众参与，人民代表大会对政府的规划、支出发挥

监督、问责作用等深层次制度安排方面存在的问题。

美国政府在2013年就因“昂贵、浪费、高风险”而拒绝对该高铁项目贷款

西部快线是拉斯维加斯酒店和博彩业巨头马奈尔（Marnell Corrao Associates）公司策划的一个铁路项目。该项目原名沙漠快线（Desert Xpress），计划修建一条洛杉矶到拉斯维加斯的高速公路，解决15号州际高速公路的运输能力瓶颈问题，后为利用联邦贷款改为修建高速铁路。最初的规划是修建从拉斯维加斯到加州胜利谷（Victorville）的铁路，全长298公里，时速240公里，投资50亿美元，其中的49亿美元贷款来自“联邦铁路复兴与改善资助计划（Railroad Rehabilitation and Improvement Financing Program）”，计划2012年动工，2016年投入运营。2011年西部快线高铁项目设计得到美国联邦铁路局、联邦公路局、地面交通运输委员会、联邦环境保护部门的批准。该项目的开工只等待得到联邦贷款，预计2012年中期联邦机构将做出是否贷款的决定。

2012年6月，西部快线宣布，高速铁路线路将由胜利谷延伸80公里到加州的帕木代尔（Palmdale），拉斯维加斯到加州胜利谷的建设成本提高到69亿美元，其中14亿自筹，其余为联邦贷款，得到联邦贷款后立即开工建设。

西部快线高铁项目在美国国内受到严厉批评，美国传统基金会（Heritage Foundation）研究员考克斯（Cox）批评说：“他们期望人们开车50~100英里去铁路车站，然后离开高速公路，去停车场，再坐175英里火车到拉斯维加斯。”该高铁项目的可行性是基于盲目乐观的客流预测——4倍于东北走廊美国铁路客运公司阿西乐特快列车（Amtrak's Acela train）的运量。如果不能实现预测的客运量，该高铁项目将无法偿还联邦贷款，使纳税人陷入圈套。

2013年3月美国参议院预算委员会资深委员塞申斯（Sessions）和众议院预算委员会主席瑞恩（Ryan）致信美国交通运输部部长，在引述上

述风险和世界类似高铁项目资本费用严重超支的风险后，塞申斯和瑞恩写道："由于这些原因，我们极为担心资助另一条昂贵、浪费、高风险的高速铁路项目的前景（the prospects of subsidizing another costly, wasteful, and risky high - speed rail project），特别是我们国家正经历的债务危机已经威胁了当前和未来美国人的福祉。我们要求交通运输部拒绝西部快线的贷款申请，并指导联邦铁路复兴与改善资助计划的资金用于能够给纳税人提供合理回报的、更值得的交通基础设施项目。"西部快线高铁项目的联邦贷款申请就此被搁置。2013 年 7 月，美国联邦政府的解释是，西部快线高铁项目被暂停的部分原因是没能满足"购买美国货法案"条款。

塞申斯和瑞恩同时要求美国国会下属的政府问责办公室（Government Accountability Office，其前身是美国总审计局，负责调查、监督联邦政府的规划和支出），审查西部快线项目、所有联邦铁路复兴与改善资助计划项目，以及考克斯对西部快线高铁项目的风险评估。他们要求政府问责办公室就西部快线高铁项目的经济可行性和对纳税人带来的真实风险做出报告。

2015 年 9 月，西部快线与中铁美国公司宣布将共同设计、建设、运营从拉斯维加斯到帕木代尔的高速铁路，并于 2016 年 9 月开工建设。2016 年 6 月西部快线单方面宣布终止与中铁美国公司合作。

一家主要从事博彩和酒店行业的公司，在与中国铁路公司合作过程中学习、认识到建设和运营高速铁路的高风险后选择退出，同时以美国政府拒绝为其提供联邦贷款的理由，终止与中铁美国公司的合作，并不令人意外。虽然西部快线公司宣称仍将致力完成西部快线高铁客运项目，但已经没有时间表。

高铁走出去面临的最大问题是国外没有市场

我国高铁建设施工、装备制造的性价比是世界最高的，但高铁走出去面临的最大问题是国外几乎没有市场。

世界各国的高铁几乎没有一条能够依靠客运收入支付全部建设和运

营成本。欧洲的高铁由国家财政进行大量补贴来进行建设和维持运营。目前世界上只有日本的东海道新干线是唯一例外，因为在该500公里的通道上集聚了7000万人口，三大都市区还有数千公里的城市轨道交通和通勤铁路为东海道新干线集散客流。2008年东海道新干线每天开行160对动车组，年旅客发送人数高达1.49亿人，巨大的旅客流量是实现高铁赢利的基本市场条件。而目前世界上几乎没有一个地方集聚如此大规模、高密度的人口。如果没有政府的巨额补贴，美国、巴西、俄罗斯、委内瑞拉、泰国、印尼等是无法建设和运营高铁的。因此中国“高铁走出去”的最大障碍是国外没有市场。

一条高速铁路的建设成本是普通铁路的2~3倍，且只能运人不能运货，因此只有在人口规模大密度高、收入水平高的地区才可能有足够大的客流，才可能实现盈亏平衡。因此一条通道上的人口规模和人口密度决定了该通道是否具备建设和运营高铁的市场条件。

国内的情况也是如此，京沪通道上集聚了3亿以上人口，是我国人口密度和经济发展水平最高的地区，京沪高铁2011年6月30日开通，2014年发送旅客超过1亿人次，2015年开始赢利。但2010年1月就投入运营的郑西高铁目前每天仅开行30对高铁列车，而郑西高铁每天至少有开行160对列车的能力。这类似于建设了一座160层的豪华饭店，但只有30层在营业，其余130层处于闲置状态，这种饭店是不可持续的，高铁也是如此。在人口规模小、人口密度低的地区建设高铁将长期面临严重亏损的局面。

高铁走出去还面临多党轮流执政的政治风险

高铁建设项目动辄需要几百亿元、数千亿元的巨额投资，回收期长达几十年，甚至无法收回。因此在国外多党政治环境中，即使所在国政府提供主权担保或资产抵押，也无法保证这些主权担保承诺在多党政治博弈和政党轮替中不发生违约。

墨西哥高铁项目就是典型案例，修建墨西哥城至克雷塔罗高铁，是在政党轮替中重新执政的墨西哥革命制度党新任总统在2012年参加总统大选时的承诺，这是一个要在新任总统任期内完成的“政绩工程”。但在墨西哥官方宣布中国铁建中标3天后，就在反对党质疑中，被出尔反尔地取消了高铁投标结果。

如果我国承建并运营的国外高铁项目建成后长期处于亏损状态，我国不仅要蒙受经济上的巨额损失，该高铁项目还会成为“一带一路”建设上的定时炸弹。因为我国政府不可能长期补贴国外的高铁项目运营，而长期严重亏损会给高铁项目所在国造成巨额债务负担，严重影响两国关系。

中国高铁走出去，首先要深入研究最早发展高铁技术的发达国家开发海外市场的运作模式。日本在1964年就开始运营世界上第一条高铁。随后法国和德国根据各自的国情，研发了各自的高铁技术。日、法、德高铁走出去的主要方式是输出高铁技术、承包工程、出口高铁动车组等市场风险最小的方式，而不提供贷款、不参与运营。这不是性价比问题，是商业风险和政治风险问题，特别是铁路运营还涉及国家主权问题。

中国高铁走出去要利用性价比优势参与国际市场竞争，不能采用低价竞标的模式，不能认为低价中标就可以起到示范作用，就可以打开市场，而对国外的法律条款、市场风险、政治风险缺乏清醒认识。中国高铁走出去只能采取以下模式：在国外客户能够按市场价格和国际商业规则购买的条件下，可以承担建设项目或出口动车组，可以承担运营技术支持，但不能参与高铁的运营，不能提供大额长期贷款，不能承担高铁运营的商业风险。因此，中国铁路走出去的主体应当是铁路建设项目的设计施工企业、铁路装备制造企业，而不是铁路运输企业，后者的角色是提供技术支持。

需要反思我国“十三五”的高铁建设规划

我国建设的高速铁路已达1.9万公里，是世界其他国家和地区半个世纪建设的高速铁路总和的2倍以上。同时中铁总的负债已超过4万亿元，即使不考虑高铁的运营成本，高铁的全部运输收入尚不够支付建设高铁的贷款利息。中铁总要靠财政补贴和不断借新债还旧债来维持，已经陷入债务负担恶性增长的困境。

一条高速铁路的建设成本是普通铁路的 2～3 倍，建设 2 万公里高铁相当少建了 4 万～6 万公里普通铁路。2008—2013 年，我国铁路货运的市场份额下降了 10 个百分点，而其他交通方式的市场份额在不断增长。2013 年我国铁路货运周转量的市场份额仅为 22%，美国铁路货运周转量的市场份额一直在 40% 左右。我国大量用汽车运输煤炭等基础原材料，大幅度提高了物流成本。大规模高铁建设进一步扭曲了我国的交通运输结构，严重降低了国民经济整体的资源配置效率。

为拉动经济，很多省市政府提出要在“四纵四横”高铁网络的基础上，进一步扩大高铁建设规模。郑州、西安、武汉、长沙等多个城市都计划建设“米”字形高铁，多条上千公里的高铁干线纳入了“十三五”规划。2020 年高铁运营里程将达到 3 万公里，这将造成国家难以承受的高铁债务危机。

某些学者提出通过推进基础设施建设特别是铁路建设，来抑制经济下滑。实际上，交通基础设施建设也会出现产能过剩，其表现形式是运输能力大量闲置，造成巨额无法偿还债务。兰新高铁每天运行的高铁仅有 5 对，其高铁运输收入甚至不足以支付电费，更不用说支付工资和还本付息。在中西部地区建设只能运送旅客的高速铁路，会造成货运能力不足和高铁运输能力大量闲置，这是资源在空间和功能上的错配。高铁主要满足消费需求，不能满足运输货物的生产性需求，而建设速度目标值每小时 160 公里左右既能运货又能运客的高等级普通铁路更有利于中西部地区的经济社会发展。

飞速运行的高铁确是一道亮丽的风景，为人们出行提供了更多的选择。但天下没有免费午餐，国家财政最后要为高铁节约旅行时间的价值买单。至于说建高铁应主要考虑社会效益，高铁带动了房地产和地方经济的发展，那么建既可运客又可运货的普通铁路所产生的社会效益和对地方经济的带动作用远大于高铁。1908 年通车的沪宁铁路催生出长三角城市群，石家庄则是被铁路拉出来的城市。

我国的城镇化已经进入大都市区化的发展阶段，大都市区是经济增长的发动机，但我国所有一线城市和部分副省级以上城市出现了严重的交通拥堵，这是轨道交通不能支撑大都市区发展的市场信号。“十三五”时期，我国铁路的投资重点主要是大都市区的轨道交通。大都市区是指以大城市为中心，由多个与中心城市有较强通勤联系的周边县及城镇组成的区域，其面积在 1.5 万平方公里左右。大都市区是空间一体化的劳动力市场和住房市场，人口规模大、密度高的大都市区要由通勤铁路和城市轨道交通支撑其运行。

东京大都市区有 2500 公里的轨道交通，纽约大都市区的轨道交通总里程为 3342 公里。东京和纽约在汽车社会到来之前就已经建成了相当规模的轨道交通网络，形成了建在轨道交通上的城市。按我国可能出现 20 个千万级以上人口的大都市区、每个大都市区需要建设 2000 公里左右轨道交通推算，我国大都市区的通勤铁路和城市轨道交通的建设规模可达 4 万公里，存在巨大的投资空间。

大都市区中一条通勤铁路的长度在 30 ~ 50 公里，一般不超过 70 公里，在其车站周边可以进行高强度的房地产开发，这不仅能够疏解中心城市人口，容纳更多的外来人口，改善人口的空间分布结构，为通勤铁路提供客流，而且可以使建设通勤铁路带来的土地升值收益回归建设运营主体。因而可以吸引社会资本采用 PPP 方式进行建设和运营，不增加国家财政负担。这涉及我国的城市行政区划、城市规划、财税体制、社会保障体制、部门管理体制不适应大都市区发展的多方面体制障碍，要通过深化改革来打破发展的瓶颈。

The variation in the value of travel-time savings and the dilemma of high-speed rail in China

原载 Transportation Research Part A: Policy and Practice 82 (2015) 130 – 140

Abstract: This paper examines the variation in the value of travel-time savings (VTTS), a fundamental element determining the market demand for high-speed rail. Following a review of time allocation theories, a time allocation model for general travel behavior is proposed as a further elaboration of Evans' (1972) activities analysis. There are relationships among activities that can be expressed using a linear inequality to show the constraints on the arrangement of activities. This model indicates that two or more activities can be simultaneously rearranged to improve time management, which may be a source of variation in VTTS. This time allocation model can explain why large-scale high-speed rail construction in China faces significant market risks and a high likelihood of economic loss. Data from a new ticket sales and booking system for railway passengers indicate that passengers prefer conventional overnight sleeper trains, rather than high-speed trains, for long-distance travel, which supports the analysis of the time allocation model.

Keywords: time allocation model; value of travel-time savings; high-speed rail

1 Introduction

Travel is widely thought to be derived demand, and a reduction in travel time is assumed to benefit passengers. Therefore, reducing travel time has remained an important consideration in transportation infrastructure investment. How passengers evaluate the value of travel-time savings (VTTS) is a fundamental determinant of the market demand and is also a critical parameter in decisions about the speed target value, which is especially important for high-speed rail construction because of the large capital investment required for rail infrastructure.

China began large-scale high-speed rail (HSR) construction in 2004, and more than 10000 km of high-speed lines were in operation by the end of 2013. In China, none of the high-speed lines in operational reach breaks even, and the revenues from high-speed rail lines cannot even cover the interest on construction loans.

The most obvious benefit of HSR is that it saves travelers time. HSR's revenue depends on the value it offers to passengers, i. e. , on the market demand for HSRs. While travel market demand is very complex, travelers consider not only travel time, ticket price and travel time reliability (Li et al. 2010; Abate et al. 2013) but also suitable departure and arrival times. For a long-distance journey at night, the passenger may not want to arrive earlier at the destination, e. g. , at midnight. Thus, faster is not necessarily always better, and the VTTS varies depending on the situation. However, in project appraisals, a common assumption is that the VTTS is a constant.

An interesting paper (Wu, Nash, Wang, 2014) on the problems surrounding HSR in China estimates that the VTTS of a 500km HSR between Beijing and Shanghai is 4. 49 Euro and that the VTTS between Zhengzhou and Xian is 3. 34 Euro, which is the average value of time multiplied by the travel time saved by HSR. They conclude that because the value of time is low in China, except in the richest and most densely populated areas, the full initiation of HSR throughout the country will be difficult to justify. In many areas, building advanced conventional railways is a better solution to address China's rail capacity problems.

We agree with this conclusion, which is based on the assumption that the VTTS is constant. Our paper emphasizes that the VTTS is not constant, especially in long-distance travel, which can further justify this conclusion. Another problem of the paper mentioned above is that its analysis is based on a 500km HSR model, which is suitable for European countries, where the distance of travel by HSR is rarely more than 500 km. However, in China, the distances between major cities are more than 1000 km; at this distance, conventional sleeper trains rather than HSR is the first choice of most travelers. This paper will provide a theoretical explanation for this phenomenon.

This paper focuses on the special nature of VTTS, which is the key to understanding the market demand in long-distance travel. First, some time allocation models are reviewed to clarify the concept of VTTS, and their assumptions are rechecked. Second, a time allocation model is proposed to present the components of VTTS and its mechanisms of variation. Third, this time allocation model will provide insight into the problems of HSR construction in China. Empirical evidence shows that HSR has no comparative advantage over air travel and conventional sleeper trains for long-distance travel, and the large-scale construction of HSR may become a serious drag on China's economic development① (Jian Zhao, 2006).

Currently, encouraged by HSR construction in China, a number of

① Zhao Jian's opinion was cited not only by Chinese media but also by the *New York Times*, the *Washington Post*, *Time* magazine and the *Financial Times*.

countries, such as the U. S. , India, and Brazil, are considering building HSR as a component of a 21st-century sustainable transportation infrastructure. The analysis of this paper encourages policymakers in those countries to be cautious in their HSR market demand analysis based on China's experience with HSR.

2 A review of time allocation theory

2.1 *The evolution of the time allocation model*

Including a time dimension in an economic model is challenging because the characteristics of the time resource are different from those of other economic resources, and the time factor is too "slippery" to analyze. Becker (1965) made the first attempt to develop a general treatment of the allocation of time in all non-work activities. First, he assumed that the time spent consuming a good is fixed; for example, drinking a cup of coffee requires 10 minutes. Due to this strict assumption, Becker failed to explain the value of time savings. Second, Becker assumed that one period of time can only be used to consume one good, which does not agree with common sense. For example, people commonly watch a film and drink a cup of coffee simultaneously. Some shortcomings of Becker's model were addressed by Johnson (1966) and DeSerpa (1971) .

In contrast with Becker, Johnson argued that work time must be included in the utility function because work and leisure are distinct variables that are involved in time allocation decisions. Johnson also separated the money budget constraint and the time budget constraint, clearly making the time dimension an independent constraint in his model. Different specifications of the utility function and constraints lead to different conclusions. According to Johnson's model, the marginal rate of the substitution of income for leisure or the value of travel time must be less than the money wage rate. Although this conclusion may contradict some characteristics of time, the value of time can change with specific situations. Various qualitative factors, such as travel convenience, comfort, and safety level, can affect the value of travel time. Albert Einstein once illustrated the relativity of time by saying, "When a man sits with a pretty girl for an hour, it seems like a minute. However, let him sit on a hot stove for a minute and it's longer than any hour." In this example, the value of spending time with a pretty girl must be higher than the money wage rate. The value of time varies based on its usage and the specific situation. Johnson's conclusion must result from an incorrect specification in the model, particularly its inelastic time constraint.

Evans (1972) thought that Johnson confused the value of a relaxation in the time constraint with the value of time used in a particular activity. He created a model using an activities analysis to show the relationship between activities. Evans' activities analysis is an important contribution, which changes the implicit assumption in time allocation models that the consumer is free to allocate his time among activities. In fact, the activities analysis increases an additional linear inequality constraint in Johnson's model to represent the relationship between activities. For example, the additional constraint relates the time that a consumer spends travelling to the cinema to the time that he actually spends at the cinema. This relationship was represented by a linear inequality $a_t \geqslant b a_c$, where a_t and a_c denote the travel time and the time spent at the cinema, respectively, and b is a constant. However, the most important issue is how the activities analysis can illustrate different activity arrangements.

DeSerpa (1971) provided a new explanation of the value of time savings (VTS). By introducing a series of inequality time constraints, DeSerpa defined the concept of VTS. DeSerpa's utility function includes n types of consumption goods, n units of time allocated to each good, and n inequality constraints. The inequality constraints indicate the extents of time for the activities, but they do not define the relationship between activities, as in Evans' model. The question is whether the time allocated to one activity is independent of the time spent on another activity or whether these activities can be rearranged. What is the value of time if several activities occur simultaneously? For example, a man is sitting on a train with a pretty girl and drinking coffee. In this case, three activities are performed simultaneously: travelling, sitting with a pretty girl and drinking coffee.

Jara-Diaz (2003) thought that DeSerpa's time consumption constraints first established direct relationships between commodities and time. Then, the original denomination for "consumption time" was converted to "activity". Jara-Diaz emphasized the importance of establishing technological relationships between goods consumption and the time assigned to activities by DeSerpa. The important component of DeSerpa's model is not the technological relationships that were implicitly established by Becker in his model; instead, the inequality constraints, which can help establish new concepts regarding the value of time, constitute the important component.

Jiang and Morikawa (2004) analyzed the mechanisms leading to the variation in the VTTS. They proposed a time allocation model based on the assumption of travel cost as a function of travel time, which means that a faster mode of transportation is usually the more expensive choice. Then, using a comparative static analysis, they examined the relationships between the VTTS and travel time, travel cost, wage rate and work time. When considering the transportation mode and route choice, an individual pays more attention to the total travel time (from the starting point to the destination) than to the operating speed of a specific transportation mode.

Lyons and Urry (2005) addressed the fact that some activities can occur simultaneously, especially during travel. They challenged the assumption that travel time is unproductive and listed a set of possible time uses during a train journey. They focus on the growing significance of information and communication technologies in relation to time spent on the move, arguing that the information age might change the use of travel time. However, they simply list some uses of travel time in other productive activities without using a time allocation model to generalize their observations.

Small (2012) reviewed the studies of the value of time; he found that both theoretical and empirical studies had revealed wide variations in the value of travel time. The sources of heterogeneity include income, the purpose of the trip, the scheduling choice, reliability, travel circumstances, information provisions, and reference points. However, all of these studies involve routine commutes and thus are not compatible with studies examining the value of travel time in long-distance travel.

In summary, most time allocation models are elaborations of the framework of Becker (1965), which can be used to analyze commute activities. However, for long-distance travel, the time allocation model must address two issues. First, travel times are measured on a larger scale (i. e., not in minutes); thus, more activities and their relationships should be taken into consideration. Second, activities can be rearranged in an efficient way. These arrangements are common in real life, but they are a bit difficult to express in a model; however, the activities analysis of Evans (1972) can shed some light on these issues.

2.2 *The main issues in these time allocation models*

Existing time allocation models include the basic assumption that one unit of time can only be spent on one activity or on the consumption of one commodity, which is not consistent with reality. In fact, some activities can occur simultaneously. For example, a traveler on an overnight train with couchettes can travel and sleep simultaneously, and a traveler on a sightseeing train can travel and enjoy a beautiful landscape simultaneously.

The second issue is that not all activities are included in these time allocation models. Becker (1965) and DeSerpa (1971) considered non-work activities, but they did not include sleeping time, although it takes up about one-third of a day. When considering long-distance travel, this omission may result in missed opportunities to rearrange activities optimally.

The third issue concerns how to determine the relationships between different activities and touches on Evans' (1972) critique of the implicit assumption in time allocation models that the consumer is free to allocate his time among activities in any way he chooses.

Different time allocation models can be used to derive different concepts and components of the VTTS. The VTTS is widely thought to vary with the travel type and individual socioeconomic environments, though it is thought of as a constant in project appraisals. However, little attention has been paid to the analysis of its mechanisms of variation (Jiang and Morikawa 2004). In fact, the time allocation model already implicitly includes the mechanisms of variation in the VTTS. Therefore, the most important issue is how to construct the time allocation model.

3 The time allocation model and the mechanisms of variation in VTTS

3.1 *The proposed time allocation model*

To analyze travelers' behaviors in relation to time allocation decisions, assumptions should attempt to reflect reality. We make some different assumptions in the proposed time allocation model. First, a unit of time can be assigned to more than one activity. Second, all types of activities should be taken into account, along with the relationships among these activities.

Third, the VTTS varies based on individual preferences.

This model focuses on decision making regarding the transportation mode for medium- and long-distance travel, which is different from commute trips. This paper primarily considers travel at a distance between 100 and 2000 kilometers. The passenger can choose either an airplane, a high-speed train (HST), a conventional train, a car or a bus for travel; no other modes of transport are considered due to the long distance. The prices of different transportation modes vary depending on their speed. Generally, the faster the speed, the higher is the ticket price. The departure and arrival times are also very important considerations. The departure and arrival times can be at any time of day, although departing in the early morning or arriving at midnight will be inconvenient for most people. Time allocation models should consider all activities. Thus, the individual utility includes composite goods, the time spent on work, travel, sleep, leisure and consumption during non-work time. Because sleep requires about one-third of a day, it cannot be neglected in a time allocation model. The four types of activities are measured by their duration.

Based on these considerations, the following time allocation model is constructed, which includes some elements from Evans (1972) and DeSerpa's (1971) model.

$$\text{Max } U = U(p_x, a_w, a_{i,t}, a_l, a_{j,s}), \; i = a,h,p,c; \; j = m,h,b \quad (1)$$

where $a_{i,t}$ denotes the time that the individual spends traveling, with the first subscript denoting the mode of transportation and the second subscript denoting the travel activity. The travel time by airplane is $a_{a,t}$, by high-speed train is $a_{h,t}$, by conventional passenger train is $a_{p,t}$, and by car or bus is $a_{c,t}$. Travel by high-speed train can take less time than travel by a conventional passenger train. $a_{j,s}$ denotes the time that the individual spends sleeping, which can occur at home ($a_{m,s}$), at a hotel ($a_{h,s}$), or on a conventional passenger train ($a_{b,s}$) . p_x is the cost of composite goods, including durable and non-durable goods consumed in various activities. a_w and a_l denote the time that the individual spends on work and leisure activities.

As the focus of this model is the problem of time allocation for travel, different transportation modes should be considered. The consumer's attempt to maximize utility is subject to budget and time constraints. The budget constraint is as follows:

$$p_x + r_t(i)a_{i,t} + r_l a_l + r_s(j)a_{j,s} = r_w a_w \quad (2)$$

Here, $r_t(i)$ is the average price of travel per unit time by transportation mode i ; the price usually is higher for the faster modes of transport, which can also indicate the service level, reliability and comfort to some degree because there are costs associated with these factors. r_l is the necessary price per unit time for a related leisure activity, for example, the average price per unit time for a movie ticket. $r_s(j)$ is the average price per unit time for sleeping, which is related to the input of a bed and house for sleep at home, as mentioned by Becker (1965), or the average price per unit time for a hotel, or zero because the price is included in the ticket of the sleeper train. r_w is the wage rate.

The time constraint is as follows:

$$a_w + a_{i,t} + a_l + a_{j,s} = T \quad (3)$$

where T denotes the total time available.

For different travel distances, travelers may have different preferences for different transportation modes and may have different ways to save travel time. Such preferences and time-saving measures can be indicated by another time constraint:

$$a_{i,t} \geqslant \bar{t} = \begin{cases} t_{\min} = \text{Min}\{a_{a,t}, a_{h,t}, a_{p,t}, a_{c,t}\} \\ t_s \end{cases} \quad (4)$$

$t_{\min}$ is the minimum time required for a mode of transport to travel certain distance. t_s is the minimum time required for sleeping, for example, six hours a day. Constraint (4) indicates that there are two ways to save travel time on a long-distance trip, based on $t_{\min}$ or t_s. When traveling a distance of 500 km, most travelers would choose high-speed train because it is the fastest mode of transportation and is less expensive than air travel, that is, $a_{i,t} = \bar{t} = a_{h,t}$. When traveling a distance of more than 1000 km, some travelers will choose an airplane, which is the fastest transportation mode, but some travelers will choose conventional trains with sleeping cars. If $a_{i,t} \geqslant t_s$, travelers can arrange for two activities (sleep and travel) to occur simultaneously; traveling on a conventional train not only is more comfortable and less expensive than air travel but also frees up time for daytime activities. Therefore, passengers with different social demographics characteristics may have different choices.

The Lagrangian function can be written as follows:

$$L = U + \lambda[r_w a_w - p_x - r_t(i)a_{i,t} - r_l a_l - r_s(j)a_{j,s}] + \mu(T - a_w - a_{i,t} - a_l - a_{j,s}) + k_i(a_{i,t} - \bar{t}) \quad (5)$$

The first-order conditions areas follows:

$$\frac{\partial U}{\partial a_w} = \mu - \lambda r_w \quad (6)$$

$$\frac{\partial U}{\partial p_x} = \lambda \quad (7)$$

$$\frac{\partial U}{\partial a_{i,t}} = \mu + \lambda r_t(i) - k_i, \qquad \text{either } a_{i,t} = \bar{t} \text{ or } k_i = 0, \quad (8)$$

$$\frac{\partial U}{\partial a_l} = \mu + \lambda r_l \quad (9)$$

$$\frac{\partial U}{\partial a_{j,s}} = \mu + \lambda r_s(j) \quad (10)$$

These equilibrium conditions reveal some interesting aspects of the value of travel-time savings. Dividing equation (8) by λ yields the following:

$$\frac{k_i}{\lambda} = \frac{\mu}{\lambda} + r_t(i) - \frac{\partial U}{\partial a_{i,t}} / \lambda \tag{11}$$

According to DeSerpa, the ratio μ/λ is interpreted as the value of time, i. e. , the value of time as a resource. As the unit of μ is expressed as 'utils' per hour and the unit of λ is 'utils' per dollar, then the unit of μ/λ is the monetary value per hour. This explanation was based only on unit analysis, not on DeSerpa's utility function. Based on this analysis, DeSerpa thought that μ/λ could not be related to any set of empirical data.

This paper explains μ/λ from the equilibrium condition alone, as in Johnson (1966) . This approach is employed because the utility function is specified differently to include work activity. Equation (6) can be written as $\frac{\mu}{\lambda} = r_w + \frac{\partial U}{\partial a_w} / \lambda$. The value of time μ/λ is equal to the wage rate plus the marginal value of an additional minute of work, which can be positive or negative, as Johnson noted. Therefore, the value of time is not a constant, instead depending on the situation. In equation (6), μ/λ or VOT is related to the first-order condition of the optimal allocation of work time. Note that the first concept of the VOT was the time cost of not earning money and was equal to the wage rate. However, this is correct only if $\partial U/\partial a_w = 0$. VOT is also influenced by an individual's attitude toward increasing work hours. If $\partial U/\partial a_w > 0$, increasing a unit of work time can increase the individual's utility, such that the value of time is greater than the wage rate. If $\partial U/\partial a_w < 0$, then increasing work time can decrease the individual's utility, such that the value of time is lower than the wage rate.

3.2 *Mechanism of variation in the VTTS*

This time allocation model clearly shows the mechanisms of variation in the VTTS. The VTTS (k_i/λ) includes three components. The first is the VOT or μ/λ , which equals the wage rate plus the marginal value of an additional minute work, meaning that individuals with higher wage rates have higher VTTS. μ/λ can be viewed as the average wage rate. If an individual's income level is lower than the average income level, his VTTS for this transportation mode will be lower than that of others, which is consistent with empirical observations.

The second is $r_t(i)$, the cost of transportation mode i , which makes some economic sense, as higher speed often means higher price. $r_t(i)$ is the cost that must be paid to save travel time. Choosing transportation mode i means that the individual should pay that cost. $r_t(i)$

The third component, $\frac{\partial U}{\partial a_{i,t}}/\lambda$, is different from VTC, as explained by DeSerpa (1971) and Jiang and Morikawa (2004) . This component represents the marginal value of an additional minute of travel time by transportation mode i and can be positive or negative, reflecting the individual's perception of the travel time change. If $\partial U/\partial a_{i,t} > 0$, an additional minute increase in travel time by transportation mode i can increase the individual's utility. Therefore, this form of travel is pleasurable, with a low VTTS. If $\partial U/\partial a_{i,t}$ is so great that $\frac{\partial U}{\partial a_{i,t}}/\lambda = \frac{\mu}{\lambda} + r_t(i)$, then the VTTS is equal to zero, which means that this form of travel is so easy that the individual prefers to spend more time traveling and does not want to save travel time.

If $\partial U/\partial a_{i,t} < 0$, then an increase in travel time by transportation mode i will decrease the individual's utility. Therefore, this form of travel is not pleasurable, and the VTTS will increase.

In summary, the three components of the model clearly reflect the mechanisms of variation in the VTTS. The first component is the wage rate. The second component concerns travel costs. The third component relates to the passenger's perception of travel time. These mechanisms of variation are similar to those described in Jiang and Morikawa's (2004) research, without their complex comparative static analysis. The main source of VTTS variability in our model is the fact that two or more activities can be rearranged simultaneously, which improves the efficiency of time use.

Equation (11) includes the item $\partial U/\partial a_{i,t}$, which reflects the individual's preferences for different modes of transportation. Time constraint (4) indicates that travelers may have different choices for long-distance travel, for instance, for trips of more than 1000 kilometers. A traveler can choose the fastest transportation mode or can take a conventional train with sleeping cars at a more moderate speed. For daytime travel, faster travel is better because any time saved can be spent on work or leisure. Therefore, a one minute increase in travel will reduce an individual's utility, i. e. , $\partial U/\partial a_{i,t} < 0$. The VTTS during the daytime is high. A traveler will tend to choose a faster transportation mode for daytime travel.

For long-distance travel, the trip can be arranged to take place at night on a sleeper train, departing in the evening and arriving at the next morning, in which case faster is not necessarily better. If the passenger arrives at the destination in the wee hours of the morning, the passenger's sleep will be interrupted, and he will not be able to do anything in the empty rail station; therefore, increasing the travel time can increase the individual's utility, $\partial U/\partial a_{i,t} > 0$. If the trip takes place at night on a sleeper train, then the VTTS is equal to zero or even negative, i. e. , $k_p = 0$. Thus, increasing travel time to arrive at the destination at a more reasonable time, such as 7 a. m. , may be preferable. The VTTS varies because two or more activities could be arranged simultaneously.

There are two ways of saving travel time on a long-distance trip. In one approach, travel time is saved by selecting a faster transportation mode, and, in another approach, a slower overnight sleeper train is selected to save travel time. These two choices have the same effect on travel-time savings. In fact, the latter saves the most travel time by combining travel with sleep on an overnight train. Travelers' choices between these two modes is determined both by individual preferences and by the travel costs of the different transportation modes. Travel at night on a sleeper train frees up daytime for other uses and saves a one-day hotel expense. If the ticket price of the sleeper train is similar to or lower than that of a high-speed train, most passengers will choose the sleeper train for a long-distance trip.

This analysis of passenger preferences is crucial when planning high-speed railways in countries with vast territories. High-speed rail involves high construction and operating costs, and high ticket prices. The question then becomes, how many passengers will pay high prices to save one or more hours? The value of travel-time savings becomes the key issue in the sustainability of high-speed rail projects.

4 Empirical evidence

Based on the time allocation model and the analysis of passenger preferences for long-distance travel, three key issues are identified for efforts to build high-speed rail in large territory countries such as China. First, a high-speed train (HST) is only faster than other modes of transportation for certain distances, and its comparative advantage and market share decline in the case of longer-distance travel. Second, the time allocation model predicts that passengers prefer overnight sleeper trains to HSTs when taking long-distance trips. Third, HSR can only gain attract enough passengers to cover the costs of construction and operation in areas with large populations and high income levels. These three issues, which make HSR construction risky in China, have been observed in practice.

4.1 *The comparative advantage of HST will decline for trips longer than 1000 kilometers*

The first issue relates to the time constraint (4), i. e., the problem of which mode of transportation is faster over a given travel distance. Different transportation modes have their own comparative advantages at different travel distances. The total travel time is not only determined by the operating speed but also by the time required to access the airport or train station. Travel by automobile does not require any access time; thus, it can be faster than other modes of transportation for short-distance trips.

For travel by airplane or HST, the total travel time can be divided into three parts if transfers between different transportation modes are not considered. T_a is the total travel time by airplane. $T_a = T_{h,a} + T_{f,a} + T_{d,a}$, where $T_{h,a}$ is the time from home to the airport up until boarding; $T_{f,a}$ is the flight time; and $T_{d,a}$ is the time from the airport to the final destination.

T_h is the total travel time by HST. $T_h = T_{h,h} + T_{t,h} + T_{d,h}$, where $T_{h,h}$ is the time from home to the train station; $T_{t,h}$ is the time on the HST; and $T_{d,h}$ is the time from the train station to the final destination.

Airports are usually farther than railway stations from city centers, and security checks are required before boarding; thus, $T_{h,a} > T_{h,h}$ and $T_{d,a} > T_{d,h}$. Although the speed of air travel is faster than that of HST, at a certain distance S, the total travel time can be equivalent:

$$T_{h,a} + T_{f,a} + T_{d,a} = T_{h,h} + T_{t,h} + T_{d,h} \tag{12}$$

Let $\Delta t = T_{h,a} + T_{d,a} - T_{h,h} - T_{d,h}$, where Δt is the total difference in access time between the two modes of transportation. Equation (13) can be written as follows:

$$\Delta t = T_{t,h} - T_{f,a} = S/V_h - S/V_a \tag{13}$$

V_a is the air travel speed, and V_h is the HST travel speed. Equation (13) suggests that at a travel distance S, the difference between the operating speeds of HST and air travel balances out the difference between the access times of the airport and the train station. Therefore, the distance requiring the same total travel time for both flights and HSTs can be written as follows:

$$S = (\Delta t \times V_a \times V_h) / (V_a - V_h) \quad (14)$$

Equation (14) suggests that the distance requiring the same total travel time for the two different transportation modes with different operating speeds is determined by the difference in access time and the difference in the operating speed of the two transportation modes.

If $\Delta t = 2$ h, $V_a = 650$ km/h, and $V_h = 260$ km/h, then $S = 867$ km, meaning that, within 867 kilometers, an HST can be faster than an airplane. Of course, if the difference in access time or the difference in operating speed changes, then this distance will change. For this reason, many train stations remain in city centers, despite the high rebuilding costs required to do so, as such locations reduce the access time and increase the attractiveness of railways. If the HST travel speed increases to 300 km/h, then an HST can be faster than an airplane for a trip of up to 1114 kilometers.

Because automobiles can travel directly from the starting point to the destination, if the difference in access time between HSTs and automobiles is $\Delta t = 1$ h, the automobile speed is 80 km/h, and the HST speed is 260 km/h, then 130 kilometers is the distance with the same travel time for automobile and HST travel. Therefore, for trips of less than 130 kilometers, automobile travel is faster than HSTs, while HSTs are faster than automobiles for trips of more than 130 kilometers. Therefore, HSTs are only faster than automobiles and airplanes for travel distances between 130 and 867 kilometers. Therefore, the market demand for HSTs is high over this range of distances, while the market demand for HSTs will greatly decline for longer distances.

Based on analysis and assumptions above, Figure 1 shows the relationship between transportation mode preferences, which are indicated by the market shares of four different transportation modes, and travel distances.

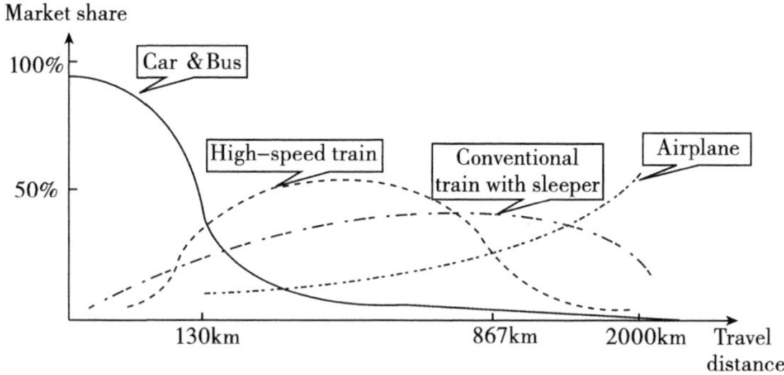

Fig. 1 The relationship between transportation mode choice preference and travel distance

Of course, changing the operating speedsor access time will affect these results. Nevertheless, this analysis clearly shows that HSTs only have comparative advantages over automobile and air travel within a certain range of distances, which has been verified by the operation of HSTs in Japan and China.

In Japan, the HST market share for passenger traffic on the Tokyo-Nagoya (342 km) -Osaka (515 km) -Fukuoka (1070 km) corridor is 100%, 80%, and 9%, respectively, relative to airlines. This situation has remained the same over a long period of time.

In China, the high-speed train between Beijing and Shanghai began operating in July 2011, passing through the city of Jinan. The distance between Beijing and Jinan is 497 kilometers, and the distance between Beijing and Shanghai is 1318 kilometers. The distance between Beijing and Guangzhou is 2191 kilometers. Although the Ministry of Railways (MOR) has not published the monthly passenger traffic volumes in these three sections, the passenger train schedule shows that there are more trains running on medium-distance routes than long-distance routes. For example, in May 2013, 69 pairs of trains traveled between Beijing and Jinan each day; 46 pairs of trains traveled between Beijing and Shanghai each day; and only eight pairs of trains traveled between Beijing and Guangzhou each day. These numbers suggest that the demand for HSTs declines remarkably as the travel distance increases.

The monthly volume of air passengers provides more evidence supporting this analysis. The operation of high-speed trains between Beijing and Shanghai has had nearly no impact on the airline passenger volume, while the volume of airline passengers between Beijing and Jinan has declined considerably, as shown in Table 1.

Table 1 The monthly volume of airline passenger traffic over time

	September 2010, Airline passenger traffic volume (number of scheduled flights)	September 2011, Airline passenger traffic volume (number of scheduled flights)	September 2012 Airline passenger traffic volume (number of scheduled flights)
Beijing-Jinan	31858 (233)	20960 (218)	8608 (120)
Beijing-Shanghai	1493, 307 (5755)	1247100 (5317)	1241643 (5435)

The statistics from these three months in different years show that, after HSTs began operating, the volume of airline passenger traffic between Beijing and Jinan declined by approximately 70%, and the number of scheduled flights decreased by approximately 50%, while the volume of airline passenger traffic between Beijing and Shanghai remained at nearly the same level.

The cases of Japan and China both demonstrate that high-speed rail can take a significant market share from air travel over distances of approximately 500 kilometers, but it does not have a comparative advantage for trips longer than 1000 kilometers.

4.2 *Conventional sleeper trains have comparative advantages for long-distance travel*

The second issue related to passengers' preferred modes of transportation also relates to time constraints (4). The question is whether passengers will choose a faster mode of transportation or a slower night train for long-distance travel.

Passenger preferences can be revealed through questionnaires and interviews, but they can also be observed directly through passengers' choice behaviors. A new ticket sales and booking system for railway passengers (www.12306.cn) has been operatingin China since 2012, and all ticket sales information is available online. A passenger can buy a ticket 20 days in advance on the Internet or through the telephone booking system. The passenger's name and ID number will appear on the ticket; he can only board the train with his train ticket. As a result, this ticket booking system can clearly reveal passengers' preferences.

A passenger will attempt to buy his preferred train ticket first; if this type of ticket is sold out, he turns to his second choice. Thus, the ticket types that sell out first reveal the passengers' preferences. We chose two routes with the largest volumes of passenger traffic, Beijing to Shanghai and Beijing to Guangzhou, for this analysis. There are two double-track lines on each of the two corridors; one is HSR and the other is a conventional rail line. On the Beijing-Guangzhou corridor, the HSR line is 2191 kilometers, and the conventional rail line is 2294 kilometers. We collected eight months' data on unsold tickets from the rail ticket booking system. For example, in May 2013, eight pairs of trains passed through the main stations along the Beijing-Guangzhou corridor, with three pairs of high-speed trains operating on the HSR each day and five pairs of trains operating on the conventional line each day. Sleeper trains typically depart in the evening and arrive in the morning of the next day. Because there are only eight pairs of trains, a small table can clearly demonstrate passengers' preferences.

At 5 p.m. on May 13, anyone who entered the ticket booking system could find the information on unsold tickets for May 16, as shown in Table 2. The situation was the same on other days, with the hard sleeper tickets selling out first.

Table 2 Unsold tickets for May 16, 2013, accessed at 5 p.m. on May 13, 2013

Train No.	Checking scope			Unsold ticket number				
	Departure station and time	Arrival station and time	Total operation time	First-class seat (ticket price, RMB)	Second-class seat (ticket price, RMB)	Sof sleeper (ticket price, RMB)	Hard sleeper (ticket price, RMB)	Hard seat (ticket price, RMB)
K599	Beijing 05: 25	Guangzhou 10: 50	29: 25	—	—	6 (767)	59 (441)	119 (251)
G71	Beijing 08: 00	Guangzhou 17: 38	9: 38	81 (1380)	376 (862)	—	—	—
G79	Beijing 10: 00	Guangzhou 17: 59	7: 59	89 (1380)	606 (862)	—	—	—
T15	Beijing 11: 01	Guangzhou 07: 32	20: 31	—	—	11 (767)	none (441)	180 (251)
G81	Beijing 13: 05	Guangzhou 22: 32	9: 27	109 (1380)	515 (862)	—	—	—
T97	Beijing 13: 08	Guangzhou 10: 10	21: 02	—	—	none (767)	none (441)	143 (251)
T13	Beijing 15: 00	Guangzhou 12: 43	21: 43	—	—	none (767)	none (441)	none (251)
T201	Beijing 18: 11	Guangzhou 15: 04	20: 53	—	—	4 (767)	none (441)	112 (251)

Similar patterns are observed for unsold tickets from Guangzhou to Beijing. Neither the low ticket price nor the high-speed trains are passengers' first choice. Passengers prefer moderately priced but still comfortable hard sleeper trains, with a ticket price of RMB 441 and a travel time between 20: 31 and 21: 43. All of the hard sleeper tickets for the four conventional sleeper trains are sold out three days prior to the trip. The second choices are soft sleepers (ticket price RMB 767) and hard seats (ticket price RMB 251); some of these tickets are sold out three days prior to the trip. When all of the hard sleeper tickets are sold out, hundreds of tickets remain unsold for the three high-speed trains. The passengers' last choices are high-speed trains, which are expensive (the second-class ticket price is RMB 862) and will take an entire day, and the slowest trains, which are inexpensive but take up more than one day of travel time. These findings do not represent a special case, as similar situations are observed every day in other rail corridors.

Wuhan is located nearly halfway between Beijing and Guangzhou. There are 37 pairs of trains running between Beijing and Wuhan each day; 18 pairs of HSTs operate on HSR lines, and 19 pairs are conventional trains that operate on conventional lines. The length of the HSR is 1122 kilometers. The hard sleeper tickets are passengers' first choice and are usually sold out two days in advance. The hard sleeper tickets of conventional train Z37, which departs Beijing at 20: 55 and arrives in Wuhan at 6: 55 the next morning, are sometimes sold out 15 days in advance. Although the volume of unsold HST tickets (one day in advance) ranges from 3 to 636, HST tickets are rarely sold out prior to the trip. Although MOR has not published the percentage of passenger seat utilization per HSR train, it falls far below its original expectations.

The length of the HSR between Wuhan and Guangzhou is 1069 kilometers. There are 82 pairs of trains operating on this corridor each day, 54 pairs of which are high-speed trains and 28 pairs of which operate on conventional rails. The unsold ticket situation is the same as has been observed in other sections: the hard sleeper tickets usually sell out three days in advance. The hard sleeper tickets of conventional train Z23, which departs from Wuhan at 19: 45 and arrives in Guangzhou at 6: 05 the next morning, are sold out 14 days in advance. By contrast, high-speed train tickets are rarely sold out before the trip starts. On the Beijing-Wuhan-Guangzhou corridor, the hard sleeper tickets are more popular than other tickets, thus supporting our theoretical analysis.

The situation is the same on the Beijing-Shanghai corridor. There are 46 pairs of trains running on this corridor each day, including 41 pairs of high-speed trains on HSR (operating speeds of 300 km/h), three express trains (operating speeds of 200 km/h) and two conventional trains operating on the conventional line. The express trains (the soft sleeper ticket price is RMB 696) depart in the evening and arrive the next morning in less than 12 hours, while the other two conventional trains take more time. The most popular train on the Beijing-Shanghai corridor is the conventional train T109, which departs at 19: 33 and arrives in Shanghai the next morning at 9: 55. T109's hard sleeper tickets (316 RMB) are always sold out between four and nine days in advance. Its soft sleeper tickets (487 RMB) are usually sold out four days in advance, and even T109's hard seat tickets (RMB 177) are consistently sold out two days in advance. Only a portion of the HST tickets (RMB 553) sell out in advance, which only occurs on the weekend that some high-speed trains depart in the morning.

The rail passenger market in China is different from those in countries with small territories, such as Japan, Germany and France, where the distance between major cities is no more than 500 kilometers. The distance between major cities in China is generally more than 1000 kilometers. In this long-distance travel market, high-speed trains have no comparative advantage over airplanes, but the conventional sleeper train that runs at night may have a comparative advantage.

HSTs cannot run during the night because of the maintenance requirements. Even if HSTs could run during the night, it would be of no value to passengers. An HST operating at 300 km/h and leaving Beijing at 10 p. m. will arrive in Shanghai at 3: 00 a. m. the next morning. This high speed has no value and may even have a negative value for passengers. The moderate speed of a conventional train is more valuable than the speed of a HST that departs at 9 p. m. and arrives in Shanghai at 7: 00 a. m. the next morning.

Ticket price is another factor that determines passengers' choice between HSTs and conventional trains. The railway fare rate of a conventional train is RMB 0. 10 ~ 0. 15① for one passenger-kilometer, while the fare rate of an HST is up to RMB 0. 43 ~ 0. 48 for one passenger-kilometer, an increase of more than 200%.

The HST ticket price is too high for most Chinese people. According to official statistics in 2006, 83. 7% of rail passengers choose hard seats and 10. 76% chose hard sleeper seats. Only 1. 26% of rail passengers choose soft sleepers, and the HST ticket price is even higher than that of soft sleeper seats. The result of the large-scale HSR construction is that most Chinese people are being asked to pay prices that are higher than soft sleeper prices to travel by rail. China's per capita income is still relatively low, along with the economic value of time. Therefore, inexpensive and relatively comfortable travel is much more suitable for ordinary Chinese passengers, who do not want to pay a ticket price that is three times higher to save only a few hours of travel time.

The high ticket price limits the market for HSTs, which presents a dilemma due to the high construction and operating costs associate with HSTs. A decrease in HST ticket prices will risk a loss of revenue, and an increase in

① Exchange rate: USD 1 = RMB 6. 3.

ticket price will further reduce the volume of passengers and the revenue.

The technical standards of HSR in China are too high, which adds to this dilemma. The target speed of HSR infrastructure is 350 km/h. The rail line uses ballastless tracks. The minimum curve radius is 7000 meters, and the minimum curve radius is 5500 meters, even in sections with exceptions. In comparison, the minimum curve radius of high-speed railways in France is 4500 meters, and that of Tokaido Shinkansen in Japan is 2500 meters. Because of high technical standards for HSR in China, there is little choice regarding HSR routes. If hills are present on the route, the only option is to build tunnels, and if residents live on the route, the only option is to move them elsewhere. The high-speed standards lead to high construction costs. The cost of building one kilometer of HSR is about two times that of conventional railways.

HSR operating costs are also very high. The price of an electric multiple unit (EMU) with a capacity of 1000 passengers is about five times the price of conventional trains, and its maintenance costs are also high. HSTs consume enormous amounts of energy. According to the Davis formula, the resistance is proportional to the square of the speed of HSTs. The energy consumption of HSTs moving at 300 km/h is about two times that of trains moving at 200 km/h.

High-speed bullet trains have rather high requirements for the stability of the infrastructure and the smoothness of the tracks. The subgrade subsidence can be no more than 15 mm. These requirements increase not only construction costs but also maintenance costs. While subsidence after construction will occur over several years, no one knows how to address subsidence for ballastless tracks, and there is no available method. This subsidence is the real technical risk facing the huge HSR network in China.

4.3 *HSR in China faces great market risks and economic loss*

All Chinese HSR lines in operation are operating at a loss. Although the Beijing-Shanghai HSR and Wuhan-Guangzhou HSR are located in the most prosperous areas of China with the highest population density, both are operating at a loss. If passenger traffic continues to increase at its current rate, the Beijing-Shanghai HSR may break even in 2016. However, HSRs located in central and western China, where the population density and income level are lower than in the East, will not break even. For example, the Zhengzhou-Xi'an HSR began operating in February 2010, with a length of 505 kilometers. At this length, HSR should have a comparative advantage, and after HSTs began service, airlines stopped operating between the two cities. HSTs travel from Zhengzhou to Xi'an in 2.25 hours at a ticket price of RMB 230, while conventional trains traveling on the parallel existing line are much cheaper, costing RMB 73 for hard seats, RMB 133 for hard sleepers, and RMB 201 for soft sleepers, with the trip lasting about 6.5 hours. In May 2013, 37 pairs of conventional trains operated each day on the existing line, but only 24 pairs of HSTs operated each day on the Zhengzhou-Xi'an dedicated passenger lines, even after the Beijing-Zhengzhou HST began operating, far less than the carrying capacity of at least 160 pairs each day. This situation is similar to building a luxury hotel with 160 floors but only having 24 floors in operation and leaving the other 136 floors completely idle. This type of luxury hotel is unsustainable, and so are high-speed rail lines.

For any means of public transportation, "the faster, the better" is not what matters. Instead, a balance must be achieved between costs and benefits (that the passengers receive). Take the Concorde jets as an example, which were put into commercial use in the 1970s. With an average cruising speed of 2150 km/h, the Concorde took only 3.25 hours to fly from Paris to New York. Considering the six-hour time difference between the two cities, the passengers could actually "arrive before you leave", as the advertisements said.

However, only a few customers were able to afford or were willing to pay the extremely high ticket price to fly Concorde. Concorde was commercially unsustainable, and after 27 years of operation reliant on government subsidies, it ceased commercial operation in 2003.

Concorde is a typical case of an unsustainable mode of transportation whose total cost exceeds the total value of the travel time saved. The large-scale construction of HSR in China will face the same problems as the Concorde, though to a greater extent, because a huge amount of money has been spent on building a new rail infrastructure.

In fact, with the exception of the Tokaido Shinkansen, all other HSRs throughout the world fail to cover their construction costs. This particular section of HSR is able to be profitable for its unique characteristics. First, Tokaido Shinkansen is 515 kilometers long, a distance at which HSTs have comparative advantages over other modes of transportation. Second and most important, Tokaido Shinkansen is located between Tokyo and Osaka, a corridor containing nearly 70 million people and producing approximately 70% of Japan's GDP. Due to this high population and economic density, Tokaido Shinkansen operates 161 pairs of HSTs each day. This section of HSR can reach its transport capacity, carrying approximately 150 million passengers per year.

China has built 10000 kilometers of HSRs, which amounts to building fewer than 20000 kilometers of conventional railways. Huge investments in HSR has worsened China's transport structure. From 2008 to 2013, the freight railway's market share declined from 32% to 22% (measured in ton-kilometers), and the passenger railway's market share declined from 33.5% to 29.4%. During the same period, the market share of passenger air travel and highway travel increased 3% and 1% , respectively. The market share of highway freight transport increased from 42% to 51% . In the U. S. , the freight railway's market share is approximately 40% (measured in ton-kilometers) , which is always higher than freight trucking's share. According to the statistics of the Ministry of Transportation in 2008, 640 million tons of coal were transported across provinces by truck because of the shortage of rail transport capacity. The undersupply of rail infrastructure is a main factor contributing to high logistics costs, which amount to 18% of GDP in China.

Given the extremely large scale of the project, the construction and operation costs of HSR were excessively high, and the Ministry of Railways (MOR) was financially fragile. The MOR had a dual governmental and enterprise-related role in the HSR expansion. For a long time, it was the only government department in China with such a dual role. The MOR directly managed the operation of the railway system and was responsible for new rail construction. The construction was funded by the "railway construction fund", which is a type of tax levied on cargo shippers. Every year, the MOR had a revenue of about RMB 50 billion from the construction fund that could be a source of new investment. In 2010, the total transport revenue of the MOR was RMB 449 billion, while the total investment amounted to RMB 842 billion. The MOR relied entirely on bank money for the HSR construction. The MOR overestimated the market demand for HSR and bragged that the construction debts would be repaid in less than 17 years. If the central government had known that the MOR could not repay these debts, they would have been very careful in approving large-scale HSR construction projects in China.

The MOR's asset-liability ratio was 40% at the beginning of 2004, while it rose to 64% by the end of 2013; in addition, the debt increased from RMB 0. 399 trillion to RMB 3. 2 trillion. The railway construction fund's revenue could not cover the loan's interest. A rapid increase in the asset-liability ratio is inevitable in large-scale construction; however, on this case, the most serious problem was that the physical capital of HSRs could not generate the expected cash flow, and the cash flow of the MOR was nearly broken.

In March 2013, the MOR was abolished; its government function was incorporated into the Ministry of Transportation. All of the MOR's enterprise-related functions were taken over by the China Railway Corporation, which will bear all of the MOR's debts. Nevertheless, similar to its predecessor, this new company has no ability to repay the principal and interest, and its revenue cannot cover its operation costs.

The most serious problem facing HSR in China is that the speed standard is too high to be compatible with existing lines. Conventional passenger trains cannot run on HSR. In fact, the HSR is not a dedicated passenger line, as many conventional passenger trains still operate on parallel existing lines. The transportation capacities of existing parallel rail lines thus cannot be fully converted into freight transportation. Huge investments in HSRs do not break the bottleneck of rail freight transport capacity. China faces transportation tensions in existing lines combined with a huge waste in the carrying capacity of dedicated passenger HSR. The railway debt crisis, combined with huge bank defaults, in the financial system will become a serious drag on China's economic development.

5 Conclusions

For the theoretical research of the value of travel time, most time allocation models are used to examine commutes and are not appropriate for the analysis of long-distance travel. When travel takes a longer time, all activities should be considered to find an optimal time arrangement. Then, the schedule can be altered; some activities can be arranged simultaneously. For example, daytime travel can be rearranged on an overnight sleeper train.

In our time allocation model, the relationships among activities are indicated by inequality constraints to show that a traveler will make choices among activities, which is a further elaboration of Evans' (1972) activities analysis, though a bit different from Evans' constraints. Its equilibrium condition can reveal the components of the VTTS and its mechanisms of variation, which are beneficial for developing an understanding of the complex market demand for HSRs.

The variation in the VTTS is mainly determined by three elements: the wage rate, the travel cost and the travel-time arrangement. These three elements have significant effects on the HSR market demand. The wage rate (or the income level) directly determines whether an individual can afford the HST ticket price. The HSR market demand will be low in low-income areas.

The travel cost (or ticket price) is mainly determined by the infrastructure construction and operation costs. The construction costs of HSR are at least two times that of conventional railways. Therefore, without a large number of passengers, the huge expense in the infrastructure and operation of HSR cannot be recuperated. HSR can only be built in areas with large populations and high population densities.

The third element, i. e., the travel-time arrangement, is the most important factor determining the VTTS. For a long-distance trip, because travel and sleep can be arranged simultaneously, higher speed is less important than the departure and arrival times. HSR has no comparative advantage over air travel or overnight sleeper trains for long-distance travel, which is especially important in developing countries with large territories where the distances between major cities are more than 1000 km.

Wage rate and travel cost are widely viewed as determinants of the VTTS, but the travel-time arrangement is a bit new and relates to scheduling choices. In fact, there are two ways of saving travel time on long-distance trips: a faster transportation mode, such as airplanes or HSTs, or a slower overnight sleeper train, which can combine two activities, travel and sleep, and free up daytime.

The research limitation is that this paper does not analyze which factors determine traveler choices between the two ways of saving travel time on long-distance trips, and further theoretical and empirical research is encouraged to fill this gap. This study does not use the questionnaire approach to support its theoretical analysis. Because a small questionnaire sample cannot fully represent the whole, we tend to analyze the big data from the new ticket booking system for railway passengers, which can reveal the preferences of all passengers at the aggregate level. The empirical evidence is consistent with the analysis of the theoretical model.

This research provides some managerial implications for both conventional railways and HSR operation agencies. For conventional railways, though slower than HSTs and airplanes in long-distance travel, a well-designed schedule that allows travelers to sleep on the train may increase its market share. HSR should focus on the medium-distance (approximately 500 km) travel market, where HSR has a competitive advantage over other transportation modes.

References

[1] Abate, M., Lijesen, M., Pels, E., Roelevelt, A.. The impact of reliability on the productivity of railroad companies. Transportation Research Part E., 2013(51): 41 – 49.

[2] Bates, J., Polak, J., Jones, P., Cook, A.. The valuation of reliability for personal travel. Transportation Research E., 2001(37): 191 – 219.

[3] Becker, Gary S.. A theory of the allocation of time. The Economic Journal, 1965, 75 (299): 493 – 517.

[4] DeSerpa, A. C.. A theory of the economics of time. The Economic Journal, 1971, 81 (321): 828 – 846.

[5] Evans Alan W.. On the theory of the valuation and allocation of time. Scottish Journal of Political Economy, 1972, February, 1 – 17.

[6] Jara – Diaz, S.. On the goods – activities technical relations in the time allocation theory. Transportation, 2003, 30(3): 245 – 260.

[7] Jian Zhao. The risk of develop high speed passenger dedicated railways. Comprehensive Transportation, 2006, August, 52 – 55. (Chinese Journal)

[8] Jianhong Wu, Chris Nash, Dong Wang. Is high speed rail an appropriate solution to China's rail capacity problems? Journal of Transport Geography, 2014(40): 100 – 111.

[9] Johnson Bruce. Travel time and the price of leisure. Western Economic Journal, 1966(4): 135 – 145.

[10] Li, Z., Hensher, D. A., Rose, J. M.. Willingness to pay for travel time reliability in passenger transport: a review and some new empirical evidence. Transportation Research Part E., 2010, 46(3): 384 – 403.

[11] Lyons, G., Urry, J.. Travel time use in the information age. Transportation Research Part A., 2005(39): 257 – 276.

[12] Meilan Jiang, Takayuki Morikawa. Theoretical analysis on the variation of value of travel savings. Transportation Research Part A., 2004(38): 551 – 571.

[13] Small, K. A.. Valuation of travel time. Economics of Transportation, 2012(1): 2 – 14.